江苏省高校思想政治理论课名师工作室(中国矿业大学)系列研究成果
教育部高校示范马克思主义学院和优秀教学科研团队建设项目重点选题

思想道德与法治案例解析及应用指导

边和平　编著

中国矿业大学出版社
· 徐州 ·

内容提要

本书以习近平总书记关于学校思想政治理论课建设的重要讲话，以及党和国家关于深化新时代高校思想政治理论课改革创新的指示精神为指导，以马克思主义理论研究和建设工程重点教材《思想道德与法治》(2023年版)为基本遵循，遴选、设计了54个典型案例作为教学载体和依托，引导学生从现实生活中发现问题、提出问题、分析问题、思考问题，在不断启发中探寻案例所蕴含的“道理”和解决问题的答案。同时，本书通过案例及其解析有机融入习近平总书记关于治国理政和青年健康成长的重要论述，扎实推进习近平新时代中国特色社会主义思想“三进”工作。

本书既可作为“思想道德与法治”课教师的教学参考资料，也可供思想政治教育专业本科生、研究生阅读学习。

图书在版编目(CIP)数据

思想道德与法治案例解析及应用指导 / 边和平编著
.—徐州：中国矿业大学出版社，2023.11
ISBN 978-7-5646-5525-9

Ⅰ.①思… Ⅱ.①边… Ⅲ.①思想修养—教学研究—高等学校②法律—中国—教学研究—高等学校 Ⅳ.①G641.6②D920.4

中国版本图书馆CIP数据核字(2022)第148938号

书　　名 思想道德与法治案例解析及应用指导
编　　著 边和平
责任编辑 侯　明
出版发行 中国矿业大学出版社有限责任公司
(江苏省徐州市解放南路　邮编221008)
营销热线 (0516)83885370　83884103
出版服务 (0516)83995789　83884920
网　　址 http://www.cumtp.com　**E-mail**:cumtpvip@cumtp.com
印　　刷 徐州中矿大印发科技有限公司
开　　本 710 mm×1000 mm　1/16　**印张** 22.75　**字数** 446千字
版次印次 2023年11月第1版　2023年11月第1次印刷
定　　价 68.00元

自　序

随着高校思想政治理论课建设与改革的不断深入，案例教学已成为其具有独特规定性的一种教学组织形式。毋庸置疑，思想政治理论课作为对大学生系统进行马克思主义理论教育、中国特色社会主义和中国梦教育、社会主义核心价值观教育的必修课程，必须理直气壮地阐明正确的理论观点，否则，教育教学就等于没有目的和灵魂。但是，如果教师仅是平铺直叙地进行理论灌输，而不注重引导学生运用正确的理论观点去观察和分析现实问题，或者仅有正确的理论观点而缺乏生动、确凿的典型案例来作为导引和佐证，理论灌输难免会显得抽象和枯燥，势必会影响学生的学习兴趣和教育教学的实际效果。这就要求思想政治理论课教育教学必须贴近现实、贴近生活、贴近学生，善于将精当、贴切的案例作为大学生接受正确理论观点的媒介和载体。这是实施案例教学的逻辑起点和基本凭借，也是思想政治理论课教学载体建设的一项重要内容和现实任务。

一、思想政治理论课教学案例的特质分析

"案例"一词，源自英文"case"，其原意为状态、情形、事例等。它最初是医学界对医案及个别病例的统称，即对病症诊断、处方用药的连续记录，以便日后有据可查，或用于医学教学之中，培养学生的诊断推理能力。目前，在工商管理、公共管理、法学、心理学、教育学等学科中，案例分析已成为行之有效的教学和研究工具。而对于"案例"的定义及内涵，不同的学科领域对其表述各有侧重。比如，加拿大学者金汉驰认为，案例是对某个企业所发生的需要解决的管理问题的描述。① 美国哈佛大学凯瑟琳·莫塞斯认为，案例描述了真实的情境，要求人们针对案例中的困境和问题进行决策、采取行动。学生们必须想象如果他们处在案例描述的情况下该怎么做，然后通过与同学们进行讨论，从而表达自己的意见并讨论哪些意见最为有效。② 国内一些学者认为，案例"是人们为了达到一定目的，围绕特定问题对某一真实情景所作的客观描述……它包

① 慕凤丽、[加]金汉驰：《案例教学在中国：机遇与挑战》，北京大学出版社2015年版，第40页。

② [美]凯瑟琳·莫塞斯：《教育管理的案例研究》，刘莉萍、魏彩虹、杨轶译，教育科学出版社2010年版，第7页。

含真实性、问题性、目的性、典型性和陈述性五个构成要件”①。一个案例就是一个实际情境的描述，在这个情境中，包含一个或多个疑难的问题，同时也可能包含解决这些问题的方法。② 综合、归纳诸多学者对“案例”的定义表述，一般将案例理解为人们对已经发生的富有多种意义的真实情境或典型事件的描述。它类似于故事，但又不是一般的故事，而是人们对所发生的故事当中的有意截取。由此可将教学案例理解为：运用于教学过程之中，为达成一定教学目的，对含有“问题”性的真实情境或典型事件的描述。高校思想政治理论课作为落实立德树人根本任务的关键课程，其教学案例既符合一般课程教学案例的共性，又因其特殊的课程性质和功能定位，决定了它有着区别于其他学科案例的特定内涵与个性特质，可概括为以下几个方面：

第一，政治性与思想性。鲜明的政治性和思想性是思想政治理论课的根本属性和灵魂所在。思想政治理论课的目的和任务在于“为党育人、为国育才”，引导学生树立正确的世界观、人生观、价值观，坚定对马克思主义的信仰，坚定对社会主义和共产主义的信念，增强中国特色社会主义道路自信、理论自信、制度自信、文化自信，厚植爱国主义情怀，把爱国情、强国志、报国行自觉融入坚持和发展中国特色社会主义事业、建设社会主义现代化强国、实现中华民族伟大复兴的奋斗之中。习近平总书记强调：“办好思想政治理论课，最根本的是要全面贯彻党的教育方针，解决好培养什么人、怎样培养人、为谁培养人这个根本问题。”③这就要求思想政治理论课必须善于从政治上看问题，在大是大非面前保持政治清醒，坚持政治性和学理性相统一，以透彻的学理分析回应学生，以彻底的思想理论说服学生，用真理的强大力量引导学生。案例作为思想政治理论课教育教学所凭借的内容及形式，是一定思想理论的载体和媒介，必须能够体现和传导社会主流意识形态的内在要求，具有政治导向性和价值引领性。这是思想政治理论课教学案例首要的和最基本的特征，也是它作为思想政治理论课教学载体必须具有的功能。当然，强调思想政治理论课教学案例的政治性和思想性，并非意味着每个案例本身都具有强烈的思想政治色彩，而是要求教学案例服务于对大学生系统开展马克思主义理论教育、中国特色社会主义和中国梦教育、社会主义核心价值观教育、法治教育等；服务于培养担当民族复兴大任的时代新人，培养德智体美劳全面发展的社会主义建设者和接班人。

---

① 杨慧民：《高校思想政治理论课案例教学操作模式探析——以“一切从实际出发”教学内容为课例》，《思想理论教育导刊》2010 年第 11 期，第 64 页。

② 郑金洲：《案例教学指南》，华东师范大学出版社 2000 年版，第 1 页。

③ 习近平：《习近平谈治国理政：第三卷》，外文出版社 2020 年版，第 328 页。

第二，问题性与启发性。教学案例是对某一真实情境或典型事件的描述。然而，“情境”或“事件”只是案例的基本素材，并非所有的情境或事件都可以成为思想政治理论课教学案例。能够成为教学案例的情境或事件，必须含有一定的“问题”“意义”或疑难情境在内，同时也可能包含对这些问题的解决办法或处理结果。它们可用来启发学生独立思考和深入探究，“引导学生发现问题、分析问题、思考问题，在不断启发中让学生水到渠成得出结论”①。具体来说，就是“要教育引导学生正确认识世界和中国发展大势，从我们党探索中国特色社会主义历史发展和伟大实践中，认识和把握人类社会发展的历史必然性，认识和把握中国特色社会主义的历史必然性，不断树立为共产主义远大理想和中国特色社会主义共同理想而奋斗的信念和信心；正确认识中国特色和国际比较，全面客观认识当代中国、看待外部世界；正确认识时代责任和历史使命，用中国梦激扬青春梦，为学生点亮理想的灯、照亮前行的路，激励学生自觉把个人的理想追求融入国家和民族的事业中，勇做走在时代前列的奋进者、开拓者；正确认识远大抱负和脚踏实地，珍惜韶华、脚踏实地，把远大抱负落实到实际行动中，让勤奋学习成为青春飞扬的动力，让增长本领成为青春搏击的能量”②。正因为教学案例能够贴近现实问题和社会热点、击中学生的思想困惑和成长诉求，凸显了教育教学的亲和力和针对性，激发了学生的主体意识和参与热情，才使得教学案例能够作为思想政治理论课的教学载体，案例教学才成为思想政治理论课一种独特的教学组织形式。

第三，真实性与典型性。就呈现方式而言，教学案例所展示的是一个个有事件、有冲突或有问题的故事，但案例不等于故事，也不同于其他学科教学的例题（或举例）。其根本区别在于：故事或例题（或举例）是可以虚构、编撰的，而教学案例则必须是真实的，它们所描述的是现实生活中真实发生的情境或事件。只有以真实的情境或事件作为教学案例，才能真正引导学生把所学的基本原理与经济社会发展实际相结合，通过分析、讨论和深入探究，提高学生观察问题、认识问题和解决问题的能力，从而获得科学的思维方法和正确的理论观点。从一定意义上说，真实性是案例成为思想政治理论课教学载体的第一块基石，也是其生命力长久之所在。毫无根据的道听途说、捕风捉影，或是子虚乌有的假设、杜撰，即使情境“故事”再生动，也不能作为思想政治理论课教学案例。而在这种情况下，学生便会失去对相关问题的兴趣与关注，也难以使所讲授的理论

① 习近平：《习近平谈治国理政：第三卷》，外文出版社 2020 年版，第 331 页。

② 《把思想政治工作贯穿教育教学全过程 开创我国高等教育事业发展新局面》，《人民日报》2016 年 12 月 9 日。

为学生所接受和认同，甚至还可能会引起他们对思想政治理论课教学的抵触情绪和逆反心理。与此同时，要使教学案例能充分地揭示特定的理论问题或启发学生对问题的思考，从而使教育教学具有说服力和感染力，还必须在真实性的基础上突出案例的典型性，即案例所叙述的情境或事件中，呈现出的问题具有较大影响力和普遍意义。国际国内形势纷繁复杂，并非任何情境或事件都可作为教学案例。只有那些具有一定代表性的、呈现出典型意义或问题冲突而不是平淡无奇、无病呻吟的情境或事件，才能够激活学生的思维，并通过对此问题的分析、讨论，给学生带来深刻的学习体验和思想启迪，进而取得举一反三、触类旁通的教育效果。

第四，时代性与时效性。一方面，“马克思主义是我们立党立国、兴党强国的根本指导思想”①，它不仅是科学的理论、人民的理论、实践的理论，也是不断发展的开放的理论，始终站在时代前沿，探索时代发展提出的新课题、回应人类社会面临的新挑战。习近平总书记强调指出：“马克思主义理论不是教条，而是行动指南，必须随着实践的变化而发展。”②这就要求以系统开展马克思主义理论教育为主要内容的思想政治理论课教学绝不能是封闭的、僵化的，必须紧跟党的创新理论的时代发展。另一方面，“思想政治工作从根本上说是做人的工作，必须围绕学生、关照学生、服务学生”③，遵循思想政治工作规律、教书育人规律和学生成长规律，随着国际形势风云变幻、国内经济社会发展和大学生群体特征的变化，因事而化、因时而进、因势而新。基于以上事实，教学案例作为蕴含、传导思想政治理论课教学内容信息的媒介和载体，必须是鲜活的、现实的，能够及时反映马克思主义中国化的最新理论成果、展示中国共产党带领中国人民从站起来富起来再到强起来的生动实践，以及关注社会各领域中的热点和难点问题、贴近新时代大学生的成长发展需求和期待，进而教育引导学生运用马克思主义立场、观点和方法去观察时代、解读时代、引领时代，努力成为担当民族复兴大任的时代新人。同时，要善于运用新媒体新技术，使教学案例的呈现与现代信息技术相融合，以增强教学的时代感和吸引力。由此可见，时代性与时效性也是思想政治理论课教学案例的内涵与特质之一。

二、思想政治理论课教学案例的基本要素

教学案例作为思想政治理论课教学的重要载体，是案例教学的“入口”和素

---

① 《中共中央关于党的百年奋斗重大成就和历史经验的决议》(2021年11月11日中国共产党第十九届中央委员会第六次全体会议通过)，《人民日报》2021年11月17日。

② 习近平：《在纪念马克思诞辰200周年大会上的讲话》，《人民日报》2018年5月5日。

③ 《把思想政治工作贯穿教育教学全过程　开创我国高等教育事业发展新局面》，《人民日报》2016年12月9日。

材，教学案例的质量如何，直接影响着学生的学习兴趣和教育教学的实际效果。因此，把握教学案例的基本要素和结构，遵循一定的原则和要求去研发、设计精当的教学案例，使之与思想政治理论课的内在特质相契合、与学生的认知特点和接受习惯相适应，便显得尤为关键。这也是成功实施案例教学的一个先决条件和重要环节。在思想政治理论课教学实践中，教学案例有多种表现形态。比如，在呈现的形式上有文字案例、视频案例、音频案例和图画案例；在来源的时空上有历史案例和现实案例；在反映的问题上有正面案例和反面案例；在案例篇幅上有长篇案例和短篇案例；在核心内容上有人物案例和事件案例；等等。就文字案例而言，思想政治理论课教学案例的研发，其要素构成至少应包括以下几个方面的内容：

一是主题与背景。所谓主题，即教学案例所表现的中心思想、焦点问题或主要内容。精当的教学案例之所以能引发思考、予人启迪，一个重要原因就在于其具有鲜明的主题。有的教学案例即使信息内涵复杂，也必定会有一个核心或焦点。教学案例的主题通常关系到教学的核心概念、重点难点或学生的思想困惑，因而成为教学案例研发、设计首先须明确的基本要素。为了凸显教学案例的主题，有效发挥其作为教学载体的作用，在设计、撰写教学案例时，切不可有闻必录、照抄照搬、头绪繁杂，而应根据教学的需要，在尊重基本事实的基础上，对原始材料进行筛选和取舍，必要时变换视角有侧重地重新组合，进而有主线、有针对性地交代特定的内容。教学案例的主题呈现没有固定的模式，有的开门见山、直奔主题，有的置于结尾、总结升华，有的则隐含在背景介绍或情境叙述之中。此外，还可以借助案例标题的提炼来反映事件的主题。

背景是衬托人物或对事件的发生、发展、变化起重要作用的客观情况。教学案例作为对某一真实情境或典型事件的描述，不是无中生有、主观臆造的，而是发生在一定时空和背景之下的。背景在设计、撰写教学案例中的重要性，在于其有利于烘托主题，帮助学生把握事件的原委及内含的“问题”，以及对案例所涉概念、理论进行理解与思考。因此，在设计、撰写教学案例时，不能只描述人物或事件而忽视背景信息的介绍。需要指出的是，案例的背景信息要真实可信，且与主题密切关联，切忌面面俱到、主次不分。

二是情境与细节。实施案例教学，意在激发学生的主体意识和学习兴趣，引导他们将理论学习与生活实际有机结合起来，“身临其境”地认识和思考问题，并在教师的循循善诱和学生之间的交流互动中得出问题的结论。这就要求教学案例的研发、设计在内容上应具有一定的“情境性”和“现场感”。与此同时，教学案例虽然叙述的是个案情境，但目的在于通过归纳、总结及推广、延伸，以说明具有广泛性、代表性的一般原理或解决问题的方法。因此，教学案例情境既要在宏观上有一定的纵深性,能够使学生充分发挥丰富的想象力和主观能动性,有探究的厚度和讨论的空间,又要在微观上有典型的、具体而形象的场景呈现,能够使学生直面现实情境而进行问题分析。

细节是微观领域的事物形态,在教学案例中是描绘人物、呈现情境和事件发展等最小的组成单位。没有一个个生动的细节,就难以形成触发共鸣的情节,而没有情节也就没有真正意义上的教学案例。一方面,细节本身就是问题之源。从整体上看,教学案例叙述的是某一人物事迹或典型事件,而真正的主题或核心问题则往往体现在其中的一些细节上。如果没有把关键性的细节写清楚,就无法凸显案例主题或揭示核心问题。另一方面,细节的描绘有助于突出主题或呈现问题。有的教学案例中的细节,本身并不能成为案例主题或问题来源,但可使主题更饱满更鲜明,或使问题更明了更确凿。为此,对于细节的描写,要求真实、生动,并服从主题思想的表达或核心问题的呈现。

三是问题与结果。“问题性”是教学案例的鲜明特征之一,也是教学案例能够“接地气”的重要原因。一个好的教学案例不仅有完整而生动的故事情节,还要有能够引起学生思考、讨论的核心问题或问题情境,甚至是具有冲突性的问题。没有问题或问题情境就谈不上教学案例。这里所谓的“问题”,一是指教学案例自身直接呈现出的具体现实问题;二是由案例中的现实问题引发、生成的教学问题,即所蕴含的有关概念、原理等理论问题;三是教师由教学案例而延伸提出的其他问题,如运用所学原理分析其他现实问题,以及要求学生联系自身实际进行反思和自省等。

一般来说,教学案例不仅呈现问题或问题情境,还要提出解决问题的思路、举措,并包含解决问题的过程,甚至有的案例对问题的处理结果会引起一定的争议和反响,而这些争议或反响又可成为启发学生深入思考、讨论的新“问题”。因此,“结果”也是教学案例的基本要素。它不仅能够满足学生对“问题如何处理”的期待和兴趣,增强教学的代入感,而且在教学过程中可激起学生对“处理结果”及“为何这样处理”的追问与求证,从而深化对相关理论问题的认识和理解。

四是评析与思考。评论、分析是对教学案例所反映的主题、情节(或过程)、结果(或结论)的理性评判。其意义在于,通过解读教学案例的背景、情节和结论,聚焦主题、揭示问题、引导话题,以探寻解决问题的思路与答案,提高学生对相关理论问题的理解及发现问题、分析问题和解决问题的能力。教学案例评析的重点在“分析”,要力争做到以案说理、以理析案、案理结合,并言之有物、言之有理、言之有据。其内容要点包括:其一,梳理、提炼教学案例中的典型情节和核心问题,并从教学案例的主题出发给予相应的评论,指出该案例中人物或事件的意义和价值。其二，分析教学案例中蕴含的理论要素，即案例中人物事迹或事件具体情节引发出了哪些概念、原理，并运用这些概念、原理剖析案例中提出的问题，使学生在理论联系实际中理解和把握相关概念、原理。其三，分析教学案例产生的思考与启示，即在案例评论和理论分析的基础上，联系社会现实和学生思想实际，引导他们如何从案例人物或典型事件中吸取经验教训，获得思想启迪和成长动力。教学案例评析要注重紧扣案例及其主题，抓住典型情境和细节，突出重点、画龙点睛、说理透彻、针对性强。

从教师的角度看，评析实际上也是一种研究和思考，其目的是以案例为载体阐发相关概念、原理，促进学生由现实案例向理论学习的迁移及加深对理论问题的理解，同时引导学生努力做到知行统一。从学生学习的角度看，教师在进行案例评析之后，一般会向学生列出有关知识要点或联系实际的思考题目，供学生巩固、深化或举一反三。这种“思考”是教学案例必需的基本要素。

三、思想政治理论课教学案例的现实省察

思想政治理论课“05方案”实施以来，教学案例从资源研发到课堂运用取得了长足进展，各门思政课程的“案例解析”辅助读物、含有“案例资源”的课程网站，以及有关教学案例研究的论著亦不断涌现，但从总体上看，思想政治理论课教学案例的研发及案例建设尚不十分成熟，其主要问题与不足可概括为四个“失度”：

其一，对教学案例的认识缺乏高度。这突出表现在两个方面：一是对典型案例能够作为思想政治理论课教学载体的功能理解不到位，仅看到案例的“故事性”“情境性”，而对其所蕴含的“问题性”“启发性”不够敏感和敏锐，因而对教学案例研发的意识淡薄、能力不足，以案例教学推进教学模式、方法创新的主动性、创造性不强。二是对思想政治理论课作为落实立德树人根本任务的主干渠道和关键课程认识不到位，因而对教学案例的研发、运用缺乏一定的认识高度和政治高度，即虽看到案例的“情境性”“问题性”，但选取的案例所具有的“政治性”“思想性”不够鲜明和彰显，甚至淡化其政治引导和价值引领功能。思想认识的不到位，势必直接影响到教学案例的研发质量及其实际运用的效果。

其二，对教学案例的甄选缺乏广度。一方面，思想政治理论课教学案例的甄选视野还相对狭窄、途径比较单一。从目前情况看，阅读思想政治理论课辅助教材、浏览网络新闻和思想政治理论课教学网站等，是大部分教师获取教学案例的主要途径。也就是说，直接照抄、套用新闻案例或对他人的教学案例进行二次开发的比较多，而通过多种渠道广泛搜集素材，然后根据教学需要创造性地研发教学案例尤其是校本案例的比较少。另一方面，从教学案例的呈现方

式上看，思想政治理论课教学案例主要是文字案例和视频案例，图片、动画、音频等案例呈现方式相对较少；同时，视频案例多为“通用”的宏大事件影像或感动中国人物、道德模范事迹等，而贴近生活、贴近学生并富有亲和力、吸引力和感染力的视频案例相对较少。

其三，对教学案例的编写缺乏精度。教学案例是对含有特定“问题性”的真实情境或典型事件的描述。它把真实生活的片段引入课堂，成为教师和学生对其进行问题分析和理论探讨的载体与平台。实际上，引导学生“读”案例就是读理论中的实践和实践中的理论。因此，教学案例的编写应既具典型意义又要精雕细琢。然而，思想政治理论课教学案例建设尚存在精度不高的缺憾。比如，有的囫囵吞枣地直接从网络下载或从报刊简单“拿来”，而不是在充分占有和尊重原始案例素材的基础上，进行合理的删减、整合或剪辑、加工，以适应教学主题的需要；有的案例在内容上缺乏斟酌、推敲，典型性、问题性、启发性不强，难以精准对应教学内容和教学目标；还有的案例篇幅拖沓、冗长，文字语言或视频画面不够精练，可读性和吸引力较差等。

其四，对教学案例的解析缺乏力度。解析是教学案例研发和运用的重要环节和点睛之笔，是案例与理论、问题与答案之间的桥梁和纽带。它要求教师从案例出发去发现问题、揭示原理，又站在理论的高度去分析案例、探寻答案，从而引导学生“从实践到认识、从认识到实践”。从有关思想政治理论课教学案例解析的读物来看，普遍存在“深度”“力度”不足的问题。比如，有的解析篇幅过短，停留于蜻蜓点水、浅尝辄止，对问题和理论的分析不透彻、不深入；有的解析篇幅虽长，但聚焦主题不够精准，解析案例或牵强附会或隔靴搔痒，抓不住问题的要害和关键；也有的解析思维狭隘，仅仅以案说案、就事论事，不能以“案”说理、以“理”解案、案理结合，更不能以微知著、举一反三。还有的解析仅侧重于知识层面的阐发，忽视由知识理论向情感态度和价值观层面的升华，甚至语言干瘪、空洞乏味，吸引力、感染力较弱。

四、思想政治理论课教学案例的选择运用

教学实践证明，将现实生活中的典型案例作为承载特定教学问题情境、传导特定教学内容信息的媒介和载体，是思想政治理论课贯彻理论联系实际原则的具体表现，也是深化教学方法改革创新、增强教育教学的思想性、理论性、针对性和亲和力的重要举措。通过这一连接理论与实践的桥梁，有助于增进师生之间、学生之间的互动与交流，激发学生的学习兴趣，帮助他们养成独立思考的习惯，提高他们综合运用所学基本原理观察、分析和解决现实问题的能力；有助于转变教师的教学理念和角色定位，促进教学智慧的生成和教学反思的养成，

进而提升教师的教学能力和教学水平。而要真正发挥教学案例的载体功能，关键在于教师对教学案例的合理选择及有效运用。

第一，教学案例的选择及运用要符合教学主题需要。每一门思想政治理论课的教育教学过程，都是由诸多教学主题串联而成的，而每一个教学主题均有特定的教学内容及教学目标要求。总体来说，就是坚持以新时代中国特色社会主义思想铸魂育人，以政治认同、家国情怀、道德修养、法治意识、文化素养为重点，以爱党、爱国、爱社会主义、爱人民、爱集体为主线，坚持爱国和爱党爱社会主义相统一，系统开展马克思主义理论教育，系统进行中国特色社会主义和中国梦教育、社会主义核心价值观教育、法治教育、劳动教育、心理健康教育、中华优秀传统文化教育。案例作为思想政治理论课的教学载体，其选择和运用应依据上述总体要求并围绕每一门课程的具体教学内容而展开，尽量精准反映和聚焦教学主题。如果教学案例偏离特定的教学主题和内容，那么它作为教学载体的功能就会大打折扣，教育教学也便失去了针对性和说服力。

第二，教学案例的选择及运用要有精彩的故事呈现。故事思维是一种场景化思维。跌宕起伏的故事情节更容易影响人们的情绪。古希腊哲学家苏格拉底的“精神助产术”，就是通过不断对话（发问与回答）构建故事场景，启发和诱导人们去思考，使问题的讨论从具体事例出发，逐步深入，层层驳倒错误意见，最后走向某种确定的知识和结论。教学案例的运用是以其具有“故事性”“情境性”而引发学生的兴趣、触动学生思考的。它如同“思维助产”，由现实典型案例引出教学问题，然后在讨论互动的基础上揭示其中蕴含的原理和寻求解决问题的答案。没有故事性、情境性的教学案例必定是苍白无力的，不可能唤起学生的注意和兴趣，吸引学生积极主动地进入教学案例所构建的故事情境及表达的教学主题之中，更不可能触发学生的情绪情感而与案例情境产生“共振”、与教学主题发生共鸣，因而也就不能激发他们的探究欲望和深入思考。当然，教学案例的运用不能仅仅依靠其故事性、情境性，还要讲究一定的方法和技巧，如案例的组织结构力图精巧、案例的呈现方式引人入胜、案例的语言修辞更具光彩等。

第三，教学案例的选择及运用要符合学生的认知特点。当代大学生正值人生的“拔节孕穗期”，他们思想活跃、好学上进、视野宽广、开放自信，虽然世界观、人生观、价值观尚未完全成熟，但对于国家、社会和人生的诸多问题，开始有自己相对独立的思考和辩证的分析与判断，并能在一定程度上提出创造性的解决方案。同时，国际国内形势的深刻变化，也容易对大学生的思想认知带来一些不容忽视的负面影响，使得一些大学生不同程度地存在政治信仰迷茫、理想信念模糊、价值取向扭曲、诚信意识淡薄、社会责任感缺乏、艰苦奋斗精神淡化、团结协作观念较差、心理素质欠佳等问题。从大学生这一认知特点和思想状况出发，思想政治理论课教学案例的选择和运用在注重其真实性、典型性的同时，更要强调其思想性、导向性及时代性、时效性。一方面，教学案例要坚持弘扬主旋律、传递正能量，体现对学生的价值引领和思想导向；另一方面，要用鲜活的事例、身边的事例及学生喜闻乐见的呈现方式，反映大学生所关注的热点、疑点问题，击中他们的思想困惑和成长诉求。此外，教学案例的选择和运用还要考虑不同学科、专业学生的特点。

第四，教学案例的选择及运用要突出情境问题思考。“问题性”是教学案例的鲜明特征。一个优质的教学案例不仅在于有精彩“故事”或“情境”的呈现，更在于它必定含有一个能契合教学主题的“问题”。正是这个“问题”的存在，才使得案例能够作为教学载体及对学生具有启发意义；同时，也正是对这个“问题”的分析、讨论与解决，彰显出案例教学的活力与思想理论的魅力。为此，教学案例的选择和运用要能够制造和展示“困境”，即学生在阅读案例时，能够从真实的情境叙述中感受到某种认知或选择上的“矛盾”与“冲突”，进而去分析、思考和探究走出“困境”的答案。此外，教学案例还要让学生对“困境”问题进行多方面、多角度的讨论或辩论，启发学生进行反思与自省。总之，突出情境问题展示是教学案例选择和运用的重点环节，也是启发式教学方式的内在要求。

是为序。

欢迎登录中国矿业大学“思想道德与法治”在线课程。

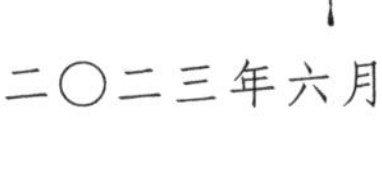

二〇二三年六月

目　录

绪论

担当复兴大任　成就时代新人

培养什么人、怎样培养人、为谁培养人是教育的根本问题，也是建设教育强国的核心课题。我们建设教育强国的目的，就是培养一代又一代德智体美劳全面发展的社会主义建设者和接班人，培养一代又一代在社会主义现代化建设中可堪大用、能担重任的栋梁之才，确保党的事业和社会主义现代化强国建设后继有人。

——2023 年 5 月 29 日，习近平总书记在二十届中共中央政治局第五次集体学习时强调

案例 1

超级工程锻造的青春

【案例文本】

港珠澳大桥，世界公路建设史上技术最复杂、施工难度最大、工程规模最庞大的桥梁，被世人誉为“超级工程”。在中国交建港珠澳大桥岛隧项目现场，随处可见面庞年轻但皮肤黝黑的“80 后”“90 后”青年建设者。他们在项目建设大军中的比例已经超过一半，成为大桥建设的主力军。7 年紧张建设，7 年艰辛付出，他们承受了什么，又书写下了什么？

纪录片《港珠澳大桥》

硬汉能使“绣花针”：工匠精神苛求每个细节

“这是咱们国家第一次做这么深、这么长的沉管隧道，所以我们每一个细节都要小心翼翼、精益求精。”说这话的叫刘经国，先后在港珠澳大桥工程中负责沉管预制、人工岛主体建设等项目。他所说的“沉管隧道”，在我国乃至世界上都还是新鲜玩意儿。此前，我国已有的沉管工程总共还不到 4 公里，而港珠澳大桥要造的沉管则长达 6.7 公里，还要沉到 40 多米深的海底，并满足 120 年的设计寿命，对技术的要求之高可想而知。

“在构件安装环节，规范的精度在 5 毫米以内就可以满足要求，但实际上，有 1 毫米的误差我们都觉得不舒服，非得通过各种办法把误差降到 0.5 毫米以内才行。”刘经国说，沉管预制时，一米八几的他每天都要钻进长 38 米、高 11.4 米、壁厚仅 1.5 米的钢筋笼里，举着手电筒左右腾挪，把近 100 根注浆管的安装效果一一检查到位，确保每一个焊接位置的密闭性能。“现在回过头看‘云淡风轻’，但当时那种疲惫真是苦不堪言，就想着什么时候是个头啊，可责任心又迫使你不得不认真。”刘经国说。

港珠澳大桥之所以能成为超级工程，不仅在于其规模、体量，更在于其对技术的追求，对质量细节的注重。这样精益求精、追求完美的工匠精神，被建设者们自觉践行在大桥建设的每个环节中。

预制完成后、浮运沉放前，沉管要进行舾装。主管这个环节的杨永宏要确保沉管的每一个螺丝、每一个阀件不能出一点问题，否则，沉管安装就会受到影响乃至被迫取消。“为此，我们要对每个沉管做 3 到 4 次演练，一遍遍地检查确认。”杨永宏说，他至今还记得沉管里的每个细节，“就像一幅地图印在了脑子里。”

“经验是试出来的，质量是磨出来的。”为了适应南方的海洋性气候、保障使用寿命，大桥人工岛主体建筑、挡浪墙采用了更高技术规格的清水混凝土。“以前没有施工经验，我们就一次次地打模板、做实验，一次次地调整材料比例，最终达到了最佳效果。”陈三洋说这样的过程十分煎熬，但绝不后悔，“超级工程不仅是‘产品’，更是个‘作品’，每个细节都应该是完美的，不能留一丝遗憾。”

正是凭借这股子认真劲，大桥建设者们创造了“极限 3 毫米对接偏差”“最终接头毫米级偏差”等一项项震撼人心的纪录，圆满完成了 33 节巨型沉管和最终接头安装的施工任务，创造了外海沉管隧道滴水不漏的建设奇迹。

初生牛犊不怕虎：条件艰苦却激发出斗志

2011 年夏天，刚参加完入职培训的陈三洋和同届学员们一起，聚在公司等待分配消息，“大家一知道我被派到港珠澳大桥后，立马就投来羡慕的目光。这么大的项目，对搞工程的人来说，真是可遇不可求！”那时，年仅 24 岁的陈三洋对超级工程满心向往，而对即将到来的艰辛工作，却“一点概念都没有”。

一到项目上，陈三洋便被指派参与人工岛工程——在海面上“无中生有”，建两座连接沉管的人工岛。由于到岸边需要坐两个小时船，项目部索性在施工水域附近安营扎寨，在生活船上吃住了半年多，“风平浪静还好，一起风浪，船就摇摇晃晃，有时吐得稀里哗啦，睡不好觉是常事”。人工岛完成钢圆筒振沉后，还要把中间区域的海水排干，这一过程中需派专人实时监测水位。一天晚上，其他人都已撤回，只留了陈三洋一个人漂在“岛”上，“那是我第一次知道什么叫荒凉、孤独”。

初生牛犊不怕虎，越是艰险越向前。面对艰苦的生活条件、繁重的工作压力，青年建设者们没有畏惧，反而被激发出更加昂扬的斗志。

身为技术员的陈三洋，除了每天完成审图纸、做方案、定工艺、审核查验、协调施工等“规定动作”，还自我加压、钻研工艺，先后为施工提出了“冷却循环水可逆流式分流器”等建议。每年 10 多项合理化建议被采纳，让陈三洋成了同事眼中的“创新达人”。6 年过去，他已不再是初出茅庐的应届生，而成了能“挑大梁”的项目技术骨干。

不同于陈三洋，杨永宏来到项目之前，已经参与过苏通大桥、京沪高铁等大项目，在港珠澳大桥，过往的经验与持续的努力帮他实现了快速成长。2013年，33岁的他便要负责管理整个非通航孔桥的施工，“虽然是小桥，但质量、安全我自己要负总责，压力和责任完全不一样”。几年间，他从工区工程部长、助理到了工区项目副经理，如今已晋升为岛隧项目专业副总工程师。“成长背后是付出，机会是留给有准备的人的。”杨永宏说，相比而言，无论是工程设计、监理单位，还是房建领域的工作都比坚守在桥梁建设一线要轻松不少，“可是人到了一定阶段，首先应该追求的是实现人生价值，不是吗？”

好男儿志在四方：这个行业是讲究责任和奉献的

在工程建设行业，长年在外、与家人聚少离多是常态，一项耗时7年之久的工程，更是成倍放大着离愁别绪。一边是新组建的家庭，一边是刚起步的事业，“80后”建设者在感受喜悦之余，也承受了许多压力。

2011年初到项目部时，刘经国的孩子刚满2岁。几年紧张施工，完全没有周末，虽然说原则上每季度可以休息5天时间，但作为主要管理人员，刘经国不得不放弃多数的休假机会。“对家人的亏欠肯定是有的，但是这个行业又是最讲究责任心和奉献的，这么多人每人负责一块，这么大的工程也不可能停下来……”刘经国的眼里泛着泪光做起了“检讨”，“就算回到家，前两天很放松、很舒服，可待个3天之后，我的心里就开始发慌，感觉空落落的，总想回现场。”

相较之下，杨永宏和陈三洋则更幸福一些——他们的妻子和孩子都跟着一起到了珠海定居。空间距离是近了，可由于建在海上的项目部离市区很远，见面机会依然十分有限。待到项目结束，他们又将举家迁徙，四海为家。

说起家庭，好男儿心怀愧疚、欲言又止，可一说到事业，他们又来了精神、滔滔不绝。“咱们做的这个沉管技术，在世界上都有很大的里程碑意义。从施工上看，咱们的项目制度、体系建设、风险控制、现场管理在全国都是绝对的样板工程。”刘经国自豪地说。“我很庆幸职业生涯能从港珠澳大桥开始。在这里，我们和国内一批最优秀的工程行业人才一起，向世界展示了中国工程不比任何人差！”陈三洋的脸上同样满是骄傲。

项目收尾后，数以千计的青年建设者们便将各奔东西，去往下一个项目，开启新一段征程，把在超级工程中收获的宝贵财富带往祖国的每一个角落。而屹立于伶仃洋上的这座大桥，将永久镌刻着他们奋斗过的青春年华，任波涛汹涌，任岁月远去……

（参见刘志强：《超级工程锻造的青春》，《人民日报》2018年1月2日。编入本书时有改动。）

【思考讨论】

1. 阅读本文,从建设"超级工程"港珠澳大桥的这批年轻人的事迹中,您得到哪些人生启示?

2. 联系自身实际,谈谈当代大学生怎样才能成为立大志、明大德、成大才、担大任的时代新人。

【案例解析】

一桥飞架三地,碧海变成通途——历经 14 年规划、建设,总长约 55 公里、海中桥隧长 35.578 公里的港珠澳大桥,于 2018 年 10 月 23 日正式开通。它集"桥、岛、隧"为一体,跨越伶仃洋,东接香港,西接广东珠海和澳门,是世界总体跨度最长、施工难度最大的跨海大桥,被英媒《卫报》称为"现代世界七大奇迹之一"。

在这一"超级工程"建设的队伍中,年轻人成为大桥建设的主力军。这是"长江后浪推前浪"的历史规律,也是"一代更比一代强"的青春责任。港珠澳大桥是国家工程、国之重器。其价值意义之大、工程规模之巨、投资数量之多、技术要求之高、施工工序之繁,可谓桥梁界的"珠穆朗玛峰"。面对种种超乎想象的困难和挑战,是什么精神鼓舞建设者们以苦为乐、勇于拼搏?是什么力量推动他们一往无前、勇攀高峰?

伟大的精神和力量源自高度的责任感和崇高的使命感。港珠澳大桥在建设过程中遇到了诸多技术难题。其中,长达 6.7 公里的沉管隧道工程是港珠澳大桥建设的"难中之难"。它由 33 节每节长 180 米、重达 8 万吨的沉管对接而成,是迄今世界上埋入海底最深、技术难度最高的沉管隧道,是公认的"当今世界上最具挑战性的工程"。面对高难度、高强度的工作压力和复杂的气象水文条件,"青年建设者们没有畏惧,反而被激发出更加昂扬的斗志"。亦如文中刘经国说,当时那种疲惫真是苦不堪言……可责任心又迫使你不得不认真;陈三洋也说,这样的过程十分煎熬,但绝不后悔;杨永宏则说,人到了一定阶段,首先应该追求的是实现人生价值。正是怀着这样一种勇于担当的责任感和使命感,大桥建设者们在各自的岗位上开拓进取、攻坚克难,艰苦奋斗、肯于奉献,尽心尽责、精益求精,用智慧和汗水取得了一系列技术突破,一步步搭建起这条"海上天路",创造出新的"中国奇迹",谱写了一支支奋斗者之歌、创新者之歌、梦想者之歌。正如习近平总书记在出席大桥开通仪式时所强调的:港珠澳大桥的建设创下多项世界之最,非常了不起,体现了一个国家逢山开路、遇水架桥的奋斗精神,体现了我国综合国力、自主创新能力,体现了勇创世界一流的民族志气。

同时，也充分说明，社会主义是干出来的，新时代也是干出来的！

“每一代青年都有自己的际遇和机缘，都要在自己所处的时代条件下谋划人生、创造历史。”①港珠澳大桥这一世界建桥史上的伟大壮举，彰显了“中国精神”的强大感召，展现出“中国智慧”和“中国力量”。这种精神和力量必将激励大学生以民族复兴为己任，立大志、明大德、成大才、担大任，按照时代新人的要求，在感悟时代、紧跟时代中珍惜韶华，让勤奋学习成为青春远航的动力，让增长本领成为青春搏击的能量，在激扬青春、开拓人生、奉献社会的进程中书写无愧于时代的壮丽篇章！

【案例应用】

1. 本案例展示了参与港珠澳大桥这一“超级工程”的青年建设者们不畏艰难、敢于挑战、精益求精、勇于创新、志在四方、肯于奉献的精神风貌。本案例的教学与讨论，旨在着重引导学生充分认识到，当代青年是同新时代共同前进的一代，是民族复兴这一伟大进程的见证者和参与者，是建设中国特色社会主义现代化强国的生力军。肩负历史使命，坚定前进信心，立大志、明大德、成大才、担大任，努力成为堪当民族复兴重任的时代新人，是党和国家对新时代青年的要求和希望。大学生要自觉以民族复兴为己任，把个人成长同国家和民族的前途命运联系起来，勇敢地承担起自己的历史使命和时代责任。本案例可用于《思想道德与法治》(2023 年版)[后文“案例应用”部分所指“教材”均为《思想道德与法治》(2023 年版)]绪论部分“新时代呼唤担当民族复兴大任的时代新人”的辅助教学，也可用于第二章第三节中“为实现中国梦注入青春能量”等内容的辅助教学。

2. 在本案例教学过程中，要突出以下两点：一是通过港珠澳大桥这一“超级工程”建设，分析当今世界科技竞争激烈的形势及我国在自主创新方面所取得的成就和面临的挑战，以此激发学生的责任感和使命感；二是从作为大桥建设主力军的这支年轻团队身上，归纳、提炼催人奋进的精神力量，从而启发和引导学生认识到：当代青年施展才干的舞台无比广阔，实现梦想的前景无比光明。“新时代的中国青年要以实现中华民族伟大复兴为己任，增强做中国人的志气、骨气、底气，不负时代，不负韶华，不负党和人民的殷切期望”②，让青春在为祖国、为民族、为人民的不懈奋斗中绽放绚丽之花。

---

① 习近平：《习近平谈治国理政：第一卷》，外文出版社 2018 年版，第 167 页。

② 习近平：《习近平谈治国理政：第四卷》，外文出版社 2022 年版，第 14 页。

案例 2

托举“嫦娥”的青春力量

【案例文本】

2020 年 12 月 17 日凌晨，夜色沉凝。

北京航天飞行控制中心指控大厅，明亮如昼。穿着蓝色防静电大褂的科研人员，紧张地忙碌在电脑“丛林”中。

千里之外，朔风凛冽的内蒙古四子王旗航天着陆场，身着橘红色工作服的搜救队员严阵以待，等候迎接“嫦娥”回家。

嫦娥五号任务北京总调度刘建刚稳坐指控大厅。3 天后即将迎来 31 岁生日的他，对着面前的麦克风喊出最后一道关键口令。

指控大厅里，随处可见洋溢着自信的青春面孔。数百个关键测控岗位上的负责人，大多为“80 后”和“90 后”，平均年龄仅 33 岁。

心向宇宙，负重前行

时光倒回 10 年前，嫦娥二号顺利抵达环月轨道直播现场，看着许多年轻人欢欣雀跃的身影，时年 57 岁的总设计师吴伟仁潸然泪下。在他们身后，时年 82 岁的嫦娥一号总设计师孙家栋院士，静静地注视着这一切。

82 岁、57 岁，再到今天的 33 岁。这是一种传承，也是一种跃升。

翻开尘封的历史，20 世纪 50 年代末，寒风瑟瑟的酒泉基地，鬓发已斑的基地领导翘首以待。当前来援助的苏联火箭专家走下飞机时，这些曾驰骋疆场、战功赫赫的将军们不禁吃了一惊：“这么年轻？”

岁月不居，时节如流。

时间，洗礼着一代代航天人，悄然将皑皑华发偷换成青春容颜。

伟大的时代选择了年轻的一代，伟大的事业造就了年轻的一代。

一代代中国航天人用无可比拟的青春力量，在托举“嫦娥”的漫漫长路上，写下崭新的中国探月故事。

那时的他们不知道，自己的未来会与一份遥远而伟大的事业缠绕在一起

时隔多年，一张旧报纸重新走进人们的视线。

泛着灰白的新闻纸上，油墨印制的方块字占据着小小的角落。那年的《解放军报》上，刊登着一篇报道，介绍了中国拟定的“绕、落、回”探月三步走计划——

“我国从今年起将正式启动探月工程，计划于 2007 年前发射第一颗月球探测卫星，也就是绕月卫星。争取 2010 年发射月球探测器登陆月球，2020 年实现月面巡视勘察与取样返回。”

网友们在手机屏幕上阅读着这篇“旧闻”，忍不住赞叹“中国精准完成了计划中的每一步”。

那一年，是 2004 年。

那一年，嫦娥工程首任总指挥栾恩杰院士 64 岁，嫦娥工程首任总设计师孙家栋院士 75 岁，首任月球应用科学首席科学家欧阳自远院士 69 岁。

那一年，坐落于海南的文昌航天发射场还是一片荒芜；长征二号丙火箭载着纳星一号跃入天穹；嫦娥一号绕月探测工程进入开局之年。

那一年，如今文昌航天发射场上嫦娥五号任务中最年轻的指挥员周承钰，还是一位未满 10 岁的小女孩；如今运载“嫦娥”升空的长征五号火箭发射支持系统型号主管孙振莲，才刚刚踏进北京理工大学的校园……

作为今日嫦娥五号任务中坚力量的“80 后”“90 后”航天人，那时还坐在天南海北的不同课堂里。他们不知道，自己的未来将会与一份遥远而伟大的事业缠绕在一起。

2020 年 11 月 24 日，中国文昌航天发射场，伴着火箭尾焰灼穿夜幕，长征五号搭载着嫦娥五号顺利跃入长空。在航天人那深浅不一的蓝色身影间，周承钰青春的面庞格外引人注意。

许多人忍不住化身“柠檬精”：“看看别人的 24 岁，我‘酸’了！”

这位 1996 年出生的贵州土家族女孩，是嫦娥五号探月任务连接器系统的指挥员。不过 24 岁的年纪，她已经坐进了肃穆的指控大厅，作为发射场上不可或缺的一环，护送嫦娥五号探测器登空揽月。

在庞大的航天工程系统中，周承钰无疑是年轻的。但大家早已对这种年轻见惯不惊。

11 月 30 日凌晨，北京航天飞行控制中心。

“各号注意，我是北京。”26 岁的高健紧紧盯着电子屏幕上的数据反馈。

“探测器组合体分离正常。”他的声音顺着无线电波传递到测控系统各个点位。话音落地，这名进入调度岗位不过两年的年轻人，才觉察到自己满手是汗，后背也有些湿湿的。

调度岗位是双人双岗。此前大多数时间里，高健都是作为备份和副手，辅助主调度。

今天，是高健第一次在重大航天任务中独立完成一道“大口令”。适度的亢奋对他来说，很有必要：“为了这一句正常，必须要清楚背后所有‘不正常’的状态。”

看似平静地坐在座位上，他们的大脑要时刻保持高速运转。作为整个飞控系统的“发动机”，调度员必须清楚“什么时候该干什么事，为什么此时此刻要做这件事”。

每一句口令背后，都是庞杂烦琐的资料数据，是夜以继日的推敲筹划。做这份工作，全力以赴更要全心以赴，尽心尽力才能尽善尽美。

几尺见方的工作台，方方正正的电脑屏幕，线路错落的通信设备……这就是“高健们”的“战场”；他们喊出的一句句口令就是重如泰山的命令；操作的要求，就是零失误。

另一侧调度岗位上，总调度刘建刚宛如一根定海神针。1989 年出生的他今年刚做了父亲；1980 年出生的嫦娥五号发射任务 01 号指挥员胡旭东，已经是文昌发射场指控大厅里的“大龄人士”；长征五号火箭总控系统指挥徐文晓不过 26 岁……

在嫦娥五号背后的各系统团队中，无数年轻的航天人早已接过了中国航天事业的接力棒，将中国航天的未来扛在肩上。

2004 年，“嫦娥工程”启动当晚，首任总指挥栾恩杰落笔写下这样一首诗：“地球耕耘六万载，嫦娥思乡五千年。残壁遗训催思奋，虚度花甲无滋味。”

我们仍感念，16 年前两鬓斑白却要托举“嫦娥”飞向月宫的航天前辈们；我们更自豪，今时今日，中国航天人才已成为最具年轻活力的“宇航之鹰”。

这是一个“不浪漫”的航天人，对航天事业最浪漫的回应

“航天”这一词语，往往与壮美瑰丽的想象相连。

就像一位中国航天人所说：“不断加速的航天器逐渐摆脱地球引力，迈入无比广阔又陌生未知的太空去探索。航天器好像风筝，不管飞出多远，丝线还牢牢掌握在我们手上。”

在漫漫星辰大海间穿梭，求解宇宙谜底——听上去如此神秘奥妙。选择进入航天领域前，高健也是这样想的：“从一个星球探索下一个星球，是多么浪漫的事情。”

然而实际上，仰望星空的同时更需要脚踏实地。日复一日与航天人相伴的，通常是无穷无尽的数字代码和方案图纸。

首次在月球表面自动采样，首次从月面起飞，首次在38万公里以外的月球轨道上进行无人交会对接，首次带着月壤以接近第二宇宙速度返回地球……嫦娥五号探测器创造了中国航天史上一个又一个纪录。

这些纪录的背后，是充满浪漫精神的想象力，也是无数航天人为之孜孜不倦付出的辛勤汗水。

从总体设计、轨道控制到上行控制，每一个环节都精益求精。“嫦娥五号任务确实是近年来最复杂、最困难的任务之一！”担任北京航天飞行控制中心嫦娥五号任务总体设计职责的润冬由衷感慨。

总体设计，犹如居中协调的神经中枢，承担着沟通内外各系统协同工作的责任。每一处微小的调整变化，都意味着一系列的设计要推翻重来。

坐在指控大厅里，润冬和同事们守在座位上接收信息、分析资料、反复接打着来自四面八方的电话，向各系统通知或询问航天器的最新状态。

从近月制动到交会对接的那7天，飞控中心各岗位要执行一连串关键控制。这个星期，是大家公认的“魔鬼周”。

埋首在数据海洋里，兼顾方案调整计算，每一轮24小时值班，接打几十通电话……润冬每天只休息几个小时，便又一头扎回指控大厅。

轨道室全员在位，工作人员紧盯着电脑屏幕上的数据反馈，全身心地沉浸在数字与代码的流转切换中，不停计算着控制参数。担任着轨道控制工作的副主管设计师曹鹏飞一秒都不敢放松心神：“轨道是最基本的，要是路走偏了，后续的一系列操作都会受到影响。”

从探测器发射到落地，23天时间里，北京航天飞行控制中心的深空探测飞行控制室共发出近万条控制指令。虽然已经工作3年，嫦娥五号上行主管设计师李晓宇在最后点击发送指令按键时，手指仍会微微发颤。

“这是控制的最后一环，如果我们出错，就没有挽回的余地了。”李晓宇的话语中透出几分豪气，“我们团队从2017年组建，到现在完成嫦娥五号任务，没有发错过一条指令。”

12月6日，进行嫦娥五号任务交会对接当天凌晨，一切操作完毕，曹鹏飞仍紧张地注视着电子屏幕上反馈的曲线。

近了，更近了……入轨正常！轨道团队的同事们兴奋得拍红了手掌。

一切顺利，没有发生任何预想中的故障。上行控制岗位的操作手扔掉了手中最后一叠故障预案卡。

航天人最爱听到的两个字就是“正常”。一串串数据依照着既定的轨迹注入遥远的探测器上，将地面上科研人员的意愿传达给太空中的“嫦娥”——请带着月亮的礼物，平安重返人间。

指控大厅正前方的大屏幕上，嫦娥五号探测器沿着标定的曲线平稳行进。

灯火通明的大厅里，除了大屏幕的月球地图上标定了“紫微”“太微”“天市”等几个颇具古韵的撞击坑名字，再找不到哪一处蕴含着奔月绮梦的美感。

正如33岁的航天人孙振莲所说，航天是一个没有“逗趣”，也无法迎合世俗潮流的工作。这里只有一群“没有浪漫天赋”的理工科研人员，守在纯粹理性的数据之中，不知东方之既白。

“月球上的重力只有地球的1/6，而那里又是一个特别平静的地方。人类在月球上留下的痕迹，可以在那片荒芜寂静之地留存1万年。”曹鹏飞说，“想象一下吧，1万年后的人们，仍然能从月球上感受到今天的‘中国力量’。”

这，或许就是一个“不浪漫”的航天人，对航天事业最浪漫的回应。

为了伟大梦想，致敬我们终将逝去的青春

回顾自己工作，嫦娥五号遥控软件设计师刘辛认真地说：“其实，我就是个程序员。”

说着，刘辛不自觉摸了摸长发的发尾，微微笑着调侃自己：“虽然还没像其他男同事一样发际线告急。”

刘辛没觉得自己所做的事有多特殊，不过就是每天泡在机房敲键盘、写代码、找“bug”，反复更新、反复测试。

“就是普通程序员的生活，特别枯燥。”机房没有窗户，刘辛常常从早上8点多坐进去，一坐就不知白天黑夜。

去年夏天机房没装空调的时候，他们摆了几台电风扇。热得坐不住，大家就全都站在电脑前写代码。

时不时碰上灵感枯竭，刘辛就去跑步机上跑步，出一身汗，放空一下大脑，灵感也许就冒出来了。

有时候大学同学聊天，说起刘辛正在忙的“长征”“嫦娥”“天舟”“天问”，都觉得特别“高大上”。

“不过都是普通的岗位、普通的人。”刘辛对此置之一笑。

在刘辛身边，有这样一位年届五旬的航天人——高级工程师张祖丽。她守着最后一岗，坚持要等到嫦娥五号探月任务圆满成功才肯放心退休。

30岁的刘辛有些向往：“我挺想像她一样，一直坚守在这个岗位上。”

这份外人看起来颇有些神秘的工作，其实平淡而枯燥，随着发射任务的增多日益繁忙。刘辛已经习惯了这份忙碌，以及忙碌后收获的成就与自豪。

12 月 17 日凌晨，嫦娥五号返回器顺利返回地球。负责月面遥操作的副主管设计师何锡明和团队成员终于松了一口气。

指控大厅的屏幕已经“飘红”。何锡明和同事们满面笑容地站在“任务圆满成功”几个火红硕大的字前合影留念。

此时此刻，不论是冰封雪裹的四子王旗着陆场，还是夜色阑珊的北京航天飞行控制中心，或是坐落在大江南北的航天测控站，中国航天人正分立于不同的地理坐标上，共同分享这一瞬间的喜悦。

数不清的困苦与煎熬，最后都定格为屏幕上一张张满足的笑脸。

对年轻的航天人而言，这段为嫦娥五号而日夜奋战的岁月，也许最珍贵的记忆就是平淡，他们不需要太多波澜。

合影庆祝过后，何锡明和其他许许多多航天人就要从托举“嫦娥”的欢庆中抽身，无缝切换到下一项任务中去。

到月球南极采样返回、探测火星、建设空间站……为了把中国人的目光和足迹带到更遥远璀璨的深空，中国航天人马不停蹄。

伴着“绕、落、回”三步走计划圆满成功，中国航天将再次开启新的征程，踏着青春的节拍，以崭新的“中国速度”继续前行。

（参见杨悦、安普忠等：《托举“嫦娥”的青春力量》，《解放军报》2020 年 12 月 18 日。编入本书时有改动。）

【思考讨论】

1. 阅读本文，您认为究竟是一种什么样的青春力量托举“嫦娥”成功飞天？

2. 2018 年 5 月 2 日，习近平总书记在北京大学师生座谈会上指出：“当代青年是同新时代共同前进的一代。我们面临的新时代，既是近代以来中华民族发展的最好时代，也是实现中华民族伟大复兴的最关键时代。广大青年既拥有广阔发展空间，也承载着伟大时代使命……这是最大的人生际遇，也是最大的人生考验。”①联系自身实际，谈谈您对这段话的理解和认识。

【案例解析】

九天揽月探广寒，嫦娥掬壤返神州。

2020 年 11 月 24 日，长征五号遥五运载火箭成功将嫦娥五号探测器送入预定轨道。12 月 17 日凌晨，嫦娥五号返回器携带月球样品安全着陆，中国探月工程完成了“绕”“落”“回”三步走的收官之战。而在“嫦娥奔月”的背后，有这

① 习近平：《在北京大学师生座谈会上的讲话》，《人民日报》2018 年 5 月 3 日。

样一群年轻人，他们和嫦娥五号朝夕相伴，共同成长，24 岁的“大姐”周承钰就是其中的一位。

1996 年出生的周承钰被同事唤作“大姐”，并非因为她的年龄和身高，而是由于她能吃苦、肯吃苦，冲得上、拉得出、打得赢。在此前的长征五号遥三火箭测试任务中，“大姐”被定岗在位于脐带塔 15 层的二级连接器配气台。通往 15 层的路，是倾角接近 90°的 180 多级钢铁台阶，用“天梯”来形容这段路并不为过，很多地方难以直立行走，必须手脚并用才能爬上去，普通人单跑一趟都得冒一身汗，而“大姐”需要一天来回 4 趟。作为文昌发射场最年轻的连接器系统指挥员，她不仅要熟悉系统内各种设备的原理，还要具备在大流程计划内合理安排本系统工作的协调能力。在两年半的工作时间里，周承钰先后换了 5 个岗位，不同岗位对工作人员的知识能力要求差别巨大，每一次换岗都需要极大的勇气，这对测发经验并不算太多的周承钰而言充满挑战，而周承钰则把这一个个挑战当作学习和锻炼的绝好机会。她曾在嘈杂和没有空调的测试间坚持奋战 60 天，从未抱怨和迟到过一次；在液氮调试阶段，为了确保万无一失，她每天在发射塔上下奔走，协调各种工作，即使瘫倒在椅子上，也不会喊累。正是靠着这种拼劲和韧劲，敢于大胆尝试，勇于突破自我，周承钰逐步成长为文昌航天发射场最年轻的女性指挥员。这样的周承钰，也获得了很多人的喜爱和佩服。不少网友感叹：同样的 24 岁，看看人家，再看看自己！

太空之路，无比广阔；航天征程，无限壮美。然而，“伟大梦想不是等得来、喊得来的，而是拼出来、干出来的”①。奋斗是青春最亮丽的底色。而“奋斗不只是响亮的口号，而是要在做好每一件小事、完成每一项任务、履行每一项职责中见精神”②。忠于祖国、忠于人民，志存高远、脚踏实地，担负时代使命、练就过硬本领，锤炼品德修为、勇于砥砺奋斗，才能成为立大志、明大德、成大才、担大任的时代新人，也才能让青春在奋斗和奉献中焕发出更加绚丽的光彩。这是周承钰成长的“秘诀”，是这一群年轻航天人托举“嫦娥”一飞冲天的精神动力，也是带给新时代大学生的深刻启示！

【案例应用】

1. 本案例展示了以周承钰为代表的一代年轻航天人燃烧青春、托举“嫦娥”的奋斗故事。本案例的教学运用，旨在引导学生挖掘、提炼周承钰等成长成才的“秘诀”，领会“青春由磨砺而出彩，人生因奋斗而升华”的真实意义，从而深

① 习近平：《在庆祝改革开放 40 周年大会上的讲话》，《人民日报》2018 年 12 月 19 日。

② 习近平：《在纪念五四运动 100 周年大会上的讲话》，《人民日报》2019 年 5 月 1 日。

刻理解肩负历史使命，坚定前进信心，立大志、明大德、成大才、担大任，是党和国家对时代新人的根本要求，而爱国、励志、求真、力行乃是成为时代新人的根本途径，“为实现中华民族伟大复兴的中国梦而奋斗，是我们人生难得的际遇。每个青年都应该珍惜这个伟大时代，做新时代的奋斗者”①。本案例可用于教材绪论部分“新时代呼唤担当民族复兴大任的时代新人”的辅助教学，也可用于第一章第三节中“成就出彩人生”或第二章第三节中“为实现中国梦注入青春能量”的辅助教学。

2. 本案例在教学过程中，应着重突出“青春”二字以贴近学生，突出“奋斗”二字以激励学生；同时，还应注意到托举“嫦娥奔月”的不仅有周承钰，还有一大批像周承钰一样扎根高山、海岛，将自己最美好的青春年华投入祖国航天事业的年轻人，进而启发和引导学生体会到：青春最美是担当，唯有奉献才无悔。

① 习近平：《在北京大学师生座谈会上的讲话》，《人民日报》2018年5月3日。

案例 3

战“疫”中的青春担当

——记抗疫一线的“90 后”“00 后”年轻人

【案例文本】

过去，有人说他们是娇滴滴的一代；如今，他们成了抗疫一线的主力军。

习近平总书记在给北京大学援鄂医疗队全体“90 后”党员的回信中指出：“在新冠肺炎疫情防控斗争中，你们青年人同在一线英勇奋战的广大疫情防控人员一道，不畏艰险、冲锋在前、舍生忘死，彰显了青春的蓬勃力量，交出了合格答卷。”

一大批在抗疫一线的年轻医护人员，践行责任、担当和使命；千千万万个“90 后”“00 后”奋战在工地、社区、工厂以及运输保障等各条战线……广大青年用行动证明，新时代的中国青年是好样的，是堪当大任的！

战“疫”中的青春力量

青春信念：越是艰险越向前

在 4.2 万多名驰援湖北的医护人员中，有 1.2 万多名是“90 后”，其中相当一部分还是“95 后”甚至“00 后”。

4 批驰援湖北医疗队，3 家附属医院，426 人，这是北京大学驰援湖北的阵容。

这些人中，有刚满 24 岁青春活泼的护士，有推迟婚礼的准新郎，有刚当上父亲的青年医生，有刚刚给孩子断奶的妈妈，覆盖了医院的呼吸内科、重症医学科、感染管理科等科室。

出征前，有母亲一夜没睡，凌晨 3 点就开始蒸馒头为即将上前线的儿子送行；有人自始至终都没告诉父母，母亲从电视上看到新闻，哭着打电话过来；有人向 3 岁半的儿子解释，自己是去一个叫武汉的地方“打怪兽”……

在抗击疫情的最前线，一大批“90 后”甚至“00 后”，他们初生牛犊不怕虎，越是艰险越向前。

用压舌棒固定舌头、用拭子越过舌根，为了黏膜细胞收集精准，还得用拭子在咽部后壁反复擦拭，这样的操作常常让人感到不适，点点飞沫也会随之喷溅而出……

这是由武汉大学中南医院护士组成的发热门诊咽拭子采样队日常工作的场景，他们是离病毒最近、暴露风险最高的一群医务工作者。

战斗在与病毒较量的最前线，这支队伍的7名组员中，5人是“90后”，小组累计采样7 000余例。

这群年轻的“90后”男孩、女孩，戴上口罩、护目镜，穿上防护服，向险而行，他们说：“对得起职业，对得起患者，我们无悔！”

“我不想哭，哭花了护目镜就不能做事了，对不起……”

一句朴实的话，让全国人民记住了这位大眼睛的姑娘——广东省支援湖北医疗队队员、中山大学附属第三医院内科ICU护士朱海秀。

除夕那天，朱海秀收到护士长发来的消息：“海秀，你愿意去支援吗？”朱海秀没有犹豫：“如果国家需要我的话，我一定会义无反顾，所以当时就报名了。”

在武汉，她要面对的是很多前辈都没经历过的挑战。因为穿着几层防护服，哪怕再渴，朱海秀和同事不喝水也不吃东西，为的是不想浪费防护服，为的是多些时间和精力照顾患者。

与疫魔的较量，没有硝烟，但生死的考验真真切切。对朱海秀和更多她的同龄人而言，这都是一段刻骨铭心的青春记忆。

“穿上防护服，我就不是个孩子了。”20岁的刘佳怡随广东医疗队驰援湖北，在武汉客厅方舱医院悉心照料患者。

“没有生而勇敢，只有选择勇敢。”同样才20岁的谢佳慧是福建支援湖北医疗队中“最小的娃”，临行前弟弟问她去哪儿，她答道：“去救人！”

“90后”“00后”已经长大，他们听过先辈们奋斗的故事，见证或听闻汶川地震、抗击非典的危急时刻。现在，轮到他们挺身而出，在抗击疫情一线谱写自己的青春之歌。

“战友们，你们在没有硝烟的战场上抗击疫情，守护健康，在灾难面前，挺身而出，你们是新时代最可爱的人！”96岁的战斗英雄张富清，为奋战在疫情一线的“战士”们送上祝福。笑称自己也是“90后”的老英雄，由衷赞叹青年一代在疫情中的表现。

青春力量：战“疫”前线筑长城

小小的年纪，大大的担当。奋斗是青春最亮丽的底色。

他们是抢救生命的战斗员、是疫情防控的宣传员、是交通卡点的守门员、是物资转运的勤务员……

在与疫情较量的各条战线上，广大“90后”“00后”中国青年走在时代前列，勇做奋进者、开拓者、奉献者。他们不畏惧艰难险阻，用青春和汗水让世界刮目相看。

“这个时候，我们不上谁上？”“90后”刘宜是武汉经济技术开发区沌口街枫桦苇岸社区的党支部书记。疫情暴发后，她和社区工作人员与党员、群众、志愿者一直守在第一线，很久没有睡过一晚好觉、吃过一餐好饭。在她的带领下，社区成立防控工作小组，商议防控方案，细化防控责任，领着社区工作人员、党员和居民志愿者承包楼栋单元、商铺门店，疫情防控几乎成了这段时间她生活的全部。

居民一句“有她在，我们宅在家里，不发愁”是刘宜最大的动力。

“自觉加入突击队，不计报酬，不讲条件，无惧生死，履职尽责，保证完成各项工作任务。”

2020年1月下旬，武汉市公安局硚口区分局成立由民警和辅警组成的“抗击疫情突击队”，两名“95后”女民警乐翥、朱新年写下请战书，主动请缨。

到方舱医院巡逻，在定点医院执勤……一个多月来，1996年出生的内勤民警乐翥和战友们冒着被感染的风险，对39个重要点位进行支援。

突击队中年龄最小的队员，1996年出生的朱新年第一时间从黄石老家赶回武汉，同样奋战在防控疫情、维护稳定最前沿。

“青年民警就是要往前冲，我们要在疫情中贡献自己的力量。”朱新年说。

在一些人眼中，年轻人没吃过什么苦，经不住风浪，挑不起重担，但在危难关头，他们不退缩、不彷徨，从挫折中不断奋起、永不气馁，一心为战“疫”“做点什么”。

“这次，换我们来！”“90后”武汉姑娘华雨辰，在志愿者队伍中当过司机、搬运工、播报员，哪里需要就奔向哪里。

作为一名“武汉伢”，20岁的北京航空航天大学学子余汉明寒假在家主动报名做起志愿者，为空巢老人、社区居民忙前忙后。他说：“我们是年轻的一代，更是代表希望的一代。”

一张张面孔虽稍显稚嫩，一双双眼睛却坚定认真。年轻的身影逆行而上、敢打敢拼，在战“疫”前线筑起青春的长城。

当疫情来临，27岁的温瑞决定留在武汉，他是中国铁建中铁十五局的一名现场安全员，负责武汉长江二桥的亮化维护保养。

尽管现在没有多少人来观赏，但每到夜晚“武汉加油、中国加油、致敬抗疫英雄”这样的灯光字样，都在温瑞的注视下亮起。

这些夜空的“星”，闪烁着城市的“光”，正如同青年一代，涌动着国家的青春力量。

青春中国：挺起新时代共和国的脊梁

在这次抗击疫情斗争中，人们看到了更多“90 后”“00 后”刚毅果敢的身影。

“撒娇、卖萌、宝宝”……类似这些词语是部分“90 后”“00 后”身上的标签，很多人曾经担心年轻人能否扛起未来的重担。

就在今天这场没有硝烟的战场内外，人们看到，年轻人用自己的肩膀扛起了责任，描绘了“大写的青春”。

他们，在战“疫”里“绝不缺席”——

彭银华、夏思思，用生命交出了属于“90 后”医生的奋斗答卷。

更多像彭银华、夏思思一样优秀的“90 后”“00 后”们，仍然义无反顾地冲向了抗疫最前线……

一寸山河一寸血。疫情期间，新一代青年绝不做“不知有汉无论魏晋”的桃花源中人。

中国地质大学（武汉）材料与化学学院学生徐子扬正月初一跟随父亲踏上从老家返回武汉的征程：参与火神山医院建设。“10 天建成一座医院，中国人、湖北人做到了。”亲身经历这一切，他感受到中国力量、中国精神。

这个寒假，因疫情留守在家的 100 多万湖北高校学子“聚是一团火，散是满天星”，线上线下，为疫情防控注入青年力量……

他们，在战“疫”中“破茧成蝶”——

“昨天已安全抵达，明天即将打响第一场阻击战。此刻，我怀着无比激动的心情写下入党申请书，请党组织在防控疫情这场没有硝烟的战斗中考验我。”

刚脱下新婚礼服，河南理工大学第一附属医院“90 后”护士郭亚茹在焦作市支援湖北应急医疗队驻地递交了入党申请书。

武汉市江汉区妇幼保健院“00 后”护士郭诗敏，在进入隔离点工作 30 天后，也递交了入党申请书。她说：“觉得自己不再是个稚嫩的孩子了。”

长时间戴口罩、穿防护服，郭诗敏从未叫过苦。护士长郭丽君说，这个爱美的姑娘并没有因为脸上长痘而伤心言弃，而是选择继续战“疫”，郭诗敏的表现改变了她对“00 后”的看法。

来自黑龙江伊春的 24 岁男护士杨扬，支援湖北孝感已一个多月。远在 2 700 多公里外的家乡，同为“90 后”的未婚妻王珊珊也奋战在医务岗位上。

特殊时期，无论前后方，都是战场。遥遥千里相隔，这对年轻人一同坚守，书写着“90后”青年群体的“确幸与浪漫”。

他们，正成为爱国担当的青年生力军——

一支支青年突击队奋勇向前，一个个感人瞬间，一段段动人故事，展现出当下中国青年的青春“蝶变”。

国无安，何有家？疫情带来深思之后的行动参与，也是一场特殊的爱国主义教育。

“我们不能亲临主战场，但我们能坚持在大战中坚定信心、不负韶华，在今后更长的人生大考中交出合格的答卷。”这句话成为不少年轻人共同的心声。

“让逆行者更安心战‘疫’”——2月15日以来，武汉大学865名大学生志愿者怀揣共同的梦想，一起为100多家医院的556个一线医务工作者家庭提供“多对一”线上教学。

在疫情暴发的特殊时期，作为身在武汉的航天人，中国航天科工集团四部团委以“航天技术＋疫情防控”小知识的形式，激发更多孩子们热爱科学、崇尚科学的精神。

雨水节气，华中农业大学发出倡议，师生用所学帮助村民防治病虫害，下田打药施肥，跃然农事一线，共同上好“田间大课”。

中南民族大学石榴籽志愿服务队广大青年们在返乡结束隔离期后，主动向社区(村)报到，争做疫情防控青年生力军，收集疫情信息、绘制漫画、将信息翻译成民族文字……

一代青年有一代青年的历史际遇。在国家和民族的历史传承中，青年就是每一个时代的接棒人。

“樱”为你、等新篇，晴空正好，天光未老。

春天的武汉，盛放的樱花牵动着无数颗年轻的心；未来的武汉，将再次敞开怀抱迎接百万学子归来求索。

青年一代有理想、有本领、有担当，国家就有前途，民族就有希望。

人们坚信，青年一代一定能成为民族复兴征途上闯关夺隘、攻城拔寨的先锋力量，在经过疫情洗礼与淬炼后，必将在党和人民最需要的地方绽放绚丽之花。

青年一定行，中国一定能！

(参见胡喆、李伟、侯文坤：《青春的力量　时代的脊梁——记抗疫一线的“90后”“00后”年轻人》，《新华每日电讯》2020年3月17日。编入本书时有改动。)

【思考讨论】

1. “在这次抗疫斗争中，青年一代的突出表现令人欣慰、令人感动。”①阅读本文，在抗疫一线的“90 后”“00 后”年轻人身上，体现了怎样的青春风采？

2. 习近平总书记强调指出：“青年一代有理想、有本领、有担当，国家就有前途，民族就有希望。”②您如何理解这句话的深刻含义？

【案例解析】

2020 年，注定是不平凡的一年。

突袭而至、来势汹汹的新冠肺炎疫情，打破了春节这个中国人最隆重最盛大的传统节日该有的祥和与热闹，也打乱了人们正常的学习、工作和生产生活秩序。一场没有硝烟的抗疫大战、一份艰苦卓绝的历史大考摆在我们面前。“新冠肺炎疫情是百年来全球发生的最严重的传染病大流行，是新中国成立以来我国遭遇的传播速度最快、感染范围最广、防控难度最大的重大突发公共卫生事件。”③当人们谈“毒”色变、闭户宅家，当病毒肆虐严重威胁人民生命安全和身体健康，一批批“90 后”“00 后”年轻人主动请缨，义无反顾地冲上了这个不闻炮声、没有硝烟的战场。他们有的白衣为甲、逆行出征，穿着厚重的防护服，舍生忘死挽救生命；有的戴上口罩拿起小本，走访在社区和街道中间，为居民解决生活困难；有的冒着被感染的风险，日夜到方舱医院巡逻、在定点医院执勤；有的不计报酬、不讲条件，加入志愿服务行列……

过去，有人说他们是娇滴滴的一代；如今，他们成了抗疫一线的中坚力量。他们用稚嫩的肩膀，扛起如山的责任，以初生牛犊不怕虎的精神和越是艰险越向前的刚健勇毅，为保护人民健康而战、为维护祖国荣誉而战。长辈们说：“哪里有什么白衣天使，不过是一群孩子换了一身衣服，学着前辈的样子治病救人，与死神抢人罢了。”而他们的一句话更是感动了中国：“2003 年‘非典’的时候你们保护了我们，今天轮到我们来保护你们了！”世上没有从天而降的英雄，只有挺身而出的凡人。从这群“90 后”“00 后”身上，我们看到了拼搏奉献与责任担当，看到了激昂蓬勃的青春风采，看到了中华民族的未来和希望！

“未来属于青年，希望寄予青年。”④习近平总书记多次强调指出：“青年一

---

① 习近平：《在全国抗击新冠肺炎疫情表彰大会上的讲话》，《人民日报》2020 年 9 月 9 日。

② 习近平：《习近平谈治国理政：第三卷》，外文出版社 2020 年版，第 54 页。

③ 习近平：《在全国抗击新冠肺炎疫情表彰大会上的讲话》，《人民日报》2020 年 9 月 9 日。

④ 习近平：《习近平谈治国理政：第四卷》，外文出版社 2022 年版，第 14 页。

代有理想、有本领、有担当，国家就有前途，民族就有希望。”①我们相信，当代青年定能不负党和人民的期望和重托，珍惜青春韶华、担负时代使命，在担当中历练，在尽责中成长，毫不畏惧面对一切艰难险阻，勇做走在时代前列的奋进者、开拓者、奉献者，成为实现中华民族伟大复兴的生力军，让青春在为祖国、为人民、为民族、为人类的奉献中焕发出更加绚丽的光彩！

【案例应用】

1. 本案例展示了一批“90后”“00后”青年在抗击新冠肺炎疫情斗争中的突出表现及不畏艰险、冲锋在前、舍生忘死、勇于奉献的精神风貌，充分证明了“新时代的中国青年是好样的，是堪当大任的”②。本案例的教学与讨论，旨在引导学生认识当代青年的时代责任和历史使命，立大志、明大德、成大才、担大任，努力成为堪当民族复兴重任的时代新人。本案例可用于绪论部分“新时代呼唤担当民族复兴大任的时代新人”的辅助教学，也可用于第一章第三节中“成就出彩人生”、第四章第三节“积极践行社会主义核心价值观”等内容的辅助教学。

2. 在本案例教学过程中，教师还可引导学生以小组的形式，搜集、讲述各行各业“90后”“00后”青年与时代同步伐、与祖国共命运、与人民齐奋斗的感人故事，归纳、提炼当代青年勇于担当、奋发向上、无私奉献的精神风貌，以此激励学生练就过硬本领、锤炼品德修为、勇于砥砺奋斗、真诚报效国家。

---

① 习近平：《习近平谈治国理政：第三卷》，外文出版社2020年版，第54页。

② 《习近平回信勉励北京大学援鄂医疗队全体“90后”党员　让青春在党和人民最需要的地方绽放绚丽之花》，《人民日报》2020年3月17日。

案例 4

唱响新时代的青春之歌

——保定学院“西部支教优秀群体”记事

【案例文本】

“我是侯鹏毅，是广西百色市田东县右矿中学的一名教师。”

“我是刘家君，是新疆巴州轮台县的一名基层工作者。”

“我是李晶晶，是新疆生产建设兵团37团学校的一名教师。”

……

他们是保定学院又一届西部支教应届毕业生，将追随学长们的足迹，奔赴祖国西部。

好儿女志在四方，有志者奋斗无悔。2000年，保定学院15名毕业生远赴新疆且末县任教，吹响了该校毕业生到西部建功立业的号角。

“多年来，一批批有理想、有担当的青年，像你们一样在西部地区辛勤耕耘、默默奉献，为当地经济社会发展、民族团结进步作出了贡献。”2014年5月，习近平总书记在给保定学院西部支教毕业生群体代表回信中指出，“希望越来越多的青年人以你们为榜样，到基层和人民中去建功立业，让青春之花绽放在祖国最需要的地方，在实现中国梦的伟大实践中书写别样精彩的人生。”

> 习近平给河北保定学院西部支教毕业生群体代表回信

在塔克拉玛干沙漠深处、在雪域高原之上、在渝西莽莽的大山里、在贵州偏远的村庄……截至2020年，保定学院的170余名毕业生像一颗颗顽强的种子，播撒在祖国的西部大地，绽放出绚烂的青春之花。

青年的担当——去最艰苦的地方实现人生价值

侯朝茹、庞胜利、辛忠起、苏普、李桂枝……20年前，15名年轻人带着户口来到距离家乡5 000公里外的新疆巴音郭楞蒙古自治州且末县。他们立志把火热的青春奉献给西部，把艰难当成磨砺，在磨砺中不断成长。

从保定出发，他们经过5天4夜的辗转奔波，终于抵达且末。“漫漫黄沙，满目荒凉，偶尔会看到几匹骆驼和驶过的汽车。”保定学院党委宣传部部长刘世斌曾送15名毕业生赴新疆，对当年的情景记忆犹新。

“学校只有几排平房，泥土的地面，墙皮都脱落了，操场上尘土飞扬。”刘世斌不由担心：在这样的环境里，他们能安心工作吗？只能通过写信和家人联系，一封信在路上要走上半个月，他们能受得了吗……

离别时，在学校门口，15人站成一排手挽着手高喊：“老师放心，母校放心，我们在这里一定会好好的！”刘世斌透过车窗，看到他们眼中的坚定，热泪盈眶。

什么才是让人热泪盈眶的青春？那就是投身到壮丽的事业中。正值国家实施西部大开发战略，曾经一句“到祖国最需要的地方去”，让许多毕业生彻夜难眠。

2000年，且末县教育局在内地招聘教师，保定学院应届毕业生有200多人报名。

庞胜利的父亲在涞源县城给他联系好了工作，王建超收到了省内重点高校专升本的录取通知书，保定市多所中学向李桂枝伸出了“橄榄枝”……但他们义无反顾选择了且末，就为了一句话：“那里的孩子需要老师，新学年马上就要开始，初一7个班的班主任有6个还没有着落。”

且末年降水量不足20毫米，风沙天气却多达200多天。嘴唇干裂、嗓子肿疼、流鼻血……15名年轻人很快就见识到了这里的风沙和干燥，“沙尘暴来的时候，天突然毫无征兆地就变昏暗了，能见度不足2米，到处都是呛人的土味儿。”

然而，首批到且末支教的15人中，除1人因特殊原因返回，其余14人全部扎下了根。

是榜样，更是召唤。

2002年，西藏日喀则教育局来保定招聘。这次要去的是海拔3 000米以上的雪域高原，但保定学院的毕业生依然报名踊跃。

“服务西部就是我们这一代应有的担当。”苏普师兄的一句话打动了2002届毕业生闫俊良。在教学技能大赛上，好几所中学的校长都看上了他。可闫俊良却说：“靠国家助学贷款我完成了学业，现在是该我回报社会的时候了。”

西藏南木林县，藏语意为“胜利”，地处日喀则市东北部，平均海拔4 400米。当年闫俊良和其他9名同学来到这里时，整个县城也就百十来户。

“住的土坯房下雨就漏，每次都要拿出锅盆来接。吃水要到河里打，冬天河水结冰足有一尺多厚，用石头凿开再取水，一会儿手就冻得生疼。”可就是这样的条件，闫俊良仍留了下来，在南木林县第二中学任教至今。

一部专题片《到西部教书去》，让刚入学的荀轶娜感到震撼，“我一定要努力像他们那样！”2003 年一毕业，她也来到了且末，揣着侯朝茹师姐寄给她的照片——学校新盖的教学楼，新建的县城广场，广袤的大漠风光……

奋斗中坚守——在贫瘠的土壤里涵养出梦想的种子

“你知道沙漠的那一边是什么吗？”

“不知道，应该还是沙漠吧。”

“沙漠的那一边是蔚蓝的大海，是更大的世界。”

这是 10 年前，且末县第一中学教师李桂枝和学生依利米努尔的对话。

在中央广播电视总台 2019 主持人大赛中，选手依利米努尔出彩的表现给观众留下了深刻印象。而保定学院支教老师也走进了观众心里。

依利米努尔说，正是李桂枝老师在她心中播下了一颗梦想的种子，才让她有勇气去追逐梦想。

让孩子们走出沙漠，他们自己却在这里扎根。

7 月 11 日，高三毕业班举行毕业典礼后，李桂枝看着学生们发来的各种表达谢意的信息，突然泪流满面，“在贫瘠的土壤中涵养出梦想的种子，不正是我们来支教的目的吗？所有的辛苦都不算什么，得到的只有满满的幸福。”

在个人空间里，侯朝茹写了这段文字：“我很幸运，做了一名教师；我很幸福，做着一名教师。因为教师是在用生命影响生命，用人格塑造人格，所以我愿一生为此努力！”

且末的一场风沙过后，总能“刮”走几个老师。“侯老师，你们会不会也走？”学生们渴望的表情和无助的眼神，让侯朝茹心里一阵酸楚，“我们会留下来，好好地教你们！”

这句承诺，他们坚定至今，已经 20 年。

且末中学师生都说，“河北保定来的老师们一个比一个拼。”

无奋斗，不青春。扎根西部的青春和梦想，书写出别样的精彩。

2003 年，保定学院 2000 届毕业生带出的第一批初中毕业生，中考成绩在全巴州名列前茅，一举摘掉了“老末”的帽子。

如今，侯朝茹已是且末中学高中年级的金牌教师，从 2007 年开始，一直担任高中文科实验班的班主任，连续带了 5 届毕业班，把数百名孩子送入大学深造。李桂枝潜心教学研究，发表了数十篇论文，她的“自主、合作、探究语文教学”模式在全巴州推广。

司会平 2003 年到西藏日喀则第一高级中学，至今已带了五届毕业生，2011 年、2014 年高考升学率达到了 100%。她设立了“格桑花助学金”，资助班里家境困难、学习努力的孩子。她说:“希望种下的格桑花种子,在青藏高原开出更多娇艳的花朵。”

同年毕业的黄淑荣来到新疆巴州和静县高级中学,和5名同学成了同事们眼中最敬业的年轻人。第二年开始担任班主任,年轻的他们没有经验,但他们把满腔的热情全部倾注到学生身上。

刚工作不久,班里转来一名女生,不仅成绩不理想,还有不少社会习气。黄淑荣让她担任语文课代表,没想到,她把早读安排得井井有条,作业本收发得也很及时,成绩越来越好。一个学期后她给黄老师发来短信:“您是第一个对我怀有期望的老师,我不会让您失望的。”

3年后,他们刷新了学校的高考成绩。成绩发布的那一天,黄淑荣和同学们相拥而泣,朝着母校的方向大声呼喊:“我们做到了!”

无悔的青春——西部支教精神薪火相传

7月19日,保定学院2020届西部支教应届毕业生刘家君从学院党委书记胡连利手中接过了出征的旗帜,坚定地说:“只有在年轻的时候奋斗过、拼搏过、奉献过,书写过人生的精彩、攀登过人生的高峰,我们才能自信地说:‘青春无悔’。”

在保定学院,西部支教精神薪火相传。20年来,保定学院逐步建立完善了人人参与的志愿服务机制,通过西部计划、顶岗实习等方式,每年都有毕业生到西部,到祖国最需要的地方去实现人生的价值。

进入保定学院,一块巨石映入眼帘,上面镌刻着习近平总书记给保定学院西部支教毕业生群体代表的回信,“同人民一道拼搏、同祖国一道前进,服务人民、奉献祖国,是当代中国青年的正确方向”。

如今,回信石已经成为全校广大师生的精神圣地。回信石广场上每年都会举办新生开学第一课,总书记回信精神和西部支教毕业生群体的事迹已纳入思政课教学内容。

广袤的西部边疆,给年轻人提供了更广阔的舞台。

“从入学起我就对西部充满向往,年轻人就要去闯闯。”2018届毕业生李鑫,如今是新疆喀什莎车县阿斯兰巴格乡的一名驻村干部。

他所在的博斯坦村有161户687人,其中45户是贫困户。实施扶贫项目、帮扶贫困户、开展农民培训,一年多来,他和工作队不仅帮村民解决了吃水、用电难题,还想方设法帮助村民就业。在忙碌充实的工作中,李鑫找到了人生的意义。

“不是没有机会回去,但在这里工作时间越长,感情就越深,越觉得不舍。”

风华不再，但初心未改。他们说，当年的理想化作了平凡的生活，化作了对亲人、对学生的爱，温暖着他们坚守的岁月。

这份爱，有与当地学生和群众结下的亲情——

在西藏南木林县一中任教的岳刚，得知藏族学生格桑央吉家长不想供孩子上高中，便苦口婆心做通了家长工作，还在宿舍里设了一张课桌，每天晚自习后为格桑央吉和另一名学生补课。

在贵州松桃苗族自治县第二中学支教的李海艳，发现当地留守儿童有的连基本的学习用具都没钱买，就自费买好学习用具，对每次的课堂测验和课外活动进行评奖，把学习用具作为奖品发给孩子们。

在和静高级中学任教的李小宇和蒙古族大叔依仁且阿拉一家结为亲戚，经常帮他们解决生活困难。虽然一家人在政府帮扶下脱了贫，但李小宇还会抽空去看望他们。

……

这份爱，有对亲人的牵挂和内疚——

2017 年 5 月，正在带毕业班的辛忠起接到老家的电话——母亲病危。当听说母亲病情稳定，辛老师放下假条，决定陪着孩子们高考完再回家照顾母亲。没想到，5 月 24 日母亲突然离世。

2013 年，侯朝茹的父亲被诊断为双侧缺血性股骨头坏死。她想多帮父亲煎煎药，帮母亲做顿饭，一直没有机会。父亲来电话总是对她说，要好好教书，不用惦记家里，别耽误了孩子们。

……

“把梦想安放在西部，我们只是做了年轻人该做的。”这是所有毕业生的心声：“我们会继续坚守，扎根边疆，今生无悔！”

（参见薛惠娟：《唱响新时代的青春之歌——保定学院“西部支教优秀群体”记事》，《河北日报》2020 年 7 月 25 日。编入本书时有改动。）

【思考讨论】

1. 好儿女志在四方，有志者奋斗无悔。20 多年来，河北保定学院一批批毕业生支教边疆、扎根西部，体现了怎样的人生追求和青春担当？

2. 习近平总书记在给河北保定学院西部支教毕业生群体代表的回信中强调：“同人民一道拼搏、同祖国一道前进，服务人民、奉献祖国，是当代中国青年的正确方向。”联系实际，谈谈您对这句话的理解。

【案例解析】

青春的汗水在哪里挥洒，年轻的梦想于何处追寻？一批批毕业于河北保定学院的大学生用扎根西部教书育人的执着与担当，回答着这样的时代命题。

2000 年，响应国家西部大开发的号召，河北保定学院 15 名品学兼优的毕业生，毅然放弃多家用人单位的录用及继续深造的机会，带着户口选择到万里之遥的新疆且末县中学任教，吹响了“到西部教书去”的青春号角。截至 2020 年，保定学院已有 170 余名毕业生在新疆、西藏、贵州、重庆、四川、陕西等地基层工作。

20 年，是一个人最美好的青春岁月；20 年，也是一代人成长起来的时间。

回溯当初，新疆且末县教育局到内地招聘教师，保定学院的应届毕业生给了他们巨大的惊喜和感动，他们没想到竟有 200 多人报名，最后不得不把名额增加到 15 个。对于这些毕业生来说，就业机会其实很多。他们义无反顾选择了且末，就为了一句话：那里的孩子需要老师——新学年马上就要开始，初一 7 个班的班主任有 6 个还没有着落！

于是，20 年来，白云苍狗，保定学院志愿去西部支教的毕业生，一届接着一届地延续和传承。

20 年来，究竟是一种什么样的力量，让他们无怨无悔扎根大漠边关，播撒着师者大爱，践行着青春诺言？

他们说，是西部让我们和祖国紧紧相连，是梦想让我们的脚步走得更远。

他们说，服务西部就是我们这一代应有的担当。把梦想安放在西部，我们只是做了年轻人该做的。

他们说，靠国家助学贷款我完成了学业，现在是该我回报社会的时候了。

他们说，无奋斗，不青春。只有荒凉的沙漠，没有荒凉的人生！

……

“多年来，一批批有理想、有担当的青年，像你们一样在西部地区辛勤耕耘、默默奉献，为当地经济社会发展、民族团结进步作出了贡献。”2014 年“五四”青年节前夕，习近平总书记给保定学院西部支教毕业生群体回信，赞誉他们同人民一道拼搏，同祖国一道前进，服务人民，奉献祖国，代表了当代中国青年的正确方向。

正是因为如此，他们将青春的梦想化作平凡的生活，化作对祖国、对边疆、对学生的大爱，温暖着他们坚守的岁月和精神的传承。正是因为如此，他们如一棵棵戈壁红柳、一株株雪域格桑花一样，扎根在祖国西部边陲，生根开花，枝繁叶茂，以奋斗无悔、泰然自处的崇高境界，谱写了一曲壮丽的青春之歌。在保定学院西部支教毕业生群体身上，集中体现了服务人民、奉献祖国的科学人生追求，深刻诠释了“有理想、有本领、有担当”这一时代新人的根本要求。

保定学院西部支教毕业生群体的先进事迹告诉我们，人的一生只有一次青春，而青春时期的选择只有契合时代要求、符合人民需要，才会有意义有价值。“只有进行了激情奋斗的青春，只有进行了顽强拼搏的青春，只有为人民作出了奉献的青春，才会留下充实、温暖、持久、无悔的青春回忆。”①

保定学院西部支教毕业生群体是当代大学生的榜样，更是一种号召。

【案例应用】

1. 本案例记述了河北保定学院一批批毕业生扎根西部边疆、倾心教书育人、书写别样精彩人生的先进事迹。本案例的教学与讨论，旨在引导学生充分认识和理解“同人民一道拼搏、同祖国一道前进，服务人民、奉献祖国，是当代中国青年的正确方向”，思考当代大学生的时代责任和历史使命，以及如何将个人的人生发展与祖国和人民的需要紧密结合在一起，立大志、明大德、成大才、担大任，努力成为堪当民族复兴重任的时代新人，让青春在服务人民、奉献社会的不懈奋斗中绽放绚丽之花。本案例可用于教材绪论部分“新时代呼唤担当民族复兴大任的时代新人”的辅助教学，也可用于第一章第二节中“高尚的人生追求”或第三节中“成就出彩人生”等内容的辅助教学。

2. 本案例在使用过程中，既要注重提炼保定学院西部支教毕业生群体的家国情怀和奉献精神，也要善于联系大学生自身成长实际，启发课堂互动与思考，进而深化教育教学效果。

① 习近平：《习近平谈治国理政：第一卷》，外文出版社 2018 年版，第 54 页。

案例5

大学生用“专业技术”把青春“薅”进监狱

【案例文本】

2018年4月初，杭州市滨江区人民检察院依法起诉的一个案件和“薅羊毛”有关。陕西一高校计算机专业的学生小刘利用自己的“专业技术”，发现了滨江一家理财平台存在的漏洞，通过软件更改充值金额后提现，最终未出象牙塔却先把自己送进了监狱。

平台对账的时候，发现“收支不平衡”

3名大学生成犯罪嫌疑人 只因干了这种事

2017年8月初，该公司在一次人工核账的过程中，发现入账的充值金额和提现出去的金额不一致，通过技术排查，发现这一异常已经持续很长一段时间。

正常来说，在这个平台理财，用户需要把银行卡账户上的钱充值到平台托管银行的虚拟账户中，可以选择进行下一步理财投资或直接提现。理财投资到期之后，本金和利息也是先回款到虚拟账户中，然后提现到银行卡。

在充值和提现两个环节，平台不会进行人工核对。这也就解释了为什么两个月后平台才会发现异常。

技术人员发现漏洞之后，确实有部分用户账户存在异常，而且金额还不小。于是平台当天晚上就进行漏洞修复，并调取整理了这部分客户名单做回访。

在回访的过程中，平台意外发现这些用户，部分虽然有完整的身份证、银行卡、电话号码信息，但都不是本人，只是被盗用了身份信息。这家公司立即报警。

平时花钱大手大脚，原来“生财有道”

案发后，嫌疑人很快就被锁定——陕西一高校的学生小刘和他的小伙伴小曹。

据小刘的同学们讲，小刘家境一般，但是“生活开支比较大”。在提审中，当被问到涉案金额怎么用掉的时候，小刘说：“很多用来看直播打赏了。”

小刘读的是计算机专业。2017 年 6 月的一天，小刘发现了滨江这家理财平台程序上的漏洞：通过第三方软件，可以更改平台虚拟账户中显示的充值金额。简单的例子，充值 5 块钱，通过一定的技术手段，可以改成 10 块、100 块，居然还能成功提现。

一开始，小刘用自己的身份信息来注册操作，涉及的金额也是比较小的。而且小刘还是一个比较“讲义气”的同学，自己发现的漏洞，分享给室友，把他们带进了“坑里”。不过，室友们涉及的金额比较少，没有构成刑事犯罪。

黑卡十篡改，两个“头脑灵光”的人把自己送进监狱

尝到甜头的小刘发现理财平台并没有发现这一漏洞，不过他很谨慎，觉得用自己或者朋友的身份信息进行注册会有风险。他想到了小曹。

于是，小刘通过 QQ 联系上了小曹，告诉他使用技术方法篡改金额并提现的“生财之道”，两人一拍即合，2017 年 7 月份开始，小曹提供黑卡信息，小刘来操作，两人一共非法获取了 30 万元，按说好的分掉了。

一开始，小曹愣是没看会小刘是怎么操作的，不过在一次次的“学习”中，小曹最终学会了这个套现的方法，并利用自己手上的黑卡资源，另外非法获取了 40 余万元。

最终，小刘和小曹以及他们的家人均为他们的行为买了单，拿出家里的钱退赃。

而小刘和小曹，均被法院判处 10 年以上有期徒刑，也就是说这两个年轻人最美好的青春时光将在监狱中度过。

检察官说，小刘和小曹的行为，表面上只是修改了计算机的数据，但其实质是秘密窃取平台的财物，是盗窃行为。

（参见黄伟芬、滨检：《太聪明反而害了他们　两名在校大学生把自己“薅”进监狱》，《钱江晚报》2018 年 4 月 9 日。编入本书时有改动。）

【思考讨论】

1. 本案例中，大学生小刘和小曹利用自己的“专业技术”，通过理财平台漏洞提现而最终获刑，将自己的青春“薅”进了监狱，其行为的背后反映出什么问题？对您有何警示意义？

2. 联系实际，谈谈大学生应如何提升思想道德素质和法治素养。

【案例解析】

本案例中，两个计算机专业的大学生通过理财平台漏洞非法获利数十万元，其头脑可谓“聪明”、技术可谓“专业”。可惜的是，他们身上少了两样东西，以至于最终未出象牙塔，却先把自己最美好的青春时光“薅”进了监狱。

其一，他们身上少的是思想道德素质。思想道德素质是人们的思想观念、政治立场、价值取向、道德情操和行为习惯等方面品质和能力的综合体现，反映着一个人的思想境界和道德风貌，是促进个体健康成长、社会发展进步的重要保障。北宋政治家司马光在《资治通鉴》开篇中即精辟地阐述了“德”与“才”的关系：“才者，德之资也；德者，才之帅也。”意思是说，才能是德行的基础和凭借，德行是才能的统帅和引领。本案例中，小刘家境一般，但“生活开支比较大”，其所获非法提现“很多用来看直播打赏了”。由此，可以看出其追求享乐的思想倾向和价值观念。正是他在思想道德方面的修养与自律不足，使得他误入犯罪的泥潭，并越滑越远、越陷越深。

其二，他们身上少的是法治素养。法治素养是指人们通过学习法律知识、理解法律本质、运用法治思维、依法维护权利与依法履行义务的素质、修养和能力，对于保证人们尊崇法治、遵守法律具有重要的意义。小刘和小曹之所以敢于铤而走险，一次次地非法提现达数十万元，除了思想道德素质不足之外，还在于他们藐视法律，内心缺乏对法律的敬畏与尊崇。最终，小刘和小曹受到了应有的法律制裁。

“法律是成文的道德，道德是内心的法律，法律和道德都具有规范社会行为、维护社会秩序的作用。”①对于治理国家、治理社会来说，必须一手抓法治、一手抓德治，既重视发挥法律的规范作用，又重视发挥道德的教化作用，实现法律和道德相辅相成、法治和德治相得益彰。而对于人才的健康成长来说，则需要德智体美劳诸方面全面发展，其中，思想道德素质和法治素养乃是大学生成长成才必须具备的基本素质，是人才素质的灵魂所在。一个人是否具备良好的思想道德素质和法治素养，是其能否被社会接纳并更好地实现自身价值和社会价值的关键。良好的思想道德素质和法治素养，是在学习中养成、内省中完善、自律中锤炼、实践中升华的结果。大学生应当通过理论学习和实践体验，树立坚定的理想信念和正确的价值观念，陶冶高尚的道德情操，增强尊法学法守法用法的自觉性，不断提高自身的思想道德素质和法治素养。小刘和小曹已为他们的行为买单，这是他们应吸取的教训，也是对所有大学生的警示！

---

① 习近平：《习近平谈治国理政：第二卷》，外文出版社 2017 年版，第 116 页。

【案例应用】

1. 本案例贴近大学生活实际，讲述了两个大学生因思想道德素质和法治素养的缺失而走向犯罪的事实。本案例的教学与讨论，可启发和警示大学生：良好的思想道德素质和法治素养是新时代大学生应该具有的基本素质，是把握发展机遇、做好人生规划、书写时代华章的必备条件，对于促进大学生健康成长具有十分重要的意义。教师在运用本案例时要注意两点：一是引导学生从案例事件中分析小刘和小曹犯罪的深层原因在于思想道德素质与法治素养的薄弱或缺失；二是阐明良好的思想道德素质和法治素养对于大学生在日常学习、生活中的行为目的和方向，以及走向社会后的成长与发展所起到的重要作用。

2. 本案例可用于教材绪论中"不断提升思想道德素质和法治素养"的辅助教学。教师在教学过程中，还可以让学生列举一些类似的案例，并引导讨论、互动，以增强警示和教育效果。

案例 6

"电梯劝阻吸烟猝死案"为何改判?

【案例文本】

段某有心脏病史,2007 年做过心脏搭桥手术。

2017 年 5 月 2 日 9 时 24 分许,段某与杨某先后进入郑州金水区某小区 5 号楼 1 单元电梯内,因段某在电梯内吸烟,杨某进行劝阻,二人发生言语争执。段某与杨某走出电梯后,仍有言语争执,双方被物业工作人员劝阻后,杨某离开,段某同物业工作人员进入物业公司办公室,后段某心脏病发作猝死。

郑州电梯劝阻吸烟猝死案

根据该小区监控视频显示内容,事件发生过程中,段某情绪较为激动,并随着时间的推移情绪激动程度不断升级;杨某在整个过程中,情绪相对比较冷静、克制;二人只有语言交流,无拉扯行为,无肢体冲突。经核算,3 段监控视频中显示出杨某与段某接触时长不足 5 分钟。

事发后,段家人觉得,杨某的劝阻行为已经超出了必要的限度,所以才导致了段某的猝死。他们甚至怀疑,争执期间,杨某用脏话侮辱了老人,最终导致其心脏病发作,应对段某家人作出赔偿。

随后,段某的家属田某向郑州市金水区人民法院起诉,要求杨某承担 40 余万元的民事赔偿。

金水区人民法院经过审理,依照《中华人民共和国侵权责任法》(简称《侵权责任法》)第二十四条的规定,受害人和行为人对损害的发生都没有过错的,可以根据实际情况,由双方分担损失。根据公平原则,判决杨某补偿田某 15 000 元,驳回田某的其他诉讼请求。

一审判决后,社会舆论哗然,各界反映不一。

而原告田某也不服一审判决,认为一审法院适用公平原则错误,根据《侵权责任法》相关规定,杨某应当承担一般侵权责任,遂向郑州市中级人民法院提出了上诉。

郑州中院经审理认为，杨某劝阻段某在电梯内吸烟的行为未超出必要限度，属于正当劝阻行为。在劝阻段某吸烟的过程中，杨某保持理性，平和劝阻，其与段某之间也没有发生肢体冲突和拉扯行为，也没有证据证明杨某对段某进行过呵斥或有其他不当行为。杨某没有侵害段某生命权的故意或过失，其劝阻段某吸烟行为本身不会造成段某死亡的结果。段某自身患有心脏疾病，在未能控制自身情绪的情况下，心脏疾病发作不幸死亡。虽然从时间上看，杨某劝阻段某吸烟行为与段某死亡的后果是先后发生的，但两者之间并不存在法律上的因果关系。因此，杨某不应承担侵权责任。

郑州中院认为，适用《侵权责任法》第二十四条的前提是行为与损害结果之间有法律上的因果关系，且受害人和行为人对损害的发生都没有过错。而本案中杨某劝阻吸烟行为与段某死亡结果之间并无法律上的因果关系，因此，一审法院依照《侵权责任法》第二十四条的规定，适用公平原则判决杨某补偿田某15 000元，属于适用法律错误。

郑州中院还认为，杨某对段某在电梯内吸烟予以劝阻合法正当，是自觉维护社会公共秩序和公共利益的行为，一审判决判令杨某分担损失，让正当行使劝阻吸烟权利的公民承担补偿责任，将会挫伤公民依法维护社会公共利益的积极性，既是对社会公共利益的损害，也与民法的立法宗旨相悖，不利于促进社会文明，不利于引导公众共同创造良好的公共环境。

2018年1月23日，郑州市中级人民法院二审公开宣判：撤销郑州市金水区人民法院对田某诉杨某生命权纠纷一案作出的一审民事判决；驳回田某的诉讼请求。

（参见冀天福、薛永松：《郑州“电梯劝阻吸烟猝死”案二审宣判》，《人民法院报》2018年1月24日；冀天福、薛永松：《“电梯劝阻吸烟猝死案”审判纪实》，《人民法院报》2018年2月5日。本案例由作者根据以上资料编写。）

【思考讨论】

1. 阅读本文，二审法院对案件的“改判”体现怎样的价值判断和法治导向？
2. 结合本案，谈谈如何正确理解思想道德与法律的关系。

【案例解析】

一次劝阻吸烟的举动，一场突发意外。备受公众广泛关注的“电梯劝阻吸烟猝死案”终以二审法院终审“改判”而尘埃落定。这一判决赢得了专家学者和社会舆论的一片“点赞”，并被《人民法院报》列为2018年度人民法院十大民事行政案件之首。本案之所以产生强烈的社会反响，不仅仅是因为案件审理的一波三折，更在于二审“改判”所体现出的引导社会公平正义、价值判断、社会道德品质风向标式的意义。

首先，二审“改判”体现了法治精神。在本案中，尽管一审法院明确指出，老人猝死与被告杨某的劝阻吸烟行为没有法律上的因果关系，但却以《侵权责任法》的“公平原则”，判决毫无过错、正当阻止他人吸烟的杨某分担侵权责任，补偿死者家属1.5万元。这一判决不仅无法让公众感受到法律的公平正义，反而给人以法律不知所以、司法“和稀泥”之感。令人欣慰的是，二审法院严格按照法律规定，纠正了一审判决滥用“公平原则”息事宁人的审案方式，撤销原判，驳回死者家属的诉讼请求，改判杨某不承担任何法律责任。二审“改判”回到了社会公平正义的价值原点和定位，体现了法律的尊严，彰显了法治的精神。同时，它启示我们，“依法治国”绝不应是挂在墙上的一句口号，更重要的是“要让公平正义看得见”。如果法律不能得到正确的、严格的执行，正义迟迟得不到伸张，越来越多的人就会由此而丧失对法律的信任和敬畏，也必然会使法治丧失对社会秩序的引领和规范作用。

其次，二审“改判”为社会道德提供了法治保障。本案既涉及法律原则，也涉及社会公德。一审判决错误适用公平责任，让正当行使劝阻吸烟权利的公民分担损失，必然会挫伤公民依法维护社会公共利益的积极性，既是对社会公共利益的损害，也有悖于“公平原则”之初衷，不利于促进社会文明和引导公众共同创造良好的公共环境。二审法院的“改判”树立了正确的是非观，它告诉人们：思想道德和法律犹如车之两轮、鸟之两翼，二者紧密联系，相辅相成，不可偏废。法安天下，德润人心。一个国家良好的社会治理，离不开完善的法治和公民的道德品质。思想道德为法治建设提供思想指引和价值基础，法治建设既要惩罚失去道德底线的行为，也要为思想道德建设提供制度支撑和法律保障，以正确引导和弘扬社会道德。只有这样，社会才会风清气正，国家才能安宁太平。

每一起社会公众高度关注的热点案件，都是一堂全民共享的思想道德与法治的公开课。本案向人们宣示，遵守法律法规和社会公序良俗，是每个公民的义务；维护社会公共秩序和社会公共利益，是每个公民的责任。对这种合法正当行为，人民法院应依法予以支持和保护，法律的适用既要努力让人民群众在每一个司法案件审理中感受到公平正义，又要为向上向善的社会正能量保驾护航。

【案例应用】

1. 本案例讲述了一起备受社会关注的电梯劝阻吸烟猝死案件。本案例的教学与讨论，可帮助学生正确认识思想道德与法律的关系，二者都具有规范社会行为、调节社会关系、维护社会秩序的作用，法律的科学制定和有效实施需要思想道德作为引领和导向，而思想道德的践行也离不开法律的保障与支持。国家治理需要法律和道德协同发力。教师在运用本案例时，既要注意提炼二审“改判”所体现出的法治精神和公平、正义的价值取向，也要强调法治建设对社会道德和公共文明具有引导和保障作用。

2. 本案例可用于教材绪论部分关于“思想道德与法律的关系”的辅助教学，也可用于第六章第二节中有关“坚持依法治国与以德治国相结合”等内容的辅助教学。

此外，近年来，在现实生活中还有多起类似的案例，教师在运用本案例时，可引导学生通过进一步搜集、整理和互动讨论，深化对相关教学内容的理解和认识。

第一章

领悟人生真谛　把握人生方向

要树立正确的世界观、人生观、价值观，掌握了这把总钥匙，再来看看社会万象、人生历程，一切是非、正误、主次，一切真假、善恶、美丑，自然就洞若观火、清澈明了，自然就能作出正确判断、作出正确选择。

——习近平：《习近平谈治国理政：第一卷》，外文出版社 2018 年版，第 173 页

案例 1

黄旭华：人生为祖国深潜

【案例文本】

1970 年 12 月 26 日，中国第一艘核潜艇下水。

当“蓝色巨鲸”奔向大海之际，在场的人无不热血沸腾，他更是喜极而泣。

隐姓埋名，荒岛求索，深海求证，他和他的同事们让中国成为世界上第五个拥有核潜艇的国家，辽阔海疆从此有了护卫国土的“水下移动长城”。

青丝变为白发，依旧铁马冰河。

如今，第一艘核潜艇已经退役，但年逾九旬的他仍在“服役”。

他就是黄旭华——中国第一代核潜艇总设计师、中国工程院院士、中国船舶重工集团公司第 719 研究所名誉所长、“共和国勋章”获得者、国家最高科学技术奖获得者。

黄旭华：无怨无悔的核潜艇人生

走进他的办公室，最引人注目的，是两个第一代攻击型核潜艇和弹道导弹核潜艇模型，一个深蓝、一个金黄，仿佛在诉说着那段峥嵘岁月，又仿佛隐藏着他那激荡人生里的重重谜团：

是什么让他守口如瓶 30 年，父亲临终都不知道他在干什么？为什么“一万年也要搞出来”的核潜艇，不到 10 年就搞了出来？是什么让一个花甲老人以身试潜，成为世界第一个极限深潜的总设计师？又是什么魔力让一个年逾九旬的老人依然痴迷核潜艇？

辗转求学：颠沛流离立救国之志

山河破碎风飘絮，身世浮沉雨打萍。

1926 年 3 月，黄旭华出生在广东汕尾，家中有 9 个兄弟姐妹，他排行老三。小学毕业后，因全面抗战爆发，他曾半年多未能上学。得知县城中学搬迁到山区，他和二哥走了 4 天山路，脚都磨出了血泡。后来，几经波折他终于考上桂林中学。

桂林作为当时大后方的重要城市，深受日军轰炸之苦。每次防空警报一响，人们就得出城躲进防空洞。“跑警报”成为乱离人的生存方式。黄旭华回忆说，警报一天不解除，就要在山洞躲一天，挨饿一天。日本人轰炸的时候，满城烟火，一片废墟。

“我的人生，就是在日本飞机的轰炸声里决定的。”彼时的黄旭华深深感到，中国太弱，弱国就要挨打，就要被宰割。他突发闪念：若有一种武器，上能升天，保卫祖国万里长空；下能入海，捍卫祖国万里海疆，该多好啊！这个念头，在他心中逐渐沉淀为一种信仰。

高中毕业后，黄旭华先后考上了当时的中央大学航空系和国立交通大学船舶系。在海边长大的黄旭华选择了造船。在大学期间，黄旭华成为一名共产党员。在入党转正时，黄旭华在思想汇报中表示，为了革命，为了人民大众，可以牺牲一切。需要他流血，他毫无顾虑地流血。需要把血一次流光，没有问题。如果需要一滴一滴地慢慢流，那是极大的考验，也没有问题。

誓言无声。入党转正时的话语，成为其一生信守的诺言。

中华人民共和国成立初期，处于核垄断地位的超级大国不断施加核威慑。

20世纪50年代后期，中央决定组织力量自主研制核潜艇。黄旭华有幸成为这一研制团队的29个人之一。从这一时刻起，黄旭华的人生便牢牢地和祖国的核潜艇事业拴在了一起。

荒岛求索：隐姓埋名筑强国之路

“核潜艇，一万年也要搞出来”。

1958年，一个电话改变了黄旭华的一生。

“电话里只说去北京出差，其他什么也没说。我简单收拾了一下行李就去了。”黄旭华说，他从上海到了北京才知道，国家要搞核潜艇。

这是黄旭华人生的重要转折点。从此，他的一生与核潜艇结缘。

核潜艇，是集海底核电站、海底导弹发射场和海底城市于一体的国防尖端工程。谁能想到，中国的核潜艇研制竟是从西方玩具店买来的核潜艇玩具模型开始的。

“最困难的还是国内缺乏相关的技术人才，当接到命令要造中国第一艘核潜艇的时候，我们甚至都不知道核潜艇是什么！”边研究、边实验、边设计、边基建、边生产，靠着简陋的算盘和计算尺，靠着两个核潜艇玩具模型，靠着笨重的磅秤……通过大量的计算和试验，黄旭华和同事们打破常规造船程序，最终将核潜艇的核动力装置、水滴线型艇体、艇体结构、人工大气环境、水下通信、惯性导航系统、发射装置等“七朵金花”一一摘下。

1970 年 12 月，我国第一艘攻击型核潜艇顺利下水。

1974 年 8 月，我国第一艘核潜艇正式列入海军战斗序列。

1981 年 4 月，我国第一艘弹道导弹核潜艇成功下水；两年四个月后，交付海军训练使用，加入海军战斗序列。

中国成为继美、苏、英、法之后世界上第五个拥有核潜艇的国家。

深海，潜伏着中国核潜艇，也深藏着“核潜艇人”的功与名。

极限深潜：惊涛骇浪显报国之心

核潜艇潜入深海，才能隐蔽自己，在第一次核打击后保存自己，进行第二次核报复，从而实现战略威慑。

1988 年 4 月，我国首次进行核潜艇深潜试验。试验之前，所有参试人员都明白，中国只有常规潜艇下潜经验，而核潜艇数百米深的深潜试验，是最危险的试验。

“核潜艇上一块扑克牌大小的钢板，深潜后承受的外压是 1 吨多。这么大的艇体，有一块钢板不合格、一条焊缝有问题、一个阀门封不严，都是艇毁人亡的结局！”

深潜试验遭遇事故并不罕见。20 世纪 60 年代，美国核潜艇“长尾鲨”号便在深潜试验时沉没，艇上 100 多人全部遇难。

“我们这次试验，绝不是让大家去‘光荣’的，而是要大家把试验数据完整拿回来。”为增强参试人员信心、减小压力，已经 64 岁的黄旭华做出惊人决定：要做世界上核潜艇总设计师亲自下水做深潜试验的第一人。

1 小时、2 小时、3 小时，核潜艇不断向极限深度下潜。海水挤压着艇体，舱内不时发出“咔嗒、咔嗒”的巨大声响，直往参试人员的耳朵里钻。

当潜艇完成极限深潜试验，起浮到安全深度时，全艇参试人员沸腾了。人们握手、拥抱、喜极而泣。艇上人员请黄旭华题字，情之所至，他挥笔而就：“花甲痴翁，志探龙宫。惊涛骇浪，乐在其中。”

1988 年下半年，中国第一代弹道导弹核潜艇完成水下发射导弹试验，意味着中国真正具备了水下核反击能力。

“我们这条艇，从里到外，完全是我们中国人自己搞的，所有设备仪表，全部是中国生产，没有一样是国外进口的。”黄旭华说。

大国重器要掌握在自己手里。黄旭华指着书柜顶上的裱框表示，自力更生，艰苦奋斗，大力协同，无私奉献，这是 1974 年交付第一艘核潜艇时总结的核潜艇精神，现在依然没有过时。

老骥伏枥:交棒接续抒爱国之情

苦干惊天动地事,甘做隐姓埋名人。

几十年风雨兼程,黄旭华说,他最遗憾的是没能将工作与家庭更好地平衡,“是一个不称职的儿子、不称职的丈夫、不称职的父亲”。因为核潜艇研制是绝密项目,从接受核潜艇研制任务的第一天起,他对外闭口不提自己的工作。

30年间,父母兄弟姊妹都不知道他做什么工作,父亲、二哥去世,黄旭华都没能回家奔丧。

30年间,母亲经常呆坐在广东老家的青石板上,看日月升落,盼望着儿子从远方归来……

30年后,93岁高龄的母亲终于在自家的老屋见到了日思夜想的儿子。此时,儿子已年过花甲,双鬓白发。然而,年迈的母亲对儿子没有一丝责怪,更多的是欣慰与骄傲交织的泪水——眼前的儿子,已走过30年隐姓埋名、孤独而隐忍的生活。

1987年,上海《文汇月刊》刊登报告文学《赫赫而无名的人生》,讲述中国核潜艇总设计师的人生经历。黄旭华把杂志寄给了远方的母亲。

“文章没提我的名字,但是有‘黄总设计师’和‘他的妻子李世英’,我母亲知道这就是我。妹妹告诉我,母亲一遍遍地读,还把兄弟姐妹叫到跟前说,‘三哥(黄旭华)的事,你们要理解、要谅解’。”

说起父母亲,黄旭华总是眼眶湿润。“有人时常问我怎样理解‘忠孝不能两全’,我总是这样告诉他们:对国家的忠,就是对父母最大的孝。”

核潜艇是黄旭华一生的事业。他说:“这辈子没有虚度,一生属于核潜艇、属于祖国,无怨无悔!”

如今,黄旭华仍然每天8点半到办公室,整理几十年工作中积累下的资料,依然老骥伏枥。

新一代核潜艇研制人员、“80后”高级工程师钱家昌说,黄院士呈现的精神品质,是一颗共产党员的初心,一个科技工作者的爱国情怀。新时代更需要老一辈核潜艇人那不惧艰难、无私奉献的精神,更需要他们留下的精神遗产和独特的创新基因。

“第一代核潜艇人筚路蓝缕,核潜艇横空出世,使我国摆脱了超级大国的核讹诈。”他们所开创的核潜艇事业,继续以震撼人心的力量,激励着新时代的人们,向着实现中华民族伟大复兴的中国梦的目标前进。

黄旭华被评为“感动中国2013年度人物”时的颁奖词,高度凝练地概括了他的一生:时代到处是惊涛骇浪,你埋下头,甘心做沉默的砥柱;一穷二白的年代，你挺起胸，成为国家最大的财富。你的人生，正如深海中的潜艇，无声，但有无穷的力量。

（参见刘诗平、黄艳、余国庆：《人生，为祖国深潜——记中国第一代核潜艇总设计师黄旭华》，新华网 2017 年 12 月 26 日；夏静、张锐、程晓：《黄旭华：隐姓埋名数十载，皓首永葆赤子心》，《光明日报》2019 年 9 月 26 日；熊金超、冯国栋：《黄旭华：隐“功”埋名三十载，终生报国不言悔》，新华网 2019 年 9 月 23 日。本案例由作者根据以上资料编写。）

【思考讨论】

1. 隐姓埋名三十载，终生报国不言悔。黄旭华院士身上，体现了怎样的人生追求？

2. 结合案例，谈谈人生目的在人生实践中的重要作用。

3. 联系实际，谈谈大学生如何自觉把个人的理想追求融入国家和人民的事业之中。

【案例解析】

人生究竟为了什么？怎样的人生才更有意义和最有价值？

“为祖国的核潜艇事业隐姓埋名，我无怨无悔。”“感动中国年度人物”、“共和国勋章”获得者、“中国核潜艇之父”黄旭华院士给出了响亮的回答。

幼时在战乱中成长的艰苦岁月，让少年黄旭华在收获知识的同时也坚定了一颗救国报国之心，为日后研制核潜艇埋下了伏笔。他在大学毕业尤其是 1958 年后的所有工作，都是与祖国的核潜艇事业紧紧地联系在一起——他离别父母隐姓埋名 30 年，在没有外援、没有计算机的情况下，带领团队硬是用算盘和计算尺演算出成千上万个数据，先后攻克了反应堆技术、艇体线型设计、发射装置、水下通信等 7 个核潜艇关键技术，成功造出我国第一艘核潜艇；他不畏艰险、身先士卒，成为世界上核潜艇总设计师亲自下水做深潜试验的第一人。黄旭华院士之所以如此，其根本原因就在于他的人生观，在于他把能够为祖国和人民尽心服务和有所贡献看成是自己最大的价值实现和人生的最大幸福；也正是因为他找到了自己对人生的目的及意义的正确答案，他才能够自觉地以国家需要为导向，朝着选定的目标孜孜以求、不懈努力，以全部的情感、意志、信念和智慧，投身到核潜艇研制之中，使中国成为继美、苏、英、法之后世界上第五个拥有核潜艇的国家。

青春投学，爱国有志；耄耋赤子，报国有恒。成就卓著，贡献卓绝；桃李不言，下自成蹊。可以说，黄旭华院士的人生是成功的人生、幸福的人生。毛泽东同志曾经指出:"为什么人的问题,是一个根本的问题,原则的问题。"①从黄旭华院士身上,我们深刻感悟到:对于每个人的成长与发展来说,人生观绝不是可有可无的,关键是要树立服务祖国和人民的科学人生观。一个人树立了这样的人生观,就会对人生目的有更为深刻的理解,时刻把祖国和人民的利益放在心上,力求多做事、做好事和做大事;就能以坚忍不拔的意志和积极进取的心态看待人生的意义,勇敢地面对工作和生活中的各种曲折与困难,始终对祖国和人民抱有高度的责任感,在服务祖国、奉献社会中实现自己的人生价值。

黄旭华院士的人生经历对于大学生的健康成长,有着十分重要的启示:大学阶段是大学生形成系统的人生观、价值观的关键时期。大学生只有正确认识和把握人生目的在人生实践中的重要作用,树立起科学高尚的人生观,才能自觉把个人的追求与国家的发展结合起来,把个人的努力与人民的事业结合起来,不断提高自身综合素质,积极投身社会实践,并在为祖国和人民的真诚奉献中、在融入国家和民族的伟大事业中,充分实现人生价值、升华人生境界,创造无悔的青春。"离开了祖国需要、人民利益,任何孤芳自赏都会陷入越走越窄的狭小天地"②。

【案例应用】

1. 本案例讲述了"中国核潜艇之父"黄旭华院士隐姓埋名30年,为祖国的核潜艇事业无私奉献、奋斗一生的感人故事。本案例的教学与讨论,旨在引导学生深刻认识科学高尚的人生追求及其在人生实践中的重要作用,思考和领会人生的意义和真正价值,以及如何将个人的追求与国家和人民的伟大事业紧密结合起来。本案例可用于教材第一章第二节中"高尚的人生追求"的辅助教学,也可用于第三章第一节"中国精神是兴国强国之魂"等相关内容的辅助教学。

2. 教师在使用本案例教学过程中,要重点抓住黄旭华院士"一生属于核潜艇、属于祖国,无怨无悔""对国家的忠,就是对父母最大的孝"等闪光点,剖析和导出高尚的人生目的总是与奋斗奉献联系在一起,"服务人民、奉献社会"才是科学高尚的人生追求;同时,要注重因势利导,并结合时代要求和大学生成长诉求,启发学生自觉把为国家和人民的事业无私奉献作为人生的最高追求,在服务人民、奉献社会的实践中实现自身人生价值。

---

① 《毛泽东选集:第三卷》,人民出版社1991年版,第857页。

② 习近平:《在纪念五四运动100周年大会上的讲话》,《人民日报》2019年5月1日。

3. 在使用本案例教学时，教师还可由黄旭华院士的感人事迹做进一步延伸与拓展，引导学生将黄旭华院士与程开甲、于敏、孙家栋等我国“两弹一星”功勋科学家的事迹贯穿起来，进而形成组合效应，增强教学的说服力、感染力。

案例 2

张富清：英雄的选择

【案例文本】

张富清，湖北省恩施土家族苗族自治州来凤县一位有着 70 多年党龄的老兵。

如果不是因为 2018 年底进行退役军人信息采集，他可能依旧无人知晓，和那些默默无闻的无名英雄一样，他们的名字和故事鲜有人知，少有关注，就连他的子女也只知道父亲当过兵，亲朋邻里只知道老人是县银行离休的副行长。

60 多年来，为什么老人从未表露过自己的赫赫战功？刻意“封存”荣誉的背后，他坚守的究竟是什么呢？

张富清：初心自慷慨

少时·征战

“永丰战役带突击组，夜间上城，夺取敌人碉堡两个，缴机枪两挺，打退敌人数次反扑，坚持到天明。我军进城消灭了敌人。”

这是立功证书对张富清 1948 年 11 月参加永丰战役的记载。

1924 年 12 月，张富清出生于陕西汉中洋县，1948 年 3 月参加西北野战军，成为 359 旅 718 团 2 营 6 连一名战士。

解放战争进入夺取全国胜利的阶段，张富清担任的是最危险的突击任务。6 月，张富清在壶梯山战役中任突击组长，攻下敌人碉堡 1 个、击毙敌人 2 名、缴机枪 1 挺。7 月，他在东马村带突击组 6 人，扫清敌人外围，占领敌人碉堡，给后续部队打开缺口。

1948 年 11 月 27 日夜，陕西蒲城的永丰战役打响，战斗异常惨烈，官兵伤亡惨重，“一夜之间换了 3 个营长、8 个连长”。作为突击连的突击班成员，张富清带两名战友匍匐前进率先攀上永丰城墙。他第一个跳下 4 米多高的城墙，和敌人展开激战。

“我一转身，看见敌人将我围住了，就端起冲锋枪扫射，一下子打死七八个。"张富清说，交火的时候，他感觉到自己的头被猛砸了一下，消灭眼前的敌人后，手一摸，发现满脸都是血。原来，子弹擦着头顶飞过，把一块头皮掀了起来……

"打死七八个敌人后，我逼近碉堡，用刺刀在城墙底下刨了个洞，把我带的8颗手榴弹和1个炸药包码在一起，拉着了手榴弹，炸毁了碉堡……"

那一夜，张富清接连炸毁2座碉堡，缴获2挺机枪、数箱弹药。战斗结束，他死里逃生，突击组的另外2名战友却再也没回来。

张富清在解放大西北战斗中立下了赫赫战功，先后荣立西北野战军特等功1次、军一等功1次、师一二等功各1次、团一等功1次，被授予军"战斗英雄"、师"战斗英雄"称号。1950年，西北军政委员会颁布了《解放大西北人民功臣奖章条例》，张富清因为功勋卓著，被授予"人民功臣"奖章。

离营·奉献

中华人民共和国成立初期，百业待兴。

1953年年初，原本准备参加抗美援朝战争的张富清，被安排到解放军防空部队文化速成中学学习。1954年年底，张富清以优异的成绩毕业。

1955年年初，张富清已是359旅的正连职军官，他所在部队面临调整，要去地方支援经济建设。作为战斗英雄和部队学校的优秀学员，张富清原本可以留在大城市工作，或者选择回到陕西老家，给母亲尽孝，但张富清一句"党的干部，哪里需要就去哪里"，便主动选择了湖北最偏远、最艰苦的鄂西山区。

临行前，张富清佩戴3枚奖章，拍了1张照片，年轻的面庞露出微笑，目光中透着坚定，然后他把鲜血换来的荣誉，用一块红布紧紧包好，放进一个棕色旧皮箱里。从武汉出发，沿着长江，顺着山路，他一路向西，历经一个星期的艰难跋涉，抵达"一脚跨三省"的来凤县，在这一干就是一辈子。

县粮食局、三胡区、卯洞公社、外贸局、县建行，是张富清转业后的5个主要工作单位。"我是革命一块砖，哪里需要哪里搬。"张富清说。

20世纪60年代，国家处在困难时期，开始精简机构人员。"要完成任务，领导自己要过硬，执行政策才能坚决，动员别人才好做工作。"当时，张富清任三胡区副区长，他首先动员妻子辞去三胡供销社公职。因为没有土地，一家六口的生计全靠张富清一人的微薄工资。

在来凤民谚里，三胡区人称"穷三胡"：土地贫瘠，灌木丛生，农业基础差，许多群众穷得缺衣少食。张富清暗下决心：一定要把生产搞上去。他告别妻子孩子，住进最困难的农户家，同吃同住同劳动，一扎就是几个月。

起初，村里的社员并不欢迎他，认为这个说陕西话的外乡干部干不了农活，是来添乱的。张富清就用实际行动来打消社员的疑虑。白天，他和大家一起栽红薯、种苞谷；晚上，他组织研究生产计划，宣传党的政策；空暇时间，他帮社员挑水、打扫院子……从陌生到熟悉、从隔膜到认同，张富清逐渐取得了社员的信任，当年就顺利完成了供粮储粮的任务。随后，他又搬到了另一个困难村。

20 世纪 70 年代，张富清调到来凤卯洞公社担任革委会副主任，照样保持着突击队员的作风。当年公社班子成员分配工作片区，张富清抢先选择最偏远的高洞片区，那里不通路、不通电，是全公社最困难的片区。“当年为了修路，不仅要做那些粮田被占的农民的思想工作，还要打炮眼、放炸药。”张富清回忆说，那时与社员同吃同住同劳动，按照规定的标准补饭票或现金。

1979 年夏天，张富清要调回县城了。消息传开，许多群众翻山越岭要来送别。尽管公社提前通知了各村只选派一两名代表送别就可以了，可是回城那天早上，张富清一开门，自发等了半宿的乡亲们纷纷捧着土鸡蛋、米粑粑、腌干菜涌上前来。这时张富清和他们，如土地和庄稼一样已经紧紧地连在了一起。

晚年 · 坚守

20 世纪 80 年代，张富清调任建设银行来凤县支行副行长。当时来凤县支行只有 5 个职工，资金更是困难。单位没有独立的办公场所，只得借用其他单位的土瓦房，职工也没有住处，所有的业务只是发放贷款。摸清情况后，张富清一方面狠抓学习，提升职工的业务能力，调动大家的工作热情；另一方面积极改善职工的待遇，想办法解决职工办公室和宿舍问题。

当时正逢建行“拨改贷”改革，国有小型煤矿田坝煤矿是当时来凤县支行最大的贷款户。为保证把放出去的贷款安全收回来，张富清隔三岔五去矿上，关注生产运营。到年底，他索性打起背包，在厂里支张床，与工人们同吃同住，帮助企业抓生产促销售。当年，来凤县支行放出去的贷款，没有一笔呆账。行里的经营也很快实现了良性循环。到 1984 年张富清离休时，来凤县支行盖起了崭新的办公楼和职工宿舍，职工人数也从当初的 5 个人增加到 10 个人。

退休后的暮年生活中，张富清仍住在 20 世纪 80 年代的简陋老屋里。斑驳的墙壁，褪色的家具……虽然朴素，但这个家整洁而充满生气。阳台上整齐地养着一排绿植，像是一队整装待发的战士。30 多年过去，张富清始终未改军人本色，坚守着自己的初心和誓言。

张富清因患白内障做手术，需要植入人工晶体。考虑到晶体质量和身体适应情况，医生原本给张富清推荐了 7 000 多元至 2 万元的眼球晶体。张富清是离休干部，享受公费医疗全额报销的待遇，而他却选择了 3 000 多元较便宜的晶体。他说：“我年纪大了，不能再做什么了，能为国家省一点是一点。”

从国家“一五”计划到三年困难时期，从改革潮起到开放搞活，中华人民共和国前行的每一步，张富清都突击在前，是见证者更是参与者。在他身后，是生产发展的三胡，是终于通路的高洞，是稳健起步的县支行；留下的，是汗水、是心血，是和群众同吃同住同劳动的日日夜夜，以及克己奉公、淡泊名利和两袖清风的美名。

没留下的，只有他战斗英雄的功名。

张富清的事迹经媒体报道后，来凤县领导多次上门探望。老人总是动情地说：“当年和我并肩战斗的那些战友，许多都牺牲了，他们根本没有机会向组织提任何要求。比起他们，我今天吃的、住的已经很好了。我有什么资格把战功拿出来显摆呢？又有什么资格向组织提要求呢？”

朴实的话语，道出了张富清老人深藏功名 63 载的缘由，道出了一名老兵最朴素的内心独白，也道出了一名共产党员最纯粹的人生信念。

（参见田国松、朱勇、何武涛：《那张“报功书”，他“藏”了 63 年》，《解放军报》2019 年 3 月 23 日；唐卫彬、杨依军、谭元斌：《英雄无言——95 岁老党员张富清的本色人生》，新华网 2019 年 4 月 8 日；王珏：《张富清的故事——五个岗位背后的为民情怀》，《人民日报》2019 年 5 月 30 日。本案例由作者根据以上资料编写。）

【思考讨论】

1. 2019 年 5 月，习近平总书记对张富清同志先进事迹作出重要指示强调，老英雄张富清 60 多年深藏功名，一辈子坚守初心、不改本色，事迹感人。阅读本文，请从人生追求的角度，分析老英雄张富清的“初心”和“本色”。

2. 联系实际，谈谈大学生如何正确认识和积极践行科学高尚的人生追求，成就出彩人生。

【案例解析】

24 岁，在生与死之间，他选择冲锋在前，在战火洗礼中成长为董存瑞式的战斗英雄；31 岁，在小家与国家之间，他选择服从大局，主动选择到湖北省最偏远的来凤县工作，为贫穷山区奉献一生。60 多年来，无论顺境逆境，他选择淡然处之，将赫赫战功埋在心底，将英雄过往尘封在沧桑的记忆中。

雪藏战功、甘于归零，封存荣誉、敢于归零。放下的是名利，拿起的是责任，扛起的是担当，做到的是奉献。生而平凡却人格熠熠，生命无华而功勋累累，这一切在张富清身上形成强烈反差，又融合得如此自然。这让人肃然起敬而又引发思考：是什么让他舍生忘死、屡建战功？又是什么让他尘封功绩、克己奉公？

从老英雄点点滴滴的过往中，我们不难感受到，是“党把我培养成一个革命军人、一个国家干部，我就要努力为党、为人民做点事”；是“跟那些牺牲的战友相比，我有什么资格把战功拿出来显摆、又有什么资格向组织提出要求呢?”于是，60 多年来，变化的是他的工作岗位，不变的则是他清清白白做人、勤勤恳恳工作的本色和服务人民、奉献社会的初心。正是因为具有这种本色和初心，所以，对功名，他选择刻意尘封；对工作，他选择知难而上；对自己，他选择甘守清贫；对家人，他选择不谋私利。离休之后，他依然坚守这初心本色，居住了 30 多年的老屋始终未变；做白内障手术，他选择用便宜的晶体……老英雄的事迹经媒体报道后，引起强烈的社会反响，张富清被授予“时代楷模”“全国道德模范”“最美奋斗者”等荣誉称号，并被颁授“共和国勋章”的至高荣誉。而在荣誉面前，张富清却告诫子女：“你们任何人都不能拿党和国家给我的荣誉去要好处。”这是一种无限赤诚、默默奉献的为民情怀，这是一种舍己忘我、成就大我的崇高境界。张富清用坚守初心、不改本色、朴实纯粹、淡泊名利书写了精彩人生。

英雄无言，历史有痕。以“无我”之境，写就顶天立地的“大我”人生——读懂了张富清平凡而伟大、普通又崇高的人生故事，我们就能深刻理解初心与坚守、奋斗与奉献的丰富内涵，就能领会“服务人民、奉献社会”的科学高尚人生追求。老英雄张富清一辈子初心不改、本色不变的感人事迹告诉我们：一个人只有把自己的小我融入祖国的大我、人民的大我之中，才能更好实现人生价值、升华人生境界。“一切视探索尝试为畏途、一切把负重前行当吃亏、一切‘躲进小楼成一统’逃避责任的思想和行为，都是要不得的，都是成不了事的，也是难以真正获得人生快乐的。”①

写满付出与奉献的人生，总能给人们的心灵带来深深的感动。“都知道你朴实勤勉，却不知你曾战功赫赫。你把奖章深藏在箱底，对战友的怀念深藏心底。从不居功索取，只为坚守使命初心，默默奉献。于国于民，你是忠诚伟大的士兵。”这是张富清被评为“感动中国 2019 年度人物”时的颁奖词。张富清的本色初心是一笔启迪后人的精神财富，亦如一座令人仰望的人格丰碑、一面烛照灵魂的人生镜子，也为当代大学生扣好人生扣子、健康成长成才带来深刻思考与启示。

【案例应用】

1. 本案例讲述了老英雄张富清 60 多年深藏功名，一辈子坚守初心、不改本色、淡泊名利、忘我奉献的感人故事，诠释了“服务人民、奉献社会”的崇高思

① 习近平：《在纪念五四运动 100 周年大会上的讲话》，《人民日报》2019 年 5 月 1 日。

想境界和高尚人生追求。本案例的教学与讨论，旨在教育和引导学生正确认识人的本质及个人与社会的关系，深刻理解“同人民一道拼搏、同祖国一道前进，服务人民、奉献祖国，是当代中国青年的正确方向”，立志到基层和人民中去建功立业，让青春之花绽放在祖国最需要的地方，在实现中国梦的伟大实践中书写别样精彩的人生。本案例可用于教材第一章第一节中“个人与社会的辩证关系”，或第二节中“高尚的人生追求”，或第三节中“成就出彩人生”等内容的辅助教学。

2. 在运用本案例进行教学时，要紧紧抓住“初心”和“本色”两个关键词，深入分析其背后所体现出的人生追求和人格力量；同时，注重与大学生思想实际相联系、与习近平总书记对当代青年健康成长的有关重要论述和谆谆教导相结合。

3. 老英雄张富清的出现绝非个例，而是那一代人和现实生活中许许多多英雄模范人物的典型代表和集中体现。在运用本案例进行教学时，可由此说开去，将案例进行延伸、拓展，也可让学生搜集和讲述、讨论，引导学生自主探寻问题的答案。

案例 3

马旭：毕生节俭只为一次大爱的奢侈

【案例文本】

她，14 岁奔赴炮火纷飞的战场，参加过震惊中外的辽沈战役、抗美援朝并多次立功授勋；她，从空中跳伞到投身科研，刷新了一项项世界空降兵史上的新纪录；她，家徒四壁，却将 1 000 万元毕生的积蓄捐给家乡……对祖国深沉的爱，即使透支自己，也要让人生发光；情系家乡，用善良为一座城市留下一座丰碑。她，就是巾帼空降第一兵马旭。

马旭：涓滴见沧海

不爱红装爱武装，娇小“木兰花”展翼万里蓝天

1933 年 3 月，马旭出生在黑龙江省木兰县。1947 年她刚刚 14 岁就加入了人民解放军的行列。1948 年著名的辽沈战役打响，她背着红十字药箱奔赴辽沈战场。在激烈的战斗中，她端起枪痛击迎面进攻的敌人，曾光荣负伤并立功，被授予“解放勋章”。1950 年朝鲜战争爆发，年轻的马旭成为一名在上甘岭立下赫赫战功的志愿军战士。她不仅英勇地在战场抢救伤员，还把清脆甜美的歌声带给了志愿军官兵。在援朝战役中她还先后被授予抗美援朝纪念章、保卫和平纪念章和朝鲜政府三等功勋章。

回国后，她作为优秀卫生员，被保送到第一军医大学深造，1956 年她以全优的成绩分配到原武汉军区总医院，20 岁刚出头的她，就获得了“一把刀”的美誉。1961 年，中央军委决定由参加过上甘岭战役、涌现出黄继光的英雄部队某军为主体组建中国人民解放军空降兵。作为军医，马旭一开始只是负责跳伞训练的卫勤保障。

马旭发现，经常有空降兵因为落地不稳而脚踝、腰部受伤。他们在着陆的一刹那，身体如同巨石撞击地面。如何避免空降兵着陆损伤？马旭对此百思难解。她向领导提出一个大胆的想法：我要跳伞！

然而，瘦小的马旭不论身高还是体重，都达不到伞兵的标准。回忆起这段往事，马旭告诉记者："如果我的考核合格，组织就不能拒绝我的申请。于是我在一旁偷偷学习，每天晚上练习几百次，终于通过考核成为一名空降兵。"

1962年秋，马旭第一次登机跳伞，这一跳就从青年、中年一直跳到老年。直到1984年3月，年届知天命之年的马旭还跳伞两次。20多年间，她跳伞140多次。她的矫健身姿闪现在山壑丛林、皑皑雪原、碧波南海、大漠戈壁。

"我眷恋蓝天，眷恋空降兵。"马旭深情地说。在中华人民共和国空降兵里，她创造了三项中国之最——第一个跳伞女兵、跳伞次数最多女兵、实施空降年龄最大女兵。

心系部队硕果累累，"军中居里夫人"创世界空降史上多项纪录

为何跳伞？作为空降兵，跳伞是完成战斗任务的主要途径，但作为空降兵的马旭其想法就不止于此了，她要通过跳伞完成战场救护，她想通过跳伞搞出科研成果，减少部队非战斗减员。如愿考上伞兵后，考虑到马旭身材太过娇小，怀孕生子风险比较大，同时为了支持妻子的"蓝天梦"，同是军医的丈夫颜学庸主动做了结扎手术。马旭则全身心投入训练和科研中，和颜学庸一起查阅大量资料，深入连队实地调查，研究设计各种护踝器材。不知推翻了多少方案、描绘了多少张图纸，有时都到了痴迷的程度。1983年4月，两人研制出的"充气护踝"结实、轻便、柔软，可使跳伞着陆时的冲击力减半，扭伤情况接近于零。该产品1989年获得国家专利，这是中国空降兵获得的第一个专利。其实，这只是他们夫妇许多发明中的一项。即使到了1996年3月，年过六旬已经离休的马旭，又获得了"单兵高原供氧背心"的国家发明专利证书，她和她的丈夫又在世界空降史上创下了一项新纪录。

马旭从事医务工作几十年，并在第一军医大学系统地学过专业知识，她决心把自己多年的医务工作结合跳伞经验总结出来，献给部队。为此，她从1983年开始著书立说。她与丈夫在军内外报刊发表了100多篇学术论文。他们撰写的《空降兵生理病理学》《空降兵体能心理训练依据》填补我国在这方面的空白。

在我国空降兵中，科研硕果累累，并会运用英、日、俄三国语言的马旭，也令外国专家赞叹不已。他们说，中国女兵创造了一个个神话，不愧为中国军中的"居里夫人"。

"和我那些牺牲在战场上的战友相比，我能活着就是无比的幸福。人的一生是有限的，而为祖国作贡献是无限的，只要生命不息，就得奋斗不止。"马旭说。

她"贫穷"，家徒四壁；她"富有"，1 000万毕生积蓄捐给家乡

走进马老的家，小小的院落、斑驳的石阶写满简陋。室内用"家徒四壁"来形容一点也不为过。除了满屋子的书外，几乎没有什么家什，两个沙发露出了破麻袋和破棉絮，睡的是 20 世纪六七十年代的硬板床，穿的是部队发的军装，吃的都是粥和馒头这样简单的饭菜。为了自己在事业上有所作为，想摆脱生育的拖累，马旭在新婚第二个月就做了结育手术。好多人都不理解，自己没有孩子，又正师级离休，到了晚年像其他离休老干部那样享受养花、垂钓等乐趣不好吗？但马旭夫妇也将这种最简单享乐都“自我剥夺”了，他们一年到头紧张忙碌，忙实验，忙科研。她与丈夫对他们自己更是“小气”，节俭到不能再节俭，以至于无暇顾及他们自己，他们把全部的精力与心血都用在了自己所钟爱的事业上。

马旭少小离家，戎马一生，东北老家也早已没什么亲人，但一个心愿却时时缠绕着马旭的心：我能为家乡做点什么？

多年前，马旭和老伴买了一套商品房，原本想开卫生所，后来实地一考察，发现现在都是高楼大厦，封门闭户。“外面的世界已经变了，不像过去一条巷子的邻居都认识，即便开了也发挥不了我的作用。”

马旭和老伴在黄陂住习惯了，也不想换环境，于是他们决定卖掉房子。拿到 400 万元“巨款”，她进一步萌生了捐助家乡的想法。颜学庸说，这么多年积少成多，加上发明创造获得的报酬、卖房所得，两位老人攒了 1 000 万元，可以说是他们的毕生积蓄。

2018 年 9 月，马旭将这 1 000 万元捐给家乡木兰，用于教育、公益事业。她说：“教育是我对家乡希望的寄托，只有孩子能接受好的教育，家乡的发展才会更充满希望。”马旭告诉记者，吃喝玩乐只是一时欢愉，如果个人的萤火微光能对社会、对他人有一点帮助，就是最有意义的事。“我和老伴的内心很富足。”平凡的老人，朴素的心愿，让人挥之不去的感动。马旭，残年风烛依旧发光，用苍老的手，在人间写下大爱无疆！

（参见徐晓海、潘宏宇、白云峰、刘柏森：《耄耋之年初心弥坚　甘守清贫情系家国——记“感动中国人物”马旭（下）》，《黑龙江日报》2019 年 7 月 5 日；周志兵、王馨等：《老兵马旭的无悔人生：她是一束光》，《湖北日报》2019 年 9 月 5 日；《马旭：一千万捐款背后的故事》，央视网 2018 年 12 月 6 日。本案例由作者根据以上资料编写。）

【思考讨论】

1. 阅读本文，马旭老人 1 000 万捐款的背后体现了怎样的人生境界与追求？

2. 马旭老人说：“人的一生是有限的，而为祖国作贡献是无限的，只要生命不息，就得奋斗不止。”“……如果个人的萤火微光能对社会、对他人有一点帮助，就是最有意义的事。”这又体现了她怎样的价值观？请联系自身实际，谈谈当代大学生如何成就出彩人生。

【案例解析】

豪情壮志展翼万里蓝天，家国情怀诠释无垠大爱。

走过古稀，步入耄耋，他们拥有千万资产，却“穷”得家徒四壁；他们享受离休待遇，却不舍为自己买件新衣。皓首苍颜，身躯瘦弱，他们本该颐养天年，却捐出毕生积蓄；他们对自己的生活“小气”到近乎苛刻，却倾其所有给遥远的故里。

马旭夫妇，一对普通的离休老人，以近乎自虐的裸捐，展现出对家乡教育事业的殷殷情怀、对后辈求知成才的满满期待，他们用苍老的双手书写出人间大爱，用奋斗与奉献成就人生的精彩。由此，马旭先后成为“感动龙江”“感动中国”“荆楚楷模”年度人物和全国道德模范。而在感动之中，人们也在感慨、在发问：究竟是一种什么样的力量，让马旭夫妇做出如此慷慨的选择？究竟是一种什么样的精神，让你我心底泛起久久涟漪？那千万巨款的转账单据，是寄给我们的问卷，所有人都应该思考答案。

“人的一生是有限的，而为祖国作贡献是无限的，只要生命不息，就得奋斗不止。”“……如果个人的萤火微光能对社会、对他人有一点帮助，就是最有意义的事。”马旭夫妇的行为选择，不是基于宏大的意旨，不是来自高深的考量，而是听从自己的内心，在纯朴的道德感、简单的生活准则中，平衡物质生活和精神生活，把握个人与社会的关系，定义快乐与幸福，不毁其守、不舍其求。马旭被评为“感动中国 2018 年度人物”时的颁奖词是：“少小离家，乡音无改，曾经勇冠巾帼，如今再让世人惊叹。以点滴积蓄汇成大河，灌溉一世的乡愁。你毕生节俭，只为一次奢侈。耐得清贫，守得心灵的高贵。”

参加革命工作 70 多年，工资、理财、利息、专利收入，一分一角地攒下来；住的，是废弃的营房小院，穿的，总是发旧的军装，吃的用的，简约程度令人咋舌。毕生积蓄来得并不容易，而马旭夫妇毅然将它化作一张汇款单。在马旭夫妇身上，我们读懂了爱心与奉献、无私与忘我、价值与富足。

一个人只有献身于社会，才能找到其短暂生命的真正意义。马旭夫妇用身体力行告诉我们，人生目的作为人生观的核心，它是人生的航标，指引着人生的航向。树立什么样的人生目的就会有什么样的人生选择，就会追求什么样的人生价值。一个人应当也可以为他人做些力所能及的事情，不在于自己的物质条件是否丰厚、才华是否出众，关键是要有一颗服务他人、奉献社会的心。正如毛泽东所说:“一个人能力有大小,但只要有这点精神,就是一个高尚的人,一个纯粹的人,一个有道德的人,一个脱离了低级趣味的人,一个有益于人民的人。”①我们在钦佩马旭夫妇大爱义举的同时,更应学习他们的人生境界和高尚情操。只有树立了服务人民、奉献社会的人生追求,并积极落实在行动上,我们的人生才会更有意义和价值,我们的社会才会不断发展和进步。

【案例应用】

1. 本案例讲述了我国第一代女伞兵马旭的传奇人生及其节衣缩食、简朴度日,却将毕生积蓄1 000万元捐献给家乡教育事业的感人故事,展示出她心有大我、情系家乡、奉献社会的高尚人生观和价值观。本案例的教学与讨论,可帮助和引导学生思考:什么样的人生追求才是科学高尚的人生追求?怎样才能创造有意义、有价值的人生?当代大学生只有把个人的成长与国家和人民的事业联系在一起,才能在服务人民、奉献社会的实践中成就出彩人生,创造人生的美好价值。本案例可用于教材第一章第二节中“高尚的人生追求”的辅助教学,也可用于第二节中“人生价值的评价与实现”或第三节中“成就出彩人生”的辅助教学。

2. 在使用本案例教学时,可通过对马旭夫妇的“清贫”与“富有”进行对比,来剖析其内在的思想境界和人生追求,以此引导学生思考人生的意义与价值。同时,还应注意与其他类似案例组合运用和延伸、拓展,以进一步增强教育教学的感染力和说服力。

① 《毛泽东选集》第二卷,人民出版社1991年版,第660页。

案例 4

江梦南：绽放在无声世界

【案例文本】

没有人会想到，她的成长之路会如此艰辛而精彩：失聪—刻苦学习—考取吉林大学本科及硕士研究生—成为清华大学药学博士研究生。她叫江梦南——一位勇敢地与命运抗争的“90 后”女孩。

“你觉得，你和我们一样，我们觉得，是的，但你又那么不同寻常。从无声里突围，你心中有嘹亮的号角。新时代里，你有更坚定的方向。先飞的鸟，一定想飞得更远。迟开的你，也鲜花般怒放。”这是“感动中国 2021 年度人物”江梦南获得的颁奖词，亦如同她的成长之路，耐人寻味。

江梦南：无声玉满堂

天使折翼——药物导致失聪，通过看唇语与人交流

1992 年，江梦南出生在湖南省郴州市宜章县的一个瑶族教师家庭。按当地民族习俗，江梦南随母姓，父母为她取名的寓意是梦里江南，岁月静好。当全家还沉浸在她出生的喜悦之时，这个只有几个月大的女婴持续高烧。治疗过程中庆大霉素等耳毒性药物导致她患上极重度神经性耳聋，左耳损失大于 105 分贝、右耳听力完全丧失。当时，医生宣判她不可能实现康复。

没有听力，就等于丧失了语言能力，只能生活在无声的世界里！“一定要让她与其他孩子一样正常说话。”江梦南的父母没有放弃女儿融入正常社会的机会，带着她辗转各地求医，寻找语言康复训练方法，但几个月的奔波并未带来任何改变。父母不甘心让她上聋哑学校，也拒绝再要一个孩子，决定全心全意培养江梦南，教她靠读唇语学习发声和说话。

听障儿童的言语康复是一个艰难而漫长的过程。江梦南说，明白喉咙振动与口型变化的关系是言语康复的突破口，也是最难的一关。通过这一关，江梦南用了一年的时间。接下来是正音。听障人要读准一个字的音，要重复练习千百次。靠着父母的耐心教导和日复一日的坚持训练，江梦南通过学习唇语，终于学会开口说话。

不过,真正的考验是上小学。考虑到她的听力障碍,学校建议6岁的江梦南推迟一年入学。一年后,学校接收她为旁听生,不把她的成绩列入对老师的考核范围。

令人欣喜的是江梦南的学习能力很强。在父母的鼓励和支持下,江梦南一步一步突破自我。小学四年级之前,江梦南的成绩一直是班级前3名。四年级结束时,小姑娘提出要直接跳到六年级。经校方同意,父母帮助她利用暑假自学完成了五年级课程,顺利跳级升入六年级。小学毕业,江梦南又做了一个决定,想和当地学习优秀的孩子一样,到离家100多公里远的郴州市上重点中学。

2004年,江梦南参加了郴州市六中的入学考试,以第二名的优异成绩被录取。

2010年,江梦南参加高考超过一本分数线2分。这对于很多高考生来说,是相当不错的成绩,可江梦南并不满意,下定决心坚持复读一年。第二年,她以615分的高分考入吉林大学。

向阳而生——舍弃听力部分,通过英语四六级

对江梦南来说,选择吉林大学,是想体验北方的生活,另外一个原因就是她的偶像张海迪也毕业于这所大学。自身的特殊经历,让江梦南从小就有个治病救人、祛除病痛的“医生梦”。“受听力所限,不能报临床医学专业,又想去帮助跟我差不多的人,那就报药学吧。”这是江梦南选择药学专业的初衷,朴素的话语中蕴藏着大爱。

在同学们眼中,梦南是快乐的、自信的,可她也有心情低落的时候。看到别人轻松地交流,看到别人可以戴上耳机听好听的歌,她有时会慨叹命运的不公,可很快她又会自我安慰:“我晚上睡觉不会被别人吵醒。”乐观的女孩带给周边人的也是满满的正能量。

良好的自学和思考的习惯让江梦南在学习上一路过关斩将。“我主要通过看黑板、PPT和书本自学。”江梦南说,父母在她小时候便有意培养她独立思考的能力。遇到不懂的问题,父母从不直接告诉她答案,而是建议她去查找一些资料,在这个过程中,问题往往会迎刃而解。

江梦南考研究生时报考的是北京大学,因为英语一分之差没能考上。她身边的老师们一直在帮她了解调剂政策和信息,让她能够顺利调剂回吉林大学就读研究生。导师杨晓虹给了江梦南很多学习上的帮助。一开始,江梦南靠读唇语理解不了有些专业名词,杨晓虹就用纸笔与她交流。让杨晓红欣慰的是,在硕士论文答辩时,江梦南能用熟练的口语与老师交流。因为双耳失聪,江梦南不能做药物化学实验，杨晓虹建议她攻读博士学位时选择计算机辅助药物设计方向。

从本科到硕士的7年间，江梦南一直学习和生活在吉林大学。“我要花费很大的精力，才能完成别人看来很轻松的事。”江梦南说，学习英语不可避免要接触听力和口语考试，江梦南无法听到英语发音，只能靠看音标练习口语。残缺的无声世界赋予江梦南异于常人的专注，也让她更有韧劲。她努力钻研语法，在英语阅读和写作上下功夫。在大学英语四级考试中，她因听力障碍，舍弃掉听力部分的分数，在少了占总分35%比重的分数下，她依然顺利通过了考试，之后又以505分的成绩通过了英语六级考试，还获得了吉林大学白求恩医学奖学金、东荣奖学金等。

在吉林大学攻读硕士学位期间，江梦南用英文发表的论文被收录进国际权威数据库《科学引文索引》(Science Citation Index，SCI)。在实验室，研究人员必须戴口罩进行实验，江梦南就只能靠“猜”去尽量理解对方的操作，事后再去消化和总结。每当解决了研究中的问题时，江梦南会很有成就感，也更深刻地感受到思考的力量。

2018年6月，江梦南获得硕士学位，同时获吉林大学2018年度自强自立研究生称号。

向善而行——参与志愿活动，让爱延续和传递

比起她自己一路走来的不易，江梦南更愿意说起一路上给予她帮助的很多人。她很感激那些曾经耐心地给她答疑解惑、包容指导她、特意手写专业知识给她的老师，也很感谢那些在她成长学习的路上陪伴过她的同学和朋友。而谈到父母，江梦南说：“爸妈就像我前行路上的灯塔，为我指明方向，也给予我继续前行的勇气。”

“感恩”二字始终萦绕在江梦南的心头。“从上小学到现在，我得到了太多的关爱。”江梦南说，一路走来，关心、帮助她的人实在太多了，只有用自己的努力去回报这个社会，才是对他们最好的报答。

在大学期间，她也没有停下帮助别人、回馈社会的脚步。入学伊始，她就加入阳光志愿者协会，竭尽所能、发光发热，同协会成员一起参与“节约吉大”“地球一小时”等公益活动，做一些让自己和身边人变得更好的事情。

暑假时，她也常去家乡的特殊教育学校做义工，探望那些视障、听障、智障的孩子。“因为我和他们一样，对于他们的痛苦和无助我感同身受。”江梦南以自己为例，鼓励他们学习唇语、学习说话，希望用自己的行动带动他们融入社会，积极乐观地面对生活。“我最佩服的人是海伦·凯勒，希望我也能像她那样，生活中迎难而上。”在江梦南的心里，其实有一个“英雄梦”，她希望可以给失聪的群体以信心，别人能做到的，我们同样可以做到，甚至可以做得更好。

2018 年 5 月，江梦南顺利通过了清华大学生命科学学院博士研究生的面试。

2018 年 7 月中旬，经全家人慎重考虑后，江梦南终于决定植入人工耳蜗。经 1 个月的手术伤口愈合，8 月 16 日，江梦南的人工耳蜗开机。9 月，江梦南正式进入清华大学开始她的博士生学业。

“现在人工耳蜗能够让我听到声音了，我也希望能通过训练让自己摆脱对读唇的依赖，可以和身边的朋友自由交流，可以有机会去参与一些学术会议，可以去听音乐会……”江梦南说，走进清华校园，只希望自己能够充分利用博士生涯的每一天，不想虚度时间，希望自己能在所学领域做出一些成绩来。对于博士毕业后的选择，江梦南给自己拟定了两个未来方向，继续走科研道路，或者从事公共事务。“我的理想是让社会更加美好、实现自己的个人价值，无论选择哪条路，其实都是殊途同归。”

（参见王璐：《双耳失聪考上清华药学博士　她在无声世界怒放生命》，《人民日报》2018 年 5 月 9 日；彭静：《从双耳失聪到清华博士　湘妹子在无声世界怒放生命》，《科教新报》2018 年 6 月 27 日；王培莲、张航：《江梦南：绽放在无声世界》，《中国青年报》2018 年 8 月 31 日；颜石敦、吕继勇：《艰辛而精彩的人生，从无声里突围——记 2021 感动中国年度人物江梦南》，《湖南日报》2022 年 3 月 5 日。本案例由作者根据以上资料编写。）

【思考讨论】

1. “自胜者强，自强者胜。”从双耳失聪到清华大学博士，在“唇语女孩”江梦南身上，体现出了怎样的人生态度？对您又有哪些人生启示？

2. 大学生应如何确立自强自立、乐观向上、积极进取的人生态度？

【案例解析】

尚在半岁不懂事的年龄，就遭遇了双耳失聪；名字寓意岁月静好，但现实却不遂人愿。面对生活给予的苦难与挑战，在父母的坚持训练和耐心指导下，江梦南用眼睛聆听世界，靠触摸喉咙学习说话，通过解读唇语与人交流，付出了常人难以想象的艰辛努力，让自己站在一个又一个新起点上，在无声的世界里突围，让生命绽放出夺目的光彩。“人比山高，脚比路长。把自信扬在脸上，将骨气融进胸膛，让生命变得更加坚强。”江梦南身上最大的“闪光点”绝非仅仅是“失声女孩考上清华大学博士生”等一串优异的成绩，更在于那股不折不挠的韧劲和令人佩服的乐观与奋斗。她不仅是当代大学生的典范，也教会了我们每一个人，在身处逆境时该如何应对与担当。

每个人的人生实践不可能总是处在顺境之中，人们不可避免地会遭遇苦乐、得失、成败、祸福、生死等各种各样的矛盾和困难。不同的人生态度引发不同的行为选择，而不同的行为选择导致不同的人生结果。只有意志坚强、敢于担当，在困难面前不低头、在挫折面前不丧气，积极进取、乐观向上，才能够正确把握人生方向，超越人生困境。对于江梦南来说，“我与其怨天尤人、悲春伤秋，还不如更加努力，为自己未来的、更光明的生活，去努力去打拼”。于是，学说话，她千万次地“读”；求学路，不知熬过多少苦。就这样，江梦南从小学到中学，学习成绩一路领先，不仅以 615 分的高分考入吉林大学药学院，还多次获得奖学金。之后，她继续在吉林大学攻读完硕士学位，并通过了清华大学生命科学学院博士研究生面试。

诚然，没有人应该理所当然地经受苦难。然而，“世界上的事情永远不是绝对的，结果完全因人而异。苦难对于天才是一块垫脚石，对能干的人是一笔财富，对弱者是万丈深渊”。人无法自己选择命运，但是，人可以通过自强、乐观和进取去努力地改变命运！这是江梦南的故事带给我们的启示，也是当代大学生应有的人生态度。

【案例应用】

1. 本案例讲述了“唇语女孩”江梦南面对命运的打击自强自立、乐观向上、积极进取的青春成长故事。本案例的教学与讨论，其目的在于启发学生深入理解和认识树立正确人生态度的重要意义，没有积极进取的人生态度，再崇高的人生目标也难以真正实现；认真务实、乐观向上、积极进取是大学生应当树立的正确人生态度。本案例可用于教材第一章第二节中“积极进取的人生态度”的辅助教学。

2. 本案例在具体运用过程中，可与曾受到媒体关注的“西瓜男孩”李恩惠、河北女孩王心仪、云南考生林万东等励志榜样组合起来，以增强案例教学的说服力、感染力。

案例 5

生 死 天 平

【案例文本】

这是一个激情澎湃和思维活跃的时代。

随着我国各项建设事业的蓬勃发展，青年学子们在规划和憧憬个人未来发展的同时，也在探寻和讨论着国家的前景、人生的价值和青春的意义。改革开放 40 多年来，发生在我们身边的一幕幕感人故事，曾在大学校园里激起层层波澜，继而引发了关于“人生价值如何衡量”的大讨论。这里，选取其中具有代表性的两个事件——

1979 年 8 月，21 岁的张华在沈阳部队某部参加高考的人员中，以第一名的成绩跨进了西安第四军医大学的校门，成为空军医学系的一名大学生。

最美奋斗者·张华

1982 年 7 月 11 日，星期天，正在第四军医大学第二附属医院上临床课的张华，一大早就从二院所在地灞桥郊区乘车进城。他打算在紧张的期末考试到来之前，利用这个休息日上街买点东西，好在假期回家时送给弟弟妹妹。

张华兴冲冲地买好了东西，又来到离学校不远的康复路南口，请在马路西侧设摊的个体户裁缝白师傅帮助修补一件衬衣。此时，大约是上午 9 点 40 分。

“快救人啊！掏粪的老汉掉进粪池了！”突然，从马路东侧传来的一阵急促而焦灼的呼喊，让行人、生意人、购物者停下了忙碌的脚步。当时，西安康复路正在形成一个闻名西北的小商品批发市场，周日的康复路更是人头攒动，热闹非凡。

50 岁的裁缝赵永茂放下手中的活计，快步跑向几米之外的人群；一个高高的小伙子，把手中的东西丢在一边，扒拉开众人，冲到了最里边……康复路南口这个老旧的厕所化粪池周边很快被围得水泄不通。

原来，69 岁的老汉魏志德在疏通厕所粪便时，被粪池散发出的沼气熏倒，跌入 3 米多深、池口只有 2 尺见方的蓄粪池中。

听到呼救声，张华把手中装有照相机等物的背包往台面上一扔，三下两下脱下军帽和军衣，连一声嘱托也没说，就扭转身飞也似的越过十几米宽的马路，赶到粪池边。一股臭气，熏得人难以近前，无数蝇蛆在粪尿中蠕动，让人恶心作呕。他一把拽住正要下去救人的裁缝师傅李正学，高声说道："你年纪大，不要下，让我下！"说罢，沿着竹梯下了粪池。这时魏志德老汉已经俯卧在粪水里，只有头发露在外面。张华左手握住梯档，右手从1米以外的粪水中拽过老汉，一把抱在腰间，向着粪池上的人群喊："快放绳子，人还活着！"话刚喊完，粪池里浓烈的沼气把张华也熏倒了。"扑通"一声，他同老汉一起跌进粪水之中……

当在场的群众把张华搭救上来，并用最快的速度把他送进西京医院的急救室时，因严重中毒、窒息时间过长，他那颗年轻的心脏再也没有恢复跳动，牺牲时年仅24岁。

魏志德老汉因滞留粪池的时间更长、年龄更大，搭救上来时已没有生命体征了。

1982年8月5日，《光明日报》率先报道了张华舍己救人的英勇事迹。此后被主流媒体广泛宣传。与此同时，一场围绕着"张华救老农究竟值得不值得"的争论也在大学校园乃至整个社会中展开。有人说，张华的行为，代表了新一代大学生的优秀品质，闪耀着社会主义精神文明和中华民族传统美德的光辉，是雷锋精神在新时代的具体体现和发扬光大；也有人尽管不否认张华行为本身的高尚，但却尖锐地提出：张华的死有什么价值？以一个德才兼备的大学生的生命，换取一个年逾花甲的掏粪老农的生命是否划得来？

1982年10月下旬，《文汇报》理论部收到一封署名为"多言"的读者来信。这位杭州的大学生在信中说："张华正值廿四岁的妙龄时期，又是军医大学三年级的学生，正是祖国社会主义建设所需要的人才；而老农已是年过花甲，六十九岁高龄了。我也承认老农能给社会作出一定的贡献，但可想而知，老农的这点贡献，是无法与张华在以后的时间里所作出的贡献相比的。再则，国家培养一名大学生，是很不容易的，他自身的价值远远大于一个老农的价值，所以作为一名大学生，应该懂得自己生命的宝贵，要用自己有限的生命去为国家创造大于本身价值的价值，而不是去换取一个六十九岁老农的生命。拿了金子去换取等量的石子，总是不合算的。"11月9日，《文汇报》以《大学生冒死救老农值得吗》为题，全文发表了"多言"的来信。文章登出后，全国各地的读者反响强烈，特别是大学生纷纷来信参加讨论。讨论开展的20天内，就收到上海和全国各地的信稿4 500余件。

此外，《人民日报》《解放军报》《光明日报》等各大报刊，也以不同的方式进行了报道和评论。

英雄张华已逝，无法对这个社会大讨论说些什么，但是，他生前曾经对他的同班同学董希武谈起过他的人生价值观。那是他牺牲之前的半个月，陕西中医学院的大学生邵小利在咸阳为救一个落水的小学生献出了生命，有人就说这样不值得，国家培养一个大学生不容易。当时他就对董希武说："这种计算方法是庸俗的，落后于起码的文明道德。我如果遇到邵小利这样的事，我决不去计算价值，人和动物的区别，就体现在这些地方！"

大学生为救年迈的老农而死值不值得？一场引爆全国的大讨论，最终得到人民群众的评判：张华表现出了以人民利益高于一切的献身精神，是亿万青年的楷模！

1982 年 7 月 18 日，经请示兰州军区，第四军医大学党委做出决定，给张华追记一等功，批准他为革命烈士、授予优秀共产党员称号。随后，中国人民解放军总后勤部、中共西安市委、教育部、卫生部、共青团中央、全国学联等机构，先后纷纷发文号召向张华学习。

1982 年 11 月 25 日，中央军委发布命令，授予张华"富于理想勇于献身的优秀大学生"荣誉称号。

2009 年 9 月，张华被评为"新中国成立以来感动中国人物"。

这一年 10 月，在湖北省荆州市的长江边，10 多名大学生手拉手搭成"人梯"，将 2 名落水少年拉向生的此岸，而 3 名大学生却被无情的江水卷走，消失在死亡的彼岸……

"有人落水啦！快救人啊！"24 日下午 2 时许，长江干堤沙市段的宝塔河沙滩上突然传来一个女生的喊声。她是长江大学文理学院 2009 级的大学生，那天她和同学们正在沙滩上秋游野炊。吃过午饭，同学们大多离开了活动地，仅有 10 多名同学还在那里游玩。她看见两个在江边玩耍的小男孩不慎滑入江中。

听到喊声，10 多名同学立即向江边冲去。李佳隆、徐程彬、方招等几个会游泳的同学毫不犹豫就跳下了水，连衣服、鞋子也来不及脱。宝塔河段看上去比较平静，其实危机四伏，水下漩涡汹涌，沙滩边缘全是陡坎。

与此同时，其他不会游泳的同学也是心急如焚。怎么办？在这千钧一发的时刻，大家决定，手拉手搭成"人梯"，一起走向江中。很快，一条生命的长链在激流中延伸……

湍急的暗流、无情的漩涡，将这些本就水性不好的大学生推到了风口浪尖。徐程彬救起了离沙滩较远的小孩，另外两名大学生也托起了另一个小孩，正沿着生命链条向沙滩靠近……

突然，链条中间的一名同学因体力不支，手从相邻同学的手中滑落，前段的

9 名同学顷刻落入江中，顿时乱作一团，呼喊声一片。

这时，正在宝塔河段 100 米以外的冬泳队队员闻声赶来施救，他们和大学生们一道，陆续从江中救起 6 名大学生，而另外 3 名大学生却消失在湍急的江水中。

用青春铸造生命之梯

事发后，长江大学领导迅速赶到现场，当地消防、海事部门也相继赶到组织搜救。然而，3 名大学生终因沉江时间过久，未能生还。他们是：19 岁的陈及时，长江大学城建学院土木工程专业大一学生；19 岁的何东旭，长江大学文理学院广播电视学专业大一学生；19 岁的方招，长江大学文理学院广播电视学专业大一学生。

和 27 年前的张华事件一样，历史总是如此惊人的相似。

大学生舍己救人的壮举经中央电视台等新闻媒体报道后，人们用各种方式表达对英雄的景仰之情。一批批荆州大学生和市民自发来到江边肃立，在水中抛放鲜花，寄托对逝去的年轻英雄的深切哀思。新华网、新浪网等各大网站上，人们纷纷发帖祭拜，为英雄祈福。

而与此同时，一些人依然基于“理性”的评判标准，质疑大学生们救人方式的科学性和生命价值的对等性。“为了救两个小孩子，牺牲了三个大学生，值得吗”“该见义勇为还是该见义智为”“自己不会游泳，该不该下水救人”等一系列的探讨与疑问接踵而来，仿佛又让我们陷入了 80 年代“张华救老农值不值”的困惑与阴影之中。

2009 年 10 月 27 日，湖北省高校工委、省教育厅授予徐彬程等 15 名同学“见义勇为舍己救人英雄集体”荣誉称号，追授陈及时、何东旭、方招 3 名同学“舍己救人英雄大学生”荣誉称号。

2009 年 10 月 28 日，教育部授予徐彬程等 15 名同学“全国见义勇为舍己救人大学生英雄集体”荣誉称号，追授陈及时、何东旭、方招 3 名同学“全国舍己救人优秀大学生”荣誉称号。

2009 年 10 月 30 日，团中央、全国青联授予“10・24”英雄集体“中国青年五四奖章集体”荣誉称号，追授陈及时、方招、何东旭“全国优秀共青团员”荣誉称号。

2009 年 11 月 10 日，湖北省人民政府追认“10・24”舍己救人见义勇为牺牲的长江大学学生陈及时、何东旭、方招为革命烈士。

2009 年 11 月 11 日，中共湖北省委、湖北省人民政府授予 18 人为“全省见义勇为舍己救人英雄群体”荣誉称号，追授陈及时、何东旭、方招 3 人“全省见义勇为舍己救人英雄大学生”荣誉称号。

……

2010年2月9日，见义勇为大学生集体荣获“感动中国2009年度人物特别奖”。

（参见李砚洪：《生死天平——“张华救老农”讨论的再追问》，《北京日报》2008年12月11日；文锦：《1982年人物：勇于献身的优秀大学生张华》，《三秦都市报》2008年6月24日；江林、王宗仁：《当代大学生的榜样——记人民解放军第四军医大学学员张华》，《人民日报》1982年11月2日；程墨、罗曼、康群：《荆州上演大学生集体救人壮举》，《中国教育报》2009年10月27日。本案例由作者根据以上资料编写。）

【思考讨论】

1. 您认为大学生张华冒死救老农、长江大学10多名学生舍身救儿童的行为是否值得？在当今社会主义市场经济条件下，重新讨论这样的问题是否还有意义？

2. 联系实际，谈谈如何正确把握人生价值评价的标准和方法。

【案例解析】

正值风华正茂的年龄，他们就这样地走了——走得悄无声息又惊天动地，走得大义凛然却令人痛惜。他们纵身一跃，划出了人生最壮丽的弧线；他们奋力一举，绽现出生命最高尚的光芒。他们用青春筑起了生命之梯，用行动担当起社会责任，用无畏谱写出英雄赞歌。

大学生舍己救人到底值不值得？在每次类似的事件中，我们似乎都能听到这样一种颇有“理性”的质疑和追问。自1982年大学生张华为救老农而献出自己年轻的生命，这样的讨论在此后的几十年里就从来没有中断过。而每一次的讨论，都让我们越发深入地思考人生的意义与价值。

“大学生舍己救人值不值得”反映的是一种价值判断。价值是一个关系范畴，又是一个社会范畴。就本文列举的两起救人事件而言，一些人虽不否认大学生和被救者（老农、落水儿童）各自的社会价值，却认为大学生对社会的贡献要远远大于老农的价值，张华冒死救老农等于是“拿了金子去换取等量的石子”，或者认为“为了救两个小孩子，牺牲了三个大学生”，总是不合算的，因而他们的死是毫无价值的。我们说，人和人的生命都是平等的，每个人生命的价值都应得到尊重。不可否认，对自己的生命保持起码的尊重和敬畏，是“生命至上”的一种具体表现，但“生命至上”在本质上绝非全部指向自我。张华和长江大学学生舍己救人的举动，未尝不是“生命至上”的体现，只不过指向的是他人而已。事实上也正因为如此，张华等人“额外”获得了另一种更为灿烂的道德价值。我们不能笼统地把“生命至上”作为讨论“值不值得”的逻辑前提，更不能把“不值得”结论简单地建立在“自我生命至上”的基础之上。同时，大学生舍己救人也绝非简单地是一个人与另一个人是否等价交换的问题。一个人对社会的贡献不仅有物质方面的，也有精神方面的。人生的价值不能仅从外在的功利性来衡量，更应从内在精神价值上去考虑。以单纯的利益价值来判断英雄壮举和由此升华的精神价值，是个人和社会的悲哀。人总是要有一点精神的。在人们习惯了交易、趋利的市场经济时代，这种敢于担当、舍己救人的精神价值更显得高尚与可贵。

“大学生冒死救老农值不值得”反映的又是一种价值评价。人生的价值究竟如何衡量？本文中，有人以在世的寿命长短和拥有的知识多少为标准，认为“张华正值廿四岁的妙龄时期，又是军医大学三年级的学生”，而老农已是年过花甲、文化程度也不高，所以他的贡献“是无法与张华在以后的时间里所作出的贡献相比的”；有人则从数量上以长江大学三个年轻生命的逝去和两个落水孩子的生还相比较，认为并不值得。我们认为，一个人生命的长短，不能代表人生价值的高低。生命不是做算术题，人生的价值更不是简单的生命风险交换。一个人拥有的知识、能力、品德、体魄等仅仅是人生的潜在价值，这些潜在的“素质”在发挥实际作用、满足社会和自我需要之前，其价值性只具有可能的意义，并不是现实的价值。人们在社会实践中实现自身价值的过程，就是不断地将潜在价值转化为现实价值的过程。因此，生命的长短以时间来计算，而生命的价值则是以贡献来衡量；无论才能、知识多么卓著，如果缺乏热情和付出，则无异纸上画饼充饥，于事无补。

由大学生舍己救人行为而引发价值观的讨论，这几乎是当今社会舆论的寻常情境。其实，大学生舍身救人“值与不值”根本无须争论。无论市场经济如何发展，善良与责任、勇气与担当都是我们需要着力打造的基本价值观。现代人往往容易迷失在高度繁荣的经济世界中，存在道德迷惘在所难免，但无论世事如何变幻，社会道德底线和基本价值判断永远存在，它与算计无关。

【案例应用】

1. 本案例叙述了 20 世纪 80 年代第四军医大学学员张华冒死救老农、2009 年 10 月长江大学 10 多名学生舍身救儿童的英雄事迹，以及由舍己救人引发的关于价值观及其评价标准的思考。本案例的教学和讨论，其目的在于引导学生正确认识和评价人生价值，懂得如何创造和实现人生价值。本案例可用于教材第一章第二节中“正确评价人生价值”的辅助教学。

2. 本案例在具体运用的过程中，要注意通过两起救人事件引发的“值与不值”的讨论与冲突，启发学生开展深度思考与互动，并因势利导帮助学生正确把握人生价值的评价标准及方法。

案例 6

“渐冻症”女博士的身后愿望

【案例文本】

“一个人活着的意义，不能以生命长短作为标准，而应该以生命的质量和厚度来衡量。得了这个病，活着对我是一种折磨和痛苦。我要有尊严地离开，爸爸和妈妈，你们要坚强地、微笑着生活，不要为我难过。

我走之后，头部可留给医学做研究。希望医学能早日攻克这个难题，让那些因为‘渐冻症’而饱受折磨的人，早日摆脱痛苦……”

“渐冻症”女孩：能救命的器官都捐

这不是什么名人名言，而是北大女博士娄滔患上“渐冻症”后，在清醒时留下的“遗嘱”。这份遗嘱，让无数网友流下了眼泪。

爱笑的女孩

“女儿得了渐冻症后，强烈要求死后将器官捐献出来，这是她最后的愿望。”娄功余和妻子汪艳梅是湖北恩施土家族人。娄滔是他们唯一的宝贝女儿，也是全家的骄傲。

对于身边的同龄人来说，娄滔就是父母口中“别人家的孩子”。

2007 年，她以优异的成绩考入中央民族大学历史系。

本科期间，娄滔的学习成绩始终位列全系前三，2012 年以优异的表现保送至北京师范大学历史学院世界上古史专业。

硕士期间，她以世界史第一名的成绩荣获一等奖学金，并在核心期刊上发表译作一篇。

2015 年，娄滔以笔试第一、面试第一的成绩考入北京大学历史学系，攻读古埃及史专业。

“能如此醉心于历史，还是深奥难懂的古代埃及史，真是难得”，她的高中班主任兼历史老师刘荣之这样评价她。

娄滔还是自强、懂事、阳光的“邻家女”。自从到北京读大学后，除手机、电脑需要父母额外赞助外，每月生活费标准，一直都是 1 000 元，其余全靠奖学金。2008 年北京奥运会期间，经过层层选拔，英语成绩超棒的娄滔，在媒体新闻中心做志愿者，义务为全世界运动员做翻译，获得好评。

娄滔很善于学习。在北京师范大学读书时，别人为论文忙坏了，但娄滔还在寝室看似漫不经心地养花、给同学做美食。最后一个星期，娄滔的洋洋洒洒几万字的论文交上来，被评为优秀论文。

在熟悉人眼中，她永远是那个乐观开朗、聪明好学的美丽女孩。

“她最大的特点是爱笑。”在高中英语老师周道梅看来，娄滔同学性格开朗。

“只要有事找她帮忙，她基本都没问题。”在同学赵怡心中，娄滔很讲义气，乐于助人。

勇敢的女孩

原本，娄滔的人生规划，是毕业后成为一名教授——传道授业。

作为父母膝下的独生女儿，娄滔憧憬的生活方式是：一定要和父母住一个城市，最好一个在东，一个在西。可以不要天天见面，但要经常在一起吃饭、聊天。

她的身体一直都很好，在学校跑过万米长跑，还经常游泳。

然而，一切来得猝不及防。

2015 年 8 月，娄滔回恩施度暑假，经常说浑身没力气，上楼乏力。当时，父母还笑女儿“太娇气”。

10 月份娄滔返校后，一天早晨给妈妈打电话，说一只脚尖踮不起来，不听使唤。这引起家人警觉。经过一系列神经内科检查，2016 年 1 月中旬，北京大学第三医院、协和医院相继对娄滔的病情作出诊断：疑似运动神经元病。

运动神经元病，即大众熟知的“渐冻症”，患者会慢慢感受到全身不受控制，最后连呼吸肌都无法自主。因此，这种病被描述为：灵魂被囚禁在身体里。目前，全世界对此病尚无有效的治疗方法。

为了不拖累男友，在患病 1 个多月后，娄滔主动提出和男友分手，并谢绝很多同学的看望。她希望，自己留在大家心目中的是一个健康美好的形象。

娄滔和家人在漫漫求医路上，积极与疾病抗争。但病情进展极快。

2016 年 10 月，不见好转的娄滔，被转回恩施当地一家医院的神经内科，做保守治疗。她的病情逐渐恶化，脖颈以下完全瘫痪，进而发展到吞咽、呼吸困难。2017 年元月，因大脑缺氧深度昏迷，娄滔失去了自主呼吸功能，用呼吸机维持生命。

尽管如此，娄滔在患病期间，仍坚持“听”完了60多部中外世界名著。“女儿这辈子最喜欢的就是读书！”娄功余说。

博爱的女孩

得知娄滔病重，她所就读的小学、初中、高中、大学等各方师生发起了爱心捐助，同时发起网络众筹，社会各界爱心筹款上百万元。

2017年10月9日清晨，娄滔病情恶化转到武汉进行救治后，汉阳医院动用了全院力量，副院长谢彬组织制定院内救助方案，而副院长孙涛则协调院外医疗资源进行会诊。

据了解，“渐冻症”病人发展到后期，整个人都如同面条一样瘫软。面对自己的病情，娄滔在清醒时，曾多次表达捐献器官的意愿。

一次，娄滔将护士喊到床边，以自己口授、护士执笔的方式，写下了几百字的遗嘱。她说：“请遵循我的意愿，头部留给医学研究，其他所有器官，凡是可以挽救他人生命的，尽可以捐给他人使用。”

娄滔要求：将遗体火化，骨灰撒进长江，不要占用土地修坟，给社会带来负担。“不要举办任何治丧仪式，更不要收取亲朋好友、任何人的慰问金。请让我静悄悄地离开，不留任何痕迹，就如我从来没来过。”

娄滔在遗嘱中说：“人活着的意义，不能以生命长短作为标准，而应该以生命的质量和厚度来衡量。”

“女儿得了渐冻症后，强烈要求死后将器官捐献出来，这是她最后的愿望。”娄功余说。娄滔的母亲汪艳梅也告诉记者：“她不甘心，想要为社会作贡献。她觉得国家培养一个博士生不容易，得病后，社会上这么多好心人又帮我们筹款，孩子想回馈社会。”

2018年1月5日晚，与“渐冻症”坚强抗争两年的娄滔，永远地离开了这个让她无限依恋的世界。遗憾的是，因娄滔身体出现感染，其器官不符合捐献条件，她捐赠器官的遗愿未能达成。她的悄然告别，让人无限惋惜。然而，这个像天使一样的姑娘，以口述遗嘱的方式，留下了她对生命的挚爱和敬畏，也给这个世界留下了一份最珍贵的“礼物”。

（参见尹勤兵：《不幸得“渐冻症”　北大女博士在汉捐出所有器官》，《长江日报》2017年10月13日；龙华、孟佳、赵林：《鄂籍北大女博士与渐冻症抗争两年　留下遗嘱让人肃然起敬》，《湖北日报》2017年10月16日。本案例由作者根据以上资料编写。）

【思考讨论】

1. 有人说，人生的意义在于生命的长短，于是千方百计寻求长生不老之药;也有人说,人生的价值在于权力地位,于是不择手段去争权夺势。您认为应如何正确理解人生的价值和意义?

2. 北大"渐冻症"女博士娄滔在遗嘱中说:"人活着的意义,不能以生命长短作为标准,而应该以生命的质量和厚度来衡量。"联系实际,谈谈大学生应如何确立高尚的人生追求,创造自己有意义的人生。

3. 北大"渐冻症"女博士娄滔对待疾病和人生的积极态度,对您有何触动和启示?

【案例解析】

鲁迅先生说,悲剧是将人生有价值的东西毁灭给人看。北大女博士娄滔罹患"渐冻症",在清醒时留下身后愿望捐献器官的举动,让无数网友流泪和惋惜。年轻美丽的生命消逝,无疑是最大的悲剧,但在这悲剧的背后,也让我们看到了生命的光芒与厚重。"渐冻症"女博士的故事能够引起广泛关注,不仅是因为人们对"渐冻症"知之甚少,也不仅因为其北大博士的身份标签,更因为娄滔捐献器官的遗嘱,给人们带来了对于生命的意义和价值的思考。

从中央民族大学本科到北京师范大学硕士,再到以笔试、面试第一的成绩成为北京大学历史系的一名在读博士,娄滔无疑是十分优秀的。有人可能会说,这种优秀有什么用,最终还不是在命运面前折翼?然而,需要看到,生命是一个由生到死的历程,人生之路不可毕其功于一役,而是分阶段的,只能一段一段地往前走。对于每一个人来说,虽然都希望自己的人生艳阳高照,但在很多时候,并不知道下一段会发生什么,我们所能做的,就是认真走好了脚下这一段,即便不能增加生命的长度,亦应努力拓展生命的宽度。"一个人活着的意义,不能以生命长短作为标准,而应该以生命的质量和厚度来衡量。""请遵循我的意愿,头部留给医学研究,其他所有器官,凡是可以挽救他人生命的,尽可以捐给他人使用。"这一刻,人们看到了娄滔对疾病、对命运的态度,看到了她的责任担当及其生命的质量和厚度。也正是因为如此,这个励志、善良、美丽的姑娘,牵动着无数人的心。有网友以七言律诗咏叹道:"最是堪怜咏絮才,寒雪飘飘雁声哀。长亭且送芳魂去,心愿无处不春台。"也有网友写道:"病魔能冻住她的躯壳,无法冻住她的灵魂;她捐赠的不仅仅是器官,还有活下去的勇气和乐观!"

北大"渐冻症"女博士娄滔是当今大学生中的一股清流和正能量的榜样。某些还在大学校园浑浑噩噩混日子的大学生,能否从娄滔的故事中反思到什么呢?

【案例应用】

1. 本案例讲述了北大“渐冻症”女博士娄滔同疾病坚强抗争，并在清醒时留下遗嘱捐献器官而让无数网友流泪的故事。本案例的教学与讨论，意在引导学生思考人生的意义和价值，理解人生价值的评价标准和方法，以及树立生命可贵的意识，努力使有限的生命绽放人生应有的光彩。本案例可用于教材第一章第二节中“正确评价人生价值”或第三节中“正确看待生与死”等内容的辅助教学。

2. 本案例在运用过程中，应着重分析娄滔的遗嘱所蕴含的对人生价值的认识与评价，及其正确对待生与死的人生态度；同时，可与现实生活中一些大学生遇到困难或挫折就消极悲观、自暴自弃，甚至厌世轻生的现象进行对比，以进一步增强教育教学的针对性和说服力。

案例 7

拒绝“躺平”，奋斗的人生最精彩

【案例文本】

2021 年 12 月，一篇题为《毕业致谢：我从来不曾优秀过》的文章在网络走红，文章的作者是兰州大学生态学院青年研究员赵序茅。

“我从来不曾优秀过，也从来不曾放弃过！”赵序茅在这篇文章中的一句话打动了众多网友。出身寒门、从小到大升学考试屡屡失利、蜗居在 4 平方米的小屋边打工边备考……文章中，他坦然分享了自己坎坷的成长经历。

如今，赵序茅走上科研道路，同时还凭借努力成为一名科普作家。他拿到的“人生剧本”绝非顺风顺水，而是一个农村孩子在求学路上屡败屡战、永不言弃的成才故事。

毕业致谢：我从来不曾优秀过

“打小就有股不服输的狠劲儿”

赵序茅出生在山东滕州，父母都是面朝黄土背朝天的农民，但却很重视孩子的教育。为此，他学习格外用功。

“回想自己的求学经历，似乎每一关都不顺利。”赵序茅说，小学升初中的时候，没考上县城的中学；到了中考，发挥失常；等到最关键的高考，因为过于紧张，再次失利，只好复读；好不容易考上本科，考研又被调剂，硕士考博士再次调剂；读了博士，因为和导师观念不和，甚至直接退学了。

但赵序茅始终没有放弃，因为他清楚，只有知识才能改变命运。“打小我骨子里就有股不服输、不放弃的狠劲儿。”他说，“这么多年，每过一‘关’我都提着这股劲儿。”

为筹集大学学费，赵序茅在餐厅做服务生、送桶装水、去外地村落做市场调研……大学四年，他什么苦活累活都干过。博士退学后，他来到北京，蜗居在 4 平方米的房间里，一边打工一边再次考博。赵序茅一步一个脚印地向前走，在中科院新疆生态与地理研究所读完了硕士，在中科院动物研究所拿到了博士学位，直至 2019 年博士毕业，进入兰州大学成为一名青年研究员，他终于实现了做科研的梦想。

“躺平？我们没有资格”

科研的道路岂能一帆风顺。在中科院动物研究所读到博士三年级时，赵序茅本可选择直接毕业，但却打定主意延毕一年。原来，他在博士期间的研究方向是一个全新的方向，博三时手头还有工作没收尾，若直接毕业离开，研究组里没有人接手。所以，怀着一股对学术研究的韧劲儿，他决定延毕。

延毕不是件小事，周围人纷纷表示不解。但赵序茅始终觉得：“我读个博士不容易，做事情要善始善终，这样才对得起自己多年的努力，也不辜负导师的栽培。”

“我始终对自己怀有更高的期待，想让自己变得更好。”为此赵序茅从来没有停止奋斗，更是直呼“拒绝躺平”。写论文、写科普文章、写博客……他“很能写”，仿佛没有停歇的时候，他说：“别人逛街我在写，别人喝咖啡我在写，别人风花雪月我也在写。”

赵序茅常常用生态学领域的“红皇后效应”来自醒，它是指物种若想保持生存竞争力，必须要不断地进化。“这就类似于那句古语：逆水行舟，不进则退。即便是你想停留在原地，也需要用力奔跑，更何况是进步。”

“现在很多年轻人都常把‘躺平’放在嘴边，但仔细想想，我们有什么资格‘躺平’呢？”赵序茅说，对我们每个个体而言，只有不断奋斗才能在激烈竞争中脱颖而出，让自己的人生更出彩。

“科研工作者要有社会责任与担当”

在兰州大学，赵序茅主攻的研究方向是保护生物学和动物地理学，选择这个方向是出于他对动物研究的热爱。他打趣说：“像我，硕士期间研究禽类，博士期间研究兽类，最美好的青春都献给了‘禽兽’。不过，我觉得值得！”

在科研道路上，赵序茅走得坚定，但这并不妨碍他在科普领域浇灌热情。至今，他已出版科普著作 24 本，在各地开展科普讲座 200 多场。2020 年 12 月，他获得了科技部、中宣部、中国科协授予的“全国科普工作先进工作者”称号。

赵序茅认为，科研工作者要有社会责任与担当。“从长远来看，科普和科研应该相互促进。”他说，“我的专业方向是保护生物学，但保护濒危物种最终要靠全社会，如果不向大众普及，我的工作是不完整的。”

写作科普读物、线上线下进行公益科普讲座、在校内担任科学技术协会科普部部长……赵序茅的生活充实而精彩。他仍记得一个重庆小朋友给他的来信:“赵老师,我以前都不知道自己的兴趣在哪儿,但听完您的讲座后,我找到了兴趣点,我也要成为一名科学家。”这样的信件还有很多,每每读到这些稚嫩的文字,他都会为自己在孩子们心中播下了一粒“科学的种子”而感到欣慰。

赵序茅的故事在网络走红后,很多网友通过邮件、电话等方式和他取得联系。“我从来没想到我这样一个平凡的人,能给别人带来这么多感动和能量。”看到很多人受到鼓舞,他十分惊喜。

“心中无敌,方能无敌于天下。”赵序茅说,“希望这句话也能给处在迷茫中的人带来一些慰藉,我就觉得值了。”

(参见李睿宸:《拒绝“躺平”,奋斗的人生最精彩》,《光明日报》2022 年 2 月 27 日。编入本书时有改动。)

【思考讨论】

1. 有人说,“躺平即是正义”。您如何看待当代青年中出现的“佛系”和“躺平”现象?

2. 习近平总书记曾经指出:“只有奋斗的人生才称得上幸福的人生。奋斗是艰辛的,艰难困苦、玉汝于成,没有艰辛就不是真正的奋斗……奋斗者是精神最为富足的人,也是最懂得幸福、最享受幸福的人。”①请联系实际,谈谈您对这段话的认识和理解。

【案例解析】

不知几时起,当“内卷”“佛系”等流行语蹿红网络,“躺平”一词也跟着被高调祭出,并在一些大学生中引发共鸣。何为“躺平”?通俗地说,就是面对压力和困难,“躺倒”在床,放弃目标追求,不再热血沸腾、不去努力奋斗,选择躲进舒适圈过一种低欲望生活。在法律和道德允许的范围内,个体如何选择自己的生活方式,其权利理应得到尊重。为了积聚能量,更好地重新出发,或者作为一种心理解压和情绪宣泄,短暂的“躺平”亦无可厚非。如若肩负时代责任、正值“拔节孕穗”期的大学生群体将其作为一种思想观念和人生态度,则是万万不足取的。对此,兰州大学生态学院青年研究员赵序茅以自己的成长经历给出了回答:躺平?我们没有资格!只有不断奋斗才能在激烈竞争中脱颖而出,让自己的人生更加出彩。

每个人在其成长的过程中,不可避免地会面临各种各样的压力与挑战,甚至遭遇不同程度的挫折与失败。选择“躺平”“咸鱼”的方式逃避现实,放弃努力

① 习近平:《在 2018 年春节团拜会上的讲话》,新华网 2018 年 2 月 14 日。

和奋斗，不仅无益于个人的成长，还可能会陷入更为严重的困境之中。“面对世界的深刻复杂变化，面对信息时代各种思潮的相互激荡，面对纷繁多变、鱼龙混杂、泥沙俱下的社会现象，面对学业、情感、职业选择等多方面的考量，一时有些疑惑、彷徨、失落，是正常的人生经历。关键是要学会思考、善于分析、正确抉择，做到稳重自持、从容自信、坚定自励。”[①]下面的这个故事，或许会使一些同学有所感悟——

一个女儿向父亲抱怨生活不顺：为什么事事都那么艰难？她不想再努力了，她已厌倦了奋斗和坚持。

父亲平静地听完女儿的抱怨后，微微一笑，把她带进了厨房，往三口同样大小的锅里倒入一样多的水，然后放在旺火上烧。不久，三口锅里的水沸腾起来。接着，父亲往第一口锅里放入一根胡萝卜，第二口锅里放入一个鸡蛋，第三口锅里放入一些咖啡豆。

女儿疑惑地望着父亲，不明白他在做什么。20分钟后，父亲关掉了火，取出胡萝卜、鸡蛋分别放到两只盘子里，把咖啡倒进一个杯子。

父亲让女儿走近一些，去摸胡萝卜，然后再剥开蛋壳，放在一边。最后，父亲让她喝一口咖啡。

女儿不解地问道：“父亲，这意味着什么呢？”

父亲开始给她解释说：这三样东西遇到了同样的逆境和挑战——沸腾的水，但其反应各不相同。胡萝卜入锅前是硬实强壮的，但被沸水煮过之后变得软弱无力；鸡蛋是脆弱易碎的，但是经过沸水的洗礼变得内心坚强而有韧性；而咖啡豆最为独特，随着水的沸腾，不但没有失去自己的味道，还改变了水的颜色。

“那么，你是哪一个呢？”父亲问女儿，“当压力和逆境来敲门的时候，你会如何反应？你是胡萝卜、鸡蛋，还是咖啡豆？”

这个故事启示我们，生活的煎熬、环境的压力是不以人的意志为转移的客观存在，我们需要的不是胡萝卜的外表，而是鸡蛋的内心、咖啡豆的本质。当代大学生是同新时代共同前进的一代，既面临难得的求知成才的人生际遇，也面临“天将降大任于是人”的时代使命。珍惜韶华，勤学苦练，砥砺品格，拼搏奋斗，才是青春最亮丽的底色。一遇到压力就喊“内卷”，一遇到挫折就想“躺平”，显然不是新时代青年应有的气质。世界上没有绝望的处境，只有对处境绝望的人。“心中无敌，方能无敌于天下。”人的成长与成熟，正是在遇到困难、战胜困难之后获得的。矫情一下可以，“佛系”一下可以，甚至呐喊也一下也可以，但千

---

① 习近平：《习近平谈治国理政：第一卷》，外文出版社2018年版，第173页。

万不要相信“躺平即是正义”。大学生要走好人生之路，必须保持认真务实、乐观向上、积极进取的人生态度和昂扬锐气。“无数人生成功的事实表明，青年时代，选择吃苦也就选择了收获，选择奉献也就选择了高尚。……只有进行了激情奋斗的青春，只有进行了顽强拼搏的青春，只有为人民作出了奉献的青春，才会留下充实、温暖、持久、无悔的青春回忆。”[①]

【案例应用】

1. 本案例讲述了兰州大学生态学院青年研究员赵序茅拒绝“躺平”、“逆袭”成长、勇于担当的故事。本案例的教学与讨论，旨在教育和引导学生深刻理解和辩证对待人生矛盾，树立认真务实、乐观向上、积极进取的人生态度，理解和感悟习近平总书记对当代青年的谆谆教诲：“奋斗是青春最亮丽的底色。”[②]“广大青年要培养奋斗精神，做到理想坚定，信念执着，不怕困难，勇于开拓，顽强拼搏，永不气馁。幸福都是奋斗出来的，奋斗本身就是一种幸福。”[③]本案例可用于教材第一章第二节中“积极进取的人生态度”或第三节中“辩证对待人生矛盾”等内容的辅助教学。

2. 教师在运用本案例时，要注意联系现实生活中的“内卷”“佛系”“躺平”等现象，尤其要注重结合大学生的思想实际，展开互动讨论和因势利导，切忌仅仅做空泛的理论推演；同时，可结合赵序茅的《毕业致谢：我从来不曾优秀过》一文，通过分析赵序茅在求学路上屡败屡战、永不言弃的成长故事和心路历程，引导学生理解和确立认真、务实、乐观、进取的人生态度。

---

① 习近平：《习近平谈治国理政：第一卷》，外文出版社 2018 年版，第 54 页。

② 习近平：《在纪念五四运动 100 周年大会上的讲话》，《人民日报》2019 年 5 月 1 日。

③ 习近平：《在北京大学师生座谈会上的讲话》，《人民日报》2018 年 5 月 3 日。

案例 8

校园"裸贷"乱象

【案例文本】

镜头 1

2018 年的寒假，对 19 岁的扬州姑娘张凡（化名）来说有些不平静，因为她欠下 1 万多元的"校园贷"，为了偿还利息，多次借钱，最后被借款人拍下了裸照。

2017 年年底，看着同学们一个个拿着酷炫的"iPhone"，张凡心里盘算着换部新手机"迎接新年"，但是她每月只有三四百元的零花钱，对于买时新手机来说是杯水车薪。

她想到了"校园贷"。2018 年 1 月 7 日，在朋友介绍下，她联系上了一名从事"校园贷"的中间人。这名中间人也是一名在校大学生，这个大学生"出没"在各个大学校园活跃的 QQ 群里。张凡并不知道对方的真实姓名，只是听说此人负责高校的学生贷款。

为买苹果手机女大学生卖卵险丧命

当天中午，在学校附近网吧，张凡如约见到中间人，一位自称"专门做贷款"的中介季某也一同前来。

季某向她详细介绍了贷款流程，但张凡想到此前关注的"校园贷"新闻，犹豫不决。季某见状，便约她与贷款人"当面谈谈"。当日下午 5 点，张凡与贷款人李良（化名）见面，她随后被带到位于扬州邗江区的一家投资公司。

交流中，贷款人对张凡十分热情，并且保证贷款不会出事。"我们是正经生意人，不会瞎要钱。"对方告诉张凡。

张凡仍旧心存顾虑，贷款人便拿出了一些借条，这些借款人都是跟她一个学校的大学生。"每张借条都有签名和红手印，有一张金额甚至达到了 6 万元。"张凡回忆。

一开始，张凡打算借 3 000 元，可实际操作并没有那么简单。上门费、中介费等额外费用总计3 000元，这些都要算在本金里。她算了一下，每周要偿还420元利息，本金和利息都必须在1个月内偿还。

对于无缘无故多出的3 000元本金，张凡一开始据理力争，但李良摆出一副“爱借不借，不借走人”的姿态。犹豫再三，张凡还是同意了。“实在是太想要买新手机了。”她说。

李良拿出一张借款金额为3.5万元的欠条，要求张凡“签字画押”。他解释说：“有好多学生最后没钱还，我们这么做只是为了保障公司利益，不会真要3.5万元。”

起初，张凡也担心对方“使诈”，但她在新手机巨大诱惑，以及贷款人1个多小时“软磨硬泡”下，最终签下欠条，并拍摄了手持身份证的照片。

当场，她拿到了3 000元现金。第二天，一部2 500多元的手机如愿到手。

“新手机”的新鲜劲儿没过去几天，第一次偿还利息的时间到了，对张凡来说，之前借的钱以及生活费所剩无几，无奈之下，1月14日，她再次来到这家投资公司，想再借1 500元解“燃眉之急”。

这次，只有李良一人在办公室。了解情况后，他立即用微信将钱转给张凡，却要求张凡“补拍裸照”。当时，张凡被吓蒙了，呆呆地站在那里，不知所措，“脑子一片空白”。

为了打消疑虑，李良拿来3张照片，告诉她这些都是借钱女生拍的，并承诺不会外传。“这些照片都是全身照，三点全露，而且露脸。”张凡回忆。

“再给你1分钟时间考虑，要么现在还钱，要么拍照片。”张凡说，对方突然像完全变了个人。这时，她发现办公室门窗已经紧锁，窗帘也不知何时被拉上。

见张凡仍不说话，李良的语气开始变得很凶，还威胁说：“你不说话我就当你答应了，你现在拍也得拍，不拍也得拍。”

最后，在这家投资公司的卫生间里，张凡被李良拍下一张裸照。

此后，张凡一共3次支付利息，总计1 260元。噩梦还没结束。1月20日，张凡接到李良电话，“他说我违约了，必须立刻还1.1万元，否则就要带人到我家里要3.5万元”。

在电话中，张凡一直追问违约原因，对方没有解释，便挂断电话。害怕裸照泄露，张凡吓得整晚都没睡着。

第二天，她把事件前后一五一十告诉了父母，并向辖区派出所报警。在民警建议下停止还款。

1月25日，张凡在父母的陪同下到派出所了解情况，办案民警告诉她，李良卷入多起案件中。有6名同学在这家公司贷款，有一名同学还是未成年人。

“我现在特别后悔，再给我一次机会，一定不会为了买手机，做这样的‘蠢事'了。"张凡说。

镜头 2

戴上眼罩进门，做完手术又戴着眼罩离开，晓雯（化名）至今都不知道在长沙哪个别墅捐的卵。只记得躺在手术台上，冰凉的钢针，手臂般长，刺穿阴道、卵巢。先是像平常打针那样刺痛一下，之后是坠胀疼，不知被取走多少个卵子，疼得汗浸透了衣背。捐卵完成后，她到手 2 万元。

"麻药从肛门塞进去，我当时还找医生多要了两颗栓剂（麻醉用）。"晓雯记得，取卵过程很短，不到 15 分钟，"疼"。

一时冲动消费带来身体永久的伤痛。然而，这种代价并没让晓雯还清欠下的 5 万多元贷款。

晓雯家庭条件不错，父母每月会准时转两三千元生活费。她学设计专业，常在校外机构兼职代课。如果不是大二那年丢了手机，晓雯自认为大学生活会无忧无虑。

大二第一学期，晓雯不慎丢失手机，随后花 7 000 元买了一部苹果手机，手头开始拮据。由于家教严，晓雯没告诉父母。有朋友推荐试试"分期乐"，"专门针对学生的，利率低"。晓雯记得，"申请后有人来学校面签，App 里有学信网认证接口，让我登录后就通过了认证"。

晓雯第一次借了 2 000 元，选择分 3 期还。大二恋爱后，开销越来越大，借钱频率也明显增多。借着借着这家额度没了，晓雯就换另一家平台注册、借钱，还上一家借款。连换几家网贷平台之后，再也借不出一分钱来，所有平台都拒绝再借钱。

此刻，摆在借贷人面前的通常有两条路：一是向父母坦白，靠他们"上岸"；二是找私人借贷，能拖一天是一天，企图靠兼职等翻身。绝大多数人选择了后者，结果滑向深渊。

"你知道那种面临崩盘的感觉吧？"晓雯说，"只要沾了，就脱不了身。"

她去借"714 高炮"和私人借条周转。"714"是期限 7 天和 14 天的高利息贷款，常包含高额"砍头息"和高额"逾期费"。晓雯借 8 000 元，到手只有 5 000 多。晓雯表示，私人借条利息涨得特别快，一个月下来，几千元借款累积滚到三四万。

毕业前，经同学介绍，晓雯打了"裸条"。裸条也叫裸贷，借款人用手持身份证的裸体照片替代借条。如果违约，放贷人以公开裸体照片或与借款人父母联系等手段要挟，逼迫借款人或其家人还款。

"每天一宿一宿地睡不着，睁眼闭眼都是钱。"晓雯说，"怪当初我冲动消费，但后悔也没用。”

为还贷承受捐卵之痛的女大学生，晓雯不是个例。昆明大四学生赵萌同样将捐卵视作还贷的一根救命稻草。

赵萌掉进网贷的坑，是因为一张健身卡。大一时，赵萌想减肥，打算找朋友借钱办一张1 000元的健身卡。比她大一届的朋友是网贷平台的代理，推荐她下载“爱又米”App分期还款。和晓雯一样，她也经历了“拆东墙补西墙”，到最后所有平台都借不出钱。

临近还款日，催债信息一直不停，手机只能调成静音，“每震一下，心特别慌”。

赵萌想到了捐卵。她前往上海一家中介机构，对方称愿付3万多元酬金。“先做检查，结果身体不太好，捐不了卵。”在捐卵机构租住的公寓里，赵萌看到，一屋子都是年轻女孩。“从打扮、年龄看，跟我差不多。”捐卵机构负责人告诉她，“大部分女生都是欠了贷款才来做的”。

2019年9月，捐卵未遂的赵萌，欠款加利息累积到30多万，最终被“爆”了通讯录。闻讯赶来的父母对她打骂过后，拿出所有积蓄并借了银行贷款，才助她还清贷款。

“不到万不得已，我不会那么做。我是学医的，知道捐卵伤害有多大，根本不可能像网上说的取几颗卵子那么简单。”赵萌是护理专业学生，了解捐卵的危害：促卵针可能引发卵巢过度刺激综合征，取卵手术的穿刺针会在卵巢上留下创口，可能导致感染，引发多种并发症，出现积水、休克，还可能导致不孕，甚至死亡。

（参见李超、郭阳琛：《“裸贷”乱象》，《中国青年报》2018年3月5日；陈远丁、席莉莉、邹雅婕：《聚焦“校园贷”之一：捐卵还贷》，人民网2019年12月30日。本案例由作者根据以上资料编写。）

【思考讨论】

1. 阅读本文，一些女大学生陷入“裸贷”“捐卵”深渊的思想根源是什么？请从人生观的角度，对其进行剖析。

2. 联系实际，谈谈本案例对大学生树立正确人生观有何警示和启示。

【案例解析】

近年来，类似上述“裸条”借贷已经使不少女大学生深受其害，有的甚至捐卵还贷，或被逼“肉偿”还贷。据了解，多数女生选择裸贷，是为了买一个名牌包、一盒进口化妆品、一件高档服装或者一部高端数码产品，有的则用于健身、交际娱乐、微整容或微创业。起初，她们认为自己一定能还上这笔贷款。而当这种“裸贷”的高息越滚越多和面对裸照泄露的要挟时，她们开始惊慌失措，甚至有的轻生自杀。

从屡屡曝光的女大学生“裸贷”事件中，我们冷静分析可以发现，客观上固然存在违法借贷和监管不力的问题，但从主观方面看，除了金融安全防范意识和法律意识的淡薄，享乐主义的错误人生观是导致一些女大学生跌入“裸贷”“捐卵”陷阱的深层原因。

享乐主义的人生观是从人的自然本性出发，把享受、玩乐作为人生的全部内容和根本追求。这种人生观奉行“及时行乐”的信条，所谓“人生在世，吃穿二字”“浮生若梦，为欢几何”。在现实生活中，一些大学生盲目攀比，超前消费，追逐名牌，铺张浪费，不思进取，玩风盛行等，就是这种人生观的具体反映，甚至有的为了贪图享乐、虚荣而做出“裸贷”、捐卵等失去底线的行为。

当然，我们并非主张苦行僧式的生活。全面建成小康社会，实现中华民族伟大复兴的中国梦，其根本目的就是要使全体人民过上富裕、幸福的生活。应当承认，人有享受物质生活和精神生活的需要，享乐是人生的重要组成部分，是生存和发展的物质基础，但如果把追求个人享乐作为人生的唯一目的，并作为一种“主义”去诠释人生的全部意义，则是对人的需要的一种错误理解，由此确立的人生观也是不正确的。“历览前贤国与家，成由勤俭败由奢”。无论是个人的成长成才，还是社会的发展进步，无一不是靠艰苦奋斗所取得的。古今中外，靠贪图享乐、奢侈腐化而成就大业者闻所未闻。相反，因骄而奢、由奢而亡的例子，却数不胜数。因此，这种错误的人生观不仅助长玩物丧志、精神萎靡的社会风气，也危害着大学生的健康成长。

享乐主义的人生观之所以是错误的，在于它没有正确把握个人与社会的辩证关系，忽视或否认社会性是人的存在和活动的本质属性，以及对人的需要的极端、狭隘和片面理解。作家柳青曾经说过，人生的道路是漫长的，但在紧要处往往只有几步，尤其当人年轻的时候。大学阶段是确立人生理想和价值观念的关键时期。“人生的扣子从一开始就要扣好。”①大学生只有顺应时代潮流，树立科学高尚的人生观、价值观，才能自觉抵制各种不良诱惑和侵蚀，才能走正和行稳人生之路。正如习近平总书记所说：“要树立正确的世界观、人生观、价值观，掌握了这把总钥匙，再来看看社会万象、人生历程，一切是非、正误、主次，一切真假、善恶、美丑，自然就洞若观火、清澈明了，自然就能作出正确判断、作出

① 习近平：《习近平谈治国理政：第一卷》，外文出版社 2018 年版，第 172 页。

正确选择。”[1]这是总书记对当代大学生的告诫与教诲，也是我们从“裸贷”“捐卵”事件中应当得出的警示与启示。

【案例应用】

1. 本案例记述了几个女大学生为了一部“iPhone”手机或一张健身卡而跌入借贷“陷阱”，最终为还贷而被迫拍裸照、捐卵的遭遇，反映出一些大学生追求享乐的错误人生观，以及金融安全防范意识和法律意识的淡薄。本案例的教学与讨论，旨在引导学生认清现实生活中的各种错误观念和思潮，警惕和自觉抵制享乐主义、拜金主义和极端个人主义等错误人生观的影响与侵蚀。本案例可用于教材第一章第三节中“反对错误人生观”的辅助教学。

2. 本案例在运用过程中，还可列举其他相关案例并设置问题，形成组合效应，突出问题意识，或者引导学生搜集相关案例及课堂互动讨论，深挖思想根源，增强自我教育效果。

① 习近平：《习近平谈治国理政：第一卷》，外文出版社 2018 年版，第 173 页。

案例 9

黄文秀：青春之花绽放在扶贫路上

【案例文本】

“一个人，燃尽了青春，把爱与希望种在无数人心中……你赋予的力量，再艰难的道路，我们继续着征程……”在广西百色市，许多人都在动情地传唱着这首名为《力量》的歌。它是百色市一位村民为哀悼因公殉职的黄文秀所作。

黄文秀是百色田阳县人，生前是广西壮族自治区百色市委宣传部理论科副科长、乐业县新化镇百坭村第一书记。2019 年 6 月 16 日，她回家陪护刚做完肝癌手术不久的父亲后，因惦记百坭村的防汛抗洪工作，冒着暴雨连夜返回工作岗位，途中遭遇山洪不幸牺牲，年仅 30 岁。

黄文秀：兰谷遗芳远

“我想回去建设家乡，把希望带给更多父老乡亲”

废旧轮胎搭上木板当作“沙发”，只有一张铺床、一顶蚊帐，这便是黄文秀的卧室。

“已经比原来好多了，我们家兄妹三个，一直以来都是贫困户。前两年通过易地扶贫搬迁，我们从贫困山区搬出来，再加上小妹研究生毕业有了稳定收入，家里才脱了贫。”黄文秀的姐姐黄爱娟说。

在家人眼里，黄文秀从小喜欢读书。黄爱娟说，家里条件困难，小妹读高中时，就得到教育扶贫资助，读研究生时也得到国家的帮扶，“小妹常说，她是靠政府资助走出大山、上完大学的，她将来要回来建设家乡”。

2008 年，黄文秀考入山西长治学院思政专业，该校原政法系党总支书记程过富曾问黄文秀：“你的成绩还不错，为什么来长治？”

黄文秀回答：“我们百色是革命老区，长治也是革命老区，都是邓小平同志战斗过的地方，我想到这个地方来。”

2011 年 6 月 11 日，在鲜艳的党旗下，黄文秀宣誓加入中国共产党。

2013 年，黄文秀考取北京师范大学哲学学院硕士研究生。2016 年硕士毕业后，她毅然选择回到家乡，当一名定向选调生，扎根基层。

“我跟她说，以你的能力，留在北京没问题。”北京师范大学哲学学院副教授、黄文秀的导师郝海燕曾给她建议。

可黄文秀仍坚持内心想法，“我是从广西的贫困山区出来的，我想回去建设家乡，把希望带给更多父老乡亲”。

“让扶过贫的人像战争年代打过仗的人那样自豪”

黄文秀牺牲后，同事们在她的房间里看到，一本讲述长征故事的书籍《西行漫记》格外醒目。驻村一年多来，她经常用长征精神来勉励自己。

回顾2018年3月刚上任时的情景，黄文秀在一篇文章中写道：“百坭村建档立卡贫困户，分散居住在几个不同的山头，对于我这个不熟悉地形的‘新手’来说，要在最短时间内掌握全村贫困户的详细情况，是非常困难的。但我没有失去信心，想起了那句话——‘让扶过贫的人像战争年代打过仗的人那样自豪’，长征的战士死都不怕，这点困难怎么能限制我继续前行。”

她走村串户了解情况，但是一开始并不受欢迎。

“你这个小年轻，我们跟你聊了也没用。”“跟你说了你能帮我们解决问题吗？一个女娃娃能行？”

黄文秀觉得心里憋屈，搞不懂为什么自己辛辛苦苦地翻山越岭、走村串户，群众却还质疑。她找到村里的老支书梁建念请教，老支书语重心长地说：“黄书记，你刚来，老百姓对你还不熟悉，他们不愿与你深聊，你也要理解他们。农村其实就是个熟人社会，老百姓们跟你熟了，自然就接纳你了。”

有一次入户，村里的贫困户老黄要求纳入低保。村党支部书记周昌战告诉他没达到纳入低保的条件。老黄却反问：“那我要‘贫困户’干什么？”谈不拢，扶贫手册填不了，工作没法开展。

“文秀书记说让她来试试，结果老黄连门都不开。”周昌战说，黄文秀吃了闭门羹，但并没放弃。一次不行就两次、三次。好不容易敲开了门，老黄还是黑着脸，“我为什么不能享受低保？为什么不给我发小额信贷、产业奖补资金？你不给我，我就不在手册上签字”。

黄文秀笑着说：“我也姓黄，我叫你哥。哥你这么聪明、勤快，一定能奔小康。”几通好话，老黄脸上有了笑容。黄文秀趁热打铁：“政策有的，我一定给你。你把果园经营好，我帮你申请产业奖补。”

此后，黄文秀和老黄以兄妹相称，她向老黄解释扶贫政策，时常到他家果园查看，叮嘱要做好果园护理。不久，老黄一家脱贫。

百坭村村民种了很多砂糖橘，但还是穷。“我们种植技术不行，又没销路，挣不到钱。”村民们说，文秀书记来了后，联系到百色一家公司，帮村民建起标准化果园，村民以土地入股，公司负责传授技术。

可是果怎么卖出去，又让村民伤脑筋。村屯路不好，来收果的都是本地小摊小贩，一天也拉不走几车。黄文秀争取资金修好道路，联系云南、贵州等外省大果商来收购。她还帮着建立电商服务站，为 30 多户贫困户销果创收。

如今，百坭村摸索到了适合本村发展的产业——种植杉木、砂糖橘、八角等，全村种植杉木从原来的 8 000 余亩发展到 2 万余亩，砂糖橘从 1 000 余亩发展到 2 000 余亩，八角从 600 余亩发展到 1 800 余亩，另外种植优质枇杷 500 余亩，种植产业成为群众脱贫致富的支柱产业。

周昌战说，扶贫工作非常辛苦，但从没人听黄文秀叫过“苦”。她陆续帮村里解决了 4 个屯的道路硬化需求，修建蓄水池 4 座，完成 2 个屯路灯的亮化工程。2018 年 3 月，百坭村的贫困发生率为 22.88%，经过努力，2018 年百坭村 103 户贫困户顺利脱贫 88 户，贫困发生率降至 2.71%，实现了贫困户户户有产业，村集体经济项目增收翻倍。

“要用自己的力量为他人、为国家、为民族、为社会作出贡献”

作为驻村第一书记，黄文秀特别注重在脱贫攻坚中发挥党支部的战斗堡垒作用。

她从走访中了解到，群众原来不大配合村里工作，一个重要原因就是村“两委”干部为群众办事不够主动，有时群众办事找不到人，意见比较大。黄文秀从抓实抓严村干部的坐班值班制度开始，白天落实专人负责在村里接待群众，晚上与村干部一起开展遍访贫困户工作，征求意见、宣传政策，群众满意度大幅提升。

黄文秀走访了百坭村 38 名党员，征求党员对全村发展的意见建议，并将他们划分为 3 个党小组开展各类活动。同时，她还积极将“三会一课”等组织生活融入扶贫工作中，扎实推进抓党建促脱贫工作。

作为一名党员，黄文秀始终牢记初心和使命。村民黄仕京家因学致贫，黄文秀了解情况后及时为他家申请“雨露计划”，一次性落实了 5 000 元补助，解了燃眉之急。黄仕京非常感动，执意留黄文秀吃晚饭。饭间，黄仕京突然问她：“你是在北京读的研究生，怎么会来我们这么边远的农村工作？”

黄文秀说：“百色，是一个集革命老区、少数民族地区、边境地区、大石山区、贫困地区、水库移民区于一体的特殊地区，是全国脱贫攻坚的主战场之一，也是我的家乡。面对如此情况，怎么还有理由不回来？共产党是切实为群众谋发展、谋福利的党，怎么能不响应党的号召，到艰苦偏远地方工作？”黄仕京听后，当场端起酒碗向她敬酒，表示也要让家里孩子争取早日入党，毕业后回来建设家乡。

“听到他的话，我心里非常感动，自己的工作能够让群众真切感受到共产党的好，对我是非常大的鼓舞。”黄文秀在扶贫心得中写道。

黄文秀的父亲身患肝癌，做了两次大手术，让家庭再次陷入困境。但是，黄文秀不仅没向组织提出要求，还经常拿出自己的工资，慰问资助村里的孤寡老人和留守儿童。

“她父母亲的身体状况越来越不好，尤其是她父亲，她没有告诉我们，没有一个同事知道。”百色市委宣传部干部科科长何小燕回忆起来，泪流满面。

“6月14日，也就是黄文秀牺牲前的最后一个工作日，她还在与我们开会讨论村里的项目。”周昌战回忆说，当天，村里一个灌溉200多亩农田的渠道被山洪冲断裂了，黄文秀听到消息，第一时间带领村干部到现场查看灾情，当晚组织大家汇总受灾情况，商量如何抓紧维修、申请项目、解决群众急需的问题，还列出了维修任务清单。

翻开黄文秀的入党申请书，其中写道：“一个人要活得有意义，生存得有价值，就不能光为自己而活，要用自己的力量为他人、为国家、为民族、为社会作出贡献。”

这份庄严承诺，黄文秀始终践行，直至生命最后一刻。

（参见刘华新、庞革平、李纵：《青春之花，绽放在扶贫路上——缅怀广西乐业县百坭村第一书记黄文秀》，《人民日报》2019年6月30日。编入本书时有改动。）

【思考讨论】

1. 阅读本文，在黄文秀身上体现了怎样的人生追求？新时代大学生应怎样成就出彩人生？

2. 习近平总书记曾经告诫青年：“青年面临的选择很多，关键是要以正确的世界观、人生观、价值观来指导自己的选择。无数人生成功的事实表明，青年时代，选择吃苦也就选择了收获，选择奉献也就选择了高尚。”[①]结合黄文秀的先进事迹，谈谈您对这句话的理解和认识。

【案例解析】

“有些人从山里走了，就不再回来，你从城里回来，却再没有离开。来的时

① 习近平：《习近平谈治国理政：第一卷》，外文出版社2018年版，第54页。

候惴惴，怕自己不够勇敢，走的时候匆匆，留下最美的韶华。百色的大山，你是最美的朝霞，脱贫的战场，你是醒目的黄花。”这是“感动中国 2019 年度人物”黄文秀获得的颁奖词。2019 年 6 月 17 日凌晨，年仅 30 岁的黄文秀因山洪突发不幸遇难。她将最美的芳华献给了扶贫事业，将生命绽放在祖国最需要的地方。30 岁的青春虽然短暂，却带给人们震撼与感动。

是什么让她在研究生毕业后，主动放弃大城市的工作机会，毅然加入选调生队伍，回到家乡革命老区，把扶贫当作“心中的长征”？黄文秀说，她是靠政府的扶贫资助走出大山、读完大学的，“我来自广西贫困山区，我想回去建设家乡，把希望带给更多父老乡亲。”“这里是脱贫的主战场，我有什么理由不来呢?”2018 年 3 月，黄文秀主动请缨到百坭村担任驻村第一书记。在服务百坭村的 1 年多时间里，她帮助农户发展电商，将当地的砂糖橘等土特产远销全国各地；她为百坭村申请通屯的路灯项目，让村民走夜路不用再打手电筒；她挨家挨户走访全村建档立卡户，清晰地记录每一户的致贫原因……饮水思源、知恩图报。黄文秀从大山走出又回到大山，以满腔的青春热血走上脱贫攻坚的第一线，把个人价值与党的事业相对接、与祖国和人民的需要相连接，脚踩大地，胸怀祖国，用青春扎根基层、把深情奉献乡土、以行动诠释赤诚，用短暂而精彩的一生，做出令人景仰的时代回答。

又是什么让她来到百坭村后，愿意俯下身子，用脚步丈量民情，用柔弱的肩膀挑起扶贫重担，赢得了百姓信赖、群众支持，在平凡的岗位上创造了不平凡的业绩？黄文秀说，“扶贫之路只有前进没有退路，只要确定了就义无反顾”；“让扶过贫的人像战争年代打过仗的人那样自豪”；“一个人要活得有意义，生存得有价值，就不能光为自己而活，要用自己的力量为他人、为国家、为民族、为社会作出贡献”。扎根泥土，才能懂得人民。正是这种为民情怀，让黄文秀坚守初心、埋头苦干，以热血赴使命、以行动践诺言，把百姓的幸福举过头顶，将群众的冷暖挂在心间，用自己的“辛苦指数”换取群众的“幸福指数”。她几乎把城里所有“家当”都搬到了村里不足 10 平方米的屋子里，把自己当作村里的一分子，主动融入百坭村这个大家庭，时刻同群众想在一起、干在一起，怀着真情解民所难，带着真心帮民所需，使百坭村贫困发生率从 22.88％降至 2.71％，88 户 418 人顺利脱贫。2019 年 6 月 16 日，她周末回家看望刚做完第二次肝癌手术的父亲，看到天气突变，担心村里受灾，她叮嘱父亲“按时吃药”，便急着返回百坭村。谁也没想到，这竟成了黄文秀留给父亲的最后一句话。从她的身上，我们看到了“服务人民、奉献社会”的高尚品格，看到了把“小我”融入“大我”的赤子情怀，看到了青春奋斗的亮丽底色和最美姿态。

时代造就英雄，伟大来自平凡。同人民一起梦想，青春才能无悔；为人民辛勤奉献，青春才能亮丽。黄文秀以短暂而充实的一生，谱写了新时代的青春之歌。她的先进事迹和人生追求必将激励新时代青年珍惜韶华、不负青春，在担当中历练，在尽责中成长，让人生在实现中国梦的伟大征程中，奔跑出最美的英姿。

【案例应用】

1. 本案例追忆了广西百色市委宣传部干部、乐业县新化镇百坭村第一书记黄文秀研究生毕业后，放弃大城市的工作机会，毅然回到家乡，在脱贫攻坚第一线倾情投入、奉献自我，用美好青春诠释共产党人的初心使命，谱写了新时代的青春之歌的故事。本案例的教学与讨论，旨在教育和引导学生充分认识“服务人民、奉献社会”才是科学高尚的人生追求，新时代大学生只有把自己的小我融入祖国的大我、人民的大我之中，与时代同步伐、与人民共命运，才能更好实现人生价值、升华人生境界。本案例可用于教材第一章第二节中“高尚的人生追求”或“人生价值的评价与实现”，或第三节中“成就出彩人生”等内容的辅助教学；也可用于第二章第一节中“理想信念是精神之‘钙’”或第三节中“为实现中国梦注入青春能量”等内容的辅助教学。

2. 年轻的黄文秀，用扶贫工作的成效诠释了共产党人的赤子之心和时代担当，她对人民的深沉大爱、对工作的高度负责和忘我奉献，成为时代的宝贵精神营养。本案例在运用过程中，要注重通过问题设置，挖掘和提炼黄文秀身上所体现出的“感恩”情怀和“为民”情怀，并与习近平总书记在全国脱贫攻坚总结表彰大会上提出的“上下同心、尽锐出战、精准务实、开拓创新、攻坚克难、不负人民”的脱贫攻坚精神结合起来，与许许多多优秀大学生村官的先进事迹结合起来，以达到深化主题、贴近学生的教育效果。

案例 10

张静静：
愿以吾辈青春　守护盛世中华

【案例文本】

从请缨驰援武汉那一刻起，张静静曾形容自己和同事们“决绝又有一些牵挂”。

新冠肺炎疫情期间，作为山东省首批支援湖北医疗队队员，这名山东大学齐鲁医院呼吸科主管护师身处除武汉外疫情最严重的黄冈近两个月，亲历了大别山区域医疗中心从无到有直至患者清零的全过程。

凯旋时，张静静见证了这片土地上疫情肆虐的冬天，却再也无法兑现重回黄冈感受春暖花开的诺言。

2020 年 4 月 5 日 7 时，在解除隔离即将与亲人团聚时，张静静突发心脏骤停，经全力抢救无效，于 4 月 6 日 18 时 58 分去世，生命定格在 33 岁。

张静静：愿以吾辈青春　守护盛世中华

“我愿做一名抗击新冠肺炎的勇士”

2020 年 1 月 25 日农历大年初一，湖北疫情紧迫。自愿“请战书”上，留下了张静静和 5 位同事的红色手印和签名，一句句“请战”誓言令人动容：“在此危难和关键时刻，我们决定投入抗击疫情最前线。我们将全力以赴、众志成城、迎难而上、勇于担当，用高尚的医德、精湛过硬的技术，与千千万万在一线的医务工作者形成抗击疫情的强大合力……”

毅然奔赴一线的身后，是家人义无反顾的支持。当时正值张静静的丈夫在非洲塞拉利昂参加援非项目，得知妻子报名的消息后，他立刻给妻子写来家书鼓劲，同时表示他可以提前回国，让妻子安心工作，并再三叮嘱妻子保护好自己，平安归来。

“民族大义面前，舍小家、顾大家，你诠释着大爱无疆！远在大洋彼岸的我虽有万分的担心和不舍，但更多的是为自己拥有如此大爱的妻子而自豪！”

号令急响，脚步匆匆。1 月 26 日深夜两点半，山东医疗队抵达武汉，随后被分配在黄冈市。因当地缺乏防护物资，张静静和同事只带了简单的换洗衣物，行李箱里被防护用品塞得满满当当。

到达第三天，考虑到长发更易出汗、藏匿病毒，而且不方便穿防护服，张静静索性把一头秀发剪成了寸头。“现阶段，在爱美的女孩们眼里，尽快扼制疫情比秀丽的长发更重要。做出这个决定，我不后悔。”她在手记中写道。

当时的大别山区域医疗中心医疗条件十分简陋。“我们要接管的是一个临时医院，从 2003 年之后再也没有投入使用过，ICU 也是临时的办公场所改建的，没有中心供氧，没有压缩机，14 张床位，只有 20 名护士。”和张静静同批的同事郭丙秀在手记中这样描述。

一切从零开始。张静静和同事一道，从最初的一无所有到逐渐划分出规范的隔离区域、医患通道，制订规范的工作流程。

在一线奋战过程中，张静静萌生了入党的想法，并愈加坚定。她在入党申请书中回忆：“临出征前，父亲给我讲了很多共产党员的光荣事迹。父亲说，孩子，这是一场没有硝烟的战争，在前线一定要以党员的标准严格要求自己，要在危急时刻挺身而出，维护国家和人民的利益，随时准备为党和人民牺牲一切。”

“为了医务工作者的荣誉，我愿做一名抗击新冠肺炎战场上的勇士。”张静静语气坚定。

“患者竖起大拇指的那一刻，原谅我没忍住泪水”

历数在黄冈的日日夜夜，张静静倾尽所能为患者着想，始终不曾懈怠。

临床工作实战中，张静静发现因方言差异，山东医疗队和当地患者存在沟通障碍，她制作了护患沟通本，内含和患者交流较多的简易问答，语言不通时，医护人员拿出护患沟通本，患者一看便知。

有患者必须使用吸入装置“舒利迭”，但该装置发挥作用的前提是需要患者对吸入方法熟练掌握。以前在医院里，张静静都给患者演示，但现在身着厚厚的防护服，根本无法演示。张静静很快把使用吸入装置的视频二维码介绍到病房，供患者扫描学习。

在病房里，张静静和同事负责的不仅有患者的治疗护理，还有饮食起居。除了药物治疗，病房一角还被设为“爱心加油站”，放着水果、牛奶、纸尿裤及生活用品，张静静和同事希望患者可以增加营养、提高免疫力，早日康复。

疫情在慢慢好转。2 月 4 日，张静静在一线坚守的第 11 天，好消息终于传来，大别山区域医疗中心首例新冠肺炎患者治愈出院。张静静在手记中记录下那一刻激动难忍的泪水：“和年幼的孩子分离，我没哭；没能陪父母吃上团圆饭，我没哭;战场上累到颈椎病复发,我没哭;条件艰苦,没桌子用手端着吃饭,我没哭;一早晨抽 30 个患者的血,我没哭;为卧床的患者翻身换纸尿裤,我没哭;一天下来,脸上被口罩勒出压痕、压疮,我没哭;从隔离病房出来,全身衣服湿透,往下滴水,我没哭……"

她接着写道:"但是当被患者集体点赞,当患者竖起大拇指的那一刻,原谅我没忍住,泪流满面;当看到患者治愈出院,与我们挥手告别,原谅我没忍住自己的眼泪。"

在张静静眼中,"我们最渴望的,就是患者的平安,我们最希望的,莫过于患者痊愈出院"。

身处疫情一线,每天神经紧绷,张静静以自己的专业素养和敬业精神感动着患者,同时也收获着来自患者的感动。

给一位 50 多岁的阿姨抽血时,由于血管不好找,张静静凑近看了又看,想尽量一次成功,避免增加阿姨的痛苦。突然,她听到阿姨说:"孩子,别离我太近,你们这么年轻,从山东老远到我们黄冈来,我不想把病传给你。"张静静感动之余,为阿姨举了不少患者病愈出院的例子,给了阿姨更多信心。

"凌晨 4 点,当看到你们还在,我心里无比踏实。你们是暗夜中的一束光,帮我们找到归岸的路。"一名住院时间最长的患者从刚入院时的恐惧到逐渐康复,他感激张静静给了自己重生的希望。

2 月 15 日,张静静到黄冈的第 22 天,随着治愈患者日益增多,她紧绷的神经才稍稍放松,终于睡了到黄冈后最好的一觉。

这一天的手记中,她记下了一幅幅画面:患者出院时明媚的笑脸;患者发来的太多的感谢信息;退伍军人出院时敬的标准军礼——这些给了张静静更多信心。

"我可能一辈子也忘不了,在大别山区域医疗中心,有个女孩叫张静静。"不止一位患者这样说。

待到明年花开,盼能再回黄冈

3 月 21 日,张静静和同事终于踏上归途。此时,黄冈新冠肺炎患者清零,这名白衣战士真正凯旋了。

此时,张静静发现,再像当初来时一样悄悄地返回已经不可能了。这座城市和这里的人已成为她生命中无法割舍的一部分。

临行前,昔日一位患者阿姨不止一次前来看望;在车队去机场的路上,群众自发送行的队伍一次次让人流下眼泪。

"马路两旁、居民楼上无数的欢送横幅,'春风十里,只为送你''谢谢您为我们负重前行,谢谢您曾为黄冈拼过命’‘我未谋您面,但是记得您’,黄冈市民拿出最高的礼节欢送我们,人群中还有咿呀学语的孩童,由父亲举到头顶,对我们说:‘齐鲁大爱,铭记终生,感谢山东,感恩有你’。”张静静在手记中描述。

令张静静印象深刻的还有小学生为医生护士叔叔阿姨画的画,他们希望长大后也要做这样的人,“能把正能量带给黄冈少年,我觉得两个月的困难、艰苦意义非凡”。

临行前,张静静和同事收到了很多煮熟的鸡蛋。按照黄冈当地的风俗,鸡蛋送给最亲的人。“这是一群多么可爱的人,我们对黄冈的帮助如果是滴水之恩,他们回报给我们的是涌泉之数,况且,杏林门下,救死扶伤,责无旁贷。”

张静静的抗疫一线手记,生动体现着这名“80后”年轻人的担当:“我们扎根于这个伟大的国度,无畏一切考验的淬炼,因为这是我们的梦想之地。哪怕荆棘仍在,依然通向山顶,值得我们不停脚步,值得我们咬牙坚持。”

践行以青春护佑中华的誓言后,张静静却没能让翘首期盼的家人等到自己的平安归来。

张静静曾和患者约好,待到明年杜鹃花开,一定再回黄冈感受春暖花开。而今,距离济南数百公里外的那个家再也等不到一名战士的归来。

她是个普通的山东援鄂护士,随着湖北抗疫工作完成光荣返乡,在14天的隔离期满后即将回家与亲人团聚时,却突发心脏骤停,再也没能醒来。“愿以吾辈之青春,守护盛世之中华”是她的座右铭,她用自己年轻的生命践行了一个医者对人民、对祖国的深沉之爱。

(参见邢婷:《她在春天静静离去》,《中国青年报》2020年4月8日。编入本书时有改动。)

【思考讨论】

1.“愿以吾辈之青春,守护盛世之中华”。阅读本文,张静静身上体现了怎样的医者情怀与人生境界?

2. 2020年3月15日,习近平总书记在给北京大学援鄂医疗队全体“90后”党员的回信中指出:“青年一代有理想、有本领、有担当,国家就有前途,民族就有希望。希望你们努力在为人民服务中茁壮成长、在艰苦奋斗中砥砺意志品质、在实践中增长工作本领……带动广大青年不惧风雨、勇挑重担,让青春在党和人民最需要的地方绽放绚丽之花。”①联系自身实际,谈谈新时代大学生怎样

① 《习近平回信勉励北京大学援鄂医疗队全体“90后”党员　让青春在党和人民最需要的地方绽放绚丽之花》,《人民日报》2020年3月17日。

成就出彩人生。

【案例解析】

张静静走了，年轻的生命永远定格在了33岁。

战“疫”归来的英雄，没来得及见家人一面，甚至没有和战友告别。

说好的“一定再回黄冈感受春暖花开”，说好的“等战胜疫情再留回长发”，说好的与丈夫一起带着孩子补拍婚纱照……然而，熬过了与病毒的近身搏斗，熬过了集中隔离观察，张静静却静静地倒在了离家一步之遥的路上。

5岁的女儿尚不知妈妈的离去，常问“妈妈去哪了?”大人们统一了口径瞒住真相:“妈妈去执行任务了。”这个曾在视频中鼓励妈妈打败病毒的孩子或许能感觉出什么，但还无法找到答案，而无数闻悉一个圣洁的灵魂倏然逝去的大人们，在心痛惋惜的同时，将葆有感念和铭记——世上没有从天而降的英雄，只有挺身而出的凡人;哪有什么岁月静好? 只不过是有人负重前行。正是数万名“张静静”逆行出征，以奉献护佑安康，以生命践行使命，才换来神州大地山河无恙、春暖花开！ 他们的名字和功绩，人民不会忘记，历史不会忘记，共和国不会忘记！

“2020年1月25号注定成为我们人生中值得永远记住的日子。那天你留下一句话:国家困难面前总得有人站出来……在民族大义面前，舍小家，顾大家，你诠释着大爱无疆！ 远在大洋彼岸的我，虽有万分的担心与不舍，但更多的是为自己拥有如此大爱的妻子而自豪!”这是正在非洲执行援助任务的丈夫在张静静抵达湖北战“疫”一线时写给她的信。“视患者如亲人，用大爱守护生命，被患者喻为‘暗夜里的一束光’，展现了医者仁心的崇高精神”，这是湖北省卫健委在通告中哀悼张静静的一句话。回顾张静静在湖北黄冈战斗的56个日日夜夜，她配得上这样的评价。

张静静是山东大学齐鲁医院呼吸与危重症医学科主管护师。除夕当天，当得知医院要组织支援湖北医疗队时，她第一时间报名;初到黄冈，由于听不懂当地方言，与患者交流出现困难，她自制沟通手册，方便医患“对接”;为了更好地照料病人，她和队友们在投入救治工作前果断剪短长发;厚厚的防护服使得吸入装置使用演示无法进行，她把吸入装置使用说明的视频二维码贴到疫区病房;一位阿姨的血管不好找，为避免一针抽不出血，再次穿刺增加患者的痛苦，她凑近看了又看，想找个万无一失的血管……在战“疫”一线的日记中，她曾这样记录下她最大的心愿:“我们最渴望的，就是患者的平安，我们最希望的，莫过于患者痊愈出院。今日立春，希望‘从此雪消风自软，梅花合让柳条新’，希望从今天开始我们听到的都是好消息。”细致入微的点点滴滴，赢来患者的由衷感谢，而张静静说：杏林门下，救死扶伤，责无旁贷。她用自己年轻的生命，践行了“愿以吾辈之青春，守护盛世之中华”的座右铭，践行了一个医者对人民、对祖国的深沉大爱。

“人无精神则不立，国无精神则不强。唯有精神上站得住、站得稳，一个民族才能在历史洪流中屹立不倒、挺立潮头。同困难作斗争，是物质的角力，也是精神的对垒。”[①]在这场同严重疫情的殊死较量中，张静静以及“张静静”们舍生忘死的牺牲，展现着勇于担当、无私付出、甘于奉献的崇高品格，显示出把自己的小我融入祖国的大我、人民的大我之中的人生境界。这种崇高品格和人生境界，已化作 14 亿中国人刻骨铭心的共同记忆，融入伟大中华民族精神之中，也必将激荡在新时代中国青年心间，激励他们在担当中历练，在奋斗中成长，让青春在党和人民最需要的地方绽放绚丽之花，成为堪当民族复兴大任的时代新人。

【案例应用】

1. 本案例记叙了山东大学齐鲁医院呼吸与危重症医学科主管护师张静静主动请缨奔赴湖北抗疫前线，用自己的行动和生命诠释了医者的大爱情怀和崇高职业精神，谱写了新时代白衣战士的出彩篇章。本案例的教学与讨论，旨在帮助学生正确认识个人与社会之间的辩证关系，明确“服务人民、奉献社会”的高尚人生追求，引导学生勇于担当起新时代赋予的历史责任，把自己的小我融入祖国的大我、人民的大我之中，提升人生境界，创造无悔青春。本案例可用于教材第一章第一节中“个人与社会的辩证关系”，或第二节中“高尚的人生追求”，或第三节中“成就出彩人生”等内容的辅助教学。

2. 本案例在运用过程中，要善于抓住张静静主动请缨奔赴抗疫一线，以及被患者喻为“暗夜里的一束光”等一些细节，引导学生分析其“服务人民、奉献社会”的人生境界和高尚品格，并以其丈夫的书信和网友的评价做进一步映衬。同时，张静静是数万逆行出征的英雄代表。因此，还应注重将张静静与其他抗疫英雄的感人事迹组合起来，与“生命至上、举国同心、舍生忘死、尊重科学、命运与共”的伟大抗疫精神融合起来。

① 习近平：《在全国抗击新冠肺炎疫情表彰大会上的讲话》，《人民日报》2020 年 9 月 9 日。

第二章

追求远大理想　坚定崇高信念

坚定理想信念，必先知之而后信之，信之而后行之。大家一定要明白，理想信念不是拿来喊空头口号的，只有见诸行动才有说服力。大家还要牢记，坚定理想信念不是一阵子而是一辈子的事，要常修常炼、常悟常进，无论顺境逆境都坚贞不渝，经得起大浪淘沙的考验。

——习近平：《努力成长为对党和人民忠诚可靠、堪当时代重任的栋梁之才》，《求是》2023 年第 13 期

案例 1

思想巨人马克思

【案例文本】

材料 1:千年伟人马克思

面临世纪之交,传来一个令人振奋的信息:这就是马克思被评选为千年最伟大、最有影响的思想家。这个活动是由英国广播公司(BBC)于 1999 年 10 月,用几周时间在国际互联网(Internet)上经过反复评选最后选定的。马克思排在第一位,排在第二位的是世界最有影响的科学家爱因斯坦。随后,路透社又邀请政界、商界、艺术和学术领域的名人评选“千年伟人”,对 39 名候选者的投票比较平均,爱因斯坦仅以一分的优势领先于甘地和马克思。这同样说明马克思是千年伟人。

电视纪录片《不朽的马克思》

1999 年 12 月 19 日的《澳门日报》报道了这个消息,并刊登了 3 位千年伟人的照片。该报说:“这样的调查当然不能十分科学地反映广泛的事件,但这次调查可以让我们看看一些名人的想法。”台湾《中国时报》12 月 25 日在报道类似的评选活动时指出:“马克思有关资本累积及资本集中的说法,放在当今大购并潮的背景之下似乎更具意义,苏联瓦解、中国大陆也已改采社会主义市场经济路线多年,这么多学者肯定马克思,的确有些出人意料”。还说“马克思对于资本主义的洞见应该再度获重视,他不应为其他人对其学说所作的引申背黑锅”。西方思想界所开展的这项活动和《澳门日报》《中国时报》的报道,应该说是客观、公允的。尤其引人深思的是,这一活动不是由社会主义国家传媒,而是由一个资本主义国家传媒举办的,这就更具有特殊的意义。对于世界工人阶级来说,再大的喜讯莫过于此。这是千年之交时代赠予世界工人阶级和劳动人民最值得纪念的礼物!

2002 年 12 月 21 日,英国《经济学家》周刊发表一篇题为《共产主义后的马克思》,又追述了这件事。这篇文章指出:在今天的欧洲和美国,以大学生和非专家为对象的关于马克思的书一直销量稳定，而且这方面的新书还在不断问世，文章列举了伦敦经济学家梅·德赛教授的新著《马克思的报复》和 2021 年 8 月牛津大学出版社出版的《今天为什么要读马克思》。文章说：马克思极具独创性地预见到资本主义制度惊人的生产能力。他预言，资本主义将把发明创新推动到前所未有的程度。但是，“资本主义的巨大生产力将迫使其垮掉。关于资本主义的前景，你可以说，马克思错在实践的把握上；当资本主义走到尽头时，事实将证明他是对的。按照这种说法，马克思的许多观点都无法驳倒。他的许多假设、分析特点和思维习惯在西方学术界甚至更大领域都广为流传。”

这件事不是孤立的，也不是偶然的。它既显示了马克思主义真理的力量，又说明了当今时代仍然还需要马克思主义，就像自然科学需要爱因斯坦的理论一样。只要不带任何偏见，人们都会做出这样的结论。

1883 年 3 月 14 日，伟大的思想家马克思在伦敦寓所辞世，作为马克思主义诞生标志的《共产党宣言》发表也已过一个半世纪了，为什么马克思仍然受到世人如此的关注和崇敬呢？这是因为马克思为人类思想的发展作出了不朽贡献。

关于马克思对人类思想的伟大贡献，恩格斯《在马克思墓前的讲话》中，概括为两个伟大的发现，即唯物主义历史观和剩余价值学说。他指出：“一生中能有这样两个发现，该是很够了。即使只能作出这样一个的发现，也已经是幸福的了。但是马克思在他所研究的每一个领域，甚至在数学领域，都有独到的发现。这样的领域是很多的，而且其中任何领域他都不是浅尝辄止。”恩格斯以无比沉痛的心情向世界宣告，“当代最伟大的思想家停止思想了”，这“对于欧美战斗的无产阶级，对于历史科学，都是不可估量的损失”。100 多年后，马克思被世界公认为“最伟大的思想家”，证明了恩格斯的预言。

材料 2：国外学界重新认识马克思

2018 年 5 月 5 日是马克思诞辰 200 周年纪念日，这位人类历史上的伟人再次成为国际学术界关注的焦点。2008 年国际金融危机爆发后，国外学术界出现了“马克思热”，不少国外学者重新认识马克思、重读马克思著作。分析研究这一现象，对于我们加深马克思主义的信仰，坚定中国特色社会主义道路自信、理论自信、制度自信、文化自信具有重要意义。

“马克思热”在国外学术界迅速兴起

2008 年国际金融危机爆发后，《共产党宣言》《资本论》等著作在全球热销，掀起一股“回到马克思”的学术浪潮，这与冷战结束后“告别马克思”思潮形成鲜明对照。越来越多的国外学者摆脱冷战思维桎梏，以更加积极主动的姿态思考和研究马克思主义。

东欧剧变后，马克思主义研究在国外学术界一度陷入低潮，有些人认为社会主义失败了、历史终结了。一些西方学者对诸如此类的观点进行了驳斥。美国学者乔纳森·施佩贝尔认为："马克思主义在美国社会的影响力将长期持续，因为今天的美国已明显和上世纪 90 年代不同，当时冷战结束让自由市场主义在美国主导了公共辩论。"法国学者德里达说："不能没有马克思。没有马克思，没有对马克思的记忆，没有马克思的遗产，也就没有将来。"

"马克思热"迅速兴起绝非偶然，也并非一阵风式的学术时髦，而是有着深刻的社会时代背景。2008 年国际金融危机的爆发，使资本主义自身无法克服的矛盾和弊端暴露无遗，其膨胀发展导致的社会不平等、资本无限扩张和消费主义泛滥广受诟病。在此背景下，国外学术界对马克思主义的态度发生了变化。在哥伦比亚大学、牛津大学等世界名校，《共产党宣言》被列为必读书目。《马克思恩格斯全集》历史考证版的编辑、出版和研究工作正在紧张进行，来自欧美、日本等国家和地区的学者纷纷参与其中。诸多事实表明，"马克思热"正在国外学术界产生持续广泛的影响。

马克思在当今世界的影响力与日俱增

今天，人类社会同马克思生活的年代相比已发生翻天覆地的变化。一些国外学者曾认为，马克思主义已经过时、没用了。然而，只要认真分析国外学术界对马克思主义研究的情况就会发现，马克思主义的影响力不仅没有减退，反而与日俱增。

马克思主义一直处于不断丰富和发展中，并对人类社会持续产生强大影响，彰显出旺盛生命力。1999 年，英国广播公司评选千年思想家，马克思高居榜首。2013 年，美国《科学美国人》月刊网站报道：研究人员选择近 3.5 万名学者进行排名，结果显示马克思仍是最具影响力的学者。还应看到，《共产党宣言》多次翻印、再版，被译成 200 多种文字，出版数千个版本，成为世界上发行量最大的书籍之一。在国外学术界，研究马克思主义的机构、团体和协会已达上千个，报纸、学术刊物以及广播、电视、大学课堂等都在谈论马克思主义，世界范围内关于马克思主义的各种学术研讨会日益增多。这些都说明，马克思在当今世界仍是最具影响力的学者。

马克思主义对解决当代问题意义重大

马克思主义之所以能保持强大影响力和旺盛生命力，根本原因就在于它对解决当代问题具有重要意义。正如英国学者吉登斯所说，马克思的思想比他同时代及后来的西方思想家要"厉害"得多，即便在当今世界，他的思想仍具有弥足珍贵的价值。

马克思主义揭示了自然界、人类社会、人类思维发展的普遍规律，为人类社会发展进步指明了方向。法国学者托尼·安德烈亚尼说："没有任何理论比马克思主义能更加清楚地阐释劳动价值、剩余价值、经济危机、资本主义的社会效应及全球效应等内容。"美国学者安德鲁·哈特曼认为："凡是从现代生活中感到疏离、无根、被变化抛弃、经济上处于挣扎状态的人，都会认识到马克思资本学说的深刻性。即使是处于财富分配顶端的群体，如果能够真诚地展开思考，也将能理解这一点。"在人类思想史上，就科学性、真理性、影响力、传播面而言，没有一种思想理论能达到马克思主义的高度，也没有一种学说能像马克思主义那样对世界产生如此巨大的影响。

马克思主义具有鲜明的实践品格，不仅致力于解释世界，而且致力于改变世界。今天，经济快速发展在加快财富创造速度的同时，两极分化加剧、文明冲突升级、资源环境破坏等问题也在以前所未有的速度和方式显现。马克思主义对于破解这些发展瓶颈具有重要指导意义。国际上越来越多的学者倾向于重新研究马克思主义政治经济学，借以反思资本主义的弊端，试图找到解决问题的良方。法国学者托马斯·皮凯蒂认为，美国等西方国家的不平等程度已经达到或超过了历史最高水平，不加制约的资本主义加剧了财富不平等现象，而且将继续恶化下去。德国学者沃夫拉姆·阿多菲表示，在中国，他看到了马克思主义的重要地位，看到了马克思主义在社会实践中不断发展，看到了中国共产党的不断努力。事实正如阿多菲所言，进入新时代的中国，正以其成功实践证明马克思主义的真理性。在习近平新时代中国特色社会主义思想指引下，中国将在继续推进马克思主义中国化、时代化、大众化，发展当代中国马克思主义、21 世纪马克思主义方面不断取得新的突破和进展，也必将为解决人类问题贡献更多中国智慧和中国方案。

（参见靳辉明：《千年伟人马克思》，《科学社会主义》2000 年第 1 期，第 3～7 页；靳辉明：《马克思被评为"千年伟人"说明了什么》，《党建》2004 年第 7 期，第 6～7 页；冯颜利：《国外学界重新认识马克思》，《人民日报》2018 年 4 月 9 日。本案例由作者根据以上资料编写。）

【思考讨论】

1. 阅读上述两段材料，马克思被西方媒体评为千年最伟大的思想家，其根本原因是什么？国外学术界兴起"马克思热"，对我们有何启示？

2. 如何理解马克思主义是科学性的理论、人民的理论、实践的理论和开放的理论？

3. 习近平总书记在庆祝中国共产党成立100周年大会上的重要讲话中指出:“中国共产党为什么能,中国特色社会主义为什么好,归根到底是因为马克思主义行!”①请谈谈您对这段话的理解和认识。

【案例解析】

在世纪之交、千年之交的时刻,马克思被西方媒体评为“千年伟人”;在马克思诞辰200周年之际,这位人类历史上的思想伟人再次成为国际学术界关注的焦点。这足以说明马克思及其所创立的理论所具有的非凡魅力与广泛影响。

千年以来,世界上曾产生过不少伟大人物,但只有马克思和他的战友恩格斯站在全世界无产阶级和劳动人民的立场上,真正揭示了人类社会发展的客观规律,从而创立了马克思主义。马克思主义如同普照之光,使整个人类的思想焕然一新,在全世界产生了无与伦比的巨大影响。无产阶级革命和社会主义运动风起云涌波澜壮阔,世界政治经济格局发生了翻天覆地的变化。尽管马克思逝世100多年来,资本主义世界和社会主义国家都发生了许多重大变化,但所有这些变化都没有脱离马克思主义关于生产力和生产关系矛盾运动的规律。100多年来,尽管不断有人诅咒和诋毁马克思,但从来没有人能够阻止马克思主义在世界范围的传播,从来没有一种思想能够达到马克思主义的高度,也没有一种学说能够像马克思主义那样掌握亿万无产阶级和劳动人民,成为改造世界、推动历史前进的巨大物质力量。正如习近平总书记在《在纪念马克思诞辰200周年大会上的讲话》中所说:“两个世纪过去了,人类社会发生了巨大而深刻的变化,但马克思的名字依然在世界各地受到人们的尊敬,马克思的学说依然闪烁着耀眼的真理光芒!”②

马克思被评为“千年伟人”和为国际学术界所关注,不是孤立和偶然的。它是当今社会矛盾的反映,是世界进步人士要求变革社会的情绪表现。当今诸多社会矛盾和社会问题重新激起了人们研究马克思主义理论的热情,为了解决当代社会问题和全球性问题,人们到马克思主义那里寻找思想武器。这也是马克思被评选为千年以来最伟大思想家的一个重要的现实原因。它既显示了马克思主义巨大的真理威力和强大生命力,又说明了当今时代仍然需要马克思主义,就像自然科学需要爱因斯坦的理论一样。只要不带偏见,人们都会得出这样的结论。恩格斯曾深刻指出:“马克思的整个世界观不是教义,而是方法。它

---

① 习近平:《习近平谈治国理政:第四卷》,外文出版社2022年版,第10页。

② 习近平:《在纪念马克思诞辰200周年大会上的讲话》,《人民日报》2018年5月5日。

提供的不是现成的教条，而是进一步研究的出发点和供这种研究使用的方法。”①尽管马克思的有些观点由于产生于他生活的那个时代，今天的世界已经不再完全适用；有些历史进程也并没有完全按照他的预言发展，世界发生了许多尚未预料到的现象。但是，作为一个哲学家、社会学家、历史学家和革命家，马克思发现并阐明的那些关于世界和历史的基本原理，对人类认识世界、改造世界、推动社会进步仍然具有不可替代的作用。

马克思被评为“千年伟人”，并不是在社会主义国家评出的，也不是资本主义国家的无产阶级和劳动人民投票选出的，而是由资本主义国家的一些机构在资产阶级的政治家和知识分子中酝酿遴选出来的。2008年国际金融危机爆发后，西方社会又掀起一股“回到马克思”的学术浪潮。这对于社会主义国家中某些对马克思主义存在淡漠、偏见和动摇态度的人，是一个极大的警醒，同时也启示我们：中国共产党为什么能，中国特色社会主义为什么好，归根到底是因为马克思主义行！马克思主义是我们立党立国的根本指导思想，建设中国特色社会主义必须坚定不移地高举马克思主义伟大旗帜，背离或放弃马克思主义，就会失去灵魂、迷失方向。当代大学生肩负着建设中国特色社会主义、实现中华民族伟大复兴中国梦的历史使命，只有深深植根于“千年伟人”马克思博大精深的伟大学说中汲取营养，认真学习和掌握中国特色社会主义理论体系这一马克思主义中国化的理论成果，慎思之，笃行之，增强道路自信、理论自信、制度自信、文化自信，以科学的理想信念指引人生前进的道路和方向，求真学问，练真本领，才能真正做出一点对国家、对社会、对人民有益的事情来。

【案例应用】

1. 本案例讲述了马克思在世纪之交的时刻被西方媒体评为“千年伟人”，以及在其诞辰200周年之际再次成为国际学术界关注的焦点。本案例的教学和讨论，旨在帮助和引导学生科学认识马克思主义，把握马克思主义的科学价值和实践意义，增强对马克思主义的信仰。本案例可用于教材第二章第二节中“增强对马克思主义、共产主义的信仰”的辅助教学。

2. 教师在运用本案例时，要注意以下几点：

其一，要注重从学理的层面阐明：马克思主义是科学的理论，创造性地揭示了人类社会发展规律；马克思主义是人民的理论，第一次创立了人民实现自身解放的思想体系；马克思主义是实践的理论，指引着人民改造世界的行动；马克思主义是不断发展的开放的理论，始终站在时代前沿。

---

① 《马克思恩格斯选集：第四卷》，人民出版社2012年版，第664页。

其二，要注意结合马克思的成长、生活、理论研究和开展革命活动的人生历程和思想轨迹，帮助学生认识马克思既是顶天立地的伟人，也是有血有肉的常人——马克思的一生是胸怀崇高理想、为人类解放不懈奋斗的一生，不畏艰难险阻、为追求真理而勇攀思想高峰的一生，为推翻旧世界、建立新世界而不息战斗的一生，同时马克思也热爱生活、真诚朴实、重情重义，从而使学生走近马克思和马克思主义。

此外，还可借助有关马克思生平的传记类电影或电视纪录片（如《马克思》《不朽的马克思》等），进一步增强教学的生动性和感染力。

案例 2

陈延年、陈乔年：觉醒兄弟

【案例文本】

陈延年、陈乔年是中国无产阶级革命家、中共早期革命领导人，系陈独秀的长子、次子，他们为创建中国共产党和促进中共早期革命斗争的发展作出了巨大贡献。1927 年，蒋介石发动“四一二反革命政变”以后，兄弟二人先后壮烈牺牲在国民党的屠刀之下。在觉醒年代中觉醒，陈延年、陈乔年兄弟用青春、碧血、丹心和永不褪色的信仰，擎起了奋斗的火把，为我们照亮了前行的路。让我们穿越时空，追忆陈家兄弟的似水年华。

觉醒兄弟：陈延年、陈乔年

国外留学　寻求真理

陈延年、陈乔年分别于 1898 年和 1902 年出生于安徽安庆，他们的父亲就是中国共产党创始人之一的陈独秀。两兄弟的幼年，受着严格的封建私塾教育，从《三字经》《百家姓》《幼学琼林》读到四书五经，国学基础深厚。虽然他们从小受封建教育，但社会的黑暗却使他们对封建制度产生了强烈的不满；而爱国的志士仁人为反抗黑暗社会所进行的前仆后继的斗争，又不断地启迪和激励着他们逐渐树立起改造社会、救国救民的志向。

1915 年，陈延年、陈乔年一起来到上海法语学校专攻法文，两年后考入震旦大学学习。1919 年 5 月，五四运动爆发，陈延年和陈乔年虽然没有直接参与这场反帝反封建的革命斗争，但他们支持广大爱国学生的正义行动。父亲陈独秀在北京因上街散发革命传单而被捕，兄弟俩没有感到恐怖和畏惧，他们认为父亲为革命作出牺牲，是所有爱国的仁人应尽的光荣责任。

1919 年 12 月，陈延年、陈乔年一同赴法国勤工俭学。在法国 3 年多的时间里，经过认真刻苦的学习和实际斗争的锻炼，他们逐步抛弃了原来所信仰的无政府主义，转而致力于马克思主义的学习和研究。在周恩来、赵世炎等人的帮助下，陈延年、陈乔年先后参加了旅欧共产主义组织——中国少年共产党的筹建工作，并出席了1922年6月在巴黎郊区布森林广场举行的中国少年共产党成立大会，成为“少共”第一批成员。同年，兄弟二人转为中国共产党党员。

1923年3月，陈延年、陈乔年、赵世炎、王若飞等12人受党组织派遣，赴莫斯科东方劳动者共产主义大学学习。他们学习勤奋，思想和理论水平有了极大进步。尤其是陈延年思想活跃，每逢开会议论一些政治原则问题时，他总是慷慨激昂、出口成章。当被问及为何在理论争辩时与平常的沉默寡言判若两人时，陈延年说：“列宁在争论原则问题时如同猛狮，我们应该向列宁学习，在原则问题上来不得半点马虎。”于是，同学们都敬佩地称其为“小列宁”。在莫斯科学习期间，1923年夏天，陈乔年和萧三根据法文和俄文，将全世界无产阶级的战歌——《国际歌》歌词译成中文，为《国际歌》在中国工人和广大劳动人民中间的传播，作出了重要贡献。

思想飞跃　投身革命

1924年，国内革命迎来高潮，出于政治形势需要，党组织安排陈延年回国，赴广州先后担任社会主义青年团中央驻粤特派员、中共广东区委秘书兼组织部部长。1925年2月，陈延年被任命为中共广东区委书记，接替周恩来主持区委工作，领导广东、广西、福建西南部以及香港、南洋各地的党组织。陈延年认为，开展革命工作必须充分发动党员，建立、健全党的组织。他说：“我们的党不是从天上掉下来的，也不是从地上生出来的，更不是从海外飞来的，而是在长期不断的革命斗争中，从困苦艰难的革命斗争中，生长出来，强大出来的。”在陈延年的领导下，广东党员人数大幅增加。到1927年3月，广东党组织已拥有9 000多名党员，是当时全国党员人数最多、组织机构最健全，具有高度凝聚力和战斗力的地方党组织之一，他因此被誉为广东党组织“开疆辟土的拖拉机”。毛泽东曾深有感触地说：“在中国，本来各种人才都很缺乏，特别是共产党党内。因为共产党成立还没有几年，所以人才就更缺乏。像陈延年，的确是不可多得的人才，在许多地方，我看出了他的天才。”周恩来对陈延年的工作也给予高度评价：“广东的党团结得很好，党内生活也搞得好，延年在这方面的贡献是很大的。”

1925年6月，为了支援上海人民五卅反帝爱国运动，陈延年和邓中夏、苏兆征等人领导了震惊中外的省港大罢工。它沉重地打击了帝国主义，对巩固广东革命根据地和准备北伐战争，起了巨大作用。1925年8月，廖仲恺被刺杀，在广东区委内部，一小部分党员开始产生畏惧情绪。面对生死问题，陈延年在区委党员大会上教育大家说：“一个共产党员的牺牲，胜于千万张传单；如果怕死，就不要做共产党员。”

1924年冬，陈乔年亦奉命离开莫斯科回国，被党中央派到北京工作，任中共北京地委组织部部长。不久，任中共北方区委组织部部长。时年23岁的他，是北方区领导成员中最年轻的一位。

当时的北京，反对帝国主义和北洋军阀卖国政府的政治斗争日趋高涨，但革命统一战线的内部矛盾也开始暴露出来。在这种形势下，为了及时宣传党的方针、政策，指导群众进行革命斗争，回击各种反动谬论，北京区委根据李大钊的提议，决定由陈乔年主持创建一个秘密印刷厂，其主要任务是翻印中共中央的机关报《向导》，印刷北京区委的机关报《政治生活》和一些传单等。这个印刷厂在敌人的眼皮子底下，坚持工作了1年多，为宣传我党的主张，推动革命运动的发展，发挥了巨大的作用。

1926年3月，天津"大沽口事件"发生后，为抗议帝国主义者的霸道行径，在中共北方区委和国民党北京执委会领导下，北京各界群众在李大钊等率领下于18日在天安门集会。会后，群众结队前往段祺瑞执政府门前请愿时，遭到卫队开枪射击和大刀砍杀，死47人，伤199人。这就是史称的"三一八"惨案。惨案发生时，陈乔年不顾个人安危，沉着地指挥周围的群众撤退。在拥挤中，陈乔年被刺中胸部，鲜血立即浸透了上衣。他忍着剧痛，咬牙坚持指挥群众撤退。

作为北方区委的组织部长，陈乔年除和李大钊、赵世炎等一起领导了北京历次重大斗争外，还为北方党的组织建设呕心沥血，作出了特殊的贡献。据统计，1924年5月时，全区党员仅有75人，而两年后的1926年7月，全区党员已达2 069人。

璀璨年华　视死如归

1927年4月，陈延年赴武汉参加中国共产党第五次全国代表大会时，被任命为中共江浙区委书记。他当即转赴上海，途中获悉上海发生"四一二反"革命政变。

1927年6月，中共中央撤销江浙区委，分别成立江苏省委和浙江省委，陈延年任中共江苏省委书记。在白色恐怖笼罩下的上海，陈延年和赵世炎等不顾危险，寻找失散的同志，恢复和重建党组织，坚持开展斗争。

6月26日上午，江苏省委在上海施高塔路恒丰里104号召开会议，当获悉一名交通员被捕后，与会者陆续离去。下午，陈延年因担心省委机关安全，回到恒丰里。然而，不到半小时，省委机关便遭到反动军警的包围。陈延年等人与敌人进行了英勇搏斗，终因寡不敌众而被捕。

敌人得知陈延年的身份后，用尽酷刑将他折磨得体无完肤，逼迫他供出上海的党组织，但陈延年以钢铁般的意志，严守党的机密，只字不吐，宁死不屈。

1927年7月4日晚，陈延年被国民党反动军警押赴刑场。刽子手喝令他跪下，他昂首挺胸，大声说道：革命者光明磊落、视死如归，只有站着死，决不跪下！最后，他竟被凶手们按在地上以乱刀残忍地杀害。年仅 29 岁的陈延年，为革命献出了年轻生命。

1926 年下半年，陈乔年奉命离开北京去南方工作。1927 年 8 月 7 日，中共中央在汉口召开紧急会议，陈乔年出席会议。会后，他被调任湖北省委组织部长。陈乔年与湖北省委书记罗亦农等人同国民党反动派进行了不屈不挠的斗争。同年秋，党中央从武汉撤回上海。不久，陈乔年也被调往上海，担任中共江苏省委组织部长，在极其险恶的情况下，他秘密深入工厂、机关和学校，恢复被破坏的党组织，重新聚集革命力量。

1928 年春，正当陈乔年为革命日夜奔走，使上海和江苏地区党的工作不断前进时，不幸的事发生了。2 月 6 日，在陈乔年主持下，中共江苏省委在英租界北成都路刺绣女校秘密召开各区组织部长联席会议。由于叛徒唐瑞林告密，敌人突然包围了会址，陈乔年等江苏省委机关的负责同志被捕。这是继 1927 年 6 月以后江苏省委遭受的又一次大破坏。

关押期间，敌人为了得到更多的机密，对陈乔年多次使用酷刑。他始终咬紧牙关，横眉冷对，坚贞不屈，还不断鼓励其他同志，保持革命气节。牺牲前，监狱中的战友因他即将被害十分难过。陈乔年却仍然乐观地说："人生总有一死，血不会白流！让我们的子孙后代享受前人披荆斩棘的幸福吧！"

1928 年 6 月 6 日，陈乔年在上海龙华的枫林桥畔英勇就义，年仅 26 岁。

"韶华染旗红，碧血照丹青。"觉醒年代的陈延年、陈乔年兄弟双双为革命理想而献身。他们的牺牲使我们党失去了两位优秀的干部，使中国人民失去了两位忠实的儿子。他们的英名和革命业绩，永远铭刻在中国共产党人和中国人民的心中！

（参见陆相华：《碧血丹心映华年》，《大江南北》2022 年第 2、3 期；郭海成：《陈延年：乱刃加身亦宁死不跪》，《人民周刊》2021 年第 12 期；王雪：《陈延年：29 岁牺牲的中央政治局候补委员》，《学习时报》2021 年 11 月 19 日。本案例由作者根据以上资料编写。）

【思考讨论】

1. 习近平总书记曾强调指出："心中有信仰，脚下有力量"①；"理想信念动摇是最危险的动摇，理想信念滑坡是最危险的滑坡"②。阅读本文，结合陈延

① 习近平：《习近平谈治国理政：第二卷》，外文出版社 2017 年，第 49 页。

② 习近平：《习近平谈治国理政：第二卷》，外文出版社 2017 年，第 34 页。

年、陈乔年两兄弟的事迹,谈谈坚定信仰信念的重要作用。

2. 习近平总书记在庆祝中国共产党成立100周年大会上的讲话中指出:“一百年前,中国共产党的先驱们创建了中国共产党,形成了坚持真理、坚守理想,践行初心、担当使命,不怕牺牲、英勇斗争,对党忠诚、不负人民的伟大建党精神,这是中国共产党的精神之源。”①请联系实际,谈谈您对这段话的理解和认识。

【案例解析】

去时少年身,归来英雄魂。

哥哥陈延年,牺牲时29岁;弟弟陈乔年,牺牲时26岁。

他们人生虽短,但极其壮丽。

岁月不居,时光如流。从陈延年、陈乔年两兄弟身上,我们看到了什么?又该记住什么呢?

“革命者光明磊落,视死如归,只有站着死,决不跪下!”从陈延年牺牲前面对敌人的屠刀说出的话,我们看到了一个真正革命者的铮铮铁骨和大义凛然,看到了共产党人对理想的坚贞、对信念的坚守,“心中有信仰,脚下有力量”。在父亲的影响下,陈延年从小就自食其力,立志“自创前途”。在法国留学期间,他以顽强的毅力克服生活上的种种困难,刻苦学习,并结识了留法同学周恩来、蔡和森、赵世炎等,正式告别了原来信仰的无政府主义,转而信仰马克思主义,成为一名共产主义战士。陈延年曾说:“一个共产党员的牺牲,胜于千万张传单;如果怕死,就不要做共产党员。”于是,无论是在广州领导反抗帝国主义屠杀中国人民的政治大罢工,还是到上海面对白色恐怖领导恢复和重建党的组织,他早已把个人生死置之度外,坚持开展革命斗争,以年仅29岁的年轻生命践行了自己的誓言。陈延年的言行生动展现了“革命理想高于天”。同时,告诉我们:理想信念不是拿来说、拿来唱的,更不是用来装点门面的,“形象地说,理想信念就是共产党人精神上的‘钙’,没有理想信念,理想信念不坚定,精神上就会‘缺钙’,就会得‘软骨病’。”②“理想之光不灭,信念之光不灭。我们一定要铭记烈士们的遗愿,永志不忘他们为之流血牺牲的伟大理想。”③

“让我们的子孙后代享受前人披荆斩棘的幸福吧!”从陈乔年在行刑前跟狱友们说出的话,我们看到了中国共产党的根本宗旨和初心使命,看到了一代热

---

① 习近平:《习近平谈治国理政:第四卷》,外文出版社2022年版,第7页。

② 习近平:《习近平谈治国理政》,外文出版社2014年,第15页。

③ 习近平:《习近平谈治国理政:第二卷》,外文出版社2017年,第35页。

血青年的责任担当与不怕牺牲。同哥哥陈延年一样，原本出生在富裕家庭的陈乔年，没有选择安逸的生活，而是选择了信仰，参加革命。他们兄友弟恭，一起求学，一同成长。1924年冬，陈乔年奉命回国，担任北京地委组织部部长。兄弟俩虽身处一南一北，但共同在为中国革命披肝沥胆。得知哥哥被反动派杀害的噩耗，陈乔年悲愤欲绝，但革命意志丝毫没有动摇，而是来到陈延年牺牲的地方，踏着兄长的血迹，在上海继续与国民党反动派做斗争，因为，他心里装着的是党的利益、劳苦大众的利益。即使在被捕后受尽酷刑，他也像哥哥那样坚贞不屈，始终严守党的秘密，心里依然想着子孙后代的幸福。陈乔年的言行充分诠释了“坚持真理、坚守理想，践行初心、担当使命，不怕牺牲、英勇斗争，对党忠诚、不负人民”的伟大建党精神；同时，也有力地说明：“中国共产党一经诞生，就把为中国人民谋幸福、为中华民族谋复兴确立为自己的初心使命。”①“中国共产党之所以能够得到人民拥护，中国特色社会主义之所以能够得到人民支持，也正是因为造福了人民。”②

英雄已逝，风范长存。在那个觉醒年代，无数革命先烈用生命践行信仰，用坚毅守护初心，用鲜血浇灌梦想，建立了彪炳史册、万古流芳的卓著功勋。他们的鲜血从来不会白流——今日之中国，山河无恙，民族独立，国家富强，人民安康。盛世如斯，如您所愿！

饮水思源，不忘来路。信仰信念的力量可以穿越时空的阻隔。弘扬革命传统、传承红色基因，是对先烈最好的缅怀；坚定理想信念、继续砥砺前行，是对先烈最好的礼敬；坚守初心使命、实现民族复兴，是对先烈最好的告慰。

“我辈将一往无前，沿着你们的道路，替你们看尽繁华。”在安徽合肥的“延乔路”上、在上海龙华烈士陵园，许多年轻的身影前来献上一束束鲜花，留下一张张卡片。“请党放心，强国有我！”2021年7月1日，在庆祝中国共产党成立100周年天安门广场庆典上，青年一代对党和人民许下庄重的誓言。

“青春如初春，如朝日，如百卉之萌动，如利刃之新发于硎，人生最可宝贵之时期也。”陈延年、陈乔年的父亲陈独秀先生曾如此盛赞青春。

“同心向党，奔赴远方！”新的百年、新的征程，青春与信仰，在这里完成交接。

【案例应用】

1. 本案例讲述了陈延年、陈乔年两兄弟坚守信仰信念，投身革命斗争，勇

① 习近平：《习近平谈治国理政：第四卷》，外文出版社2022年版，第4页。

② 习近平：《习近平谈治国理政：第二卷》，外文出版社2017年，第52页。

于担当作为，为党的事业呕心沥血、鞠躬尽瘁的青春故事。本案例的教学与讨论，旨在引导学生深刻认识和思考：今日中国之繁荣和静好，是无数革命先烈用鲜血和生命换来的；理想信念是精神之“钙”；实现中华民族伟大复兴的中国梦，离不开崇高理想信念的有力支撑；新时代大学生生逢其时，重任在肩，应不负韶华、志存高远、脚踏实地，切实增强对马克思主义、共产主义的信仰，增强对中国特色社会主义的信念，增强对实现中华民族伟大复兴的信心，把个人的理想追求融入党和国家的事业之中。本案例可用于教材第二章第一节中“理想信念是精神之‘钙’”或第二节“坚定信仰信念信心”等内容的辅助教学。

2. 教师在运用本案例时，要把握以下两点：

一是要抓住“信仰”“信念”“青春”“担当”“忠诚”等几个“关键词”，引导学生从陈延年、陈乔年两兄弟身上去感悟“理想因其远大而为理想，信念因其执着而为信念”“心中有信仰，脚下有力量”“坚定理想信念，坚守共产党人精神追求，始终是共产党人安身立命的根本。对马克思主义的信仰，对社会主义和共产主义的信念，是共产党人的政治灵魂，是共产党人经受住任何考验的精神支柱”。

二是要紧密联系“当代青年是同新时代共同前进的一代”“时代呼唤担当，民族振兴是青年的责任”这一现实，教育和引导学生“只有把自己的小我融入祖国的大我、人民的大我之中，与时代同步伐、与人民共命运，才能更好实现人生价值、升华人生境界”①。

此外，还可配以重大革命历史题材电视剧《觉醒年代》中有关陈延年、陈乔年的影像片段，以进一步增强教育教学的生动性和感染力。

① 习近平：《在纪念五四运动100周年大会上的讲话》，《人民日报》2019年5月1日。

案例 3

“天眼之父”南仁东：梦想与坚守

【案例文本】

500 米口径球面射电望远镜，又称“中国天眼”，位于贵州省平塘县克度镇大窝凼，它还有另外一个名字——FAST（Five-hundred-meter Aperture Spherical radio Telescope）。FAST 具有中国独立自主知识产权，是世界最大单口径、最灵敏的射电望远镜，可以帮助人类获得观测脉冲星、中性氢、黑洞等宇宙形成时期的信息，捕捉外星生命的信号，还将为世界天文学新发现提供重要机遇。

南仁东：“天眼”筑梦人

然而，就在“中国天眼”运行将满 1 年、首批成果就要出炉的时候，2017 年 9 月 15 日，FAST 工程首席科学家、总工程师，72 岁的国家天文台研究员南仁东——这位毕生心血筑“天眼”、被尊为“中国天眼之父”的老人，却没能等到捷报传来。

许多人都知道，“天眼”的背后，是南仁东 24 载、8 000 多个日夜的梦想与坚守。

“咱们也建一个吧”

1993 年，国际无线电科学联盟大会在日本东京召开。会上，多位科学家提出，在全球电波环境继续恶化前，建造新一代射电望远镜，以接收更多来自外太空的信息。

“咱们也建一个吧。”南仁东萌发了建造属于我国的大口径射电望远镜的想法。

20 世纪 90 年代初，我国在这一学科领域远远落后，没有任何发言权，国内最大射电望远镜的口径不到 30 米。几个重大的全球望远镜计划都不让中国人参与。

建在哪儿？怎么建？能不能建？都是未知数。所以，南仁东提出的这个设想，没有多少人看好。

南仁东骨子里不服输。中国为什么不能？于是，他放弃了国外的高薪和优越的环境，决心回国去实施自己的这个想法。

此后的24年，南仁东心无旁骛：选址、立项、可行性研究及初步设计、主编科学目标、指导各项关键技术的研究及其模型试验……

“这20多年，南老师没干别的。”南仁东的学生甘恒谦说。

贵州喀斯特地貌中的坑洼，是FAST天然的选址候选目标。为给FAST选个好台址，南仁东拿上行李便跳上了从北京到贵州单程需要50个小时的绿皮火车。从1994年到2005年的12年间，这位“勘探者”走过了贵州的一座座大山。他带着300多幅卫星遥感图，奔走在荒山野岭、大山深处，踏勘上百个窝凼，对比了1 000多个洼地。

贵州省黔南布依族苗族自治州天文局局长张智勇在1994年工程选址时结识了南仁东。据他回忆，现场考察时，在没有路的地方，南仁东就拄着拐杖跟大家一起爬，“一身简朴的工作服，没有一点架子”。

南仁东最终相中了最圆的那个大坑——贵州平塘县克度镇的大窝凼。之后，他正式提出利用喀斯特地形建造大型射电望远镜的设想。

工程立项之前，南仁东经常需要在短时间内撰写几千字的项目介绍。在办公室工作到凌晨是经常的事，因为每一句他都要与同事细细斟酌。他怕，怕有任何疏漏，因为一旦有疏漏就可能会对FAST立项带来不可逆转的负面影响。

南仁东的助理姜鹏说：“自从认识他以来，没见过他为任何事情低过头。但他却说，他低过头，就是为了FAST立项”。

2006年，立项建议书最终提交。通过最后的国际评审时，专家委员会主席冲上前紧紧握住南仁东的手：“You did it（你做成了）！”

2007年，国家发改委批复，500米口径球面射电望远镜工程正式立项，成为中国“十一五”重大科学工程。

“FAST项目就像为他而生的”

FAST是一个涉及领域极其宽泛的大科学工程，从天文学、力学、机械工程、结构工程，到电子学、测量与控制、岩土……

中国科学院国家天文台研究员、FAST工程副经理彭勃是南仁东22年的工作搭档。“FAST已经设计了许多新技术，南老师成了FAST团队里最勤奋的人，也是最累的那个人。”

在FAST项目里，有人不懂天文，有人不懂力学，有人不懂金属工艺，有人不懂无线电，但姜鹏说："偏偏南老师几乎都懂。这个庞杂巨大的射电望远镜项目就像是为他而生的。"

南仁东曾在吉林通化无线电厂工作过一段时间。那时候，他学会了冲压、钣金、热处理、电镀、土建、水利等技术与知识，甚至还带领工厂的技术员与吉林大学合作，生产出了中国第一代电子计算器。

很多人说他是"天才"，但在一次跟 FAST 工程副经理张蜀新的聊天中，他说："你以为我是天生什么都懂吗？其实我每天都在学。"

审核危岩和崩塌体治理、支护方案时，南仁东还不懂岩土工程，他用了 1 个月时间认真学习与研究相关知识，之后对每一张图纸都仔细审核、反复计算。2013 年 12 月，他拿着样冲、锤子，讲解提高预埋螺栓定位精度、准确标记预埋螺栓端面中心的方法，他的钳工操作动作被 FAST 工程馈源支撑系统高级工程师杨清阁评价为"规范而专业"。

南仁东学识渊博是出了名的。他曾经标出了水窖设计图纸上的错误，并打回了施工方的方案，让施工方惊讶：这个搞天文的科学家怎么还懂土建？他还曾在一次人才招聘中，先后用俄语与日语提问，让对方目瞪口呆。熟悉南仁东的人都知道，他对绘画诗书、服饰美学等都颇有研究。张蜀新说："老爷子的审美很好，你看 FAST 多漂亮。"

学生岳友岭曾见过南仁东画的 50 厘米×60 厘米的设计图，"能看出来是专业水准"。"南老师在美学层面造诣比较深，我们 FAST 的徽标，是南老师自己设计的，南老师的幻灯片配色，也都是自己调出来的。"岳友岭说。

壮年干到暮年　青丝熬成白发

FAST 是我国天文学发展的一个"窗口"，让中国有了一个领先世界的机会。在这个机会面前，南仁东当仁不让，挑起了重担。他变得越发忙碌，而且一忙就是 20 多年。

他说话越来越开门见山——他要为建设 FAST 腾出时间。平时没事找他"唠嗑"，恕他不予奉陪。这一切的一切，源自他作为一名科技工作人员严谨的态度和对于祖国的热爱。"别人都有自己的大设备，我们中国没有，我挺想试一试。"南仁东生前接受央视采访时说。

大窝凼附近所有的山头，都曾留下过南仁东的足迹。以前哪里有水井、哪里种着什么树，凼底住着哪几户人家，他都清楚地记得。他带着印有自己名字的蓝色头盔穿梭于项目工地，周围的村民都认识他。

"FAST 立项后，南仁东多次和我提到自己肩上担子的重量，说不敢有半点疏忽。"南仁东的老同学、FAST 工程顾问、高级工程师斯可克回忆道。所以，即使到了古稀之年，南仁东依然会为了一个地铆项目的误差，放下筷子就往工地跑，生怕技术人员的测量出现问题。

20多年来，南仁东始终以超强的责任感来应对超负荷的工作量，癌症发病后仍然坚持工作。这在斯可克看来，是一种不惜以命相搏的悲壮。

虽然身为项目总工程师兼首席科学家，但是在施工现场，南仁东经常亲力亲为，能上钢架去拧螺丝，能拿扁铲去削平钢材，能在高空梁上打孔套丝，也能看示波器调整设备。南仁东说："我不是一个战略大师，我是一个战术型的老工人。"

2015年，南仁东迎来了自己70岁的生日，天眼工程也接近收尾到了关键的时刻，南仁东依旧每天奔波在现场。就在这一年，南仁东查出了肺癌，而且还是晚期。

2016年9月25日，"中国天眼"竣工落成。尽管他的身体不适合舟车劳顿，但想到耗费了20多年心血的大科学工程成功在望，南仁东仍带病从北京飞赴贵州，亲自见证这份喜悦。当天，南仁东站在FAST圈梁上，望着"初长成"的大望远镜，憨厚地笑着，欣慰地说：这是一个美丽的风景，科学风景。

在竣工仪式上，一段宣传片回顾了"天眼"的从无到有，也见证了南仁东的青丝熬成白发。学生岳友岭在视频中看到了南仁东20多年前的照片，他感慨道："南老师拄着竹竿，爬山越岭为'天眼'选址时，头发和胡子还是黑的。"

在接下来的1年时间里，南仁东是在病床上度过的。而他所牵头建造的"天眼"，也开启了调试和运行。它与德国波恩100米口径望远镜相比，灵敏度提高约10倍；比被评为人类20世纪十大工程之首的美国"阿雷西博"305米口径望远镜，综合性能提高约10倍。

南仁东总是说，人是要做一点事情的。但他不是院士，也没获过大奖。他淡泊名利，因为他的梦想并不是自己的功成名就，而是，FAST。

"美丽的宇宙以它的神秘和绚丽，召唤我们踏过平庸。"将青丝熬成白发的南仁东，如今永远闭上了双眼，但他倾尽毕生心血的"中国天眼"正睁大眼睛望向人类未知的浩渺宇宙。

（参见董瑞丰、闫睿：《"中国天眼"就像为他而生——南仁东的24载"天眼"梦》，新华网2017年9月9日；詹媛：《毕生心血筑"天眼"——追记FAST首席科学家、总工程师南仁东》，《光明日报》2017年11月19日；喻思南：《"中国天眼"首席科学家、总工程师南仁东——一生为国造重器》，《人民日报》2021年6月8日；梁晓琳：《"时代楷模"南仁东：燃尽生命　只为天眼》，《贵州日报》2019年11月25日。本案例由作者根据以上资料编写。）

【思考讨论】

1. 阅读本文，结合“中国天眼之父”南仁东的感人事迹，分析理想信念对人生奋斗的重要作用。

2. 德国哲学家黑格尔曾说：一个民族总要有一群仰望星空的人，他们才有希望。结合本文，谈谈如何正确认识志存高远与脚踏实地的关系。

3. FAST 工程从选址、预研、立项到落成启用，南仁东带领团队历经 24 年时间的攻关与奋斗，终于打开了中国人追问宇宙的“天眼”。结合本文，谈谈如何正确理解实现理想的长期性、艰巨性和曲折性。

【案例解析】

那个最懂“天眼”的人，走了。

丧事从简，不举行追悼仪式，是他临终的遗愿。

仰望星空，脚踏实地，科技报国，筑梦“天眼”，是他一生的写照。

从壮年走到暮年、由青丝熬成白发，他把一个朴素的想法变成了国之重器，成就了中国在世界上独一无二的项目，实现了中国拥有世界一流水平望远镜的梦想，让中国在射电天文领域从远远落后一举实现遥遥领先。

一个人的梦想究竟有多大？大到可以直抵苍穹——二十四载年华，八千余日夜，终成观天巨眼；攻坚克难，矢志不渝，他在天文史上立下新的标杆。

南仁东，FAST 工程首席科学家兼总工程师、“中国天眼”主要发起者和奠基人。从跟跑到领跑，他用生命去探寻科技和宇宙，用奋斗去铸就奇迹与辉煌。而这奇迹与辉煌所展示和体现出来的，不仅仅是 500 米口径的“中国天眼”，还有许多十分宝贵的精神财富。

奇迹与辉煌的背后，体现的是坚忍执着的精神。“别人都有自己的大设备，我们没有，我挺想试一试”，这是南仁东在晚年接受央视采访时说的话。这个远大而壮丽的梦想，成为他余生不懈奋斗的目标。为找到一个合适的台址，10 余年间南仁东走遍了贵州上百个窝凼。为让 FAST 得以正式立项，他自掏腰包到处“化缘”。FAST 开建后，工程建设面临的困难远超想象，南仁东又带领团队，不畏难、不放弃，最终攻克了一系列技术难关。

奇迹与辉煌的背后，体现的是勇于创新的精神。FAST 设想提出时正值 20 世纪 90 年代初，当时我国最大的射电望远镜口径不足 30 米。从 30 米一下跨越到 500 米，艰难和挑战可想而知。而如今，FAST 比美国最先进的“阿雷西博”305 米口径望远镜综合性能提高约 10 倍，比德国波恩 100 米口径望远镜灵敏度提高约 10 倍，能接收到 137 亿光年外的电磁信号，甚至能捕捉外星生命信号。每一项技术突破,都是无先例可循的一步步开拓创新。

奇迹与辉煌的背后,体现的是甘于奉献的精神。南仁东总是说,人是要做一点事情的。在他身上,蕴藏着中国知识分子深厚的家国情怀。这种情怀,使他将人生的价值附丽于祖国的前途命运,将个人的分量置于国家的天平上衡量。于是,当他看到我国在大口径射电望远镜方面远落后于世界时,大胆提出“咱们也建一个”的想法,随之将 24 年光阴倾注于此。为了心中的梦想,他放弃高薪毅然回国,舍小家、顾大业,跋山涉水,奔波于贵州的大山深处,不计个人名利得失,默默地奋斗在科研一线,直到生命的最后一刻。

“伟大的宇宙太空,以它的神秘和绚丽,召唤我们踏过平庸,进入无垠的广袤”。这是南仁东曾经说过的话,也是他践行的路。由此可以看出,坚忍执着、勇于创新、甘于奉献的科学精神,归根结底来自仰望星空、追求卓越的理想支撑,来自国之重器、以命铸之的崇高信念。正如习近平总书记强调指出:“理想指引人生方向,信念决定事业成败。”①“只有把自己的小我融入祖国的大我、人民的大我之中,与时代同步伐、与人民共命运,才能更好实现人生价值、升华人生境界”②。也正因如此,南仁东燃尽余生,把自己的事业写在了无垠的太空。

伟大的事业需要伟大的精神。南仁东带着欣慰和遗憾走了,但已经睁开的“中国天眼”,将代他仰望星空。而当我们仰望星空的时候,应该记住曾经的领路人。

【案例应用】

1. 本案例追述了 FAST 工程首席科学家兼总工程师、“中国天眼之父”南仁东 24 年如一日,为实现我国拥有世界一流水平大型射电望远镜的梦想殚精竭虑、燃尽余生的动人故事,体现了一位科学家仰望星空、追求卓越的远大志向,胸怀祖国、服务人民的爱国情怀,勇攀高峰、敢为人先的坚毅信念,追求真理、严谨治学的求实精神和淡泊名利、忘我奉献的高尚情操。本案例的教学与讨论,旨在教育和引导学生明确理想信念对人生发展的重要意义,心怀“国之大者”,确立鸿鹄之志,把个人的成长发展融入国家和民族的事业中,把实现理想的道路建立在脚踏实地的奋斗上,珍惜韶华、不负青春,勇做走在时代前列的奋进者、开拓者、奉献者。本案例可用于教材第二章第一节中“理想信念是精神之‘钙’”或第三节中“实现理想的长期性、艰巨性和曲折性”“为实现中国梦注入青春能量”等内容的辅助教学;也可用于第一章第二节中“高尚的人生追求”或第

① 习近平:《习近平谈治国理政:第一卷》,外文出版社 2018 年版,第 50 页。

② 习近平:《在纪念五四运动 100 周年大会上的讲话》,《人民日报》2019 年 5 月 1 日。

三章第一节中“中国精神的丰富内涵”等内容的辅助教学。

2. 教师在运用本案例时，要把握以下两点：

其一，案例是用来提出问题、引发思考、揭示原理的，而不是简单的作为举例说明。为此，可由南仁东对中国“天眼”寻梦、筑梦、逐梦、圆梦的历程出发，通过设置问题支架和议程，引导学生探究其行为背后的精神支柱，进而得出理想信念对人生发展的重要作用，以及“理想指引人生方向，信念决定事业成败”“民族复兴的使命要靠奋斗来实现，人生理想的风帆要靠奋斗来扬起”等结论。

其二，南仁东是中国科学家群体的杰出代表和当之无愧的时代楷模。其人生事迹生动体现了胸怀祖国、服务人民的爱国精神，勇攀高峰、敢为人先的创新精神，追求真理、严谨治学的求实精神，淡泊名利、潜心研究的奉献精神，集智攻关、团结协作的协同精神，甘为人梯、奖掖后学的育人精神。运用本案例时可着重从科学家精神的角度去引导学生提炼和思考，并突出理想信念作为其精神世界的核心；同时还可配以有关视频，增强教学的生动性和吸引力。

案例 4

朱彦夫：
信念撑起残躯　奉献点亮人生

【案例文本】

他 14 岁参军，在抗美援朝战场上失去了双腿双臂和一只眼睛，忍受了常人无法想象的病痛重新“站”了起来；他曾任山东省淄博市沂源县张家泉村党支部书记，凭借一双义腿、一副拐杖，带领群众改变家乡贫穷落后面貌，一干就是 25 年；他没有上过学，却用残肢抱笔，写下过百万字的手稿，完成了两部自传体长篇小说《极限人生》和《男儿无悔》。

朱彦夫：慷慨是英雄

他就是被誉为“中国的保尔·柯察金”的“时代楷模”、“感动中国 2021 年度人物”、被授予“人民楷模”国家荣誉称号的共产党员朱彦夫。

少年从军　保家卫国血洒疆场

1933 年 7 月，朱彦夫出生在沂源县张家泉村一个贫穷的农民家庭。1947 年沂源解放后，年仅 14 岁的朱彦夫，怀着对党的无限忠诚，毅然报名参加了中国人民解放军，先后参加了淮海战役、渡江战役等上百次战斗，3 次立功，10 次负伤。1949 年 5 月上海解放，朱彦夫在战壕中庄严宣誓，成为一名共产党员。

1950 年 12 月初，朱彦夫奉命随部队参加抗美援朝。在朝鲜长津湖争夺 250 高地的战斗中，他所在连队冒着零下 30 摄氏度的严寒，与装备精良的两个营的敌人进行了殊死搏斗。敌人用飞机和大炮实施“地毯式轰炸”，用坦克和集团冲锋向阵地席卷而来。在隆冬严寒里，战士们用简陋的武器打退了敌人一次又一次的进攻。激战三天三夜，阵地上一个连的兵力只剩下遍体鳞伤的朱彦夫。不知过了多长时间，朱彦夫从昏迷中醒来，眼前一片漆黑。“还活着！”这个念头在他的意识中闪了一下。这时，他才发现四肢已经冻坏，左眼球被弹片崩出眼眶，肠子露在腹外，身上、头部多处受伤。内心澎湃的对生命的强烈渴望，让他咬紧牙关，挪动躯体，在雪地上顽强地向前爬行……在一条冰河旁，朱彦夫终于被我军侦察地形的一位团政委和参谋发现救起，后几经周折，搭上了回国的汽车。

在长春第三军医大学附属医院，朱彦夫先后进行了47次手术、昏迷了93天，流出体外的肠子被塞了回去。因为严重冻伤，双腿从膝盖下被截去，双臂手腕以上被锯掉，除了成为空洞的左眼，右眼的视力也下降到只有0.3。

苏醒之后，朱彦夫痛苦至极，撕心裂肺的叫声传遍了病房："我才17岁啊，失去了四肢和左眼，我以后还能干什么？活着还有什么意思？"他多次想到自杀。想绝食饿死，护理人员就硬往他嘴里灌食物；想偷偷跳楼，因为没有手脚，不高的窗台却怎么都爬不上去；谎称失眠骗来安眠药，可连吞8片也没能把自己"解决"掉。此时的朱彦夫连自杀的能力都没有了！

最终，医生的一句话将朱彦夫点醒："你的命是我们用几个月的时间，硬从死神那里夺回来的，你有什么资格去断送？自杀就是叛党叛国。"他想到了牺牲的战友，这个铁骨铮铮的汉子决定，要为党，为国家，为死去的战友活下去。"只要还有生命，就能有作为。"朱彦夫这样勉励自己。

1952年，朱彦夫伤势稳定后，被转入山东省荣军休养院特护疗养休息。铁血男儿变成了连自己都不敢看的特残人，处处要人照顾。难道一辈子就这样躺在"功劳簿"上衣来伸手、饭来张口？辗转反侧几个不眠夜之后，朱彦夫做出了一个影响自己一生的决定：我虽然伤残了，但依然是战士！不能为国效力，但绝不能再给国家增加负担，我要锻炼生活自理能力，为党和人民再作贡献！考虑到休养院的环境不利于锻炼生活自理能力，他便多次找院领导软缠硬磨，终于在1956年冬回到了故乡——沂源县张家泉村。

身残志坚　带领乡亲建设家园

回家后，能够生活自理成为朱彦夫要攻下的第一座"高地"。一开始，残臂刚夹起勺子，勺子就掉了；用嘴叼起勺子，又把碗碰翻了；终于舀上了"饭"，刚要低头张嘴，勺子又掉了下去。一个动作要反复练上几十次、上百次。每"吃"完一顿饭，他都累得筋疲力尽。就这样，一个无手无脚、没有左眼的重残军人，克服了常人难以想象的困难，再次站了起来，学会了自己吃饭、喝水、刮胡子、上厕所和捆绑绷带、装卸假肢，实现了生活基本自理。

朱彦夫所在的张家泉村，距离县城45公里，是沂源县深山沟里一个穷山村，自然条件非常恶劣。回村后不久，朱彦夫了解到，全村500多口人，大多是文盲，有的连自己的名字都不会写。他拿出自己的抚恤金，办起了全村历史上第一个图书室，大家可以免费借阅图书。接着，他又创办了第一所夜校，每天晚上拄着双拐步行到两里外的教室，凭借在荣军院学习的文化知识自任教员，义务教乡亲们识字。1957 年，朱彦夫全票当选张家泉村党支部书记。这一干就是 25 年。

“当支书，就得想法子让群众过上好日子。”当时，村里的路不是上山就是下坡。为了考察村里的每个角落，朱彦夫一个人拄着双拐，拖着假肢，到田间地头看生产，逐门逐户访民情，不知摔了多少跟头，硬是用残躯走遍了全村方圆 1.5 平方公里内的 6 个半山头、3 条大山沟。17 斤重的假肢经常磨得残肢血肉模糊，但朱彦夫格外乐观，总结出 4 种走路方法：站着走，跪着走，爬着走，滚着走。经过一个冬天的“摸爬滚打”，朱彦夫明确了接下来的工作计划——治山治水，造田通电。一个个山里人多少年都没想过的大工程，在张家泉村热火朝天地实施起来。

当时，村里有 3 条大的山沟，把田地切割得七零八落。朱彦夫想到了用架大棚的方式进行“棚沟造地”：沟底砌起涵洞，供汛期泄洪排涝，上面填上厚土，将农田连成片。他带领村民开进南北长千余米、沟顶沟底落差上百米的“赶牛沟”。朱彦夫天天泡在工地上，用两只残臂夹着铁锹，一点一点培土。“有一天，他实在太累了，摔倒在地，假肢连接处血肉模糊。我赶紧把他背起来，想送他回家。他在我背上大吼：‘大家都在干，我能回去吗？’”和朱彦夫搭档 24 年的副大队长张茂兴说起此事仍难掩激动。一个冬天干下来，荒废的山沟最终变成了 60 多亩的“小平原”，当年就产粮 5 万多斤。随后，朱彦夫指挥村里的青壮劳力，削高填低，硬是把“舍地沟”“腊条沟”改造成了一片平整的沃土。经过 6 个冬天的奋战，朱彦夫和乡亲们通过开山、填沟，为村里新增 200 多亩良田，全村人均达到了 1 亩地，解决了张家泉村祖祖辈辈“吃饭难”的问题。

有了土地，但都是靠天吃饭的山地，为解决土地灌溉和乡亲们的吃水问题，朱彦夫带领乡亲们翻山越岭，先后打出 9 口水井和 3 眼用于灌溉的大口井，修建了 1 500 米水渠。

为了让村民们早日用上电，朱彦夫拖着残疾身体，先后乘火车、坐汽车，到上海、南京、西安、胜利油田等地联系材料。经过 7 年的努力，终于备齐了架设 10 公里高压线路所需的物料，张家泉村成了方圆几十里内第一个通上电的村子。

朱彦夫还组织成立村林业队，建起 40 亩苹果园、10 万株的花椒园、2 万株的桑树园。

就是凭着这股韧劲，17 斤重的假肢磨坏 7 副，朱彦夫用 25 年的艰苦奋斗，换来了如今张家泉村“山上松树戴帽、山下林果缠腰”的景象，原来贫穷的小山村成了远近闻名的致富模范村。

“人活着，就得奋斗；奋斗着，就是幸福；奋斗不止，幸福就不断。”朱彦夫说。

残肢抱笔　挑战极限抒写人生

1982年，一场大病之后，朱彦夫从干了25年的村党支部书记岗位上退下来。在大多数人眼中，这下他完全可以放松下来，过上悠闲的日子了。然而，退伍多年，在朱彦夫的心灵深处，始终没有忘记一个嘱托，那是在长津湖争夺250高地时，连指导员弥留之际一字一句留给他的："如果能活下去，你一定要记住，一个连的消亡，在战争史上可能不算什么，可你要想法儿把这壮举记录下来，告诉后人，我们死也瞑目了！"为了完成战友的遗愿，朱彦夫决心把战友们英勇作战的故事和自己的经历写成书。

当听说朱彦夫要写书，有的人说，看书都有困难，写书谈何容易？的确，衔笔写字、翻阅字典，这并不比学吃饭穿衣、打井整田容易多少。

朱彦夫没正式上过学，只是在荣军院时上过几天识字速成班，好多常用字不会写，更不懂写作技巧。为打好写作基础，他靠着那只仅有0.3视力的右眼，苦读了《钢铁是怎样炼成的》《林海雪原》等100多本中外名著，既从中吸取力量，又学习写作技巧。

开始写作时，朱彦夫把被子叠成"方块"，垫在大腿上，再把写字板放在被子上，弓背低头，用嘴含着笔尝试写字。口中的涎水，头上的汗水，磨破的残臂上的血水，顺着笔流下来，洇湿了稿纸，就换一张重写，一天最多只能写几十个字，有的字还要重描多次才能让人认清。后来，他发明了写作的"三种姿势"——衔笔跪书、断臂抱书、绑笔腕书，每次写作都是一场对身体的磨炼。长期的弯腰弓背让他头晕目眩，各处伤口疼痛难忍，似乎又经历了一次手术台上的洗礼。老伴心疼他，把笔和纸藏起来，他一着急就从床上跳下来找；子女心疼他，想替父亲记录让父亲口述，他又认为那样限制了自己的思考空间。有时嘴上叼着笔，他却当成烟去点；在床上点烟，烧着了蚊帐或被子；夜里突然想起什么情节，爬起来记在纸上；有时喊着"冲啊……"从床上滚落下来，甚至爬出门外，自己还浑然不知。

七度春秋，七易其稿。朱彦夫用坏了500多支笔，翻烂了4本字典，用掉半吨稿纸，终于在1996年7月将一部饱蘸着激情和热血的生命之作——33万字的自传体小说《极限人生》，捧给了世人。时任中央政治局委员、中央军委副主席、国防部长迟浩田亲笔题写书名并题词："铁骨扬正气，热血写春秋"。

在出版的当天晚上，朱彦夫把自己关在房间里，在书的扉页上写满了战友的名字，眼含着热泪，双膝跪地将其点燃，以这样特殊的方式祭奠逝去的战友。

1999年，他又完成了另一部24万字的自传体小说《男儿无悔》。"读者能从中感悟到先烈的不屈、残疾军人的自强、共产党人的凛然正气，我就不会因空耗时光而羞愧了。”朱彦夫说。

朱彦夫的人生是艰难的人生、英雄的人生、光辉的人生，他用坚定的信念、坚强的意志，书写了一部感天动地、催人奋进的“极限人生”。

（参见毕研华、杜清亮：《信念撑起残躯　奉献点亮人生——记全国优秀共产党员、全国自强模范、模范伤残军人朱彦夫》，《淄博日报》2014 年 1 月 15 日；刘小兵：《朱彦夫：一心为民的优秀共产党员》，《光明日报》2019 年 10 月 11 日；李卓尔：《山东省沂源县张家泉村原党支部书记朱彦夫：“奋斗着，就是幸福”》，《人民日报》2021 年 10 月 25 日；蔡凌跃：《“人民楷模”朱彦夫：“当代保尔”的倔强人生》，《广州日报》2019 年 10 月 8 日。本案例由作者根据以上资料编写。）

【思考讨论】

1. 阅读本文，朱彦夫被誉为“中国的保尔·柯察金”，被授予“人民楷模”国家荣誉称号，您认为他能够感动中国的究竟是什么？朱彦夫“生命不息，奋斗不止”的感人事迹，给您带来哪些人生启示？

2. 习近平总书记在北京大学师生座谈会上的讲话中指出，“广大青年要培养奋斗精神，做到理想坚定，信念执着，不怕困难，勇于开拓，顽强拼搏，永不气馁。幸福都是奋斗出来的，奋斗本身就是一种幸福……为实现中华民族伟大复兴的中国梦而奋斗，是我们人生难得的际遇。每个青年都应该珍惜这个伟大时代，做新时代的奋斗者。”①联系实际，请谈谈您对这段话的理解和认识。

【案例解析】

“生命，于你不止一次，士兵，于你不只是经历。没有屈服长津湖的冰雪，也没有向困苦低头。与自己抗争，向贫穷宣战，一直在战斗，一生都在坚守。人的生命，应当像你这样度过。”这是“感动中国 2021 年度人物”朱彦夫获得的颁奖词。

朱彦夫为什么能够感动中国？他的生命之光又从何而来？

朱彦夫的生命之光，源于无比坚定的理想信念。“革命理想高于天”。面对四肢全无、左眼失明、右眼视力仅有 0.3 的残缺之躯，朱彦夫心里绝望过，甚至试图自杀过。然而，想起牺牲的战友，想起“一个共产党员，只要还有生命，就能有作为”，他决定：“与其腐烂，不如燃烧，要像个战士一样活下去。”他曾在日记中写道：“我心里要不是装着个党，不装着个共产主义，我老朱早就死了。”“回看走过的一生，我不相信命，更不相信运。我相信自己的判断，相信党！只要信念

① 习近平：《在北京大学师生座谈会上的讲话》，《人民日报》2018 年 5 月 3 日。

不倒，精神不垮，什么都能扛过去！”于是，朱彦夫克服了常人难以想象的困难，学会了生活基本自理；作为村党支部书记 25 年如一日，带领乡亲们治理荒山、兴修水利，脱贫致富；从村党支部书记岗位退下来后，又以残肢抱笔，历时 7 年，创作完成了两部震撼人心的自传体长篇小说。从朱彦夫身上，我们可以深刻理解到：理想信念是一切精神的精神源头，是一切价值的价值原点，是解决世界观人生观价值观这个“总开关”的关键，有什么样的理想信念，就会有什么样的精气神，就会有什么样的人生追求和行动表现。

朱彦夫的生命之光，源于一心为民的高尚情怀。一把蒙山柴，烧出钢铁般的意志；一瓢沂河水，浇出家乡的情深意长。1957 年，全村 8 名共产党员齐刷刷举起手，一致推选朱彦夫为张家泉村党支部书记。在很多人眼里这是个传奇，而朱彦夫则深感自己肩上担子的分量。他在日记里反问自己：我应当做个什么样的党员呢？经不住风雨吹打，欲坐温室吗？或因残废而侥幸原谅自己，让别人奉称（承）几句“残废这样重，还能工作，真了不起”而徒有虚名吗？不能，我要利用一切有利条件，做一个人的实有的工作量！干部的责任，就是去真心实意地关心群众的痛痒。看着乡亲们生活贫困的现实，朱彦夫心里着急，一个人拄着双拐，拖着假肢，每天在村里奔走。他没有想过自己是个重度残疾人，思考更多的是如何治山治水、造田通电……他没有手，却把山村装点得花果飘香；他没有脚，却率领乡亲们走出了一条致富之路。在朱彦夫看来，坚守了为民亲民这块阵地，也就是坚守一个共产党员的精神高地。这是他坚定的理想信念使然，是“小我”向“大我”到“无我”的升华！

朱彦夫的生命之光，源于敢于担当的实干精神。有人对朱彦夫说：“你残废成这样，苦重功高，只管享受一辈子就行了，何必那样吃力地去工作呢？”而朱彦夫却想：不能实干，不同人民同甘共苦，这样会脱离群众吗？“一个残废人不能同大家同劳动，是当不好干部的。”“必须以坚强的毅力去奋斗。”“我决心以一个健康人的标准要求自己，做好一个人的工作量。”于是，我们看到了一个拖着残躯的人，和群众一起爬山头、到田间、打机井、架电线……一干就是 25 年。张家泉村的每个角落，记下了他立行、跪行、爬行、滚行的身影。由此，张家泉村也便有多个“第一”：第一个开办了夜校，第一个整修了寨田，第一个解决了用水，第一个通上了电……田地间铿锵的奋斗声化作了丰收的歌谣，从前的穷山沟变成了远近闻名的致富模范村。“人活着，就得奋斗；奋斗着，就是幸福。”“一个人只要有生命，就会发光，就能以他所散发出来的光热，去改造他周围的自然环境。”这是不愿意躺在功劳簿上的朱彦夫说过的话。朱彦夫用人生极限创造极限人生的事实告诉我们：“命运打不倒心中有光的人。”能够抗衡时间、改写命运的，唯有热血担当和执着信念。

人生本不该有什么极限，因为所有的极限全部跨越之后，生命的能量就定格在最壮美的极限深处了。朱彦夫的生命之光，最终感动中国，这是理想信念之光、奋进奉献之光。人的生命，应当这样度过；人的生命，值得这样度过。

【案例应用】

1. 本案例记述了“中国的保尔·柯察金”和“人民楷模”朱彦夫身残志坚，用人生极限创造极限人生的感人故事。本案例的教学与讨论，意在帮助学生深刻理解理想信念是人的精神世界的核心，坚定理想信念对人生实践具有十分重要的作用，以及理想信念是解决世界观人生观价值观这个“总开关”的关键，进而引导学生追求远大理想，坚定崇高信念，把个人的小我融入祖国的大我、人民的大我之中，在青春的赛道上奋力奔跑，在实现中华民族伟大复兴的时代洪流中踔厉奋发、勇毅前进。本案例可用于教材第二章第一节中“理想信念是精神之‘钙’”或第三节中“为实现中国梦注入青春能量”等内容的辅助教学；也可用于第一章第二节中“积极进取的人生态度”的辅助教学。

2. 本案例在运用时，可从“朱彦夫何以感动中国”出发，引导学生去探寻其生命之光所体现的精神高度和思想境界，从而深刻理解理想信念的含义与意义，认识到只有把自己的小我融入祖国的大我、人民的大我之中，与时代同步伐、与人民共命运，才能更好实现人生价值、升华人生境界；同时，还可配以有关朱彦夫的视频资料，以进一步增强教育教学的生动性和感染力。

案例 5

徐梦桃：
因热爱而坚持　因梦想而坚定

【案例文本】

俯冲、起跳、空中旋转，动作一气呵成，落地干脆利落。108.61 分！

“我是第一吗？我是第一吗？”她仰天长啸，泪流满面。2020 年 2 月 14 日晚，在北京冬奥会张家口赛区举行的自由式滑雪女子空中技巧比赛中，冬奥会“四朝元老”徐梦桃终于获得了她的第一枚奥运会金牌，实现了个人职业生涯的大满贯。

这是中国在该项目上的首个奥运会金牌，也是徐梦桃的第 28 个世界冠军！32 岁的徐梦桃用坚韧、拼搏和奋斗，完成了自己的梦想，诠释着奥林匹克精神，激励“追梦”路上的每一个人。

徐梦桃：梦想无时休

生活艰苦，但无法阻挡心中的梦想

1990 年徐梦桃出生在辽宁鞍山一个普通家庭。

“梦里遇陶公，笑看红尘事”。家人为她起名梦桃，希望她能在陶渊明笔下的桃花源中，无忧无虑地生活。然而，徐梦桃的童年记忆却并非如此，她至今难忘 20 多年前在父母的烧烤摊上捡签子的时光。

1994 年，4 岁的徐梦桃被送到鞍山市体校体操培训班。1998 年，她进入辽宁省体操队。2002 年，12 岁的徐梦桃初露锋芒，在省运会中取得了 3 金 2 银 1 铜的好成绩。后来，教练发现徐梦桃的身高增长太快，不适合继续练习体操。同年 8 月，徐梦桃的父亲把她送到了时任沈阳体院教师、国家队总教练陈洪彬的门下，转项开始从事自由式滑雪项目的训练。这一练，就是整整 20 年。

那时，中国滑雪项目还处于萌芽，困难重重。徐梦桃第一次听说世界上还有“雪上体操”这个项目。看过若干比赛录像后，她脱口说了一句“老危险了！”不过，随后徐梦桃又说：“做一个项目就要练好，我要练好它，将来为国争光！”

平日的训练中,徐梦桃对自己要求很高,教练教了一次,别人按照要求做一次动作,而徐梦桃会多做两次,并务求动作标准到位。

短短几年,徐梦桃的成绩突飞猛进。她先后收获了自己的第一个全国冠军赛冠军、首个世界新人奖杯、中国第一个世青赛冠军等。2007 年,徐梦桃进入国家队。此时的她已经成为自由式滑雪空中技巧这个项目上亮眼的新星。

2009 年拿到第一个世界冠军后,徐梦桃回到鞍山老家时,依然去家里的烧烤店帮忙,有时候回到家都已是凌晨。她说,小时候没怎么上过幼儿园,也没怎么看过动画片,看过最多的是体育频道,当时的想法就是好好训练,以后不让爸妈吃苦,日子过得好一点。

这样的生活环境练就了徐梦桃乐观向上、吃苦耐劳的性格。徐梦桃回忆 12 岁那年她第一次站上滑雪台的场景:5 点钟太阳刚刚升起,满山的雪给人一种震慑感。那种自由、刺激的感觉让人兴奋,我明白,自己在做真正喜欢的事。

生活艰苦,但无法阻挡心中的梦想。因为热爱,所以追求卓越。徐梦桃的启蒙教练陈洪彬说:"梦桃在训练时是最刻苦的一个,从来不会因为训练艰苦而打退堂鼓。因为其他孩子动作做得比她好,晚上下课后,她饭也不吃、水也不喝,一个人在场地上重复做那个动作,直到自己满意为止。"

我们无法选择从哪儿来,但是可以选择到哪儿去,选择做一个怎样的人,可以用自己的努力来决定人生的高度,这就是梦想的力量。

历经失败,但无法割舍对梦想的渴望

徐梦桃的家里,摆满了她收获的各种奖牌。众多"世界冠军"中,唯独缺了一个"奥运冠军"。

2010 年,徐梦桃首次参加温哥华冬奥会,挑战高难度动作不慎失误,最终取得第六名的成绩。之后,她进入了自己的冠军丰收季,不仅蝉联 2011—2012 赛季和 2012—2013 赛季世界杯总冠军,同时拥有世界第一的难度动作,总积分排名世界第一。此时的徐梦桃已逐渐成为中国自由式滑雪空中技巧女队的领军人物。

2014 年俄罗斯索契冬奥会,徐梦桃做好了冲击金牌的准备,但因为落地时出现一个小失误,与金牌失之交臂,遗憾摘银。徐梦桃手握第一枚冬奥会奖牌,自信地表示,"四年后看我的"。

2018 年韩国平昌冬奥会时,徐梦桃在赛前扔出一句"拿不了金牌就退役"的狠话。然而,命运又跟她开起了玩笑,冬奥会金牌,再次与她无缘。赛后的采访中,徐梦桃满脸泪水:"我想拿个冬奥会冠军,这是我生命里的一个向往、一个梦想。"正是凭借着这股向往,徐梦桃迅速平复心情:"为祖国拼金牌是使命也是荣誉，付出再多汗水泪水都值得，没有放豪言，只有出征的决心。不想退役，梦想依然在，不甘心也不放弃。”

平昌冬奥会之后，徐梦桃已是一名赛场老将，竞技状态也出现起伏。2018年3月，徐梦桃完成了双腿半月板的手术。在她的职业生涯中，类似的腿上的大手术已经有4次。就在所有人都以为她会选择退役的时候，她依旧选择了坚持。

一次次的伤病没有击倒徐梦桃，因为她从未停止过挑战。2018年8月，仅仅4个月后，徐梦桃就开始了北京冬奥会周期的备战。

平日训练，徐梦桃十分专注，对自己要求很高，“如果一堂课没有练好，我会跟自己较劲”。

2022年北京冬奥会，32岁的徐梦桃，在半月板只剩下30%的情况下，第四次坚韧地站在了冬奥会赛场，又一次迎来了自己的决战时刻。

曾经，面对记者的采访，徐梦桃畅想2022年北京冬奥会：“我就是拼了，要把最精彩的一跳跳出来！”

2月14日晚，徐梦桃选择了难度系数最高的4.293动作。俯冲、起跳、空中旋转、落地……几近完美！徐梦桃拿下108.61分的高分！冬奥会“四朝元老”终于圆梦！这期间无数次的失败都化为夺冠力量，迎来终极大满贯，背后的伤痛、辛酸、坚守、辉煌，在这一刻爆发。

世上本就没有一帆风顺，百转千回才能百炼成钢。真正的强者不是不流泪的人，而是含着眼泪奔跑的人。

饱经伤痛，但无法停止追逐梦想的脚步

冬奥会高高的跳台，动辄每小时五六十公里的速度，加上各种高难度的空中翻转动作，让自由式滑雪空中技巧成为极具观赏性的项目。但对于运动员来说，这意味着风险时刻存在。可以说，徐梦桃的运动生涯，就是在不断克服伤病，和身体年龄做抗争。

2008年1月的全国锦标赛，她在着陆时右膝前交叉韧带断裂。根据过往经验，有过这个伤病的运动员，基本都告别了赛场。

“那是我职业生涯的上升阶段，周围也没有什么保障团队。好在领导和学校支持我，帮我找到医院，给了我一定的康复条件。我决定努力一把，看看自己能不能恢复。”

备战平昌冬奥会期间，2016年初在新疆举行的全国冬运会上，当时徐梦桃选择了难度系数达到3.8的三周台动作，不过她的状态并不算好，落地时摔倒，瞬间失去重心向前翻滚，徐梦桃紧紧抱住左腿，躺在地上一动不动……徐梦桃在北医三院接受治疗——诊断单上的结果显示，左膝前交叉韧带断裂、内侧副韧带扭伤、内侧半月板后角变性、多发骨挫伤、关节积液……

“我问我自己，徐梦桃你只有两条路了，练或者不练。如果选择继续练下去，那么瓶颈期、低谷、不敢跳、怕受伤便依然存在。我知道自己没有退路了，必须放下一切强大起来。”

徐梦桃没有选择放弃，她仅用7个月的时间便走出了伤病——当时说起这位自己运动生涯的“伙伴”，徐梦桃表示：“对于运动员而言，既然你要比赛，那么不管你在什么状态，都会希望自己有一个好的表现。手术后7个月就开始训练，这个过程一直在跟自己做斗争，为的就是证明自己还可以。”

2018年平昌冬奥会后，徐梦桃再度接受手术，切除了左腿内侧近70%的半月板——在平昌冬奥会期间，她就是带着腿里的钢钉比赛的。赛后，她擦着眼泪说：“我全力以赴了，但我速度太慢了。我也不知道以后还有没有第二次机会。我先做手术，先康复再说，把钉子取出来。现在我的腿依旧非常疼。”

在2022年北京冬奥会的赛场上，徐梦桃的腿里其实还带着钉子。“现在腿上都是可吸收的钉，还好。”面对记者，徐梦桃轻描淡写地说。

徐梦桃的母亲多次要求女儿退役，但徐梦桃都拒绝了。徐梦桃对母亲说，自己已经坚持这么多年，不想就这样放弃，中国在冬奥会女子自由式空中技巧项目上还从未获得过金牌，自己要创造这个历史。

在追梦的道路上，时间在给她带来伤病与年龄增长的同时，也给了她更平稳的心态和更坚定的决心。梦想、信念、自律，这是徐梦桃眼中冠军的三大要素，如今她都做到了。

梦想的力量是巨大的，是坚定的，是充实幸福的。徐梦桃说，最想跟大家分享的是，一定要有梦想，并为之付出努力。只有加倍努力，才能靠近目标，接近并实现梦想。

（参见胡婧怡、孝媛、邱宇哲：《徐梦桃：二十载拼搏终如愿，你值得这块奥运金牌！》，光明网2022年2月14日；刘星晨：《徐梦桃，烧烤摊走出的冬奥冠军》，中国新闻网2022年2月15日；蒲垚磊、马作宇：《徐梦桃摘金背后：半月板被切除2次》，光明网2022年2月15日。本案例由作者根据以上资料编写。）

【思考讨论】

1. 阅读本文，冬奥会“四朝元老”徐梦桃用坚持与拼搏、汗水与泪水，勇于追梦、勤于圆梦的故事，对您有何触动或启示？

2. 习近平总书记曾告诫青年说，“成功的背后，永远是艰辛努力……滴水可以穿石。只要坚韧不拔、百折不挠，成功就一定在前方等你。”①“青年的人生之路很长，前进途中，有平川也有高山，有缓流也有险滩，有丽日也有风雨，有喜悦也有哀伤。心中有阳光，脚下有力量，为了理想能坚持、不懈怠，才能创造无愧于时代的人生。”②联系实际，谈谈您对这段话的认识与思考。

【案例解析】

这是一个真正的励志故事，她向世界展示了梦想的力量；这是一个真正的奋斗故事，她让人们看到了坚持的价值。

4 届冬奥征程，16 年不懈坚守，中国自由式滑雪空中技巧女队队员徐梦桃，以 32 岁的“高龄”今朝在家门口圆梦。“我是第一吗？我们赢了！”一句仰天长啸，道出了其间多少艰辛和遗憾，喊出了此刻几多喜悦与激动。这个充满人文光芒的现实故事，充分反映出实现理想的长期性、艰巨性和曲折性；同时，也告诉我们这样一个道理：梦在前方，路在脚下，努力不会辜负每一个追梦者；自胜者强，自强者胜，坚持到最后的人方能称为胜利者。

第一，理想的实现不是一蹴而就的。作为冬奥会“四朝元老”，徐梦桃在此前的温哥华、索契和平昌 3 届冬奥会中，与冠军的奖杯一次次擦身而过，梦想似乎与她渐行渐远。然而，为了“生命里的向往与梦想”，徐梦桃告诉自己：不想退役，梦想依然在，再拼一次！而这一拼又将是一个 4 年的冬奥周期，消耗的不只是时间，还有身体，更有意志。2022 年 2 月 14 日，她在北京冬奥会赛场上俯冲、起跳、空中旋转、落地……尔后身披国旗、满面泪水，激动地大吼：“我终于在家门口夺冠了！”此刻，我们便不难理解什么叫作“十年饮冰，难凉热血”“马行千里，不洗尘沙”；什么叫作“冰冻三尺，非一日之寒”“为山九仞，岂一日之功”。“成功的背后，永远是艰辛努力……滴水可以穿石。只要坚韧不拔、百折不挠，成功就一定在前方等你。”

第二，理想的实现不是轻而易举的。徐梦桃获得北京冬奥会自由式滑雪女子空中技巧金牌。这是她人生中的第一枚奥运会金牌，也是中国女子空中技巧队首枚奥运会金牌。事实上，她是“半路出家”，从体操转型练习自由式滑雪空中技巧，此前她连滑雪都不会。难度之大，可想而知。尽管“老危险了！”但是，“做一个项目就要练好……将来为国争光！”于是，她“在训练时是最刻苦的一个，从来不会因为训练艰苦而打退堂鼓”。为了能站在北京冬奥会赛场上，在左膝内侧半月板切除 70% 的情况下，她硬是逼着自己“先康复再说”，甚至当所有

---

① 习近平：《习近平谈治国理政：第一卷》，外文出版社 2018 年版，第 174 页。

② 习近平：《在知识分子、劳动模范、青年代表座谈会上的讲话》，《人民日报》2016 年 4 月 30 日。

人都以为她会选择退役时，她依旧选择了坚持。在徐梦桃身上，我们看到了“咬定青山不放松，立根原在破岩中”的执着和坚守，看到了“千磨万击还坚劲，任尔东西南北风”的拼搏与奋斗。理想的实现绝不是轻轻松松、敲锣打鼓即可完成的。不经一番寒彻骨，怎得梅花扑鼻香。只有“心中有阳光，脚下有力量，为了理想能坚持、不懈怠，才能创造无愧于时代的人生”。

第三，理想的实现不是一帆风顺的。渴望早日实现理想，希望顺利实现理想，这是人之常情。徐梦桃也不例外。2010 年温哥华冬奥会，是她首次参加冬奥会，因为失误而未能站上领奖台。2014 年索契冬奥会，徐梦桃正处在职业生涯的巅峰时期，但决赛中在细节的处理上不如对手，遗憾摘银。2018 年平昌冬奥会，徐梦桃为了梦想再次出发，甚至还发出“拿不了金牌就退役”的狠话，然而失误的梦魇卷土重来，她提前出局，无缘决赛。2022 年北京冬奥会，赛事就在家门口举办，这对徐梦桃来说意义非凡。这位已 32 岁的老将带着对奥运会金牌的梦想与渴望，带着浑身都是训练和比赛所致的伤病，选择了全场最高难度动作完美一跃，终于拿到了自己职业生涯的首个奥运会金牌。由此，我们感受到“自信人生二百年，会当水击三千里”的信念，领略了“长风破浪会有时，直挂云帆济沧海”的豪迈。“奋斗的道路不会一帆风顺，往往荆棘丛生、充满坎坷。强者，总是从挫折中不断奋起、永不气馁。”①

星光不负赶路人，江河眷顾奋楫者。我们共情于徐梦桃的故事，不只是因为她多年的努力终得偿所愿，更在于她因热爱而坚持、因梦想而坚定。新时代是追梦者的时代。“我们都在努力奔跑，我们都是追梦人。”②徐梦桃用自己的坚持、拼搏和奋斗，完成了自己的梦想，诠释了奥林匹克精神，再次书写了历史，也激励着在追梦路上努力奔跑的你和我。

【案例应用】

1. 本案例记述了中国自由式滑雪空中技巧女队队员、冬奥会“四朝元老”徐梦桃因热爱而坚持，因梦想而坚定，练习自由式滑雪空中技巧 20 年，克服重重困难勇于追梦、勤于圆梦的故事。本案例的教学与讨论，旨在教育和引导学生充分认识理想信念的重要作用，以及实现理想的长期性、艰巨性和曲折性，实践才是实现理想的根本途径。本案例可用于教材第二章第三节中“实现理想的长期性、艰巨性和曲折性”“艰苦奋斗是实现理想的重要条件”等内容的辅助教学，也可用于第一章第二节中“积极进取的人生态度”的辅助教学。

① 习近平：《在纪念五四运动 100 周年大会上的讲话》，《人民日报》2019 年 5 月 1 日。
② 《国家主席习近平发表二〇一九年新年贺词》，《人民日报》2019 年 1 月 1 日。

2. 本案例在运用过程中，要紧紧抓住“变”与“不变”两个“点”，即在徐梦桃20年的职业生涯中，变的是生活的艰辛、年龄的增长、伤痛的增加和一次次与冬奥会金牌失之交臂，而不变的则是对梦想的执着、刻苦的训练和赛场上的拼搏，以此启发学生思考和自省：理想信念的意义何在？大学生应如何正确对待成长成才过程中遇到的困难和波折？实现理想的根本途径和条件是什么？

此外，还可以引导学生将本案例跟北京冬奥会其他冠军获得者（如韩聪、隋文静、谷爱凌等）的追梦故事组合起来，以增强案例教学的说服力；同时，配以相关视频资料，增强教育教学的生动性和感染力。

案例 6

青春做伴　西部放歌
——走近扎根西部建设边疆的大学生们

【案例文本】

青春无问西东，奋斗自成芳华。

2020 年 7 月 7 日，习近平总书记给中国石油大学（北京）克拉玛依校区毕业生回信：得知你们 118 名同学毕业后将奔赴新疆基层工作，立志同各族群众一起奋斗，努力成为可堪大用、能担重任的西部建设者，我支持你们作出的这个人生选择。

把理想化成力量，带着知识和本领到西部、到基层、到祖国最需要的地方去，已成为许多高校毕业生们不约而同的选择。记者走近他们，聆听这些来自五湖四海，矢志不移建设边疆的新时代青年的故事。

习近平回信寄语广大高校毕业生

选择：到西部去

“天山南麓雪皑皑，塔河两岸裹红装。吾心已向西部去，休言大漠多苍茫。”在即将奔赴新疆基层一线工作之时，中国石油大学（北京）克拉玛依校区 2020 届毕业生魏鹏飞写下了这样一句诗。“作为新时代的青年，我们有理想、有本领、有担当，扎根西部、建设西部是我们义不容辞的责任和使命。”魏鹏飞在接受采访时说。

“在新疆扎根是我一生中最坚定的选择。”和魏鹏飞一样，这个毕业季，丁贵阳和 117 名同学一起，决定留在新疆、建设新疆。丁贵阳说，对于资源勘查工程专业的学生来说，地质构造复杂的新疆大地是最好的实践场。“留在新疆，为国家探矿，为祖国献石油。我愿意担负起这一光荣使命。”

西部艰苦，西部同样大有可为。因为理想、因为牵挂、因为想把自己奉献给让老百姓幸福的事业，辽阔神秘的西部，成为越来越多有志青年的择业取向。

马立多年前就有一个支援西藏的梦。2014 年他从太原师范学院毕业后，毅然参加西部计划，来到雪域高原。两年志愿时间，他与农牧民同吃同住，发起多项公益活动。其中，他发起成立的“拉萨市林周县爱心中转站”，共计发放衣物百万余件，与 30 余名孩子进行了一对一的爱心帮扶。

两年期满，马立做出决定，扎根西藏。“我和当地农牧民百姓已经建立了深厚的友谊。一走了之工作不就归零了吗？”如今，马立已成为拉萨市林周县阿朗乡人民政府的工作人员。阿朗乡曾经是“焦裕禄式的好干部”孔繁森奋斗过的地方，这让马立备感荣耀。

马立不孤单。数据显示，截至 2019 年年底，全国累计招募 39.2 万名高校毕业生参加“三支一扶”计划，近 80% 的期满人员继续留在基层工作。截至 2018 年年底，共有 29 万余名西部计划大学生志愿者深入中西部 2 100 多个县市区旗服务基层。

对于很多高校毕业生来说，选择西部，意味着选择了远方。而对于另一些家在西部的大学生来说，到西部基层去，则是走出重重高山后的回归。

毕业于中国科学院北京纳米能源与系统研究所的工学博士赵坤，2018 年毕业后选择回到了家乡甘肃，现已成为兰州理工大学青年科研骨干。“假如我们自己都不愿意回来，别人就更不愿意来了。”赵坤说，“对于我来说，放弃待遇和环境更好的东部，回到西部，才是最正确和无悔的选择。”

来到、留下、扎根，高校毕业生们正为西部建设注入不竭力量。“这些大学生的到来，为基层补充了大批急需人才，有效缓解了当地人才短缺现状，为我们提供了重要的人力资源和建设力量。”共青团西藏自治区委员会权益志工部部长刘传磊说。

奋斗：无悔韶华

2017 年的一天，广西田林县八渡瑶族乡六林村来了一位戴着黑框眼镜的斯文青年。他叫牟海迪，1994 年生人，这天刚到任驻村第一书记。“这小孩能带我们脱贫？”村民们心里满是疑惑。

两年之后，六林村人均收入比 2017 年提高了 4 000 元。牟海迪用实际行动，向父老乡亲交出满意的答卷。没资金、碰钉子，山高路远、断水断电……每当遇到困难时，牟海迪说，只要能带大家致富，这都不算个事儿。

艰难困苦，玉汝于成。不仅在脱贫攻坚主战场，扎根西部的大学生们，正在各个领域夜以继日地奋斗，为实现中华民族伟大复兴的中国梦，注入源源不断的青春力量。

2009 年，刚出校门的郇志鹏一头扎进有着“死亡之海”之称的塔克拉玛干大沙漠。扎根大漠 11 年里，他时常望着窗外肆虐的风沙，看着饭菜里飘落的沙子，默念着一句话："青年不奋斗什么时候奋斗?!"

在郇志鹏和同事们的努力下，2019 年 6 月 23 日，塔里木油田成功钻成井深 8 882 米的轮探 1 井，创造了亚洲陆上最深井等 7 项亚洲纪录，在 8 000 米以深超深层获得工业油气流，开辟了塔里木盆地超深层油气勘探新领域。

2020 年，在平均海拔超过 4 500 米的西藏那曲，谈海玉已经扎根 17 年。17 年前的那曲，医院传染科专业人才匮乏、医疗配套设施不健全，高发的结核病、肝炎等传染性疾病，时刻威胁着百姓的生命健康。

"一定要让传染科强起来。"为了这个誓言，谈海玉引进技术，规范诊疗方案，积极引介人才；在出现传染病风险时，总是主动将最危险最艰巨的任务揽在自己身上；17 年来，只回老家陪父母过了 3 个春节……

正所谓功不唐捐，谈海玉多年来治愈的急慢性传染病患者超过 8 000 人。在她的努力下，医院传染科建设得到了质的飞跃。"再多的荣誉也比不上农牧民百姓对我的认可，既然选择了扎根藏北高原，就要承担起这个责任。"她说。

青春因磨砺而出彩，人生因奋斗而升华。一批批、一代代大学生们，将奋斗的激情洒满西部基层，把青春绽放在祖国最需要的地方，用无悔年华写就着人民幸福的华彩篇章。

使命：建功边疆

"我想用一辈子去完成他们的心愿，我想在这里改变更多的孩子们。请允许我向母校递交一张请假条……"刚刚完成一年支教，本应保送研究生继续深造的李明键向上级提出了留藏申请。

曾经，来西部支教是他的梦想；现在，为孩子们筑梦，成了他念兹在兹的心事。李明键说，未来，自己将尽最大努力满足这些寄托全家希望的孩子们走出大山的渴望。

"知识改变命运，我们必须在边疆撒播下梦想的种子。"从 1999 年开始，南开大学每年都会选派一批研究生志愿者赴西部支教 1 年。2019 年的夏天，奉献西部的接力棒传递到了薛博文的手中，他义无反顾地奔向距离天津 3 300 公里外的新疆阿勒泰地区。由于当地师资短缺，薛博文刚到阿勒泰就承担了 5 个高中班级的地理教学任务。因为白天在学校德育处还有行政工作，他只有在每天夜深人静的时候，才抽出时间去备课和批改作业。披星戴月，风雪夜归，是他在阿勒泰支教生活的写照。

驰而不息，久久为功。在雪域高原、在天山南北、在黄土高坡……奋斗在基层岗位的大学生们，正用青春续写着西部边疆的精彩未来。

"2019 年疏附县脱贫摘帽。和贫困说了'再见'，也就到了和小康说'你好'

的时候。”2014 年大学毕业之际，来自山东的崔久秀选择奔赴西部，在喀什地区疏附县萨依巴格社区担任党支部书记。

“下一个目标，就是帮助村民拓展致富渠道，为乡村振兴添把火。”如今，崔久秀帮着村民创办服装加工合作社、缝纫培训班，带领群众发展千亩日光温室产业、发展庭院种植养殖，为村民增收费尽了心思。

正在攻读博士学位的刘雷已经“四进”西部。2014 年他在新疆阿勒泰地区布尔津县支教 1 年；2016 年在拉萨志愿服务 1 年；在吉林大学攻读博士学位期间，他又两次返回西藏，资助西藏少数民族学生、推动藏汉民族交流。

但他仍希望毕业后将所学运用到基层建设中去，服务基层老百姓。“我希望把自己的成长放在基层，在基层扎下来踏实干点事。”刘雷说，尽管在西部生活很艰苦，但在 20 多岁的年纪，就应该做可以一辈子骄傲的事。

毕业季，更多大学生正在启程。他们把个人的理想追求融入党和国家事业发展过程中，扎根基层、建设边疆，奋力书写着属于个人和祖国西部的新篇章。

（参见黎大东、许晟、顾煜：《青春做伴，西部放歌——走近扎根西部建设边疆的大学生们》，新华网 2020 年 8 月 10 日；孙竞：《青春在不懈奋斗中绽放绚丽之花——回访习近平总书记寄语的青年学子》，人民网 2021 年 5 月 4 日。本案例由作者根据以上资料编写。）

【思考讨论】

1. 阅读本文，许多高校毕业生志愿扎根西部建设边疆，到祖国最需要的地方建功立业，他们的选择对于新时代大学生实现人生理想有何启示？

2. 2020 年 7 月，习近平总书记在给中国石油大学（北京）克拉玛依校区毕业生回信中说：“同学们生逢其时、肩负重任。希望全国广大高校毕业生志存高远、脚踏实地，不畏艰难险阻，勇担时代使命，把个人的理想追求融入党和国家事业之中，为党、为祖国、为人民多作贡献。”①请联系实际，从个人理想与社会理想辩证关系的角度，谈谈新时代大学生所肩负的使命与责任，以及如何为实现中华民族伟大复兴中国梦注入青春能量。

【案例解析】

青春做伴，西部放歌。一批又一批高校毕业生带着激情和理想、带着知识和本领，到西部、到边疆、到基层、到祖国最需要的地方去。他们身上所表现出的拳拳赤子之心、殷殷家国情怀，令人感到可爱、可佩、可嘉、可赞，同时也引发

① 《习近平给中国石油大学（北京）克拉玛依校区毕业生的回信》，新华网 2020 年 7 月 8 日。

我们思考:青春何以才能绚丽? 人生如何才有意义?

让青春绽放绚丽之花,就要志存高远,做开拓者。“吾心已向西部去,休言大漠多苍茫。”这是像魏鹏飞一样扎根西部建设边疆的毕业生们发出的心声和誓言。青年时期是人生理想确立的重要时期。理想唯其高远,人生道路才会越走越宽广,才能获得强大而持久的前进动力。立足现实的土壤,顺应时代的召唤,积极投身于新时代中国特色社会主义的伟大事业中,在完成时代责任而奋斗的过程中实现个人理想,是新时代大学生正确的志向选择和成长成才的必由之路。“一切视探索尝试为畏途、一切把负重前行当吃亏、一切‘躲进小楼成一统’逃避责任的思想和行为,都是要不得的,都是成不了事的,也是难以真正获得人生快乐的。”①

让青春绽放绚丽之花,就要勇于担当,做奋斗者。“青年不奋斗什么时候奋斗?!”这是像郇志鹏一样扎根西部建设边疆的毕业生们展现的担当与作为。它告诉我们:一方面,理想在实践中产生,又必须通过实践和奋斗才能转变为现实。没有勇于担当和艰苦奋斗,再远大的理想追求,也不过是漂亮的肥皂泡而已,没多少有实际意义。另一方面,奋斗是青春最亮丽的底色。在担当中砥砺品格、增长才干,在奋斗中攻坚克难、建功立业,是实现理想最根本的途径和条件。“追梦需要激情和理想,圆梦需要奋斗和奉献。”②青春因磨砺而出彩,人生因奋斗而升华。

让青春绽放绚丽之花,就要脚踏实地,做奉献者。“我想用一辈子去完成他们的心愿,我想在这里改变更多的孩子们。”这是像李明键一样扎根西部建设边疆的毕业生们传扬的品格与情怀。他们用自己的实际行动证明:空谈误国、实干兴邦;功不唐捐,玉汝于成。“只有荒凉的沙漠,没有荒凉的人生。”立足本职、埋头苦干,从自身做起,从点滴做起,倾情投入、忘我奉献,才能创造出一流的业绩,以青春之我、奋斗之我,书写青春华章。正如习近平总书记告诫青年:“要敢于做先锋,而不做过客、当看客,让创新成为青春远航的动力,让创业成为青春搏击的能量,让青春年华在为国家、为人民的奉献中焕发出绚丽光彩。”

没有理想的行动是盲目的,没有奋斗的理想是虚幻的。实现理想靠的不是坐而论道的清谈,而是脚踏实地的行动;不是评头品足、袖手旁观的观察员,而是身体力行、兢兢业业的实干家,不是怨天尤人的情绪,而是百折不挠的气概。

---

① 习近平:《在纪念五四运动100周年大会上的讲话》,《人民日报》2019年5月1日。

② 习近平:《在北京大学师生座谈会上的讲话》,《人民日报》2018年5月3日。

"只有把人生理想融入国家和民族的事业中，才能最终成就一番事业。"[①]人的一生只有一次青春。青年时代，选择吃苦也就选择了收获，选择奉献也就选择了高尚。只有进行了激情奋斗的青春，只有进行了顽强拼搏的青春，只有为人民作出了奉献的青春，才会留下充实、温暖、持久、无悔的青春回忆。

【案例应用】

1. 本案例记述了一批高校毕业生志愿扎根西部边疆，释放青春激情、追逐青春理想的故事，展示了新时代大学生志存高远、脚踏实地，不畏艰难困苦，勇担时代使命的精神风貌。本案例教学的主要目的，在于帮助学生深刻认识"同人民一道拼搏、同祖国一道前进，服务人民、奉献祖国，是当代中国青年的正确方向""只有把人生理想融入国家和民族的事业中，才能最终成就一番事业""青春由磨砺而出彩，人生因奋斗而升华"，进而引导学生心怀"国之大者"，珍惜韶华、不负青春、苦练本领、奋发有为，勇做走在时代前面的奋进者、开拓者、奉献者，努力使自己成为祖国建设的有用之才、栋梁之材，为实现中国梦注入青春能量。本案例可用于教材第二章第三节"在实现中国梦的实践中放飞青春梦想"，或第一章第二节中"高尚的人生追求"或第三节中"成就出彩人生"等内容的辅助教学。

2. 教师在运用本案例时，要紧紧抓住大学生这个群体所肩负的历史使命和时代责任，引导学生从扎根西部建设边疆的毕业生身上，提炼和升华他们行为背后的精神动力和家国情怀，思考如何让青春绽放绚丽之花，创造有价值的精彩人生。

---

① 《习近平给北京大学学生回信　勉励当代青年勇做走在时代前面的奋进者开拓者奉献者》，《人民日报》2013 年 5 月 5 日。

第三章

继承优良传统　弘扬中国精神

新时代中国青年要听党话、跟党走，胸怀忧国忧民之心、爱国爱民之情，不断奉献祖国、奉献人民，以一生的真情投入、一辈子的顽强奋斗来体现爱国主义情怀，让爱国主义的伟大旗帜始终在心中高高飘扬！

——习近平：《习近平谈治国理政：第三卷》，外文出版社 2020 年版，第 334 页

案例 1

新年贺词里的中国精神

【案例文本】

党的十八大以来，在每一个辞旧迎新的时刻，习近平总书记连续 10 年发表新年贺词，与全国人民一起回望过往的奋斗，眺望前方的梦想。从一篇篇新年贺词中，我们领略到大国领袖浓烈炽热的家国情怀、真挚深厚的人民情结，感受到势不可当的“中国力度”、直抵人心的“中国温度”，也品悟到勇往直前的“中国信心”和历久弥新的“中国精神”。让我们聆听习近平总书记的新年贺词，一同感悟和领会中国精神的丰富内涵。

国家主席习近平发表的新年贺词(2014—2023)

“中国人民是具有伟大创造精神的人民。”

在 2023 年新年贺词中，习近平总书记笃定地说：“今天的中国，是充满生机活力的中国。”①这“生机活力”源于中国人民的伟大创造。翻开中国五千年的历史长卷，我们不难看到，中国人民始终辛勤劳作、发明创造，我国产生了老子、孔子、庄子、孟子、墨子、孙子、韩非子等闻名于世的伟大思想巨匠，发明了造纸术、火药、印刷术、指南针等深刻影响人类文明进程的伟大科技成果，创作了诗经、楚辞、汉赋、唐诗、宋词、元曲、明清小说等伟大文艺作品，传承了格萨尔王、玛纳斯、江格尔等震撼人心的伟大史诗，建设了万里长城、都江堰、大运河、故宫、布达拉宫等气势恢宏的伟大工程。今天，“改革是需要我们共同为之奋斗的伟大事业……在改革开放的伟大实践中，我们已经创造了无数辉煌。”②习近平总书记在新年贺词中多次提到，科技创新、重大工程建设捷报频传，中国制造、中国创造、中国建造共同发力，改变着中国的面貌。“2016 年，‘中国天眼’落成启用，‘悟空’号已在轨运行一年，‘墨子号’飞向太空，神舟十一

① 《国家主席习近平发表二〇二三年新年贺词》，《人民日报》2023 年 1 月 1 日。
② 《国家主席习近平发表二〇一四年新年贺词》，《人民日报》2014 年 1 月 1 日。

号和天宫二号遨游星汉……”[①]2017年，“‘慧眼’卫星遨游太空，C919大型客机飞上蓝天，量子计算机研制成功，海水稻进行测产，首艘国产航母下水，‘海翼’号深海滑翔机完成深海观测，首次海域可燃冰试采成功，洋山四期自动化码头正式开港，港珠澳大桥主体工程全线贯通，复兴号奔驰在祖国广袤的大地上……”[②]2018年，“嫦娥四号探测器成功发射，第二艘航母出海试航，国产大型水陆两栖飞机水上首飞，北斗导航向全球组网迈出坚实一步”[③]。2019年，“嫦娥四号在人类历史上第一次登陆月球背面，长征五号遥三运载火箭成功发射，雪龙2号首航南极，北斗导航全球组网进入冲刺期，5G商用加速推出，北京大兴国际机场‘凤凰展翅’……”[④]在此后几年的新年贺词中，习近平总书记又先后提到，“‘天问一号’、‘嫦娥五号’、‘奋斗者’号等科学探测实现重大突破”[⑤]；“‘祝融’探火、‘羲和’逐日、‘天和’遨游星辰”[⑥]；“神舟十三号、十四号、十五号接力腾飞，中国空间站全面建成，我们的‘太空之家’遨游苍穹”[⑦]等等。这一切无不有力证明：“历史长河波澜壮阔，一代又一代人接续奋斗创造了今天的中国。”[⑧]习近平总书记在新年贺词中说：“我为中国人民迸发出来的创造伟力喝彩！”[⑨]

“中国人民是具有伟大奋斗精神的人民。”

在2022年新年贺词中，习近平总书记深情地说：“从年头到年尾，农田、企业、社区、学校、医院、军营、科研院所……大家忙了一整年，付出了，奉献了，也收获了。在飞逝的时光里，我们看到的、感悟到的中国，是一个坚韧不拔、欣欣向荣的中国。”[⑩]在这里，“坚韧不拔”是中国人民艰苦奋斗的写照，“欣欣向荣”是中华民族奋发图强的景象。在几千年历史长河中，中国人民始终革故鼎新、自强不息，开发和建设了祖国辽阔秀丽的大好河山，开拓了波涛万顷的辽阔海疆，开垦了物产丰富的广袤粮田，治理了桀骜不驯的千百条大江大河，战胜了数不清的自然灾害，建设了星罗棋布的城镇乡村，发展了门类齐全的产业，形成了

---

① 《国家主席习近平发表二〇一七年新年贺词》，《人民日报》2017年1月1日。
② 《国家主席习近平发表二〇一八年新年贺词》，《人民日报》2018年1月1日。
③ 《国家主席习近平发表二〇一九年新年贺词》，《人民日报》2019年1月1日。
④ 《国家主席习近平发表二〇二〇年新年贺词》，《人民日报》2020年1月1日。
⑤ 《国家主席习近平发表二〇二一年新年贺词》，《人民日报》2021年1月1日。
⑥ 《国家主席习近平发表二〇二二年新年贺词》，《人民日报》2022年1月1日。
⑦ 《国家主席习近平发表二〇二三年新年贺词》，《人民日报》2023年1月1日。
⑧ 《国家主席习近平发表二〇二三年新年贺词》，《人民日报》2023年1月1日。
⑨ 《国家主席习近平发表二〇一八年新年贺词》，《人民日报》2018年1月1日。
⑩ 《国家主席习近平发表二〇二二年新年贺词》，《人民日报》2022年1月1日。

多姿多彩的生活。“中国人民自古就明白，世界上没有坐享其成的好事，要幸福就要奋斗。今天，中国人民拥有的一切，凝聚着中国人的聪明才智，浸透着中国人的辛勤汗水，蕴涵着中国人的巨大牺牲。”①正是这“一路走来，中国人民自力更生、艰苦奋斗，创造了举世瞩目的中国奇迹”②。“2020年，全面建成小康社会取得伟大历史性成就，决战脱贫攻坚取得决定性胜利……历经8年，现行标准下近1亿农村贫困人口全部脱贫，832个贫困县全部摘帽。”③2021年，“‘两个一百年’奋斗目标历史交汇，我们开启了全面建设社会主义现代化国家新征程，正昂首阔步行进在实现中华民族伟大复兴的道路上”④。2022年，“我国继续保持世界第二大经济体的地位，经济稳健发展，全年国内生产总值预计超过120万亿元。面对全球粮食危机，我国粮食生产实现‘十九连丰’，中国人的饭碗端得更牢了”⑤。此外，“‘一带一路’建设快速推进，亚洲基础设施投资银行正式开张”⑥；“各自由贸易试验区、海南自由贸易港蓬勃兴起，沿海地区踊跃创新，中西部地区加快发展，东北振兴蓄势待发，边疆地区兴边富民”⑦；“各项民生事业加快发展，生态环境逐步改善，人民群众有了更多获得感、幸福感、安全感”⑧。习近平总书记在新年贺词中说，“我在各地考察时欣喜地看到：长江两岸绿意盎然，建三江万亩大地号稻浪滚滚，深圳前海生机勃勃，上海张江活力四射，港珠澳大桥飞架三地……这些成就是全国各族人民撸起袖子干出来的，是新时代奋斗者挥洒汗水拼出来的。”⑨“这一切，凝结着无数人的辛勤付出和汗水。点点星火，汇聚成炬，这就是中国力量！”⑩

“中国人民是具有伟大团结精神的人民。”

在2023年新年贺词中，习近平总书记感慨地说：“今天的中国，是赓续民族精神的中国。”这其中，爱国主义是中华民族精神的核心，团结互助是中华民族的传统美德，也是中华民族精神的瑰宝。在几千年历史长河中，中国人民始终团结一心、同舟共济，建立了统一的多民族国家，发展了56个民族多元一体、交

---

① 习近平：《习近平谈治国理政：第三卷》，外文出版社2020年版，第140～141页。
② 《国家主席习近平发表二〇一九年新年贺词》，《人民日报》2019年1月1日。
③ 《国家主席习近平发表二〇二一年新年贺词》，《人民日报》2021年1月1日。
④ 《国家主席习近平发表二〇二二年新年贺词》，《人民日报》2022年1月1日。
⑤ 《国家主席习近平发表二〇二三年新年贺词》，《人民日报》2023年1月1日。
⑥ 《国家主席习近平发表二〇一七年新年贺词》，《人民日报》2017年1月1日。
⑦ 《国家主席习近平发表二〇二三年新年贺词》，《人民日报》2023年1月1日。
⑧ 《国家主席习近平发表二〇一八年新年贺词》，《人民日报》2018年1月1日。
⑨ 《国家主席习近平发表二〇一九年新年贺词》，《人民日报》2019年1月1日。
⑩ 《国家主席习近平发表二〇二三年新年贺词》，《人民日报》2023年1月1日。

织交融的融洽民族关系，形成了守望相助的中华民族大家庭。特别是近代以后，在外来侵略寇急祸重的严峻形势下，我国各族人民手挽着手、肩并着肩，英勇奋斗，浴血奋战，打败了一切穷凶极恶的侵略者，捍卫了民族独立和自由，共同书写了中华民族保卫祖国、抵御外侮的壮丽史诗。中国人民从亲身经历中深刻认识到，团结就是力量，团结才能前进，一个四分五裂的国家不可能发展进步。习近平总书记在新年贺词中数次动情地提到，“2019 年，最难忘的是隆重庆祝新中国成立 70 周年。我们为共和国 70 年的辉煌成就喝彩，被爱国主义的硬核力量震撼。阅兵方阵威武雄壮，群众游行激情飞扬，天安门广场成了欢乐的海洋。大江南北披上红色盛装，人们脸上洋溢着自豪的笑容，《我和我的祖国》在大街小巷传唱。爱国主义情感让我们热泪盈眶，爱国主义精神构筑起民族的脊梁。这一切，汇聚成礼赞新中国、奋斗新时代的前进洪流，给我们增添了无穷力量。”①“2020 年是极不平凡的一年。面对突如其来的新冠肺炎疫情，我们以人民至上、生命至上诠释了人间大爱，用众志成城、坚忍不拔书写了抗疫史诗。在共克时艰的日子里，有逆行出征的豪迈，有顽强不屈的坚守，有患难与共的担当，有英勇无畏的牺牲，有守望相助的感动。从白衣天使到人民子弟兵，从科研人员到社区工作者，从志愿者到工程建设者，从古稀老人到‘90 后’、‘00 后’青年一代，无数人以生命赴使命、用挚爱护苍生，将涓滴之力汇聚成磅礴伟力，构筑起守护生命的铜墙铁壁……我为伟大的祖国和人民而骄傲，为自强不息的民族精神而自豪！”②2022 年，我国一些地区发生地震、洪水、干旱、山火等自然灾害和一些安全事故，“一幕幕舍生取义、守望相助的场景感人至深，英雄的事迹永远铭记在我们心中。每当辞旧迎新，总会念及中华民族千年传承的浩然之气，倍增前行信心”③。历史和现实充分证明，团结不仅是战胜一切艰难险阻的力量源泉，也是中国人民创造历史伟业的必由之路。“14 亿多中国人心往一处想、劲往一处使，同舟共济、众志成城，就没有干不成的事、迈不过的坎。”④

“中国人民是具有伟大梦想精神的人民。”

在 2019 年新年贺词中，习近平总书记自信地说：“一个流动的中国，充满了繁荣发展的活力。我们都在努力奔跑，我们都是追梦人。”⑤追梦是中华民族一直没有中断的文化根脉，深深烙印在中华文明的基因里。在几千年历史长河

---

① 《国家主席习近平发表二〇二〇年新年贺词》，《人民日报》2020 年 1 月 1 日。

② 《国家主席习近平发表二〇二一年新年贺词》，《人民日报》2021 年 1 月 1 日。

③ 《国家主席习近平发表二〇二三年新年贺词》，《人民日报》2023 年 1 月 1 日。

④ 《国家主席习近平发表二〇二三年新年贺词》，《人民日报》2023 年 1 月 1 日。

⑤ 《国家主席习近平发表二〇一九年新年贺词》，《人民日报》2019 年 1 月 1 日。

中，中国人民始终心怀梦想、不懈追求，不仅形成了小康生活的理念，而且秉持天下为公的情怀，盘古开天、女娲补天、伏羲画卦、神农尝草、夸父追日、精卫填海、愚公移山等我国古代神话，深刻反映了中国人民勇于追求和实现梦想的执着精神。中国人民相信，山再高，往上攀，总能登顶；路再长，走下去，定能到达。近代以来，实现中华民族伟大复兴成为中华民族最伟大的梦想，中国人民百折不挠、坚忍不拔，以同敌人血战到底的气概、在自力更生的基础上光复旧物的决心、自立于世界民族之林的能力，为实现这个伟大梦想进行了 180 多年的持续奋斗。今天，中国人民比历史上任何时期都更接近、更有信心和能力实现中华民族伟大复兴。习近平总书记在 2023 年新年贺词中说："今天的中国，是梦想接连实现的中国。"①他在历年的新年贺词中提出："要让国家变得更加富强、让社会变得更加公平正义、让人民生活得更加美好"②；"推动全面建成小康社会的目标如期实现"③；"确保农村所有贫困人口如期摆脱贫困"④；"努力绘就乡村振兴的壮美画卷，朝着共同富裕的目标稳步前行"⑤；"黄河安澜是中华儿女的千年期盼"，"实现祖国完全统一是两岸同胞的共同心愿"⑥；"我国科学家研制的暗物质探测卫星发射升空，屠呦呦成为我国首位获得诺贝尔奖的科学家"⑦；"中国女排时隔 12 年再次登上奥运会最高领奖台"⑧；"北京冬奥会、冬残奥会成功举办"，"努力为人类和平与发展事业贡献中国智慧、中国方案"⑨；等等。这些为中国人民所憧憬的目标和"梦想"，习近平总书记在新年贺词中一次次提及。如今，这一个个目标和"梦想"已经或正在成为现实。"这说明，只要坚持，梦想总是可以实现的。"⑩"路虽远，行则将至；事虽难，做则必成。只要有愚公移山的志气、滴水穿石的毅力，脚踏实地，埋头苦干，积跬步以至千里，就一定能够把宏伟目标变为美好现实。"⑪

（参见《国家主席习近平发表二〇一四年新年贺词》，《人民日报》2014 年 1 月 1 日；《国家主席习近平发表二〇一五年新年贺词》，《人民日报》2015 年 1 月

---

① 《国家主席习近平发表二〇二三年新年贺词》，《人民日报》2023 年 1 月 1 日。
② 《国家主席习近平发表二〇一四年新年贺词》，《人民日报》2014 年 1 月 1 日。
③ 《国家主席习近平发表二〇一五年新年贺词》，《人民日报》2015 年 1 月 1 日。
④ 《国家主席习近平发表二〇一六年新年贺词》，《人民日报》2016 年 1 月 1 日。
⑤ 《国家主席习近平发表二〇二一年新年贺词》，《人民日报》2021 年 1 月 1 日。
⑥ 《国家主席习近平发表二〇二二年新年贺词》，《人民日报》2022 年 1 月 1 日。
⑦ 《国家主席习近平发表二〇一六年新年贺词》，《人民日报》2016 年 1 月 1 日。
⑧ 《国家主席习近平发表二〇一七年新年贺词》，《人民日报》2017 年 1 月 1 日。
⑨ 《国家主席习近平发表二〇二三年新年贺词》，《人民日报》2023 年 1 月 1 日。
⑩ 《国家主席习近平发表二〇一六年新年贺词》，《人民日报》2016 年 1 月 1 日。
⑪ 《国家主席习近平发表二〇二三年新年贺词》，《人民日报》2023 年 1 月 1 日。

1日;《国家主席习近平发表二〇一六年新年贺词》,《人民日报》2016年1月1日;《国家主席习近平发表二〇一七年新年贺词》,《人民日报》2017年1月1日;《国家主席习近平发表二〇一八年新年贺词》,《人民日报》2018年1月1日;《国家主席习近平发表二〇一九年新年贺词》,《人民日报》2019年1月1日;《国家主席习近平发表二〇二〇年新年贺词》,《人民日报》2020年1月1日;《国家主席习近平发表二〇二一年新年贺词》,《人民日报》2021年1月1日;《国家主席习近平发表二〇二二年新年贺词》,《人民日报》2022年1月1日;《国家主席习近平发表二〇二三年新年贺词》,《人民日报》2023年1月1日。本案例由作者根据以上资料编写。)

【思考讨论】

1. 党的十八大以来,习近平总书记连续十年发表新年贺词,其中体现了中国精神的哪些内涵?

2. 人无精神不立,国无精神不强。请结合实际,谈谈如何理解中国精神是兴国强国之魂。

【案例解析】

新年贺词,国之盘点。它记录着国家发展的步履和中国人民拼搏奋进的足迹,标注着人民群众对美好生活的期盼和向往,也诠释着党的总书记念兹在兹的为民初心,以及中华民族赓续传承的伟大中国精神。从习近平总书记的新年贺词中,我们可以感悟到,中国人民的特质、禀赋不仅铸就了绵延几千年发展至今的中华文明,而且深刻影响着当代中国发展进步,深刻影响着当代中国人的精神世界。中国人民是具有伟大创造精神、伟大奋斗精神、伟大团结精神和伟大梦想精神的人民。有这样伟大的人民,有这样的伟大中国精神,是我们坚定中国特色社会主义道路自信、理论自信、制度自信、文化自信的底气,也是我们风雨无阻、高歌行进的根本力量。"实现中国梦必须弘扬中国精神……这种精神是凝心聚力的兴国之魂、强国之魂。"①

国家精神,是一个国家、一个民族的魂。国之魂者,立国之本。习近平总书记曾经指出:"人无精神则不立,国无精神则不强。精神是一个民族赖以长久生存的灵魂,唯有精神上达到一定的高度,这个民族才能在历史的洪流中屹立不倒、奋勇向前。"②中华民族伟大复兴绝不是轻轻松松、敲锣打鼓就能实现的,也

① 习近平:《习近平谈治国理政:第一卷》,外文出版社2018年版,第40页。

② 习近平:《习近平谈治国理政:第二卷》,外文出版社2017年版,第47～48页。

绝不是一马平川、朝夕之间就能到达的，必须有作为兴国强国之魂的中国精神提供强大精神支撑和精神动力。人民有信仰，国家有力量，民族有希望。中国精神是历史的，它继承了中国传统文化的精华，是中华民族在每一个历史阶段的精神体现；中国精神是动态的，它赓续传统又与时俱进、一脉相承；中国精神是轰轰烈烈的，又是质朴无华的，既体现在无数英雄模范人物可歌可泣、感天动地的事迹里，也体现在每一个普通中国人踔厉奋发、勇毅前行的奋进中。

星光不问赶路人，时光不负追梦人。以中国式现代化全面推进中华民族伟大复兴的新征程已经开启。胜负之征，精神先见；征途漫漫，唯有奋斗。“犯其至难而图其至远”。明天的中国，奋斗创造奇迹，力量源于团结，希望寄予青年。“我们要一往无前、顽强拼搏，让明天的中国更美好。”“广大青年要厚植家国情怀、涵养进取品格，以奋斗姿态激扬青春，不负时代，不负华年。”[①]这是习近平总书记在 2023 年新年贺词中对青年一代的寄语和期望，也是落在新时代青年肩上的责任与担当！

【案例应用】

1. 本案例以习近平总书记连续十年发表的新年贺词为载体依托，生动展示和诠释了中国精神的丰富内涵，即伟大创造精神、伟大奋斗精神、伟大团结精神和伟大梦想精神。本案例的教学与讨论，旨在帮助和引导学生领会中国精神的内涵，它反映了中国人民的思想品格和精神特质，传承中华民族的宝贵精神基因，汲取时代的丰厚精神滋养，是中华民族能够在几千年历史长河中生生不息、薪火相传、顽强发展的强大的精神力量，是凝心聚力的兴国之魂、强国之魂。本案例可用于教材第三章第一节中“中国精神的丰富内涵”的辅助教学。

2. 教师在运用本案例时，要善于从习近平总书记的新年贺词中梳理和提炼中国精神的内涵，同时引导学生思考“中国精神的内涵，何以称其为‘伟大’？”此外，还可以辅之以视频资料、互动讨论等，以增强教学的感染力和启发性。

① 《国家主席习近平发表二〇二三年新年贺词》，《人民日报》2023 年 1 月 1 日。

案例 2

师昌绪：穷尽此生报国家

【案例文本】

离 96 岁诞辰还差 5 天，一位从河北徐水走出的老人溘然长逝。

他的离去，震动了整个中国科技界。

2014 年 11 月 16 日，北京八宝山。

上千名社会各界人士向他做最后的告别。一副黑色的挽联悬挂在吊唁厅门外，显得格外醒目——“研材料、鼎工程、昌绪丹心熔铸强国梦，拓基金、谋宏略、师老风范激扬民族魂”。

“先生这一生，就是为国的一生。”“在他心里，祖国就意味着一切，他会因为祖国的需要选择自己的未来，也会为了祖国的需要贡献自己的一生。他的一生是中国现代知识分子成长与奉献经历的典型代表。”在他身后，我们听到了很多这样的评价。

师昌绪：光耀人间

这位非凡的老人，被誉为“中国高温合金之父”“中国材料学之父”——他就是我国著名材料科学家、战略科学家，国家最高科学技术奖获得者，中国科学院、中国工程院资深院士师昌绪。

“我是中国人，中国需要我！”

师昌绪出身于一个书香门第的大家庭。父亲是个秀才，儒家思想浓厚，爱国意念强烈。在师昌绪关于家族历史更深切的回忆里，伯祖父占有重要一页：“他是个进士，是那一带的义和团首领，后来被八国联军杀害了。”家与国的命运，在人生最初的起点，就这样联结在了一起。

师昌绪生前曾对记者说：“小时候经受的战乱，对我影响很大。特别是‘九一八’事变，那时我刚上高小一年级，日本侵占沈阳的消息传来，我们全班包括老师在内，号啕大哭。继而就想，中国必须要强盛起来，才不受人欺侮。”

抱着“科学救国”的愿望，师昌绪中学毕业后报考了国立西北工学院矿冶系，因学习成绩优异，成为全校 5 名“林森奖学金”获得者之一。1948 年 8 月师昌绪赴美留学，在密苏里大学矿冶学院，他用了不到一年的时间便取得了硕士学位，后来又到欧特丹大学，用两年半时间以全 A 的成绩攻取了冶金学博士学位。

在美期间，师昌绪主持的美国空军研究课题“硅在超高强度钢中的作用”取得突破性成果。基于这一研究成果发展出的 300M 超高强度钢，解决了飞机起落架常因断裂韧性或冲击值不够而发生严重事故的问题，成为当时美国应用最广泛、声誉最好的起落架用钢。

然而，朝鲜战争的爆发打乱了师昌绪博士毕业就回国任教的计划。从 1951 年 9 月起，美国司法部明令禁止学习理工、医科的中国留学生离开美国回国，师昌绪和钱学森等人更是明令禁止回到“红色中国”的 35 名中国学者之一。滞留期间，他一边在麻省理工学院从事博士后研究工作，一边和一批留美的爱国科学家同美国当局进行了不屈不挠的斗争。他们联名给周恩来总理写信，表达迫切要求回国的强烈愿望，这封信由师昌绪利用和印度驻美大使馆的旧交，通过一位富有同情心的印度青年外交官把信件转交到国内。1954 年，在日内瓦国际会议上，中国政府据此向美国提出无理扣留中国留学生的抗议，迫使美国同意他们回国，接着是中美大使级会谈，为中国留美学生自由回国打开了大门。

临行前，师昌绪的合作导师莫里斯·科恩教授希望他能够再考虑一下，“如果因为职务低，挣钱少的话，我可以帮忙”。师昌绪谢绝了导师的热情挽留，说：“都不是。在美国我无关紧要，但我的祖国需要我。我是中国人，中国需要我！”

“我的人生观，就是要使祖国强大！”

“北京、上海，这两个地方任你选。”1955 年 6 月，时任中科院技术科学部主任的严济慈，对刚从美国回来的师昌绪说。然而，他却选择了沈阳，因为中科院金属研究所在那里。他发誓要用自己所学，为祖国经济发展插上腾飞的翅膀！

当时的中国缺镍无铬，又受到国外的技术封锁。作为金属所高温合金研究组的负责人，师昌绪从实际出发，提出大力发展铁基高温合金的建议。他带领攻关组常驻抚顺钢厂，开发出了代替镍基合金 GH33 的铁基高温合金 GH135，用这种新材料制作的航空发动机关键部件——涡轮盘，装备了大量飞机。

20 世纪 60 年代初，美国研制出铸造空心涡轮叶片，大幅度提高了发动机的性能。航空发动机的关键部位是高温涡轮，人称“发动机的心脏”，而涡轮叶片又是关键中的关键。叶片金属在长期工作中所能承受的最高温度决定着喷气发动机的功率，也决定着飞机的飞行速度和高度。因而，涡轮叶片的水平标志着一个国家航空发动机和高温合金的水平。而我国当时生产的是锻造实心涡轮叶片，要想开发出这种被美国严密封锁的技术，似比一步登天。

“既然美国已经用上了，我们就一定能做出来。”师昌绪毫不犹豫地接受了这项“不可能完成”的任务。当时，他手里所掌握的全部资料，只有一张空心涡轮叶片的外观草图。

为啃下这块硬骨头，师昌绪带领金属所的上百名科技人员一起攻关，解决了研制过程中数以百计的技术难题，终于在1965年研制出中国第一代铸造多孔空心叶片，使我国成为世界上第二个能研制这种叶片的国家，也使我国航空发动机性能跃上了一个新台阶。

国家需要什么，师昌绪就研究什么。20世纪80年代初，腐蚀科学的研究重要性日益显示出来，师昌绪主持筹建了我国第一个腐蚀专业的中国科学院金属腐蚀与防护研究所并兼任所长。师昌绪笑称自己的头发就是在同时担任两个所的所长时被折腾光的。但是，“为了国家利益，这值！”

师昌绪对新事物非常敏感。他凭借着惊人的学识，敢想敢做。“只要努力，肯定能做出来。”这是他的信条。他还在沈阳有色金属加工厂推出了“包套挤压工艺”，为发展我国变形高温合金的加工工艺探索新的道路。远在英国的高温合金专家普菲在给北大西洋公约组织的一次报告中惊叹：“包套挤压工艺为变形高温合金的生产开辟了一条新的途径。”

师昌绪在接受采访时曾说：“人生观定了以后，它就永远不会变。我的人生观，就是要使祖国强大！”这一爱国者底色贯穿了他默默奉献的一生。

“我自己最大的特点，就是好管闲事”

“战略”意味着前瞻性、系统性、长远性。战略科学家的思想不能局限于自己的专长领域，更要着眼于我国科技事业的全局。1984年，时任金属所所长的师昌绪被调到北京任中科院技术科学部主任。从此，他由一位科研专家转向科技管理者和决策者的角色。

1986年2月，以支持基础研究为使命的国家自然科学基金委员会成立，师昌绪任副主任，主管政策局和材料与工程学部。师昌绪认为，一个战略科学家应具有胆识、全局观念和勇于负责的精神。只要是我国的重大科技问题，师昌绪都走在前面，不发空论、实事求是，提出多项符合我国国情的、具有开拓性的方案和建议。

早在1982年，师昌绪和张光斗、吴仲华、罗沛霖等几位科学家组成研究小组，在国内学术界倡导建立中国工程科学院。他们的建议很快就受到了中国政府的关注，经过将近10年的筹备，1994年6月，中国工程院成立，开创了中国应用科学研究的新局面，74 岁的师昌绪当选为中国工程院首批院士和首届副院长。

20 世纪 90 年代，世界生物材料科学和技术迅速发展，师昌绪以其独到的战略眼光看到了这一学科的发展前景。他将几个学会联合成立了中国生物材料委员会，并于 1998 年加入国际组织。目前，中国的生物材料研究水平已跻身世界前列。

被师昌绪"抓住"的，又岂止生物材料一项。

当他发现"973"领域中没有材料科学时，便写信给国家科教领导小组，并经国务院批准，材料科学有了应有地位；他大力提倡在重视新材料的同时，要十分关注传统材料；他意识到我国纳米科技的研究与开发将进入无序竞争的状态，上书国务院建议成立"国家纳米科学技术指导协调委员会"。

质量轻、强度高的碳纤维是航天、航空用基础原材料。我国从 1975 年就开始攻关，但一直拿不出合格稳定的产品，并被工业先进国家"卡脖子"，国防安全受到很大威胁。"我们的国防太需要碳纤维了，不能总是靠进口。"师昌绪说，"只要国家需要，困难再大也要干！"他上书中央，陈说利害。很快，这封信批转到科技部，科技部在"863 计划"中专门增设了 1 亿元的碳纤维专项。这一年，师昌绪已近 80 高龄。

在高性能碳纤维之后，师昌绪又将目光放到了生产飞机必需的锻压机上。有其他学者提出异议，认为可以直接向国外购买，但是师昌绪却直接斥责，"国防怎么可以靠买"。在师昌绪的坚持之下，他组织了一大批学者对锻压机的制造进行探究，取得了突破性进展，2012 年，全世界最大的锻压机在中国投产，在那之后，中国的大飞机事业迅速发展。

"我自己最大的特点，就是好管闲事。"师昌绪笑称。凡是对国家有益的，他都不避利害，乐于去管。而数十年"管闲事"的结果，是"管"出了一位名副其实的战略科学家。

由于在科学研究、科研管理及科技规划等方面的突出贡献，师昌绪多次获得国家级和院、部级奖励，但他一辈子最看重的就是"国家"。"虚荣的人注意着自己的名字，光荣的人注意着祖国的事业。""作为一个中国人，就要对中国作出贡献，这是人生的第一要义。"师昌绪生前如是说。

（参见孙英兰：《师昌绪：爱国是一种永不衰减的动力》，《瞭望》2011 年 1 月 15 日；董立龙：《河北籍院士师昌绪：穷尽此生报国家》，河北新闻网 2014 年 11 月 20 日；赵永新：《师昌绪："好管闲事"的战略科学家》，《人民日报》2011 年 1 月 15 日；武晨箫：《师昌绪：从"材料人"到战略科学家》，《学习时报》2022 年 6 月 1 日。本案例由作者根据以上资料编写。）

【思考讨论】

1. 苏联著名教育家苏霍姆林斯基说过："热爱祖国，这是一种最纯洁、最敏感、最高尚、最强烈、最温柔、最有情、最温存、最严酷的感情。一个真正热爱祖国的人，他在各个方面都是一个真正的人。"阅读本文，师昌绪行为背后永不衰减的动力之源是什么？

2. "要有强烈的爱国情怀。这是对我国科技人员第一位的要求。科学没有国界，科学家有祖国。"2013 年 7 月，习近平总书记在中国科学院考察工作时指出，要"牢固树立创新科技、服务国家、造福人民的思想……把科学论文写在祖国大地上，把科技成果应用在实现国家现代化的伟大事业中，把人生理想融入为实现中华民族伟大复兴的中国梦的奋斗中"①。结合本文，您如何理解这句话的含义？

【案例解析】

"八载隔洋同对月，一心挫霸誓归国。归来是他的梦，盈满对祖国的情。有胆识，敢担当，空心涡轮叶片，是他送给祖国的翅膀。两院元勋，三世书香。一介书生，国之栋梁。"这是"中国高温合金之父""中国材料学之父"师昌绪在获评"感动中国 2014 年度人物"时的颁奖词，概括出了一位科学家对祖国的赤子情怀与无限忠诚。

师昌绪出身于书香门第，家庭环境的熏陶特别是"九一八"事变的炮火，让他从小认识到"中国必须要强盛起来，才不受人欺侮"。于是，中学毕业后，他抱定"科学救国"的愿望，报考了国立西北工学院矿冶系。在国外留学期间，师昌绪展露出不凡的科研才华。朝鲜战争爆发后，他被美国政府明令禁止回到"红色中国"，直至 5 年后才得以踏上归途，投入祖国的怀抱。临行前，他拒绝导师的挽留，发出由衷的心声："我是中国人，中国需要我！"正是这样的赤子情怀，回国后他发誓要用自己所学，为祖国经济发展插上腾飞的翅膀——他带领科研攻关小组夜以继日，研制出航空发动机最关键的部件"空心涡轮叶片"，成为中国高温合金的开拓者；他凭借着惊人的学识和对新事物的敏感，筹建我国第一个腐蚀专业的中科院金属腐蚀与防护研究所；他以战略科学家的眼光和务实、创新的态度，全力推动我国生物材料、碳纤维和纳米科技研究，并提出成立中国工程科学院的建议；他于 90 岁的高龄，天天出现在国家自然科学基金委员会办公室，主持编辑《材料大词典》……师昌绪这一系列行为背后永不衰减的动力之源

① 中共中央文献研究室：《习近平关于科技创新论述摘编》，中央文献出版社 2016 年版，第 109 页。

是什么？用他自己的话说，那就是："作为一个中国人，就要对中国作出贡献，这是人生的第一要义。"

"先生这一生，就是为国的一生。"这是人们在师昌绪身后的评价。他一生近百年的岁月始终贯穿着一条醒目的红线——把自己的专业与祖国和人民的利益紧密相连，为祖国的需要而攻关，为人民的幸福而探索。他不仅是我国高温合金研究的奠基人、材料腐蚀领域的开拓者，更是参与国家科技政策制定的战略家，为我国的材料科学作出了巨大贡献，更以淡泊名利和率真的人生态度书写了一个科学家的人格品质——虚荣的人注意着自己的名字，光荣的人注意着祖国的事业。他用 96 年的报国路诠释了自己一直坚持的专业：爱国。

"爱国，是人世间最深层、最持久的情感，是一个人立德之源、立功之本……爱国，不能停留在口号上，而是要把自己的理想同祖国的前途、把自己的人生同民族的命运紧密联系在一起，扎根人民，奉献国家。"[①]师昌绪的成长经历和人生轨迹告诉我们：爱国主义是情感和行为的统一。一个真正的爱国者，不仅希望自己的祖国繁荣富强，而且为了祖国和人民的利益，始终把自己的真才实学同报效祖国的情感和志向紧密结合起来，身体力行、脚踏实地，才能为国家和人民作出应有的贡献，实现做一个忠诚爱国者的人生追求。

【案例应用】

1. 本案例回顾和记叙了师昌绪把国家需要作为自己的"专业"，不仅是我国高温合金研究的奠基人、材料腐蚀领域的开拓者，更是参与国家科技政策制定的战略家，为中国的材料科学作出了巨大贡献，展示了一位战略科学家"穷尽此生报国家"的光辉人生和赤子情怀。本案例的教学与讨论，旨在教育和引导学生深刻理解新时代爱国主义的内涵和本质，激发他们胸怀忧国忧民之心、爱国爱民之情，珍惜大好学习时光，求真学问，练真本领，把自己的小我融入祖国的大我、人民的大我之中，更好为国争光、为民造福，做忠诚的爱国者和时代的奋进者。本案例可用于教材第三章第二节"做新时代忠诚爱国者"中相关内容的辅助教学。

2. 本案例的重点不仅在于师昌绪在科学研究和科技规划等方面所作出的卓越贡献，更在于他对祖国的无限忠诚和身体力行。为此，教师在使用本案例时，要突出师昌绪的爱国情感和爱国行为二者的完美统一，并可扩展到以师昌绪为代表的一大批科学家对祖国的无限热爱和无私奉献，进一步增强教育教学的说服力。

---

① 习近平：《在北京大学师生座谈会上的讲话》，《人民日报》2018 年 5 月 3 日。

案例 3

黄大年：生命为祖国澎湃

【案例文本】

2017 年 1 月 8 日，吉林大学 58 岁的海归战略科学家黄大年猝然离世。1 月 13 日上午 9 时，长春市殡仪馆西辰厅内庄严肃穆，来自社会各界的近 800 人在这里送别黄大年。偌大的告别厅装不下太多的悼念，省领导来了，国家有关部委领导来了，国内外专家学者来了，同事和学生们来了……人们默默垂泪，几十名学生跪倒一片，痛哭失声……

黄大年，到底是怎样的一个人，让这么多人牵挂，为他的离去扼腕？

黄大年：以身许国

一个至诚无私的爱国者

2009 年 12 月 24 日，黄大年教授走下飞机，迈出了回归祖国的第一步。虽然以前他也多次回国，但这一次，意义不同。他辞去了在英国公司的重要职务，挥别了共事多年的科研伙伴，说服妻子卖掉了经营多年的两个诊所，留下了还在读书的女儿……回到母校——出任吉林大学地球探测科学与技术学院全职教授，开始为我国的航空地球物理事业耕耘、播种。

“为什么回国?”经常有人问他这个问题。

他在英国奋斗了 18 年，已拥有了优越的科研条件和高效率的研究团队。他在英国剑桥 ARKeX 航空地球物理公司任高级研究员 12 年，担任过研发部主任、博士生导师、培训官。他带领由牛津和剑桥优秀毕业生组成的团队长期从事海洋和航空快速移动平台高精度地球重力和磁力场探测技术工作，致力于将该项高效率探测技术应用于海陆大面积油气和矿产资源勘探民用领域。由他主持研发的许多成果都处于世界领先地位，多数产品已应用于中西方多家石油公司，他也成了航空地球物理研究领域享誉世界的科学家，成为该领域研究的被追赶者。

他的家庭也早已超出了衣食无忧的水平线。位于剑桥大学旁边的花园别墅，宽阔的草坪，豪华的汽车，学医的妻子还开了两家诊所，他已成为少数跻身英国精英阶层的华人之一。这是多少人羡慕的生活，也是多少人奋斗的目标。

舍弃这些回国，到底是为什么呢？

"我爱你，中国；我爱你，中国……"这句歌词或许是最好的答案！

无论身在何处，《我爱你，中国》都是他最喜爱的歌，歌里有他对祖国的深深眷恋："回国的根源就是情结问题，我惦记着养育我成长的这片土地。"这是一个朴实而简洁的答案。

追溯他的成长历程，会发现对祖国的爱一直都是他最深的情结。

"振兴中华，乃我辈之责！"1982 年 1 月，他在大学同学毕业纪念册上的留言就已表明了爱国报国的心志。

1977 年黄大年以优异的成绩考入长春地质学院（现吉林大学朝阳校区），从此与地球物理结下了一生的缘分。他先后完成了本科与硕士研究生的学业，并留校任教，破格晋升为副教授。1992 年，黄大年得到了全国仅有的 30 个公派出国名额中的一个，被选送至英国攻读博士学位。1996 年，他以专业排名第一的成绩获得英国利兹大学地球物理学博士学位。黄大年回国报到后不久，又被派往英国继续从事针对水下隐伏目标和深水油气的高精度探测技术研究工作，成为当时从事该行业高科技敏感技术研究的少数华人之一。

2004 年 3 月 20 日晚，他正在大西洋深水处与美国某公司开展技术攻关研究，却接到辗转而来的父亲离世前最后一通电话："儿子，估计我们见不到最后一面了，我能理解你的处境。你要记住，你可以不孝，但不可不忠，你是有祖国的人！"两年后，母亲离世前给他留下的依然是这句话。父母的教诲给出了黄大年一生中几乎所有抉择的答案——祖国高于一切！

"回想当初的选择，我没有后悔过。"这是黄大年常说的话，"为国担当，是父母从小的教诲。我是国家培养出来的，我的归宿在中国。"2009 年 12 月 30 日，回国后的第 6 天，黄大年就与吉林大学正式签下全职教授合同，成为第一批回到东北发展的国家"千人计划"专家。

国外有媒体评价："黄大年回到中国，使某国当年的航母演习整个舰队后撤 100 海里。"

一个科技报国的践行者

黄大年是一个目光高远的科学家，在科研上他始终是一个被追赶者，他的梦想是把地球变成透明的。

作为享誉海内外的卓越科学家，黄大年关注的不仅仅是当下的科研，更是祖国未来 30 年、50 年在航空地球物理领域要达到的目标——巡天探地潜海，向深地深海深空进军。

地球深部隐藏着多少秘密，是人类一直以来不断探索研究的重大课题，这不仅是科研人员的梦想，也是一个国家的战略需求，而地球深部探测计划就是找到开启“地球之门”的钥匙。国家实施这一计划，给黄大年提供了无限宽广的舞台。

作为计划的重要部分，探测技术装备从军事工程、国防安全到能源资源探测开发，都是必需的利器。曾在国外生活多年的黄大年深知这一装备对国家发展的重要性，也深知国外是如何严控这一装备对华出口的。

“这是国家发展无法回避与绕开的话题，必须突破发达国家的装备与技术封锁。”一回国，黄大年就被国家选为“深部探测关键仪器装备研制与实验项目”的负责人，该项目是国家“深部探测技术与实验研究专项”下设的第 9 项目。黄大年一方面协助国土资源部完善战略部署，另一方面又在具体实施过程中担任项目直接负责人，从一名尖端科技研发科学家变身为一个大国的战略科学家。

这个项目以吉林大学为中心，汇集了 400 多名来自高校和中科院的优秀科技人员，经过 5 年的时间取得了一系列重大成果：地面电磁探测系统工程样机研制取得了显著成果，为产业化和参与国际竞争奠定了基础；固定翼无人机航磁探测系统工程样机研制成功，填补了国内无人机大面积探测的技术空白；无缆自定位地震勘探系统工程样机研制突破关键技术，为开展大面积地震勘探提供了技术支持和坚实基础；成功研制出万米大陆科学钻探工程样机“地壳一号”，为实施我国超深井大陆科学钻探工程提供了强有力的技术装备支持……这些成果，为实施国家地球探测计划奠定了技术经验和人才储备，全面提高了我国在地球深部探测重型装备方面的自主研发能力，加速了我国地球深部探测进程。

在黄大年及其团队的努力下，超高精密机械和电子技术、纳米和微电机技术、高温和低温超导原理技术、冷原子干涉原理技术、光纤技术和惯性技术等多项关键技术进步显著，快速移动平台探测技术装备研发也首次攻克瓶颈，突破国外封锁。

“航空移动平台探测技术装备项目作为精确探测的高端技术装备，我们用 5 年时间完成了西方发达国家 20 多年走过的艰难路程，取得的进展和成果填补了我国空白，将意味着中国又成功抢占了一个国际前沿科技制高点，对推动国防安全建设和深地资源勘探具有支撑作用和重要意义。”这是战略科学家黄大年对这一项目进展的定位与评价。

在英国学习和工作期间，黄大年致力于开展高精度重磁场探测装备及数据处理解释方法技术研究工作。回国后，他首推我国的实物车载、舰载、机载和星载“快速移动平台探测技术”研发工作，这是世界科技强国竭力追求的核心技术，也是国家科技实力的重要标志。

2010 年 10 月，吉林大学成立了“吉林大学移动平台探测技术研发中心”，黄大年为带头人。团队集中研究了能够在空中、水面和深水环境下，高效率获取空间分布的重力场、磁场、电磁场、放射性能谱和光电等数据的地球物理探测方法和技术，构建服务于陆地、海域、复杂地理环境和地质条件下的精确移动测量技术体系。

被人们称为“拼命黄郎”的黄大年曾说：“中国要由大国变成强国，需要有一批‘科研疯子’，这其中能有我，余愿足矣！”

一个站位高远的育人者

黄大年的成就不仅体现在他是一名科技大师，取得了大的成功，而且更体现在他以大师精神教书育人，带好了一个团队，带出了一批学生。他生前常说，自己最看重的身份是一名教师。

2009 年秋，黄大年为地球探测科学与技术学院新生做了一场生动的报告，他运用对比方法讲述了国内外地球物理的发展状况，为同学们描绘出一幅催人奋进的发展蓝图，改变了学生对这一学科的认识。学生周文月为能听到这样一场大科学家的报告而感到幸运，而更幸运的是这位大科学家后来还成了他的班主任老师。更没想到的是，在黄大年的指导下，周文月也走进了地球物理专业研究的大门，跟随黄大年老师从本科读到了博士。

对于招收硕士博士研究生和团队成员的面试，黄大年总会花上很长时间，因为除了专业知识，他还要询问学生应考的初衷、专业外的特长、个人的发展意愿等问题，有时一谈就是两三个小时。

黄大年激励学生，要树立远大理想和家国抱负，不要只以做国内的佼佼者为目标，真正的对手在发达国家的一流大学；他告诫学生多读国际专业文章，安排学生参加国际学术会议，鼓励学生出国开阔视野，做“出得去，回得来”的科学家。

黄大年用各种办法让学生接触世界前沿技术。他为吉林大学引进了世界上技术最前沿的地球物理综合分析软件平台，剑桥与斯坦福大学的参观访问学者在看过这套软件后十分震惊，因为就连这两所世界顶级的学府都没有引进如此先进的软件。对学生，黄大年有着自己的一套评判标准，这标准不仅仅是学分和论文，他更关心的是学生真正学到了什么、具备了哪些能力。2014 级硕士研究生乔中坤说：“为了达到老师的严格标准，跟上他的节奏，我们都努力再努力。”

黄大年对学生的培养不仅仅限于对所学专业的指导，他还提倡学科融合。他认为一门学科的发展离不开其他学科的支撑，鼓励学生做专也做博。学生周帅动手能力强，对无人机感兴趣，黄大年就给他买航模、送他去培训，还出资上万元资助他考取了无人机驾驶证。2011级博士毕业生侯振隆对数学和编程感兴趣，黄大年就买来相关的书籍鼓励他学习，还手把手从公式推导教起。

“如今，中国正努力从科技大国向科技强国迈进，而这段并不平坦的进程需要几代人去完成。如何培养更优秀的人才，让文化与智慧长久地传承下去，值得每个人思考。”这句话不仅反映出他诲人不倦的“师道精神”，更体现了他致力于培养国家需要的高精尖人才的紧迫感和责任感。

黄大年用身体力行的引领、春风化雨的关爱、心系祖国的情怀，殚精竭虑地履行着为师之责。勤恳的耕耘换来了满枝硕果，他指导的44名研究生中，有1人获得了国家地球物理学会颁发的刘光鼎地球物理青年科学技术奖，1人获教育部博士学术新人奖，3人获吉林大学研究生优异成绩最高奖“李四光奖”，1人获吉林省自然科学学术成果二等奖，8人获国家奖学金；指导学生参加国际学术会议26人次，他指导的团队成员中，有1人被学校破格晋为教授。

“做黄老师的学生，真的很幸福。”这是学生们共同的感受。在学生眼里，黄大年是“严师”，更是“慈父”。夏天，他让爱人给学生们煮绿豆汤；雾霾天，他给学生们准备口罩；学生母亲罹患疾病，他得知后毫不犹豫地提供经济援助，并帮助联系医生；他为参加国际学术会议的学生报销路费，还资助过多名出国留学的学生……

“四海同仁扼腕叹，满园桃李鸣咽鸣。”黄大年去世后，学生们想起平日里太多的过往，有太多的话想对他说：“我多么希望这一切只是一场梦啊，我多么希望用我生命中的十年、二十年乃至后半生换回您！”

不知疲倦的黄大年永远地离开了，把生命中最璀璨绚丽的部分贡献给了国家……正如匈牙利爱国诗人裴多菲的诗里写的那样：我是你的，我的祖国！都是你的，我的这心、这灵魂！

这就是黄大年，一个把一切都献给祖国的海归战略科学家。

（参见刘怀、孙春艳、任爽：《把一切献给你　我的祖国——追记著名地球物理学家、国家“千人计划”专家、吉林大学地球探测科学与技术学院教授黄大年》，《吉林日报》2017年2月27～28日；赵鸿文：《黄大年：把一切献给祖国的海归科学家》，《时事报告》2017年第6期；吴晶、陈聪、周立权、张建：《生命，为祖国澎湃——追记海归战略科学家黄大年》，新华网2017年5月17日。本案例由作者根据以上资料编写。）

【思考讨论】

1. “振兴中华，乃我辈之责！”这是黄大年在大学同学毕业纪念册上的留言。阅读本文，谈谈如何正确理解新时代爱国主义的鲜明主题及新时代中国青年的使命。

2. 习近平总书记曾勉励青年“要把爱国之情、强国之志、报国之行统一起来，把自己的梦想融入人民实现中国梦的壮阔奋斗之中，把自己的名字写在中华民族伟大复兴的光辉史册之上”①；“只有把人生理想融入国家和民族的事业中，才能最终成就一番事业”②。结合黄大年的感人事迹，谈谈您对这句话的理解。

【案例解析】

黄大年走了！

带着他对祖国的无限眷恋，带着他对事业的无限留恋，带着他对学生的无限惦念……

“一心中国梦，功德冠群英。”有一种离开，注定会被人永远铭记。“黄大年同志秉持科技报国理想，把为祖国富强、民族振兴、人民幸福贡献力量作为毕生追求，为我国教育科研事业作出了突出贡献。”习近平总书记对黄大年先进事迹作出重要指示。“作别康河的水草，归来做祖国的栋梁。天妒英才，你就在这七年中争分夺秒。透支自己，也要让人生发光。地质宫五楼的灯，源自前辈们的薪传，永不熄灭。”这是《感动中国》组委会授予黄大年的颁奖词。人们在对黄大年褒奖、哀婉的同时，也记住了这位战略科学家的名字，更记住了他将身躯铺架在中国从科技大国向科技强国迈进的道路上，把一生谱成了一首他最爱的长歌——《我爱你，中国》！

人的一生充满了选择。去留之间，取舍之中，考验着智慧，更照鉴情怀。

“为什么回国？”经常有人向海归战略科学家黄大年问起这个问题。对于一个在国外生活优裕、事业骄人的“海漂”来说，要抛舍这来之不易的一切并不容易。是一种什么样的召唤，让黄大年义无反顾回国效力？是一种什么样的牵挂，让他念念不忘父母之邦？“祖国高于一切”——这是黄大年用生命做出的回答。

---

① 习近平：《习近平谈治国理政：第一卷》，外文出版社 2018 年版，第 58 页。

② 中共中央文献研究室：《习近平关于青少年和共青团工作论述摘编》，中央文献出版社 2017 年版，第 45 页。

“不论树的影子有多长，根永远扎在土里；不论留学人员身在何处，都要始终把祖国和人民放在心里。”①回顾黄大年58岁的生命历程，对祖国的爱始终是他最深沉的情结。大学毕业，他以“振兴中华，乃我辈之责”书写爱国报国之志；在海外的18年里，他密切关注祖国科技事业的发展，在情感上“从未和祖国分开过”；回国后的7年，他更是夜以继日、忘我工作，成为众人眼中的“科研疯子”“拼命黄郎”，直至生命最后一息。“只要祖国需要，我必全力以赴”，这是他人生的写照，更是他不变的初心。

这是一颗为祖国跳动的赤子之心。习近平曾经指出：“天下为公、担当道义，是广大知识分子应有的情怀。”②在黄大年身上，人们可以深刻感知一个知识分子浓厚的家国情怀。作为一个享誉世界的科学家，黄大年深知自己的根之所在——“我是国家培养出来的，我的归宿在中国”。在他心里，祖国需要就是最高追求，“为国担当”就是人生信条。从响应国家“千人计划”的召唤毅然归来，到带领几百名科学家奋力创造多项国际领先的科研成果，再到潜心为祖国培养后继创新人才……黄大年以身许国、无怨无悔，用实际行动诠释了爱国之心、强国之志、报国之情，不愧为知识分子的典范。

这是一颗为中国梦澎湃的奋斗之心。从“海漂”到“海归”，不只是黄大年个体命运的转折，也是实现中国梦伟大时代进程的一个折射。“得其大者可以兼其小”，黄大年自觉把人生理想与国家发展融为一体，“只有在祖国把同样的事做成了，才是最大的满足”。他洞察中国从科技大国向科技强国迈进的发展大势，想国家之所想、急国家之所急，勇于攀登创新高峰，为建设世界科技强国倾尽全部心力。黄大年短暂而精彩的一生启示我们，把个人梦与中国梦紧密联系在一起，个体奋斗的价值才能得到升华，人生才能具有超越小我、成就大我的非凡意义。

总有一种信念值得付出，总有一种精神值得坚守。我们感佩黄大年，不仅仅是表达对他一个人的敬意，更是传递对他们这一大批人身上所体现的爱国精神、实干精神、职业精神、奉献精神的敬意。实现中华民族伟大复兴，圆所有中华儿女的“中国梦”，需要这种“心系国家、实干兴邦”的精神来支撑，也离不开这种精神的滋养。在社会日益开放、价值取向日益多元、利益日益分化的今天，这种精神尤为难能可贵，值得我们倍加珍惜和不断发扬光大。这应该成为全民共识。作为承前启后、继往开来的当代大学生，更应反求诸己，化爱国情怀为报国行动，化心中理想为脚下实干，化事业追求为学习发奋。唯有如此，我们才能担

① 习近平：《习近平谈治国理政：第一卷》，外文出版社2018年版，第58页。

② 习近平：《在知识分子、劳动模范、青年代表座谈会上的讲话》，《人民日报》2016年4月30日。

当好国家和民族的重任，才能成为自己心中的那一个英雄。

【案例应用】

1. 本案例追记了黄大年秉持科技报国理想，放弃在英国优厚的待遇，怀着一腔爱国热情返回祖国，带领团队刻苦钻研、顽强攻关，填补多项国内技术空白，直到生命最后一刻的感人事迹，体现了他心有大我、至诚报国的爱国情怀，教书育人、敢为人先的敬业精神，淡泊名利、甘于奉献的高尚情操。本案例的教学与讨论，旨在教育和引导学生深刻理解新时代爱国主义的科学含义和鲜明主题，把爱国之情、报国之志融入实现中华民族伟大复兴的事业之中，“以一生的真情投入、一辈子的顽强奋斗来体现爱国主义情怀，让爱国主义的伟大旗帜始终在心中高高飘扬”①。本案例可用于教材第三章第二节“做新时代的忠诚爱国者”相关内容的辅助教学。

2. 本案例的感人之处不仅在于黄大年在我国航空地球物理领域取得的一系列成就和突出贡献，更在于在他身上体现出的“心有大我、至诚报国”的信念与情怀。教师在应用本案例时要注重挖掘、提炼这一精神能量；同时，亦可与相关视频资料配合使用，以增强教育教学的生动性和感染力。

① 习近平：《在纪念五四运动100周年大会上的讲话》，《人民日报》2019年5月1日。

案例 4

王继才：用一生守一岛

【案例文本】

仿佛是从大河冲入大海的一块石子，这个在地图上几乎找寻不见的小岛嵌在茫茫大海中，让现代文明的抵达变得十分困难。

这个名叫开山岛的小岛，在相当长一段时间里，不通电也没淡水，海风肆虐、怪石嶙峋、草木难生。可这里，始终有一面五星红旗迎着海风猎猎招展，这抹跃动的红色是小岛最生动的色彩。

32 年里，每个清晨，在这个距离祖国心脏——北京天安门广场 1 000 公里以外的边陲孤岛上，守岛人王继才和妻子王仕花都会举行两个人的升旗仪式，风雨无阻。

王继才、王仕花：孤云心浩然

王继才总说，国旗升起的地方，就是中国的国土，“守岛就是守国，我会一直守到守不动的那天”。2018 年 7 月 27 日，王继才在岛上执勤时突发急症医治无效去世，生命定格在 58 岁。他兑现了自己的承诺。

“你守着岛、守着国，我守着你、守着家”

布满黑色岩石的开山岛，看上去毫不起眼，面积仅有 0.013 平方公里，相当于两个足球场大小，可它位于地形险要的灌河口，是祖国的海上东大门，战略位置十分重要。1939 年，侵华日军从灌河口登陆，占了开山岛，屠戮了连云港地区万余民众，又在灌河入海口南岸筑一炮楼，至今遗址犹存。

中华人民共和国成立初期，开山岛曾由一个连队驻守，修筑了军事设施，1985 年部队撤编后，设立民兵哨所。1986 年，在村里当民兵营长的王继才被县人武部老政委找去谈话，这位从来没离开过大陆的 26 岁的年轻人成了开山岛“第五代岛主”。而前面的“四代”，最长的只在岛上待了 18 天，最短的当天就跟船走了。没人想到，王继才一守就是 32 年。

王仕花几乎是身边最后一个知道丈夫去守岛的。在王继才离家守岛的第 48 天，王仕花第一次坐船来到这个“鸟不落脚”的小岛上。

从陆地到开山岛，12 海里水路，仿佛把两边割裂成截然不同的世界。“像是回到原始社会，没电没水，满岛只有野草和筷子那么长乱窜的老鼠。”王仕花回忆，“船快靠岛的时候，我看见荒岛上站着一个‘野人’似的人，头发又长又乱，浑身脏兮兮的，胡子拉碴。”那人正是她的丈夫王继才。

她发现，从不抽烟喝酒的丈夫，地上扔了一堆空酒瓶、烟头，房间里脏衣服胡乱堆着……王继才憨笑着告诉她，整个岛上就他一个人，瘆得慌，就想着抽烟解闷儿、喝酒壮胆，但没想到根本就喝不醉。

王仕花的眼泪止不住地往下淌，她求丈夫，“这岛别人都不守，凭啥咱守！走，我们回家！”可王继才只说了一句，“你回去吧，我答应了组织，这岛，总是要有人守的”。

眼泪没有说服丈夫，王仕花只得独自坐船离去。可她眼前无时无刻不浮现出丈夫独自一人伫立在岛上的身影。想了几天，她决定辞去小学教师的工作，把女儿托付给婆婆，带着包裹，独自一人去岛上陪伴丈夫。

王继才又喜又气，问：“你怎么来了，也不跟我商量？”

“你来的时候，跟我商量了吗？”王仕花答。

她记得，给学生们上的最后一课是《我爱北京天安门》。她告诉孩子们：“咱们都爱北京天安门。”“开山岛是海防前哨，老师去守开山岛，就是去保卫天安门。”这句话，说给学生听，也说给她自己听。

从此，他守着岛，她守着他，经历 32 年的风风雨雨，不离不弃，相依为伴。

王仕花说，丈夫在世时经常和她说，“家就是岛，岛就是国。岛虽小，但它是国土，我们一定要守护好”。这位朴素的妇女坦言，自己心里自始至终只有一个最简单的心愿：“既然他要守着岛、守着国，那我就守着他、守着家。”

32 年与寂寞和饥饿为伴　留下一人高的守岛日志

阳光照在海面上反射出刺眼的光亮，裹挟着黄沙的海水翻滚咆哮，海风夹着咸腥味儿一阵阵刮过来。这是开山岛上多年不变的风景，很多人说，在这守岛就好比是“坐水牢”。

岛上的生活比王仕花想象的更加艰难。听说从岛外运水成本很高，王继才向组织提出，“不用送水，我们自己能解决喝水问题”。从此，夫妻俩只能喝雨水窖里的雨水，“他把泥鳅放进去，吃水里的虫子，净化水再喝”。

岛上没有电，只能点煤油灯；吃的一根葱、一棵菜都要托过往的渔船从岛外捎上来。

夏天岛上湿热，蚊虫奇多，夫妻俩只好睡到房顶上；冬天阴冷难忍，两人不得不搬进海风吹不透的山洞里过夜。没过多久，他们都患上了风湿性关节炎和严重的湿疹，硬币大小的白色斑点布满了身上，疼痒难忍，常常半夜里疼醒，只能互相敲打着，度过一个个不眠之夜。

台风来时，船只无法出海，开山岛就真正成了与世隔绝的孤岛。“茫茫大海上只有我们两个人，断粮断水的日子每年都会遇到几回。”王仕花回忆，一次，连续刮了 17 天大风，柴火都用光了，没法做饭，“我们饿得头晕眼花，两腿发软，只能把生米用水泡酥后，捞起来干嚼，像嚼沙子一样，那滋味实在难以接受。一连嚼了 5 天生米，饿得话都说不出来”。

日子虽苦，但王继才夫妇每天雷打不动的工作依旧是：升旗、巡岛、观天象、护航标、写日志……32 年间开山岛的每一天都有据可查，守岛日志摞起来有一人多高。

“王仕花哎，起来了，升国旗了！”

每天清晨，王继才的这句话，成了叫醒王仕花的“起床闹钟”，两人开始做这一天的第一件事：升国旗。

升国旗仪式并不十分正规——旗杆是用一根坚韧的长竹改造的，升旗台是夫妇两人一捧捧水泥一块块砖砌成的。升旗时，王继才升旗，王仕花敬礼，虽然姿势看着不那么标准，但神情坚定而神圣。

岛上风大湿度大，阳光照射强烈，国旗很容易褪色破损。在守岛 32 年里，王继才夫妻俩自己掏钱买了 200 多面国旗。国旗从开始的 6 元一面，陆续涨到 10 元、45 元一面，都是他们自己购买。后来，县武装部送上来一箱 50 面国旗。

有人不解地说，两个人的小岛，升不升国旗又有何妨。王继才的回答斩钉截铁：“守岛就是守国门，开山岛虽小，但它是祖国的领土，必须插上中华人民共和国国旗！”

2012 年元旦，天安门国旗护卫队听说他们的故事后，专门从北京送来一座全钢移动升旗台和不锈钢旗杆，还送给他们一面曾经在天安门广场飘扬过的国旗。

王继才将这面国旗视若珍宝。王仕花记得，有一次因为海上突然刮起大风，王继才生怕把国旗刮破，冒着风雨把国旗收下来抱在怀里，可脚下一滑跌下石阶，那一次摔断了几根肋骨。

危险和诱惑都曾出现在王继才面前。有“蛇头”私下上岛找到王继才，当场掏出 10 万元现金要他在岛上留几个“客人”住几天。王继才一口拒绝，“我是民兵，只要我在这个岛，你们休想把这里弄脏！”对方恼羞成怒，以他子女的安全来要挟，甚至还曾对他施以暴力，王继才依然铁骨铮铮，不退半步。

最让王仕花揪心的一次，是她和老王沿海边巡逻，突然一个大浪打过来，老王整个人都被卷到海里去了，“我想这下完了，老王命没了！”王仕花拼命往海边跑，发现又一个浪头过来，把浑身湿透的老王打到另一块岩石上，“我赶紧跑过去，一把将他拽上来”。

从那以后，夫妻俩出去巡逻，就多了一根背包绳，拴在两人腰间，万一出现意外，也好相互有个照应。这些年来，这根普普通通的背包绳，把夫妻俩的生命拴在了一起，而且把他们的命运也和开山岛紧紧拴在了一起。

一生无愧于国家　用生命教孩子人生态度

任凭岛上如何困苦，不曾抱怨过一声的王继才，提及亲人儿女的时候，总会红了眼圈。

1987 年 7 月，王仕花即将临产，碰巧强台风突然来袭，无法下岛。9 日这天，王仕花要生了，豆大的汗珠从额头滚落。王继才手足无措，急得团团转。情急之下，王继才抓起步话机联系镇武装部长，在部长妻子的指导下，自己动手接生！

伴着孩子的第一声啼哭，王继才找来一把剪刀在火上烤了烤，颤抖着剪断了脐带。孩子呱呱坠地，连个裹布都没有，王继才撕开身上的背心在开水里一煮，裹在了孩子身上……

王仕花说：“当时我特别恨他，如果当时我难产或大出血，那可是两条人命啊！”

这个孩子叫王志国。王继才说：“志字上面一个‘士’，下面一个‘心’，就是希望他当一名战士，心中有祖国，立志要报国！”

王志国 6 岁前一直跟着父母在岛上，如今他对童年最深刻的记忆就是——饿！他承认，自己曾对父亲有怨恨，“我当时想，如果他肯下岛陪我们，赚钱养家，一家人日子该有多好！”

在岛下，3 个得不到父母照顾的孩子相依为命。有一次，大火差点把 3 个孩子烧死。孩子们一气之下让人给岛上送了一张纸条：“再不回来，就看不见我们了！”

字条上这些字，像是有人用刀剜在夫妇俩心上。王仕花见了字条，急急赶回来，把孩子们安顿好就要赶回去。3 个孩子一把抱住妈妈的腿，哭着就是不让走。

因为父母守岛，大女儿王苏十二三岁便辍学在家，照顾弟弟和妹妹，又负责帮父母采购米和煤等生活物资，再求过往船家往岛上捎东西。王继才的邻居回忆，“有时是夜里十一二点，有时到凌晨两点，她一个女孩子就自己去海边等船家”。

王志国记得，姐姐结婚那天，一心盼着爸爸能给她个惊喜，突然出现在家门口。但那次，爸爸正好执行战备任务，最终没来成，“姐姐化的妆哭花了又补，又哭花了，就这样反反复复好几次”。

曾经有很长一段时间，王志国不理解父亲。后来他才知道，父亲把对子女的爱埋得有多深，“独自生活，就是要让他们接触生活的压力，磨炼他们，让他们成长。我们守岛虽然辛苦，也是为了要用行动告诉子女：做人要重诺守信、要诚实正直！自己承诺的事情，就不能言而无信！”

从小到大，王志国眼见着父亲对岛上的各种仪器设备了如指掌，一旦出现任何破损，父亲都第一时间赶去维护，甚至曾为了修护码头，摔断了手臂一直未愈。王志国曾质问父亲，你忙这些，别人给你什么了？

父亲告诉他，不要管别人怎么对待你，你要对自己做的事有个判断：是不是对国家对社会有用？“我没给你们留下什么钱，但是希望能告诉你们一个生活的态度。”

王继才对生活的态度影响了儿子的人生选择。考上大学又读完研究生后，王志国放弃了高薪岗位，遵从父亲的愿望，入伍成为武警边防总队某边检站的一名警官。2018 年，武警边防总队进行改革，王志国写下继续服役申请，选择调入海警部队，继续守护飘扬在祖国海疆的五星红旗。

“父亲用一辈子兑现了‘守到守不动为止’的承诺。”王志国说，如今父亲不在了，但父亲的精神就是自己的根，只要守住这根，父亲就还能跟我们在一起……

2018 年 8 月 6 日，在王继才离世 10 天后，腿脚不便的王仕花正式向组织递交继续守岛申请。“继才的承诺就是我的承诺，我要把岛守下去。”王仕花说，刚上岛的时候，她只是想守着老王一辈子，守着一个完整的家。慢慢地才明白，“守岛不仅守的是我们一个小家，更是千家万户的幸福，老王没走完的路，我继续替他走下去”。

2019 年 2 月，王继才王仕花夫妇获评“感动中国 2018 年度人物”；2019 年 9 月，国家主席习近平签署主席令，授予王继才“人民楷模”国家荣誉称号。

（参见胡春艳：《用一生，守一岛》，《中国青年报》2018 年 9 月 14 日；李灿、凌军辉、陈聪等：《守岛，就是守国——记新时代的奋斗者王继才》，《新华每日电讯》2018 年 9 月 14 日；杨绍功：《“人民楷模”王继才——一辈子守着这面旗》，《人民日报》2019 年 10 月 11 日；王经国、刘小红：《开山岛：五星红旗永远高扬》，新华网 2020 年 12 月 7 日；李弘非、李俊达：《“人民楷模”国家荣誉称号获得者王继才——家就是岛，岛就是国》，《解放军报》2021 年 10 月 1 日；刘晶林：《守岛人的信念》，《人民日报》2021 年 9 月 20 日。本案例由作者根据以上资料编写。）

【思考讨论】

1. 阅读本文,结合王继才、王仕花夫妇32年"守岛,就是守国"的信念与坚守,谈谈爱国主义基本内涵主要表现在哪些方面。

2. 习近平总书记曾经指出:"弘扬爱国主义精神,必须把爱国主义教育作为永恒主题……让爱国主义成为每一个中国人的坚定信念和精神依靠。要结合弘扬和践行社会主义核心价值观,在广大青少年中开展深入、持久、生动的爱国主义宣传教育,让爱国主义精神在广大青少年心中牢牢扎根,让广大青少年培养爱国之情、砥砺强国之志、实践报国之行,让爱国主义精神代代相传、发扬光大。"①请联系实际,谈谈您对这段话的理解和认识。

【案例解析】

倾一腔热血唯酬夙愿,守万里海疆不忘初心。默默守岛卫国的王继才走了。他用32年与海风、寂寞和饥饿相伴的执着坚守,用10 000多个日日夜夜无怨无悔的付出,践行了"家就是岛,岛就是国,守岛,就是守国,我会一直守到守不动为止"的承诺。开山岛上,再也见不到那个憨厚的面孔和朴实的身影,再也听不到"王仕花哎,起来了,升国旗了"的喊声。然而,他的故事、他的精神,却在那个小小的孤岛上镌刻下大写的忠诚,传遍神州大地、江南塞北。他在平凡的岗位上书写了不平凡的人生华章,为新时代奋斗者点亮了价值追求的明灯。

"开山岛虽小,但它是祖国的东门,我必须插上中华人民共和国国旗。国旗升起的地方,就是中国的国土,我们一定要守护好。"王继才的一生,是充盈家国情怀的一生。在这个面积只有两个足球场大的孤岛上,很长一段时间没有淡水、没有电力,海风肆虐、怪石嶙峋、草木难生。可以想象,在漫长的32年里,王继才和妻子王仕花忍受了怎样的生活困苦和精神孤独——他们曾遭遇数日断粮断水断柴的饥饿、曾为儿子出生自己动手剪断脐带、父亲去世时没能赶上送终、女儿出嫁时没能参加婚礼,甚至他们还曾面对不法分子的暴力威胁、台风海浪的无情侵袭……这一切,都未让王继才夫妇动摇、退却——清晨只有两个人的升旗仪式,始终是他们风雨无阻、雷打不动的工作日常;巡岛礁、观天象、护航标、写日志,始终是他们日复一日、年复一年的铁肩担当。丹青难写是精神。从王继才夫妇身上,我们读懂了爱国主义的科学内涵和基本要求,明白了什么是

① 中共中央文献研究室:《习近平关于社会主义文化建设论述摘编》,中央文献出版社2017年版,第128~129页。

忠诚爱国者的身份认同、情感认同、价值认同。他们自觉以作为一个中国人的资格与道义，诠释了“爱国，是人世间最深层、最持久的情感”①，“爱国是本分，也是职责，是心之所系、情之所归”②；他们用30多年的执着坚守和无私奉献告诉我们，爱国主义是人们对自己祖国的深情大爱，它揭示了个人对祖国的依存关系，体现了人们对生于斯长于斯的故土家园及民族、文化的归属感、认同感、尊严感与荣誉感的统一。“爱国，不能停留在口号上，而是要把自己的理想同祖国的前途、把自己的人生同民族的命运紧密联系在一起，扎根人民，奉献国家。”③爱国，要“以一生的真情投入、一辈子的顽强奋斗来体现爱国主义情怀，让爱国主义的伟大旗帜始终在心中高高飘扬”④。

有一种情怀叫坚守，有一种执着叫奉献，有一种平凡叫伟大，有一种信仰叫爱国。伟大的事业需要伟大的精神。实现中华民族伟大复兴的中国梦，是当代中国爱国主义的鲜明主题。大学生作为实现中国梦伟大进程的见证者和建设者，或许我们不能像王继才那样去守岛卫国，但我们对祖国和人民的炽热情怀，对自己内心的“开山岛”的执着坚守，以及将个人的理想、本领与奋斗融入国家和民族伟大事业之中的勇敢担当，就是爱国主义的具体体现，也与国家富强、民族振兴和人民幸福息息相关。因为，你所站立的那个地方，正是你的中国。你怎么样，中国便怎么样；你是什么，中国便是什么；你有光明，中国便不会黑暗；你有良知，中国便不会沉沦；你有尊严，中国便不会糟糕；你有情怀，中国便有温度；你找准了方向，中国便不会后退；你执着奉献，中国便一定发展！

【案例应用】

1. 本案例记述了王继才王仕花夫妇守岛卫国32年的感人故事，展示了他们忠诚爱国的浓浓情怀。本案例的教学与讨论，旨在帮助和引导学生理解爱国主义的科学内涵和基本要求，领会“爱国，不能停留在口号上，而是要把自己的理想同祖国的前途、把自己的人生同民族的命运紧密联系在一起，扎根人民，奉献国家”，进而激发他们以实现中华民族伟大复兴为己任，把自己的小我融入祖国的大我、人民的大我之中，与时代同步伐、与人民共命运，在奉献祖国、服务人民的奋斗中更好实现人生价值、升华人生境界。本案例可用于教材第三章第二节“做新时代的忠诚爱国者”相关内容的辅助教学。

---

① 习近平：《在北京大学师生座谈会上的讲话》，《人民日报》2018年5月3日。
② 习近平：《在纪念五四运动100周年大会上的讲话》，《人民日报》2019年5月1日。
③ 习近平：《在北京大学师生座谈会上的讲话》，《人民日报》2018年5月3日。
④ 习近平：《在纪念五四运动100周年大会上的讲话》，《人民日报》2019年5月1日。

2. 本案例在具体运用时，要注重透过王继才夫妇32年守岛卫国的感人事迹，引导学生从中提炼、升华出爱国主义的科学内涵和基本要求；同时，启发学生联系自身实际，思考“如何做新时代的忠诚爱国者”；此外，还可列举卓嘎、央宗一家父女两代几十年如一日，默默巡边守边的故事，与此形成合力效应，增强教育教学的说服力和实效性。

案例 5

潘建伟：量子世界里的领跑者

【案例文本】

首次实现五光子纠缠和终端开放的量子态隐形传输、16 公里自由空间量子态隐形传输、百公里量级的自由空间量子隐形传态和纠缠分发；2016 年成功发射升空世界首颗量子科学实验卫星“墨子号”并被写入党的十九大报告；2017 年世界首条远距离量子保密通信干线“京沪干线”开通；中国科学家在本土完成的科研成果首次获得美国科学促进会 2018 年度克利夫兰奖；“祖冲之二号”和“九章二号”使我国成为国际上唯一同时在两种物理体系均达到“量子计算优越性”里程碑的国家……

潘建伟：曙色满东方

这一系列令世界瞩目的“首次”背后，都能看到一个人的身影，他就是中国科学院院士、量子科学实验卫星“墨子号”项目首席科学家、被媒体誉为中国“量子之父”的潘建伟。

放飞在量子世界的梦想

潘建伟选择物理，完全因为兴趣。高考时，他本有机会被保送到浙江大学读当时的热门专业。“如果接受保送，可能就无法继续我的物理梦了。”1987 年潘建伟从浙江东阳考入中国科学技术大学（简称“中国科大”）近代物理系，第一次接触到了量子力学。随着对量子世界的逐渐深入，他被量子理论的诡谲深深吸引。潘建伟认识到，物理学终究是门实验科学，量子力学中的各种奇妙的现象，需要更尖端的实验技术才能得以验证。然而，20 世纪 90 年代中国缺乏开展量子实验的条件，本没有出国打算的他，决定出国继续深造。1996 年硕士毕业后，潘建伟赴量子科研的重镇——奥地利因斯布鲁克大学攻读博士学位，师从量子实验研究的世界级大师塞林格教授。

第一次见到导师时，赛林格问他：“潘，你的梦想是什么？”“我的梦想是，在中国建一个和这里一样的世界一流的量子光学实验室。”

彼时，导师正组织量子信息实验研究的一个国际合作项目。而潘建伟脑子里也酝酿着一个实验方案。一个月后，他觉得方案成熟了，便兴奋地在组里报告他的设想。塞林格问：“潘，你不知道这就是量子态隐形传输的理论方案吗？你不知道我们另一个小组正在做这个实验吗？”

潘建伟确实不知道，他坚定地对导师说：“我要加入这个实验！”仅仅一年之后，潘建伟便与同事一起在国际顶尖杂志《自然》上发表了首次实现量子隐形传态的学术论文，该成果被公认为量子信息实验领域的开山之作，被美国物理学会、欧洲物理学会和《科学》杂志评为年度十大进展，并同伦琴发现 X 射线、爱因斯坦建立相对论等成果一道，被《自然》杂志选为“百年物理学 21 篇经典论文”。

那一年，潘建伟 27 岁。

“我们要抓住这次在信息技术领域赶超发达国家并掌握主动权的机会。”从 1997 年开始，潘建伟每年都利用假期回到中国科大讲学，通过各种渠道和国内的前辈们一起为我国在量子信息领域的发展提出建议，并带动一批研究人员进入这一领域，希望我国能很快跟上这个新兴科技领域的发展步伐。

从“追随”到“领跑”

2001 年，潘建伟回到中国科大，在中科院、自然科学基金委和科技部等主管部门的经费支持下，开始筹建实验室，组建研究团队。2004 年，潘建伟研究组在国际上首次实现五光子纠缠和终端开放的量子隐形传态。《自然》杂志发表了这一成果，并称赞他们“完成了一次壮举”。该成果同时入选英国物理学会和美国物理学会评选出的年度国际物理学重大进展，这是中国科学家的“第一次”。

“让我们感到比较骄傲的是，”潘建伟说，“这表明国内研究组在光量子信息方面的工作已经跃居国际领先水平。”

2003 年，潘建伟提出卫星量子通信这一在国际上没有先例的设想。中科院力排众议，支持潘建伟团队先期开展地面验证试验。经过数年的努力，当各项关键技术的积累已比较充分时，中科院又迅速决策，于 2011 年在国际上率先启动了量子科学实验卫星战略性先导科技专项。

2016 年 8 月 16 日，“墨子号”量子科学实验卫星发射成功。随后，“墨子号”卫星在国际上率先实现了千公里级星地双向量子纠缠分发、星地高速量子密钥分发、地星量子隐形传态三大科学目标，我国在量子通信领域跻身国际领先地位。

2017 年 9 月 29 日，世界首条量子保密通信“京沪干线”正式开通，实现了连接北京、上海，贯穿济南和合肥全长 2 000 多公里的量子通信骨干网络。结合“京沪干线”与“墨子号”的天地链路，潘建伟与奥地利科学院院长安东·塞林格进行了量子保密通信视频通话，这标志着世界首次洲际量子保密通信成功实现。2017 年 10 月，“墨子号”作为我国重大科技创新成果被写入党的十九大报告之中。

除了量子通信，在量子计算领域，潘建伟团队同样让世界“刮目”。2017 年 5 月，世界首台超越早期经典计算机的光量子计算机在团队内诞生。它的取样速度比人类历史上首台电子管计算机和首台晶体管计算机运行速度快 10 倍至 100 倍，创造了世界纪录。

英国著名的科学新闻杂志《新科学家》以封面标题的形式这样评价潘建伟团队：“中国科大——因而也是整个中国——已经牢牢地在量子计算的世界地图上占据了一席之地。”而《自然》杂志则评价道：“国际同行们正在努力追赶中国，中国现在显然是卫星量子通信的世界领导者。”

“量子梦”源于报国情

“回想自己的一生，经历过许多坎坷，唯一希望的就是祖国繁荣昌盛，科学发达。我们已经尽了自己的力量，但国家尚未摆脱贫穷与落后，尚需当今与后世无私的有为青年再接再厉，继续努力。”在中国科大量子工程中心一楼大厅的醒目位置，刻着“中国核物理的开拓者”赵忠尧先生的一段话。

赵忠尧先生是中国科大近代物理系首任系主任，早年曾在欧美留学、工作，1950 年冲破种种阻挠甚至在遭遇生命威胁的情况下回国效力，奠定了新中国原子核能事业的基础。

“没有这些学者，我们的国家在世界上就没有尊严，也不可能有今天的发展。我们把赵忠尧先生的话放在这里，就是为了永远铭记他们的精神，记住培养人才的目的是为国家服务。”潘建伟说，“我们每个人都有一个中国梦，都在自己的位置上为之努力，我选择的方式是研究量子物理。”

2001 年，潘建伟回到中国科大组建实验室，当时国内量子通信研究无论是水平还是人才储备，基础都很薄弱。他再次回到欧洲，跟随已经转到维也纳大学的塞林格，以博士后身份从事研究。“我们必须与国际先进小组保持密切联系，才能更快地前进。”潘建伟说。

这期间，潘建伟像“候鸟”一样国内国外两头跑。

随着队伍的不断壮大，从 2004 年至今，潘建伟团队取得了一系列让人惊艳的研究成果，数次创造世界第一。

2019 年 1 月，美国科学促进会宣布，潘建伟领衔的“墨子号”量子科学实验卫星科研团队被授予2018年度克利夫兰奖。

2020年12月，美国物理学会Physics网站公布2021年国际物理学领域十项重大进展。潘建伟等完成的“祖冲之二号”和“九章二号”量子计算优越性实验入选，这使我国成为国际上唯一同时在两种物理体系均达到“量子计算优越性”里程碑的国家。

2022年5月，潘建伟及同事利用“墨子号”量子科学实验卫星，首次实现了地球上相距1 200公里两个地面站之间的量子态远程传输，向构建全球化量子信息处理和量子通信网络迈出重要一步。

“我现在真正理解了你要回国的原因，你不仅爱量子科学，更爱你的国家。”多年以后，潘建伟在维也纳大学的导师，看到弟子不懈的努力与追求，终于理解了他的想法。而在潘建伟看来，选择回国是一件很自然的事：“我认为一个人对亲人、朋友的爱，对自己所在团体、所在国家的认可，是一种自然、朴素的情感。”

（参见常河：《潘建伟：实现量子通信中国“领跑”》，《光明日报》2019年10月16日；常河：《潘建伟：用量子研究追逐中国梦》，《光明日报》2019年7月16日；吴长锋：《潘建伟：量子世界里的领跑者》，《科技日报》2015年6月2日；方梦宇：《潘建伟：在中国，人们称他“量子之父”》，《中国教育报》2017年12月20日；徐海涛、陈诺：《十年十倍！中国“墨子号”实现1 200公里地表量子态传输新纪录》，新华网2022年5月6日。本案例由作者根据以上资料编写。）

【思考讨论】

1. 潘建伟及其团队瞄准世界科技前沿、潜心科技创新研究体现了怎样的爱国情怀和时代精神？大学生如何把爱国之情转化为实现中华民族伟大复兴中国梦的效国之行？

2. 习近平总书记指出：“创新是一个民族进步的灵魂，是一个国家兴旺发达的不竭动力，也是中华民族最深沉的民族禀赋。在激烈的国际竞争中，惟创新者进，惟创新者强，惟创新者胜。”①联系实际，谈谈大学生如何弘扬以改革创新为核心的时代精神，做改革创新的实践者和生力军。

【案例解析】

“嗅每一片落叶的味道，对世界保持着孩童般的好奇，只是和科学纠缠，保持与名利的距离。站在世界的最前排和宇宙对话，以先贤的名义，做前无古人的事业。”这是《感动中国》评选委员会授予潘建伟的颁奖词。

① 习近平：《习近平谈治国理政：第一卷》，外文出版社2018年版，第59页。

从“跟跑”到“领跑”，从“我要在中国建立一个世界一流的量子实验室”，到我国自主研制的世界上第一颗量子科学实验卫星“墨子号”发射升空，从“祖冲之二号”“九章二号”量子计算优越性实验到 1 200 公里地表量子态传输，潘建伟及其所带领的中国量子“梦之队”以世界性全球化的眼光，冷静选择，专注执着，潜心研究，积极探索，用自己的行动和成就诠释着作为一名科学家的爱国主义情怀，也诠释了求真务实、知难而进、敢为人先、勇于创新的可贵品格和时代精神。

在经济全球化的背景下，公民爱国意识的强弱将直接关系到国家的形象、民族的利益和国家的安全。全球化在为经济发展、技术利用、信息共享等带来机遇的同时，也为西方国家对我们实施政治、文化、价值观念的渗透带来了便利。这就更加需要高扬爱国主义的旗帜，以宽广的眼界观察世界万象，以积极而理性的姿态参与世界竞争。潘建伟及其团队的成功不是偶然的，其成功不仅取决于才华和智慧、勤奋和努力，更在于潘建伟等人有着“中国人在国内也可以做很好的‘科学和技术’”的雄心和心怀祖国的抱负。千百年来，人们一直怀疑，以人类的智力到底能不能构造自身也不可破解的密码？潘建伟及其团队的工作在很大程度上回答了这个问题，让无条件安全通信成为可能。“墨子号”为我国抢占量子科技创新制高点，实现了从后台走向世界前沿的华丽转身。

在当代中国，改革创新成为时代精神的核心。事实告诉我们，在关系国民经济、科技命脉和国家安全的关键领域，真正的核心技术是要不来、买不来、讨不来的，引进只能缩小差距，创新才能决胜未来，而且只有自主创新才能实现强国之梦。正如习近平总书记指出的：“创新是一个民族进步的灵魂，是一个国家兴旺发达的不竭动力，也是中华民族最深沉的民族禀赋。在激烈的国际竞争中，惟创新者进，惟创新者强，惟创新者胜。”①潘建伟及其团队给我们提供了一个自主创新的极好样本。

科技是国家强盛之基，创新是民族进步之魂。“青年是社会上最富活力、最具创造性的群体，理应走在创新创造前列。”②青年一代有理想、有担当，国家就有前途，民族就有希望，实现我们的发展目标就有源源不断的强大力量。大学生作为青年中的佼佼者，要十分珍惜人生中最具创新创造活力的宝贵时期，以时代使命为己任，自觉树立敢为天下先、追求卓越的雄心和信心，努力学习、刻苦锻炼，增强创新创造的能力和本领，积极投身于实现中华民族伟大复兴中国梦的实践中，勇做改革创新的实践者和生力军。唯有这样，才能“以青春之

① 习近平：《习近平谈治国理政：第一卷》，外文出版社 2018 年版，第 59 页。

② 习近平：《习近平谈治国理政：第一卷》，外文出版社 2018 年版，第 51 页。

我……创建青春之国家，青春之民族”！

【案例应用】

1. 本案例记述了潘建伟院士及其团队在量子通信、量子计算等领域的创新研究及国际影响，使我国成为量子世界里的领跑者，展示了一个科学家的深沉的爱国情怀和不甘落后、勇于创新的时代精神。本案例的教学与讨论，意在使学生深刻认识到，创新是一个民族进步的灵魂，是一个国家兴旺发达的不竭动力；改革创新是当代中国的显著特征，是时代精神的核心。当代大学生应胸怀祖国，放眼世界，勇做时代精神的弘扬者和改革创新的生力军。本案例可用于教材第三章第三节中“让改革创新成为青春远航的动力”相关内容的辅助教学。

2. 教师在应用本案例时，既要结合潘建伟院士的创新研究及突出贡献，引导学生分析其身上所体现出的科学之爱和爱国情怀，思考“在经济全球化条件下，弘扬爱国主义精神是否过时了”？同时还要注重由此说开去，结合我国面临的国际竞争形势与严峻挑战，引导学生思考“为什么要坚定不移走中国特色自主创新之路?”“新时代大学生如何做改革创新的实践者和生力军?”等问题，以进一步增强教育教学的针对性和实效性。

案例 6

他们这样掉进间谍“陷阱”

【案例文本】

随着我国综合国力不断增强，境外间谍情报机关为搜集掌握我国政治、经济、军事和科技等重要的核心机密，对我国公民的渗透、策反可谓无孔不入、无所不在。被境外间谍情报机关策反的人员涵盖各行业和不同年龄段。高校学生由于涉世不深、防范意识薄弱或受利益驱使等因素，成为境外间谍机关重点关注和策反的对象之一。一些大学生为何容易被“盯”上？他们又是怎样掉进间谍“陷阱”的呢？

《今日说法》迷失境外

寻求学费资助获“好心人”支持

广东省某航海学校专科生徐某考入该省某重点大学时，他在 QQ 群里发了一条求助帖。徐某的父母都在农村，家里生活不宽裕，他在网上“寻求学费资助2 000 元”。

不久，一网名为“Miss Q”的人回帖，询问了徐某的全名、手机号、就读院校和专业，然后表示愿意提供帮助。徐某喜出望外，把银行卡号告诉对方，第二天就收到了 2 000 元人民币汇款。徐某按这名“好心人”的建议，写了收条，用手机拍了照，然后通过 QQ 传给对方。徐某当时知道的是，“Miss Q”是“一家境外投资咨询公司的研究员”，需要为客户“搜集解放军部队装备采购方面的期刊资料”，希望徐某协助搜集，作为资助学费的回报。徐某痛快地答应了，但没能在航海学校的图书馆找到相关资料，而“Miss Q”也未强求。

这么好赚的钱，让当时正在实习的徐某心理发生变化，他开始觉得实习“又苦又累钱又少”。于是，徐某主动联系“Miss Q”，对方向他提供了一份“田野调研员”的兼职，月薪 2 000 元。徐某所在的广东某大城市有一个军港码头和一家历史悠久的造船厂，他的“调研”工作就是到军港拍摄军事设施和军舰，到船厂观察、记录在造在修船舰的情况，并将有船舰方位标识的电子地图做成文档，提供给“Miss Q”。

一年后案发，徐某被国家安全机关依法审查。

谋求兼职遇到“热心大哥”

小李是原郑州市某大学的大学生，学习之余考虑找兼职。

2018 年 11 月 16 日，他的 QQ 好友申请闪动，有陌生人请求添加好友。小李没多想，通过了申请，双方开始对话交谈，对方热心询问了小李的家庭背景和学习专业、生活情况。

危情谍影

在交流的过程中，对方自称是一家军民融合企业的公司职员，还称自己也是从一名普通大学生走过来的，对于小李目前的人生规划可以提出经验指导，就兼职来说，可以提供不少建议甚至是介绍不错的工作机会。

小李感觉对方是事业有成的“前辈”，像一位“热心大哥哥”对自己提出建议，提供帮助。在这期间，小李向对方透露自己曾参加空军招飞，知晓一些涉军资料信息等。对方对此大加称赞，双方互相添加了微信。

小李因为经济问题，手头紧张，就主动向对方提出兼职的需求。对方称公司正在搞一个军民融合项目，提出让小李拍摄一些军事杂志的图片，并先给小李的微信转了 100 元钱的定金。

小李在学校没有找到相关的资料，便利用假期到老家图书馆内找到 8 本军事杂志，用手机拍摄了 700 多张图片，随后通过图片压缩包方式传送给对方。让小李高兴的是，对方通过微信转账给他支付了 1 800 元的报酬，前 6 本杂志 1 000 元，后 2 本杂志 800 元。

接下来，对方要求小李搜集一些针对我国海军成立 70 周年阅兵以及新中国成立 70 周年国庆阅兵的信息。

这份简单的兼职，让小李先后共收到酬金 2 900 元。

随后，郑州市国家安全机关干警及时介入，经过进一步调查取证，发现和小李联系的军民融合企业公司职员，实际上是境外间谍情报机关人员，他以兼职为由策反利诱小李从事窃密活动。

因小李归案后能如实供述自己的违法行为，有悔过表现，国家安全机关依法没收其非法所得，并做出相应的处理。

为境外刺探、非法提供国家秘密

李某就读于大连市某重点大学，原本是一个品学兼优的大学生，在校期间一直从事兼职工作。为便于寻找兼职工作，李某加入多个校内兼职 QQ 群。2016 年年末，兼职群内一个名为 Jake 的人发布了一条兼职招聘信息，称有一朋友从事船舶海运方面的研究，需该领域相关学术资料，可以提供丰厚薪酬。

随后，李某主动应聘，与“Jake 的朋友”成为好友，并在对方高额报酬的诱惑下，接下了这份“兼职”。李某此时还未意识到 Jake 等人都是台湾间谍，自己已经被发展成为台谍“情报员”。

为赚取报酬，李某在台谍的指使下，通过到学校图书馆借阅图书等方式，将搜集到的相关资料使用手机拍照后发给对方。台谍还要求李某想方设法搜集内部、涉密的期刊、学术研究类的成果资料及引荐部队和造船等方面的人员。为达到长期搜集情报的目的，台谍主动引导李某毕业后到发展潜力较大的军工企业应聘，并承诺其毕业后若进入军工企业，双方可以进行更好的合作。当李某与沈阳某大型涉密军工企业签订了就业协议书后，台谍表达了长期合作的强烈意愿，并许诺待李某入职后，每月给予不低于工资的高额报酬。一心期待赚大钱的李某，最终等来的是国家安全机关的审查。

陈某系某职业技术学院学生。2020 年 2 月中旬，陈某通过“探探”App 平台结识了境外人员“涵”。陈某在明知“涵”是境外人员的情况下，为获取报酬，于 2020 年 3 月至 2020 年 7 月间，按照“涵”的要求，多次前往军港等军事基地，观察、搜集、拍摄涉军装备及部队位置等信息，并通过微信、坚果云等软件发送给“涵”。陈某先后收受“涵”通过微信、支付宝转账的报酬共计人民币 1 万余元以及鱼竿、卡西欧手表等财物。经密级鉴定，陈某发送给“涵”的图片涉及 1 项机密级军事秘密、2 项秘密级军事秘密和 2 项内部事项。最终，陈某因犯为境外刺探、非法提供国家秘密罪被判处有期徒刑 6 年，剥夺政治权利 2 年，并处没收个人财产人民币 1 万元。

赴港学生沦为境外敌对势力“棋子”

陈某自 2014 年起，先后在香港大学、香港中文大学攻读学士、硕士学位。

赴港读书后，受到香港复杂社会政治环境影响，他逐步形成反华政治立场和政治投机心态。

香港“修例风波”期间，陈某在社交媒体上发表大量支持“反修例”运动、攻击政府的言论，甚至公开声称要“光复香港”。

2020 年 5 月，国家安全机关依法对陈某进行审查。陈某如实交代了加入反华非政府组织，成为境外反华媒体记者的经历，对公开声援“港独”活动、撰文攻击党和国家等违法活动供认不讳。

考虑到陈某是受到蛊惑而走上错误道路的青年学生，办案单位耐心对其进行了教育引导。

陈某的思想观念得到彻底扭转，写下 10 万余字的悔过材料，表态要痛改前非，不再参加任何违法活动。

陈某的案件并非个例。杨某毕业于江苏某大学新闻与传播学院，2017 年赴香港某大学就读电影专业硕士研究生。在香港读书期间，他受到境外反华势力言论影响，逐步产生反党反国家的思想。

2018 年 10 月，杨某参加某境外敌对组织组党结社活动，帮助开展反动宣传并参加非法游行。随后他得到某敌对组织的任命，成为相关网络群组的管理员，接受该敌对组织培训后，负责在互联网上引导话题讨论、转发视频图片等工作。

同时，杨某作为群组管理员，也加入了该敌对组织核心群组“小沙龙”。他在群内发布封杀中企的联署信、讨论我国领土问题、提出利用 Wi-Fi 热点和 Airdrop 传播“敌对理论”等扩大组织影响力的方案。

2019 年 6 月，香港“修例风波”期间，杨某大肆转发声援香港暴徒的推文，引导群内成员关注、讨论、抹黑香港警方，向境内倒灌香港“斗争经验”。

2020 年 6 月，国家安全机关依法将杨某抓捕归案。通过耐心细致教育感化，杨某对违法犯罪行为供认不讳，主动交代揭发境外敌对势力的丑陋行径，承诺不再从事危害国家安全的活动。

（参见邵可强、孙煊哲：《郑州两名大学生被境外间谍勾连》，《大河报》2019 年 4 月 16 日；《检察机关依法惩治危害国家安全犯罪典型案例》，中华人民共和国最高人民检察院网站 2022 年 4 月 16 日；刘畅：《境外机构网络策反大学生鼓动报考涉密岗位》，《环球时报》2014 年 5 月 7 日；石朕：《台谍策反大学生》，《半岛晨报》2018 年 9 月 17 日；《境外反华黑手，伸向内地学生》，《新民晚报》2021 年 4 月 15 日。本案例由作者根据以上资料编写。）

【思考讨论】

1. 阅读本文，一些大学生被境外间谍情报机关策反利用而掉入“间谍”陷阱的教训，对我们有何警示和思考？

2. 联系实际，谈谈当代大学生如何增强国家安全意识，自觉维护国家安全、荣誉和利益。

【案例解析】

本案例中，一些人为了网络陌生人给予的蝇头小利而充当“田野调研员”搜集我国军事情报；为了谋求兼职而为境外刺探、非法提供国家秘密；因受境外反华势力的蛊惑、拉拢而成为其抹黑中国“棋子”和“帮凶”。最终，他们皆因涉嫌危害国家安全，受到法律的追究。这些报道一方面说明高校学生是境外间谍组织重点关注和策反的对象之一，另一方面也敲响了高校国家安全防线的警钟。

国家安全是安邦定国的重要基石，维护国家安全是全国各族人民根本利益所在。“实现中华民族伟大复兴的中国梦，保证人民安居乐业，国家安全是头等大事。”①个别大学生之所以掉入“间谍”的陷阱，个人利益驱动、价值取向扭曲、国家安全意识薄弱和法治观念淡漠乃是其中的主要因素。

《中华人民共和国宪法》和《中华人民共和国国家安全法》规定：中华人民共和国公民有维护祖国的安全、荣誉和利益的义务，不得有危害祖国的安全、荣誉和利益的行为。国家之间没有永恒的友好，也没有永恒的敌对，只有永恒的国家安全和利益。古今中外的国家，无论处于何种社会形态或实行怎样的社会制度，无不视国家利益为最高、最根本的利益，将维护国家安全列为首要任务。大学生作为中国特色社会主义事业的建设者和接班人，也是实现中华民族伟大复兴这一历史进程的见证者和参与者，更应强化忧患意识和国家安全意识，成为国家安全和利益的自觉维护者。

第一，要牢固树立国家利益高于一切的观念。邓小平指出：“国家的主权、国家的安全要始终放在第一位”②。国家安全涉及国家社会生活的方方面面，是国家、民族生存与发展的首要保障。科学技术没有国界，但知识分子不能没有自己的祖国。居安思危，把国家安全放在高于一切的地位，是国家利益的需要，又是个人安全的需要，也是世界各国的一致要求。

第二，要密切关注国际斗争形势，增强敌情观念和防范意识。大学生要站在国家利益与国家安全的高度，从纷繁复杂的国际斗争形势中认清敌对势力对我进行渗透、颠覆和破坏的险恶用心和真实面目，克服麻痹思想，保持清醒头脑，增强责任意识。在对外交往中，既要热情友好，又要内外有别、不卑不亢；既要珍惜个人友谊，又要牢记国家利益；既可争取各种帮助、资助，又不失国格、人格。

第三，要努力掌握有关维护国家安全的法律、法规。改革开放以来，我国先后制定了大批有关维护国家安全的法律、法规、规章及其他规范性文件，为依法开展国家安全工作，防范、制止和惩治危害我国国家安全的违法犯罪行为提供了有力的法律武器。大学生要努力学习、掌握有关维护国家安全的法律、法规，明确什么是危害国家安全的行为、公民和组织维护国家安全的义务和权利，以及危害国家安全的法律责任等，进一步增强法律意识和国家安全意识，增强维护国家安全的责任感、义务感和荣誉感。

---

① 中共中央党史和文献研究院：《习近平关于总体国家安全观论述摘编》，中央文献出版社 2018 年版，第 10 页。

② 邓小平：《邓小平文选：第三卷》，人民出版社 1993 年版，第 348 页。

第四，要积极配合国家安全机关的工作。《中华人民共和国宪法》《中华人民共和国国家安全法》《中华人民共和国反间谍法》等有关条文，中华人民共和国公民有维护祖国的安全、荣誉和利益的义务，不得有危害祖国的安全、荣誉和利益的行为；国家安全机关是国家安全工作的主管机关；国家安全机关在国家安全工作中必须依靠人民的支持，动员、组织人民防范、制止危害国家安全的行为。为此，每个同学要深刻认识到，维护国家的安全和利益，不仅是国家安全机关的神圣职责，也是每个公民和组织应当履行的法定义务。它主要包括：公民和组织应当为国家安全工作提供便利条件或者其他协助；公民发现危害国家安全的行为，应当直接或者通过所在组织及时向国家安全机关或者公安机关报告；在国家安全机关调查了解有关危害国家安全的情况、收集有关证据时，公民和有关组织应当如实提供，不得拒绝等。

【案例应用】

1. 本案例报道了几起大学生因通过网络求助、求职而被境外间谍情报机关策反或在求学期间受境外反华势力蛊惑拉拢而掉入间谍“陷阱”的案件。本案例的教学与讨论，其目的在于警示大学生，国家安全关系到国家的生死存亡，是全国各族人民的根本利益之所在。增强国家安全意识和法治意识，自觉维护祖国的安全、荣誉和利益，是每一个公民应尽的责任和义务，也是忠诚爱国者的具体表现。本案例可用于教材第三章第二节中“做新时代的忠诚爱国者”相关内容的辅助教学。

2. 大学生是十分宝贵的人才资源，是民族的希望、祖国的未来，也是境外间谍情报机关策反的重点对象之一。教师在应用本案例时，要注意联系当前国际斗争的形势、习近平总书记总体国家安全观，以及一些大学生国家安全意识淡薄的实际，引导学生认清自身使命，保持清醒头脑，增强敌情观念和防范意识，把国家安全和利益放在首位，切实履行维护国家安全的义务，切莫麻痹大意，成为“叛国”的帮凶。

第四章

明确价值要求　践行价值准则

把培育和弘扬社会主义核心价值观作为凝魂聚气、强基固本的基础工程，继承和发扬中华优秀传统文化和传统美德，广泛开展社会主义核心价值观宣传教育，积极引导人们讲道德、尊道德、守道德，追求高尚的道德理想，不断夯实中国特色社会主义的思想道德基础。

——习近平：《习近平谈治国理政：第一卷》，外文出版社 2018 年版，第 163 页

案例 1

国外如何建设核心价值观

【案例文本】

一个国家的核心价值观是其根本的价值理念和精神导向，是指导社会成员的价值选择和行为取向的准则和标尺。核心价值观是维系一个国家团结、稳定和繁荣发展不可或缺的因素，也是国家软实力的重要标志。核心价值观并非中国所独有，世界各国都非常重视核心价值观的建设。

电视专题片《领航》第 8 集《精神家园》

美国如何宣传自己的价值观

作为当今世界头号强国的美国，早在建国之初便将价值观作为了立国之本，美国在《独立宣言》中宣告“人人生而平等，造物者赋予他们若干不可剥夺的权利，其中包括生命权、自由权和追求幸福的权利”，自觉地将“人权”“自由”“民主”“平等”“追求幸福”等作为其核心价值观。美国社会学家、密歇根大学罗斯商学院教授韦恩·贝克从 1996 年开始研究核心价值观。2004 年他曾出版《美国的价值观危机：现实和感受》一书，认为当代美国人拥有“10 种备受各种人口、宗教及政治派别推崇的共同核心价值观”，如尊重他人、机会平等、自由、安全、自立和个人主义、正义和公平、成功、追求幸福、象征性的爱国主义（对国旗、国歌等国家象征的情感寄托）以及批判性的爱国主义（美国民众出于爱国和希望国家实现崇高理想而批评美国的政策）。

坚定不移地践行和宣传自身的价值观是美国的一项基本国策。无论是共和党执政还是民主党执政，美国政府和政党都将美国的价值观作为其核心利益，不遗余力地保护和践行美国价值观。一方面，美国通过政府法律、执政纲领、政党章程等向社会大众宣扬其价值观。例如，美国《宪法》第 14 条明文规定，“非经正当法律程序，不得剥夺任何人的生命、自由或财产；在州管辖范围内，也不得拒绝给予人以平等的法律保护”。美国民主党在他们的党章里明确推崇“自由、革新、社会平等”，主张“观念、制度和法律应随社会环境之改变而变迁”。另一方面，美国政府和政党领袖常常通过竞选演讲、工作报告、节庆讲话、记者招待会等多种方式向社会大众宣扬美国的价值观。例如，2013 年美国时任总统奥巴马在就职演讲中说道：“我们将通过强大的军力和法制保护我们的人民，捍卫我们的价值观。”“作为公民，有义务塑造我们时代的辩题，不仅仅通过我们的选票，而且要为捍卫悠久的价值观和持久的理想发声。”

美国非政府组织和公司企业也是推动和践行美国价值观的重要力量，甚至在某些领域成为价值观的倡导者和捍卫者。美国第三部门研究专家萨拉蒙教授指出：“几乎所有的美国重要的社会运动，如民权运动、消费者运动、环境保护、妇女或保守派等运动，都扎根于非政府组织。”纵观美国的波音、宝洁、苹果、星巴克等著名企业的价值理念，可以发现他们无一例外都将“自由”“平等”“追求卓越”等美国价值观融入其企业核心价值观当中，并自豪地认为其是美国价值观的成功代表。

此外，美国还通过学校教育、社会教育和家庭教育等多个领域，以及通过广播、电视、电影、网络等大众媒体，共同促进大众对美国价值观的认同与践行。同时，美国还通过文化渗透、外交活动、跨国公司等多种渠道，向国际社会输出和推广美国的价值观。

俄罗斯期待有力价值观

俄罗斯人同样将价值观看得很重。《俄罗斯报》2013 年 4 月 15 日的报道称，在苏联时期，苏共并没有为自己确定一个明确的核心价值观，但形成以“团结、互助、诚实、勤劳”为内容的价值观体系。1991 年苏联解体后，俄罗斯社会失去了核心价值观，此前形成的良好价值观被低俗、自私和冷漠所取代。文章援引一位名为安德烈的退休工程师的话说，虚伪的投机行为已全面取代正确的价值观。数十年来俄罗斯社会最重要的变化就是价值观的变化。除东正教，再没有一个主要的社会价值观体系指导社会。无论是俄罗斯领导人，还是普通老百姓，无不希望重现“大国荣光”，而最迫切需要凝聚的就是核心价值观。

回顾历史，在十月革命后，列宁没能在那个危机四伏的状态中指出一个更明确的核心价值观。自 20 世纪 30 年代至 40 年代初的斯大林时期，在苏联逐渐形成一种自上而下、“指示性”的价值观，它的精髓是：苏联是世界上第一个社会主义国家；苏联的文化传统、道德观、行动准则、价值取向都是与俄国的、整个世界的文化传统、道德观、行动准则、价值取向完全不同的；苏联社会是以俄罗斯民族为主体民族、众多少数民族必须服从主体民族利益的国家；在实现大国、强国之梦的进程中，要普通百姓遵循“先强国，后富民”的战略路线，“用革命精神进行建设，用勒紧裤带对待生活”。

希特勒进攻苏联后，为国家的生死存亡而战成为苏联的全民共识。作家波列伏伊在其作品中使用“苏维埃人”来称呼苏联卫国战争中的英雄们。很快，“苏维埃人”就被社会所认同，成为苏联公民的一种新的称呼。从信念上说，“苏维埃人”体现了一种忠贞不渝地对祖国、对国家的历史传统和道德准则的尊重、信守、献身。从归属感上来说，“苏维埃人”体现了苏联是各个民族的大家庭，各个民族不分大小可以和谐地生活在一起。从行动上看，“苏维埃人”体现了战火中锤炼出的纪律和准则：英勇无畏、自我献身、顽强意志和铁一般的纪律。如果用简短的几个词来概括，那就是：爱国、忠诚、奉献、遵纪、坚守。

从 20 世纪 70 年代中期至苏联解体，“苏维埃人”不再是苏联的核心价值观，苏联进入一个多元价值观的时代。但在苏联解体后的数十年中，俄罗斯事实上并没有具备形成一种新的核心价值观的环境和条件。普京从 2012 年起就在不同场合称：“俄罗斯现在没有一个诸如‘苏维埃人’那样统一的思想。如果现在有人能提出一个这样的思想来，那就太棒了！”普京上台后一直用“爱国主义”和“强国梦”来激励社会团结。

英国如何建设核心价值观

英国现代著名作家、诺贝尔文学奖获得者吉卜林有句名言：“只有在谈及公义和正直时，撒克逊人才会变得真正严肃起来。”温斯顿·丘吉尔则说：“宁可失去一个印度，也不愿意失去莎士比亚。”英国前首相托尼·布莱尔亦曾讲：英国是一个多族群、多种族、多文化、多宗教、多信仰的国家，英国的历史和国情决定了我们必须珍视自由、宽容、开放、公正、公平、团结、权利义务相结合，重视家庭和社会群体等英国的核心价值观。英国教育大臣尼基·摩根所强调的英国价值观包括：民主、法治、个人自由、包容和尊重。

英国学者霍根说，英国人曾在工业革命时期让外界看到过什么叫“道德沦丧”。他认为，事实证明，缺乏社会核心价值观的民族是很难取得长久发展的，这也是为什么英国人现在仍时常让孩子们读《艰难时世》《远大前程》等经典小说，经常翻拍一些讲述维多利亚时代社会阴暗面的影视作品的原因，这样做是希望英国人能认识到社会核心价值观的宝贵，并能持久传承。

对英国核心价值观最为完整而系统的阐发，当属成立于 1855 年的英国《每日电讯报》的社论——《英国认同的核心价值观》。该文将英国核心价值观条分缕析为十大方面：法治；“王在议会中”之主权；多元性的国家；个人自由；私有财产；制度；家庭；历史；英语世界；英国性格。

随着全球化进程的深入推进，英国愈发认识到核心价值观的重要作用，并将其提升到“国族身份认同”（national identity）的认识高度，并结合本国国情，旗帜鲜明地确立和强化核心价值观的主导地位。英国前首相卡梅伦在国内外多种场合就英国的核心价值观进行过全面、深入的阐述。他曾斩钉截铁地指出:“我认为我们需要更大力地推广英国价值观。这种价值观不是可有可无的,而是英国生活方式的核心……坚持英国的价值观从来不是一个选择,而是应尽的义务。”

英国高度重视自己立于世界民族之林的独特标记——深沉厚重的历史文化传统,并把它作为教育年轻一代的最重要内容;同时,特别注重“以法弘德”“虚功实做”。在上述10条核心价值中,至少有5条都关乎法治和法治思维。可见,在英国人的价值体系中,“价值”与“法”之间存在着千丝万缕的联系。任何关乎“公平正义”的政府行政、司法判决都是倡导、捍卫核心价值观的重要阵地。“身受”方有“实感”,“身教”重于“言传”。一次受到公正对待的实际生活体验,就能真实地大幅度提升核心价值观内化于心的效果。

此外,核心价值观建设要有文明担当者的大国气象。英国发挥其全球影响力的基础是其语言、文化和价值观的传播,英国的崛起立足于英国文明的崛起。

其他国家的核心价值观建设

为了解核心价值观在民众中的认可情况,德国政府机构每年的六七月进行一次“德国价值观调查”。2013年“德国的核心价值观”排名为:和平、人权、民主、个人自由、尊重人的生命、法治、容忍、尊重其他文化、团结和援助、平等、自我实现、宗教。这些“价值观词汇”是经过近200年漫长曲折的摸索才被德国人认同的,特别是经历20世纪的那段纳粹统治后,第二次世界大战后的德国人更把这些核心价值观作为国内政治和外交的原则。

价值观教育被新西兰教育部列为学校教育的一部分,所有新西兰人从进入小学就开始耳濡目染有关价值观的内容:优秀,创新,多元化,平等,生态可持续性。新西兰的价值观形成也并非一朝一夕的事,在100多年的历史中,也出现过性别歧视、种族歧视、经济盲目发展引起生态破坏等问题。20世纪80年代,为捍卫价值观中“生态可持续性”,新西兰禁止装载核武器的船只或军舰进入新西兰水域,为此惹怒美国,威胁将新西兰踢出美澳新三国签署的《太平洋安全保障条约》。但新西兰并没有屈服,坚持维护新西兰领土“无核化”的目标,也使优美的生态环境成为其在国际社会上的一张名片。新西兰2011年发表的《国家安全体系报告》中,将“捍卫价值观”列为国家安全的一部分,将其提升到与民主体制、公共安全同等重要的位置,充分体现出新西兰人将价值观视为来之不易的宝贵财富。

新加坡是世界上第一个以国家白皮书形式提出核心价值观的国家。1991

年，新加坡提出了国家的共同价值观，即“国家至上，社会为先；家庭为根，社会为本；关怀扶持，尊重个人；求同存异，协商共识；种族和谐，宗教宽容”。

此外，韩国非常重视儒家文化的传承，将儒家文化中的“忠”“孝”“礼”等思想作为社会共同的道德标准，在此基础上培养民众的爱国主义情怀。韩国影视剧的热播，不仅将韩国的传统道德观、家庭伦理传播到世界，也充分展示和演绎了韩国的时装、美容、美食等时代元素，让国内外观众在不知不觉中了解了韩国的孝顺父母、珍惜家庭、宽容体谅和诚信为本等传统价值观念。

为吸引更多的人了解和喜爱日本，日本政府常以动漫、音乐、电影等蕴含时代流行价值观的文化元素为载体推广其核心价值观，同时将传统文化元素根植于现代流行文化中，全方位展现日本的流行文化产品的独特民族气质。

（参见王淼、丁雨晴、纪双城等：《建核心价值观　大国都很看重》，《环球时报》2014 年 2 月 17 日；欧阳康、钟林：《美国如何宣传自己的价值观》，《北京日报》2014 年 10 月 13 日；沈伟鹏、孔新峰：《英国的核心价值观及其启示》，《法制日报》2015 年 8 月 5 日；吴琼：《国外核心价值观传播管窥》，《中国社会科学报》2014 年 7 月 2 日；陈偲：《新加坡核心价值观建设经验》，《学习时报》2015 年 6 月 15 日。本案例由作者根据以上资料编写。）

【思考讨论】

1. 阅读本文，世界各国重视核心价值观建设的经验与做法，对我国社会主义核心价值观建设具有哪些重要启示？

2. 大学生如何正确理解培育和践行社会主义核心价值观的重大意义？

【案例解析】

一个国家的强盛，离不开精神的支撑；一个民族的进步，有赖于文明的成长。

中华民族的伟大复兴，不仅要在经济发展上创造奇迹，也要在精神文化上书写辉煌。在建设现代化强国的时代进程中，焕发什么样的精气神，才能引领思潮、凝聚共识、攻坚克难？在追逐“中国梦”的伟大奋斗中，弘扬什么样的价值观，才能使我们的国家、民族、人民在思想和精神上更加强大？

“倡导富强、民主、文明、和谐，倡导自由、平等、公正、法治，倡导爱国、敬业、诚信、友善，积极培育和践行社会主义核心价值观。”党的十八大从国家、社会和公民三个层面概括了社会主义核心价值观的价值目标、价值取向和价值准则。这个概括，勾绘出一个国家的价值内核、一个社会的共同理想、亿万国民的精神家园；这个概括，回答了我们要建设什么样的国家、建设什么样的社会、培育什么样的公民的重大问题。

每个时代都有每个时代的精神，每个时代都有每个时代的价值观念。历史证明，一个国家和民族，贫弱落后固然可怕，但更可怕的是精神空虚。失去了理想信仰，内心没有约束，行为没有顾忌，再多的外部要求，也会“法令滋彰，盗贼多有”；丢失了主导价值，没有了明确准则，冲破了道德底线，再丰裕的物质生活，也难免“金玉其外，败絮其中”。近代以来，中国人民的奋斗目标、中国梦的重要内涵，就是在寻求国家的价值内核、实现社会的共同理想、构建国民的精神家园。在这样的意义上，社会主义核心价值观是人生奋斗的梦想之舵，是中华民族的精神之钙，是当代中国的兴国之魂。核心价值观，体现着一个社会评判是非曲直的价值标准，是一个民族赖以维系的精神纽带，是推动一个民族、一个国家发展进步最深沉的力量。

古人云：“大学之道，在明明德，在亲民，在止于至善。”大学生作为新时代中国特色社会主义事业的建设者和接班人，是社会文明和价值取向的体现者和传承者。“青年的价值取向决定了未来整个社会的价值取向”，而大学生正值价值观形成和确立的关键时期，抓好这一时期的价值观养成十分重要。“这就像穿衣服扣扣子一样，如果第一粒扣子扣错了，剩余的扣子都会扣错。人生的扣子从一开始就要扣好。”①大学生要从现在做起、从自己做起、从小事做起，将社会主义核心价值观内化于心、外化于行，努力成为践行社会主义核心价值观最积极、最活跃的群体。这既是为个人健康成长导航，更是为国家发展助力、为民族进步铸魂。

【案例应用】

1. 本案例整理、概述了美国、俄罗斯、英国等国家建设和践行核心价值观的做法与经验。本案例的教学与讨论，旨在帮助和引导学生正确认识和理解“我国为什么要倡导和践行社会主义核心价值观”，“倡导和践行什么样的核心价值观”，以及“如何弘扬和践行社会主义核心价值观”等问题，坚持由易到难、由近及远，从小事做起、从自身做起，努力把社会主义核心价值观的要求变成日常的行为准则，进而形成自觉奉行的信念理念，成为社会主义核心价值观的模范践行者和积极传播者。本案例可用于教材第四章第一节中“全体人民共同的价值追求”相关问题的辅助教学。

2. 教师在运用本案例时，要有鲜明的问题意识，既要梳理国外如何建设核心价值观，更要注重在此基础上，分析建设核心价值观的重大意义，以及我国为

① 习近平：《习近平谈治国理政：第一卷》，外文出版社 2018 年版，第 172 页。

什么要倡导和践行社会主义核心价值观。此外,还可让学生以小组的形式搜集、整理其他国家建设核心价值观的做法,并进行课堂展示、讲解与互动思考,以进一步增强教育教学的实际效果。

案例 2

清澈的爱，只为中国

【案例文本】

喀喇昆仑高原，横亘西部边境。

立春过后，大江南北暖意渐浓，高原深处的加勒万河谷依然严寒彻骨，大河冰封，群山耸立。

这里是祖国的西部边陲，也是守卫和平安宁的一线。来自天南海北的一茬茬官兵，扎进茫茫群山，挺立冰峰雪谷，用热血和青春筑起巍峨界碑。

2020 年 4 月以来，有关外军严重违反两国协定协议，在加勒万河谷地区抵边越线修建道路、桥梁等设施，蓄意挑起事端，试图单方面改变边境管控现状，甚至暴力攻击我前往现地交涉的官兵。

新时代戍边英雄　誓死捍卫祖国领土

面对外方的非法侵权挑衅行径，我边防官兵保持克制忍让，尽最大诚意维护两国关系大局和边境地区和平安宁。在忍无可忍的情况下，边防官兵对暴力行径予以坚决回击，取得重大胜利，有效捍卫了国家主权和领土完整。

官兵们敢于斗争、敢于胜利，展现出誓死捍卫祖国领土的赤胆忠诚和一不怕苦、二不怕死的战斗精神，涌现出某边防团团长祁发宝、某机步营营长陈红军和战士陈祥榕、肖思远、王焯冉等先进典型，彰显了新时代卫国戍边英雄官兵的昂扬风貌。

中央军委授予祁发宝“卫国戍边英雄团长”荣誉称号，追授陈红军“卫国戍边英雄”荣誉称号，给陈祥榕、肖思远、王焯冉追记一等功。

雪山回荡英雄气，风雪边关写忠诚。

“决不把领土守小了，决不把主权守丢了！”万千官兵发扬喀喇昆仑精神，克服极度高寒缺氧，守边护边、不怕牺牲，像钉子一样牢牢钉在战位上。

巍巍喀喇昆仑，座座雪峰耸峙。

千里热血边关，遍地英雄屹立。

宁洒热血　不失寸土

英雄勇敢无畏，只因责任在肩。一线官兵常说，我们身后就是祖国，当国家受到侵犯时，唯一的选择就是冲锋向前。

清晨，当哨声响彻营房，班长李确祥又想起了一笑就露出两颗小虎牙的陈祥榕，想起了那个新兵的第一次冲锋。

那是 2020 年 5 月初，外军越线寻衅滋事，李确祥和陈祥榕等紧急前出处置。李确祥问年轻的战友："要上一线了，你怕不怕？"陈祥榕回答："使命所系、义不容辞！"

他们赶到前沿后与对手殊死搏斗，坚决逼退越线人员。陈祥榕在日记中自豪地写道："面对人数远远多于我方的外军，我们不但没有任何一个人退缩，还顶着石头攻击，将他们赶了出去。"

诚既勇兮又以武，终刚强兮不可凌。面对严峻斗争考验，一线官兵越是艰险越向前，生死关头更凛然。

2020 年 6 月，外军公然违背与我方达成的共识，越线搭设帐篷。按照处理边境事件的惯例和双方之前达成的约定，团长祁发宝本着谈判解决问题的诚意，仅带几名官兵，蹚过齐腰深的河水前出交涉。

交涉过程中，对方无视我方诚意，早有预谋地潜藏、调动大量兵力，企图凭借人多势众迫使我方退让。

"他们的人陆续从山崖后冒出来，黑压压挤满了河滩……"参谋陈鸿宇回忆说，"我们人虽少，可拼了命也不能退呀！"

祁发宝张开双臂挡在外军面前，大声呵斥："你们破坏共识，要承担一切后果！"同时组织官兵占据有利地形。

官兵们组成战斗队形，与数倍于己的外军对峙。对方用钢管、棍棒、石块发起攻击。祁发宝成为重点攻击目标，头部遭到重创。

见此情景，陈红军带人立即突入重围营救团长，陈祥榕作为盾牌手战斗在最前面，摄像取证的肖思远也冲到前沿投入战斗。

增援队伍及时赶到，一举将来犯者击溃驱离，取得重大胜利，外军溃不成军、抱头逃窜，丢下大量越线和伤亡人员，付出了惨重代价。

军医韩子伟记得，祁发宝被救出后，左前额骨破裂，有一道十几厘米长的口子。包扎伤口时，"他一把扯掉头上的绷带，还想起身往前冲，那是他最后一丝力气，随后又晕倒了"。

陈红军、陈祥榕、肖思远毫不畏惧、英勇战斗，直至壮烈牺牲。王焯冉在渡河前出支援途中，为救助战友牺牲。

祖国山河终无恙，守边护边志更坚。

那场战斗后，“宁将鲜血流尽，不失国土一寸”被很多官兵自发写在了头盔里、衣服上，刻印在青春的胸膛里。

那场战斗后，陈祥榕所在连队斗志更加旺盛，服役期满的士官 100% 主动留队，所在团义务兵踊跃申请选取士官继续战斗。

那场战斗后，王焯冉所在团 18 名女兵 3 次请战，她们在请战书中写道：“愿同男兵一样英勇战斗，甚至流血牺牲！”

捍卫着英雄誓死捍卫的国土，肩负着英雄用生命践行的使命，一股“学英雄、当英雄”的热潮涌动喀喇昆仑高原。

如今，加勒万河谷的前哨上，官兵们时刻高度戒备，牢牢扼守河口；风雪飞扬的驻训场，官兵们驾驶新型战车精训苦练，随时准备迎敌亮剑；新型保温营房内，官兵们齐装满员、战斗生活物资充足，做好了长期斗争准备，纷纷表示——

我已严阵以待，犯我者必遭迎头痛击！

赤胆忠诚　皆为祖国

2021 年春节前夕，来自祖国四面八方的又一批新战士，走进喀喇昆仑腹地的军营，准备在新训后奔赴高原边防一线。

有人说，选择这片高原，是既需要理想、更需要勇气的。天下有那么多的好地方，一颗颗年轻的心却偏偏选择了边关——

1997 年，高中毕业的祁发宝报名参军，带着新兵营“军事课目考试第一名”的成绩向组织申请：到高原去、到斗争一线去。

2009 年，陈红军从地方大学毕业，本已通过公安特警招录考试，可听说要征兵就临时“变卦”了，最终走进火热军营。

2016 年后，年轻的肖思远、王焯冉、陈祥榕也相继走上边关。一年年来，无数与他们一样的青年做出同样的选择。

走上高原是因为理想，留在高原则考验信念。

他们首先要战胜的，是无法摆脱的高寒缺氧，满目的荒漠冰川，漫长的冬季封山，以及由此形成的遥远而荒凉时空……

就在这样的环境下，他们必须时刻警惕，随时准备挺身而出，挫败一切侵犯中国领土的图谋。

官兵说，风与雪的洗礼、生与死的考验就像一个超级过滤器，足以滤去你心中所有的浮华，最后只剩下对这片土地清澈的爱。

“清澈的爱，只为中国。”这是 18 岁的陈祥榕写下的战斗口号。班长孙涛问他：“你一个‘00 后’的新兵，口号这么‘大’？”

“班长，这跟年龄没关系，我就是这么想的，也会这么做的。”他坚定地说。

这种爱，无关年龄，都是一份“边关有我在，祖国请放心”的勇敢担当——

“头顶烈日乐为祖国守边防、手扶蓝天甘为人民作贡献。”祁发宝勘察天文点前哨，默念着老营房上的这句标语感慨不已，“老前辈在那么艰苦的条件下，都能坚守边防一线，现在我们更应该担起责任，把边防守好。”

肖思远牺牲后，战友们整理遗物时，看见他在一篇战地日记中写道：“走在喀喇昆仑，我们就是祖国的界碑，脚下的每一寸土地，都是祖国的领土，无比自豪！”

这种爱，无关年龄，都是一腔“党叫干啥就干啥”的赤胆忠诚——

陈红军所在营官兵聊起营长时说：“他最喜欢的，似乎除了工作还是工作。”在一本书中，他特意标注了一段话：“党把自己放在什么岗位上，就要在什么岗位上建功立业。”

走上斗争一线前，王焯冉向党组织递交了入党申请书。他说：“这个时候递交入党申请书，就是希望组织能在任务中考察自己，在斗争一线考察自己。”

边防斗争中，他们用青春和热血践行了自己的誓言。

万千将士如斯，万里边关如铁。“为人民戍边、为祖国守防”成为一代代边防官兵赓续传承的血脉信念。

今天，坚守着无数边防军人用生命筑起的精神高地，祁发宝所在团有 5 任团长仍然并肩奋战边防斗争一线。

今天，读着身边团长、营长、班长的英雄故事，新一代喀喇昆仑卫士茁壮成长。

官兵一致　生死与共

海拔 5 000 多米的高原，“进藏先遣英雄连”连旗迎风招展。连旗下，全连官兵庄严宣誓：向王焯冉烈士学习，发扬“先遣精神”，坚决完成边防斗争任务……

1950 年，先遣连 130 多名官兵在党支部书记李狄三带领下，以牺牲 63 人的悲壮，将五星红旗插上藏北高原。

当年，李狄三病情严重时，恳请党支部不要再给他用药，把最后一支盘尼西林留给其他战友……70 年后，面对滔滔激流时，23 岁的王焯冉同样选择了把生的希望留给战友。

那天，王焯冉和战友马命等连夜渡河增援一线，第 4 次蹚河时有人被激流冲散，王焯冉和马命拼尽全力将 3 名战友推上岸，自己却被冻得几乎失去知觉。

突然，王焯冉一只脚被卡在了水下巨石缝中。危急时刻，他将马命猛地推向岸边:“你先上,如果我死了,照顾好我老娘!”马命获救了,王焯冉则永远倒在了刺骨的激流中。

一个英雄的集体,必然是团结的集体。回顾那晚的战斗,官兵们含泪讲述着一个又一个生死与共、舍命相护的故事——

看到祁发宝受到攻击重伤倒地,营长陈红军当即带着官兵,冲进“石头雨”“棍棒阵”营救团长。

听到有人喊“营长连长被围攻了”,陈祥榕迎着对手冲去,用身体和被砸坏的盾牌护住营长连长。

发现还有战友被围攻,肖思远再次冲向前去,拼死营救战友,用身体为战友遮挡石块、棍棒的攻击。

“团长顶在最前面阻挡外军,营长救团长、战士救营长、班长救战士。”回顾那场战斗,一名指挥员动情地说,我官兵上下同欲、生死相依是这次战斗以少胜多的关键所在。

边防斗争中,各级指挥员与官兵同住地窝子、同爬执勤点、同吃大锅菜、同站深夜哨、同背给养物资,平时铆在一线、战时带头冲锋,凝聚起以命相托的生死情谊和团结战斗的强大力量。

祁发宝所在团一直有一个不成文的“规定”:“对峙时干部站前头、战士站后头,吃饭时战士不打满、干部不端碗,野营时战士睡里头、干部睡风口。”

战士张明最难忘那次渡河——

巡逻途中路过一条冰河,祁发宝带头跳下水探路,张明和几名战士也准备直接蹚河,却被团长叫住了:“水很凉,我背你们!”本已过河的祁发宝蹚水回来,把张明背起来一步一晃往前走……

战士夏良最难忘那次宿营——

河谷深处寒风凛冽,陈红军带着官兵巡逻到达指定点位,宿营地遍地碎石。夜里,义务兵及有高原反应的官兵住进了运输车大厢,陈红军则带着干部骨干在空地上支起帐篷打地铺……

平时甘苦与共,战时生死与共。

战斗结束清理战场时,战士王钰发现陈红军等人牺牲现场。他看到,一名战士紧紧趴在营长身上,保持着护住营长的姿势。

这名战士,正是陈祥榕——陈红军平时关爱最多的“娃娃”之一。

以身许国　青春无悔

“奶奶,这么长时间里我最牵挂的就是您,孙子这些年一直想好好让您享福,可是我却一直不在家……

爸妈，儿子不孝，可能没法给你们养老送终了。如果有来生，我一定还给你们当儿子，好好报答你们。”

这封家信是王焯冉执行任务前写下的。字里行间，战士的家国情怀催人泪下，边防斗争的严峻考验也跃然纸上。

对此，祁发宝也深有体会。20 多年的戍边岁月中，他先后 40 多次遭遇暴风雪和泥石流，13 次与死神擦肩而过。

孩子刚出生，祁发宝就匆匆归队，妻子生病时他总是不在，父亲去世时他因执行任务未能及时赶回……

丈夫身许国，私恩邈难顾。一名老边防深情地说，戍守高原的军人不是不顾家，而是每当走上边防一线，身后就是整个国家；不是不会爱，而是没有足够的时间去爱。

正是渴望爱情的年龄，肖思远的钱包里珍藏着一张漂亮女孩的照片。牺牲当天，他还憧憬着未来："她支持我在部队长干，我想娶她，给她做一辈子的菜……"

还有 4 个多月就要当爸爸了，陈红军身在一线仍想方设法托后方的战友，提醒妻子按时产检。他答应妻子，等到退役后"就一起带孩子、做饭、钓鱼"……

然而，他们都失约了。时光之舟桨橹轻摇、驶向未来，他们的爱，永远凝滞在了彼岸。

几个月过去了，陈祥榕的姐姐依然对弟弟思念无尽。她坚强地说："当弟弟穿上军装的那一刻，他就不再是一个普普通通的公民，身上肩负的是军人的天职，所以我也很为他感到骄傲。"

肖思远牺牲后，16 岁的弟弟时常梦见哥哥端着枪威武的样子。他下定决心：到了 18 岁，接替哥哥入伍，把哥哥的精神传下去！

2020 年 10 月 25 日，陈红军的儿子出生了。那天是中国人民志愿军抗美援朝出国作战纪念日，陈红军妻子的爷爷是一名志愿军老战士，她相信这是冥冥之中的血脉传承。她坚强地说："我要把孩子好好养大，让他成为像爸爸那样的人。"

英雄从未走远，精神薪火相传。气温低至零下 30 多摄氏度的高原上，一个个年轻的胸膛里热血澎湃——

在一线，官兵叫响"缺氧不缺精神、山高斗志更高"的口号，纷纷递交请战书要求上战场。

在一线，很多官兵主动推迟婚期、放弃休假，把执行边防斗争任务当成一辈子最为自豪的经历。

战斗热情在一线高涨，关怀温暖也向一线汇聚。在各级共同努力下，前线部队住进了保温营房，看上了卫星电视，穿上了防寒被装，打上了亲情电话，吃上了新鲜蔬菜水果……官兵们卫国戍边豪气充盈、斗志昂扬。

春节期间，华夏大地万家团圆、一片祥和；高原官兵枕戈待旦、高度戒备。见证着英雄官兵赤胆忠诚的加勒万河谷，山河如故、平静安宁。一块崖壁上，八个大字遒劲有力。

那是刚任团长不久的祁发宝带领战士们刻下的铮铮誓言，也是新时代英雄官兵捍卫祖国领土、不负先辈荣光的庄严宣示——

大好河山，寸土不让！

（参见王天益：《英雄屹立喀喇昆仑——走近新时代卫国戍边的英雄官兵》，《解放军报》2021 年 2 月 19 日。编入本书时有改动。）

【思考讨论】

1. 阅读本文，戍边英雄誓死捍卫祖国领土主权的行为，体现了怎样的核心价值观？

2. 习近平总书记曾经指出："爱国，是人世间最深层、最持久的情感，是一个人立德之源、立功之本……爱国，不能停留在口号上，而是要把自己的理想同祖国的前途、把自己的人生同民族的命运紧密联系在一起，扎根人民，奉献国家。"①请联系实际，谈谈您对这段话的理解和认识。

【案例解析】

"我站立的地方是中国，我用生命捍卫守候。哪怕风似刀来山如铁，祖国山河一寸不能丢。"这是高原边防官兵喜爱的一首歌。"卫国戍边英雄团长"祁发宝、"卫国戍边英雄"陈红军和一等功臣陈祥榕、肖思远、王焯冉，便是新时代高原边防官兵的典型代表。面对极其恶劣的自然环境，他们扎根高原、奉献青春，在雪域边关以身躯铸就界碑；面对严峻复杂的现实考验，他们常备不懈、枕戈待旦，有理有利有节进行斗争，坚决捍卫祖国领土主权和边境地区和平安宁；面对外军疯狂挑衅和暴力攻击，他们毫不畏惧、团结战斗，以誓死捍卫祖国领土的赤胆忠诚和一不怕苦、二不怕死的战斗精神，践行了"大好河山、寸土不让"的铿锵誓言，谱写了一曲撼天动地的爱国英雄壮歌。

爱国，是社会主义核心价值观在个人层面的价值准则上提出的第一个词，足见其地位之重要。爱国是人类共有的感情。"谁不属于自己的祖国，那么他也就不属于人类。"中华民族有着深厚的爱国主义传统。对祖国的忠诚和热爱，

① 习近平：《在北京大学师生座谈会上的讲话》，《人民日报》2018 年 5 月 3 日。

是每一个公民的起码道德，也是中华民族最深沉的文化基因。正如习近平总书记所说："对每一个中国人来说，爱国是本分，也是职责，是心之所系、情之所归。"①爱国是中华民族精神的核心，它建立起公民与祖国最牢固的情感纽带。一个民族、一个国家，如果没有这种为全社会共同认可的价值观念和内心依托，就等于没有灵魂，就会失去凝聚力、战斗力、创造力和生命力。然而，"爱国，不能停留在口号上，而是要把自己的理想同祖国的前途、把自己的人生同民族的命运紧密联系在一起，扎根人民，奉献国家"②。"清澈的爱，只为中国。""我们就是祖国的界碑，脚下的每一寸土地，都是祖国的领土。"本文中的5位卫国戍边英雄是这样说的，也是这样做的。他们用鲜血和生命，诠释了社会主义核心价值观中"爱国"的内涵与要求，彰显了高原边防官兵爱国报国的昂扬风貌。

每个时代都有每个时代的英雄，每个时代都有每个时代的精神，每个时代都有每个时代的价值观念。"核心价值观，其实就是一种德，既是个人的德，也是一种大德，就是国家的德、社会的德。国无德不兴，人无德不立。"③青年兴则国家兴，青年强则国家强。当代青年作为实现中华民族伟大复兴这一历史进程的见证者和参与者，抓好这一时期的价值观养成至关重要。这是因为，"青年的价值取向决定了未来整个社会的价值取向，而青年又处在价值观形成和确立的时期……这就像穿衣服扣扣子一样，如果第一粒扣子扣错了，剩余的扣子都会扣错。人生的扣子从一开始就要扣好"④。听党话、跟党走，培养爱国之情、砥砺强国之志、实践报国之行，是新时代青年的立身之本、成才之基。只有这样才能找到人生真谛、生命价值、事业方向，只有这样也才能真正成为自己心中的英雄！

【案例应用】

1. 本文记述了5位卫国戍边英雄誓死捍卫祖国领土主权的感人事迹，展现出新时代边防官兵对党和对祖国的赤胆忠诚及一不怕苦、二不怕死的战斗精神，生动诠释了社会主义核心价值观中"爱国"的内涵与要求。本案例的教学与讨论，旨在教育和引导学生深刻理解"爱国"是社会主义核心价值观关于个人层面价值准则的第一要求，是中华儿女心系祖国的纽带与基石，也是中华民族标志性的集体精神；听党话、跟党走，胸怀忧国忧民之心、爱国爱民之情，不断奉献

① 习近平：《在纪念五四运动100周年大会上的讲话》，《人民日报》2019年5月1日。

② 习近平：《在北京大学师生座谈会上的讲话》，《人民日报》2018年5月3日。

③ 习近平：《习近平谈治国理政：第一卷》，外文出版社2018年版，第168页。

④ 习近平：《习近平谈治国理政：第一卷》，外文出版社2018年版，第172页。

祖国、奉献人民，是当代大学生健康成长的必由之路。本案例可用于第教材四章第一节中“社会主义核心价值观的基本内容”或第三节中“积极践行社会主义核心价值观”相关内容的辅助教学；也可用于第三章第一节中“弘扬以爱国主义为核心的民族精神”等内容的辅助教学。

2. 教师在运用本案例时，要注重从践行社会主义核心价值观的角度出发，分析5位卫国戍边英雄的爱国之情怀和报国之行，以避免泛泛而谈；同时，在互动讨论的过程中，抓住时机、因势利导，将话题迁移到当代大学生如何培育和践行社会主义核心价值观、如何进一步发扬光大爱国主义精神上来。

此外，教师还要善于运用相关视频资料，以增强教育教学的生动性和感染力。

案例 3

李万君：大国工匠传递匠心精神

【案例文本】

他是一名普通焊工，即便获得“中华技能大奖”，依然手握焊枪活跃在生产一线；他更是“工人院士”，钻研创新破解各种焊接难题，帮助中国高铁储备世界级人才。他就是中车长春客车股份有限公司（简称“长客”）高级技师、被誉为“高铁焊接大师”的李万君。这位“感动中国 2016 年度人物”、“大国工匠 2018 年度人物”、全国优秀共产党员、五一劳动奖章获得者，以精湛技能打造最安全可靠的中国制造高速列车，他见证了中国在高铁技术上从追赶者变成领跑者。

李万君：器成天下走

从青年学徒成长为大国工匠

每次呼吸、移步和变换姿态都万分小心，焊枪在手中稳定地移动，焊花不停闪耀……经过多道焊接工序，高铁列车转向架横梁与侧梁间连接的焊缝“浑然天成”。

李万君能有今天的成就也是经过千锤百炼才达到的。

1987 年，19 岁的李万君从职高毕业，成为长客焊接车间水箱工段的一名焊工。水箱工段的主要任务是焊接火车上供水的水箱、制动的风缸等。

“当年条件不行，车间火星子乱蹦、烟雾弥漫，叮咣的声音刺得耳朵疼。”李万君有时趴在焊接的钢板上作业，衣服蹭满钢板上的油，油沾灰、灰裹油，就像一尊端着焊枪的泥塑。夏天，焊枪喷射着 2 300 摄氏度的烈焰，时间一长李万君就汗如雨下。冬天，他在水池子里作业，脚上穿着水靴身上挂一层冰。

披挂着厚重的帆布工作服，扣着封闭的焊帽，李万君和工友们在烟熏火燎中淬炼意志。短短一年，当初和李万君一起入厂的 28 人中，有 25 个跳了槽。李万君留了下来，一干就是 10 年。师傅们都说这孩子黏人，问题问得太细。厂里要求每人每月焊 100 个水箱，他总会多焊 20 个，这在别人眼里是吃苦受累，而李万君却当作锻炼技术的好机会。厂里两年发一套工作服，可他一年就得磨破四五套。

“因为喜爱，才能感兴趣，才能敬业，才能拿出‘豁出去’的劲头。”李万君知道，焊接这个活又苦又累，更需要发自内心的热爱。

凭借勤学苦练、锲而不舍的干劲儿，李万君练就了一套过硬的焊接本领。随着承担的急活、难活越来越多，李万君挑起了更多的重担。有一年，工厂水管冻裂了，水一直哗哗地流，生产无法正常进行。可修理的时候，带压焊接一焊就噗噗冒气儿，经验丰富的老师傅也没了主意。车间主任找来了李万君。他仔细观察，反复琢磨，在裂口处焊上了一个带螺纹的管座，让气体从中排出，解决了难题。

1997 年，他首次代表长客公司参加长春市焊工大赛，虽然是最年轻的选手，3 种焊法、3 个焊件、3 个第一轻松收入囊中。此后至 2007 年的 10 年间，李万君 3 次代表长客出征长春市焊工大赛，3 次全拿第一。2011 年，因他“代表了车辆转向架构架焊接的世界最高水平”，荣膺“中华技能大奖”。

把每道焊缝都当作艺术品

说起李万君的绝技，不是亲眼所见，绝难相信——刺眼的蓝光一闪，一阵烟尘飘散，焊枪下两根直径仅 3.2 毫米的不锈钢丝，瞬间被分毫不差地对焊在一起，无须打磨，就可保证焊接处与钢丝直径一致，根本看不出是焊上的。

作为高级工人技师、公司首席操作师，李万君手中的焊枪已“出神入化”。练得勤，钻得深，李万君的“内功”更让工友惊叹：20 米外，只要听到焊接的声音，就能判断出电流、电压的大小，焊缝的宽窄，平焊还是立焊，焊接质量如何，绝无差错。

2007 年，作为全国铁路第六次大提速的主力车型、时速 250 公里动车组在长客试制生产。列车转向架横梁与侧梁间的接触环口，是承载整车约 50 吨重量的关键受力点，按常规焊法焊接段数多，接头易出现不熔合的缺陷，质量无法保证，一时间成为阻碍生产的拦路虎。

“能否一枪把这个环口焊下来呢?”李万君提出这个想法，来自阿尔斯通的法国专家认为不可能。经过 1 个月的反复钻研摸索，李万君总结出“构架环口焊接七步操作法”，一枪焊完整个环口。

“不敢想象，这是中国人干的。”看到李万君焊接的成品，法国阿尔斯通的专家惊叹不已。

中国高铁搭载着中国梦提速，而高速度更要有高质量做保证。“原来我们生产的列车时速 80 公里，只要焊结实就行，外面的焊碴都不用清理。”李万君说，现在时速 300 公里的高铁，掉一个焊渣都可能造成重大事故，所有焊件必须表里如一、没有瑕疵，每一个焊件都得是艺术品。

2015 年年初，长客试制具有完全自主知识产权的“中国标准动车组”。转向架横梁与侧梁连接处的焊口，是 4 条带有 30 度斜坡的焊缝，这种斜坡焊口前所未有。

李万君大胆尝试，总结出一套“下坡焊创新焊接法”，不仅提高生产效率 4 倍，而且合格率高达 100%，填补了我国在这一技术领域的空白。

至今，李万君摸索出 30 多种转向架焊接操作方法，技术攻关 150 多项，37 项获得国家专利，代表了中国轨道车辆转向架构架焊接的世界最高水平。

30 多年的焊工生涯中，李万君先后焊过 3 幅字：精益之路、技能报国、智慧之光。李万君说：“作为一个高铁焊工，就要用智慧和技能把手中的产品不断升华，最后达到极致，变为艺术品，这就是‘工匠精神’。”

传授好技艺也是工匠精神

从无到有，从弱到强，中国高铁的高速发展让世界瞩目，短短几年时间，完成了时速 250 公里、350 公里、380 公里的“三级跳”。高速度需要高技能人才队伍支撑，李万君主动请缨，传技能，教绝活。2013 年，长春市焊工比赛的前三名都出自李万君门下。多名徒弟岗位成才，成为技师、高级技师和操作师，在高铁生产中挑起大梁。

“你创造了奇迹。”德国西门子的焊接权威布鲁诺曾竖起大拇指称赞李万君，不是因为他的技术高超，而是他培养的徒弟本领惊人。

2008 年，长客引进德国西门子时速 350 公里高速动车组技术。德国的工艺标准是全新的，要求每名转向架焊接的上岗工人必须取得欧洲焊接证书。德国人提供的转向架焊接试验片，只有李万君一人能焊出来。为了新项目，公司从技校招来了 400 多名学生让李万君培训，要求短时间内迅速形成生产能力。然而，技校毕业的新员工有的连数学换算都不会，培训难度超出想象。李万君常常愁得彻夜不眠。

经过反复琢磨，李万君将复杂的工艺操作过程分解成具体步骤，根据学员的体态胖瘦、走路姿势、运用焊枪习惯等特点，制定不同的训练方案，一拨拨示范。最终，400 多名学员全部提前半年考取了国际焊工资格证书。李万君却连累带病，体重掉了 20 多斤。这些经过李万君培训的员工已成为时速 380 公里动车组的生产主力，也使长客的焊接技术整体水平和欧洲西门子实现同步。

2011 年，李万君主持的公司焊工首席操作师工作站，被国家授予“李万君大师工作室”称号。作为大师工作室的主持人，他先后组织集中培训 400 多次，累计培训焊工 2 万多人次，帮助公司焊工考取国际、国内焊工资质证书 6 000

多项，满足了中国高铁、出口车等 20 多种车型的生产需要。同时，他还带领团队给外单位职工义务传艺，使各行各业数千名技术工人从中受益。

中国高铁搭载着中国梦提速，而高速度更要有高质量做保证。为了做到这一点，李万君编辑了图文并茂的《焊接典型质量问题汇编》，制定了《转向架铆焊工标准操作手册》，提炼出《焊接艺术化标准》，让严谨的制造态度成为焊工标准规范的操作习惯。他随时发现生产上的问题，创新工艺填补了我国氩弧焊焊接转向架环口等方面的空白，以高超技能和实践经验完善大国制造。

“我的技能传给企业和社会才更有价值。”李万君说，大国工匠就应该把本事总结出来，把技能传承下去。

（参见岳富荣、祝大伟：《李万君：这个焊工不简单》，《人民日报》2016 年 11 月 4 日；姚湜：《“工人院士”李万君：大国工匠为中国梦提速》，新华网 2016 年 4 月 30 日；刘佳：《手绘|李万君——手中焊枪见证高铁辉煌》，彩练新闻 2021 年 7 月 21 日。本案例由作者根据以上资料编写。）

【思考讨论】

1. 阅读本文，李万君身上体现出了怎样的“工匠精神”及社会主义核心价值观哪个方面的内容？

2. “执着专注、精益求精、一丝不苟、追求卓越。”2020 年 11 月 24 日，在全国劳动模范和先进工作者表彰大会上，习近平总书记高度概括了工匠精神的深刻内涵。2021 年 9 月，“工匠精神”被纳入第一批中国共产党人精神谱系。请从培育和践行社会主义核心价值观的角度，谈谈您对工匠精神及其时代意义的认识和理解。

【案例解析】

“技能报国”是他的终生夙愿，“大国工匠”是他的至尊荣光。从一名普通的青年学徒，到超一流的高铁焊接大师、“工人院士”，再到当选党的十八大和十九大代表、全国优秀共产党员、五一劳动奖章获得者。30 多年来，李万君将辛勤的汗水融入每一道焊缝、把焊接工作当作艺术创作，用手中的焊枪诠释了自身的职业价值和人生追求，以“工匠精神”体现着他对社会主义核心价值观的自觉践行。

李万君在 30 多年的工作经历中，始终从事轨道客车的焊接工作。从普通列车到时速 350 公里的“复兴号”高铁，他见证了我国高铁事业从追赶者到世界领跑者的华丽转身。为了在外国技术封锁面前实现“突围”，他凭借着不服输的韧劲儿、钻劲儿一次次试验，填补了国内几十种高速车、铁路客车等转向架焊接规范及操作方法的空白，进行技术攻关150余项。自拍、点赞、立硬币测平稳……不少网友表示，乘坐“复兴号”高铁，一种祖国强大的自豪感油然而生。而这背后所凝结的是一个个李万君“执着专注、精益求精、一丝不苟、追求卓越”的工匠精神。李万君说：正是因为用工匠精神把我们的产品做好，我们的产品不仅满足国内市场的需求，同时出口到世界各地，让中国高铁这张名片在世界上更加亮丽。

“你是兄弟，是老师，是院士，是这个时代的中流砥柱。表里如一，坚固耐压，鬼斧神工，在平凡中非凡，在尽头处超越。这是你的人生，也是你的杰作。”这是《感动中国》推选委员会授予李万君的颁奖词。“一把焊枪，一双妙手，他以柔情呵护复兴号的筋骨；千度烈焰，万次攻关，他用坚固为中国梦提速……”这是“大国工匠年度人物”评选组委会授予李万君的颁奖词。李万君的感人之处，就在于他从平凡到非凡的蝶变、在于他30多年把每道焊缝当作艺术品的琢磨。他给予我们的启示是不忘初心、脚踏实地；是保持本色、敬业报国；是对职业有敬畏感、对工作有执着心；是把个人的人生理想融入国家和民族强盛的伟大事业、把社会主义核心价值观的要求变为让中国高铁真正实现“贴地飞行”并驶向世界的实际行动。

一代人有一代人的荣光，而每一代人的荣光，都要靠奋斗去创造。“当代青年是同新时代共同前进的一代。我们面临的新时代，既是近代以来中华民族发展的最好时代，也是实现中华民族伟大复兴的最关键时代。”①李万君以其聪明才智、敬业勤勉，为中国梦提速、为新时代助力。而如何以社会主义核心价值观为引领，心怀“国之大者”，立大志、明大德、成大才、担大任，努力成为堪当民族复兴重任的时代新人，“以青春之我、奋斗之我，为民族复兴铺路架桥，为祖国建设添砖加瓦”，乃是当代大学生应当认真思考的问题。

【案例应用】

1. 本案例记述了“工人院士”“高铁焊接大师”李万君30多年如一日专注焊接工作、坚持技术攻关，以手中焊枪和精湛技能助推中国高铁不断领先领跑的动人故事，体现了爱岗敬业的职业态度和“执着专注、精益求精、一丝不苟、追求卓越”的工匠精神。2020年11月24日，习近平总书记在全国劳动模范和先进工作者表彰大会上指出：“劳模精神、劳动精神、工匠精神是以爱国主义为核心的民族精神和以改革创新为核心的时代精神的生动体现，是鼓舞全党全国各

① 习近平：《在北京大学师生座谈会上的讲话》，《人民日报》2018年5月3日。

族人民风雨无阻、勇敢前进的强大精神动力。”①本案例的教学与讨论，旨在教育和引导学生深刻理解工匠精神的内涵及其时代价值，以及社会主义核心价值观在个人层面价值准则中关于“敬业”的要求。敬业是职业道德的灵魂，它为个人安身立命奠定基础，为社会发展进步注入活力。我们倡导的敬业，就是要增强事业心和责任感，追求崇高的职业理想，激发积极进取的奋斗热情，秉持认真负责的职业态度，锻造严谨细致的工作作风；就是要让敬业成为实现梦想的动力之源，以那么一股子干劲、拼劲、闯劲，续写中国奇迹，靠辛勤劳动、诚实劳动、创造性劳动，开创美好未来。本案例可用于教材第四章第一节中“社会主义核心价值观的基本内容”或第三节中“积极践行社会主义核心价值观”相关内容的辅助教学；也可用于第五章第三节中“职业生活中的道德规范”等内容的辅助教学。

2. 教师在运用本案例时，要注重将“高铁焊接大师”李万君身上所体现出的职业态度和工匠精神与践行社会主义核心价值观中的“敬业”要求结合起来，切忌泛泛而谈；同时，在互动讨论的过程中，还可以列举其他大国工匠的感人事迹形成组合效应，并引导学生联系自身实际，深入讨论如何培养敬业态度和工匠精神。

此外，教师还要善于运用相关视频资料，以增强教育教学的生动性和感染力。

---

① 习近平：《在全国劳动模范和先进工作者表彰大会上的讲话》，《人民日报》2020 年 11 月 25 日。

案例 4

“信义老爹”变卖家产替子还债

【案例文本】

2021 年 10 月 18 日晚，徐州市睢宁县，一位 83 岁的老人与世长辞。10 月 23 日上午，老人的遗体告别仪式在县殡仪馆举行。

前来吊唁和送别的，不仅有他的亲友、邻居，更有列队而来的机关干部、公安干警、医务工作者……殡仪馆内，来自中央、省、市文明办及社会各界的花圈花篮依次排开；相识或不相识的人们鞠躬、默哀，眼含泪水，神情凝重，向老人做最后的告别。

一位普通老人的离世，何以牵动了那么多人？

他的名字叫杜长胜，曾获“第五届全国诚实守信道德模范”“中国好人”等荣誉称号。人们更爱叫他“信义老爹”。

江苏徐州的信义老爹

“儿子不在了，我老头子认账”

1939 年出生的杜长胜，是睢宁县梁集镇梁集村村民，掌握一手做挂面的好手艺。靠着一间小作坊，他养活了一家老小。2009 年，十几岁时便跟着父亲学做挂面的大儿子决定成立一家面粉厂。全家算了一笔账，租地、建厂起码要 400 万元，而他手里只有不到 100 万元。靠着多年在村里积攒下的人缘，大儿子找乡邻陆续凑齐了建厂费用。

第二年，面粉厂刚建好，大儿子、大儿媳却先后遭遇意外事故身亡。家庭连遭重创不说，还留下了 330 多万元的债务。那一年，杜长胜已经 71 岁。

“看到这个数字，当时有点蒙。”对于靠加工挂面生活的杜长胜来说，这是一辈子都没见过的天文数字。杜长胜一边承受着“白发人送黑发人”的巨大悲痛，一边默默地扛起了这 330 多万元的债务。

有人劝他说：“人死账烂。钱是你儿子借的，人都不在了，你个老头子认啥账啊？”也有人说：“现在借钱跑路的人多了，人死账烂，还什么啊？”还有人给他支着儿：“你都七八十岁的人了，拖拖就过去了，谁会为难你这样的老人？”

杜长胜也曾动摇过——330万元，的确不是小数目，自己一把年纪了，还能活几年？争那口气干啥？可看到债主们急切甚至有些绝望的眼神，他过不了自己心里那道坎："人活一辈子，为的就是一口气！儿子不在了，不能给他留骂名。再苦再累，也要让孙子挺起腰杆！"

强忍着丧子之痛，杜长胜给所有向他打听过还钱事情的人打了电话："来吧，拿着借条来，我儿子不在了，你们的账我老头子认了，我给你们重新打借条。"

消息传开，债主们带着借条来了，杜长胜都一一重新打了借条，签上自己的名字。有一户人家借给大儿媳1万元，但没有欠条。杜长胜也只是听儿媳随口说过一句，但他二话没说当场认账了。还有一户因卖变压器给儿子儿媳厂里而产生十几万元债务，尽管没有欠条，他也认了。

"这年头，能借钱给儿子的都是恩人。我就是砸锅卖铁也要还大家钱的。"杜长胜说。

家没了不要紧，良心不能丢

账是认下了，怎么还？

儿媳去世时，面粉厂刚刚投产。他带着孙子尝试着把面粉厂小规模地经营起来。请不起工人，他就一样一样自己来。装车、送货、卸货、跑销路……他都自己一个人干。50斤一袋的面粉，他拖着70多岁的身体，一天要扛近200袋。那段时间，杜长胜累得连路都走不动，但还咬着牙硬挺着，"不忙不行，不忙哪来的钱还账！"

后来实在干不动了，无奈之下，杜长胜只好把面粉厂的厂房折价卖了，城里的房子也卖了，大儿媳的死亡赔偿金、自家的拆迁补偿款，统统拿了出来。按照相关法律，子女死亡后，父母是法定遗产继承人，如偿还债务需要先剥离一部分老人的赡养费、未成年子女的抚养费用等，剩余财产再用来偿还债务。但杜长胜没有给自己和老伴儿留下一分钱不说，还把老两口多年的老底都翻出来还债。杜长胜觉得，欠债还钱天经地义，家没了不要紧，但做人的良心不能丢。

老两口一分一分地省，几元几元地存。没了住房，他们住进村头简陋的板房。一件破旧不堪的棉服，伴随他们数个严冬。顿顿煎饼、盐豆，几个月都难得吃上一顿鱼肉。

睢宁县梁集镇梁集社区居民许辉说："他家建厂时，黄沙、石子都是我送的。后来他家遭遇变故，我就想着这钱不要了。突然有一天，老人打电话让我去拿钱。我很吃惊也很感动，才知道老爷子不仅把厂卖了，还把家里的房子也都卖了。"

杜长胜专门用一个笔记本详细记录还款明细：张家20万，刘家30万……到2014年年底，他替儿子儿媳终于还清了330多万元的债务。还清债务那一天，杜长胜端起粗糙的土陶碗盛着热滚滚的菜汤，一饮而尽。暖流包裹他佝偻的身板和沧桑的脸庞，年过七旬的他平生第一次如此感受如释重负的畅快，脸上露出3年未曾有过的笑容。

然而，还上了债款本金，杜长胜还为自己没能还上20多万元利息心存愧疚："谁的钱都是流汗赚来的，都不容易。可惜我真的老了，干不动了，等孙子长大了再报答你们吧。"让他想不到的是，债主们没有一个人要利息。梁集村村民姜兆庆说："人死账没烂，就凭老人的这份信义，我也不能再要利息了。"

"这些孩子，更需要帮助"

2015年6月，杜长胜荣登"中国好人榜"，10月被评为第五届全国诚实守信道德模范。其颁奖词写道："内不欺己、外不欺人，护卫着中华文明的道德底色，这样的情操品格引领人民标定价值取向，在奔向全面小康的路上阔步前行。"面对荣誉，老人告诉孙子，要把"做人要有诚信"的家训继续传承下去，尽自己的所能去帮助更困难的人。

获奖后，各级文明办先后送来了17万元困难道德模范补助金，希望老人能够改善生活。未料，老人竟然不肯要这笔钱。

后来，老人拗不过收下了这笔钱，第一件事就是跑到梁集镇政府，要求捐给贫困学生。镇政府考虑到老人自己生活也很困难，没有接受这笔捐款。杜长胜先后跑去五六趟，镇政府不得已才收下了2万元钱，筛选了20多名家庭贫困的中小学生，给每人发放助学金。

助学金发放仪式举行那天，杜长胜专门穿上唯一一套西装，凝望着孩子们的笑脸。"我已经这么大年纪了，吃点苦无所谓，这些孩子更需要帮助。"

在杜长胜灵堂告别厅，悬挂着一幅巨大的挽联。"公以信为天，替子还债，遽归泥土世间哀；民唯念在心，踵事如云，信义精神永流芳。"这正是他一生的写照。告别厅中间，张贴着他生前最喜爱的一张照片——他戴着鲜艳的红领巾，脸上笑容可掬，胸前还佩戴着大红花。这是他2015年当选"全国道德模范"在北京领奖时的留影。与以往不同，照片被调成了黑白色。

杜长胜走了。在他的生前身后，一座"信义"的丰碑悄然屹立。2016年，杜长胜塑像入驻"徐州好人园"；2018年10月，以杜长胜为原型的现代梆子戏《剑台新风》公演；2021年1月，电影《子债父偿》杀青，杜长胜的故事被搬上银幕。

信义老爹，一路走好……

（参见袁增德：《沉痛悼念"信义老爹"杜长胜》，睢宁新闻网2021年10月

25 日；闫峰：《江苏徐州“信义老爹”病逝　曾 5 年替子还债 330 万元》，人民网 2021 年 10 月 26 日。本案例由作者根据以上资料编写。）

【思考讨论】

1. 阅读本文，“信义老爹”杜长胜变卖家产替子还债的行为，体现了社会主义核心价值观的哪些内容？

2. 古人云：“人而无信，不知其可也。”请联系实际，从培育和践行社会主义核心价值观的角度，谈谈您对“诚信”的理解和认识。

【案例解析】

一位普通的农村老人去世，全网都在为他送行。他们是向一种精神致敬、向一种价值观致敬。这种精神和价值观叫作“信义”——一诺千金，心存大爱！

“儿子不在了，我老头子认账，我给你们重新打借条。”杜长胜老人强忍失去儿子儿媳的悲痛，以牺牲自己本可以相对宽裕的晚年生活为代价，节衣缩食，含辛茹苦，胼手胝足，独自扛起儿子留下的 330 多万元巨额债务。“家没了不要紧，良心不能丢。”他以实际行动兑现自己做人的承诺，用“诚信”二字为自己刻下了墓志铭。杜长胜老人守信重义之举，似微弱而又炽烈的生命之火，点亮了无数国人心灵深处最圣洁的信义之光，也为全社会上了一堂生动的诚信教育课。

诚信是公民个人必备的优良品格，也是社会存续发展的重要基石。它强调的是以诚待人、以信取人，说老实话、办老实事、做老实人。子曰：“人而无信，不知其可也。”失去诚信，个人就会失去立身之本，社会就失去运行之轨。“儿子不在了，不能给他留骂名。再苦再累，也要让孙子挺起腰杆！”在乎外界的评价，在意自己的名节，这是人性的基础、良知的外化。正如古语所说：“夫君子爱口，孔雀爱羽，虎豹爱爪，此皆所以治身法也。”所以，“我就是砸锅卖铁也要还大家钱的。”杜长胜老人即使风烛残年也要坚守道德底线，以诚信示人，而不愿背负愧疚生活。有人说，人生的意义就在于走的时候，“灵魂”比来的时候高尚一些。杜长胜老人无疑是做到了，他完全配得上“信义老爹”这一褒奖。

一言为重百金轻。杜长胜老人的事迹，体现了中华民族诚信、善良的美德，体现了社会主义核心价值观的内涵和要求。让我们记住这位“信义老爹”——一个视诚信比生命还重要的人，一个以道德自觉引领时代风尚的人。道德的进步，从来不是单向的。我们有理由相信，“信义老爹”杜长胜带给我们的感动，会凝聚起更多温暖、向上的行动和能量，会让这个社会的诚信大厦更加熠熠生辉。

【案例应用】

1. 本案例讲述了“信义老爹”杜长胜变卖家产替子还债的感人故事。本案例的教学与讨论，旨在教育和引导学生深刻理解社会主义核心价值观关于“诚信”的内涵与要求，充分认识诚信是个人立身处世的基本价值规范，是社会良性运行的重要价值基石；要激发真诚的人格力量，以个人的遵信守诺，构建言行一致、诚信有序的社会；要激活宝贵的无形资产，以良好的信用关系，营造“守信光荣、失信可耻”的风尚，增强社会的凝聚力和向心力。本案例可用于教材第四章第一节中“社会主义核心价值观的基本内容”或第三节中“积极践行社会主义核心价值观”等相关内容的辅助教学；也可用于第五章第三节中“锤炼个人品德”相关内容的辅助教学。

2. 教师在运用本案例时，要突出从社会主义核心价值观的角度去分析杜长胜老人重信守义替子还债的举动，避免泛泛而谈；同时，可列举一些反面的事例，通过引导学生对比、互动，进一步深化对“诚信”及其对自身成长和事业发展重要意义的认识和理解。

案例 5

友善的温暖与美好

【案例文本】

镜头 1：站台上跪地救人的“最美大学生”

“旅客朋友们，有一位老人在昏迷，现需要医护人员急救……”2018 年 7 月 19 日 16 时 25 分，辽宁锦州南站，急促的广播声响起：D11 次列车上一名 81 岁的乘客下车后，突发疾病倒地不起，昏迷过去。

丁慧：生死时刻伸出援助之手

这时，一名女孩正准备验票上车，听到广播后，立即折返奔向老人。通过观察发现，老人脸色发灰，瞳孔放大，已没有了呼吸。女孩向家属询问老人身体状况后，来不及取下身上的背包，把手机扔在一边，双膝跪地开始对老人实施抢救。

“到 30 告诉我！”女孩请求其他旅客和车站工作人员帮着计数。随后，她左手在上，右手在下，对准老人胸部使劲按压做心肺复苏，每做一组还一手捏住老人鼻子，一手捏开老人嘴巴，做着人工呼。第二次人工呼吸后，老人长出了一口气。“爷爷，坚持住！”女孩一边继续双手按压，一边轻声呼唤。

经过 4 组心肺复苏后，老人逐渐恢复了心跳和呼吸。女孩缓缓地将老人上身扶正，用手纸接住老人吐出的污秽物。这时她才松了一口气，卸下了身上的背包。随后她一直陪护老人至 16 时 58 分，直到呼啸赶来的 120 急救车将老人接走。此时，女孩所乘的 G1229 次列车已离站 30 分钟。

“小姑娘跑过来就跪在地上给我父亲急救，如果不是她，我父亲可能就没了……”老人的儿子崔先生激动地说，“我当时要她的联系方式，她不肯留姓名，再三请求下才告诉我叫她‘丁丁’就行。”为了表示感谢，崔先生掏出一沓钱硬要塞给女孩，但几次都被她推开拒绝了。“当时情况紧急，我要随急救车去医院，走之前我特意嘱咐车站工作人员一定要帮我找到这个孩子。”崔先生说。

一时间，女孩跪地救人的视频刷爆微信朋友圈，新浪微博、央视新闻和《人民日报》等各大媒体纷纷为她点赞，称她为“最美大学生”。锦州南站工作人员通过实名信息查询，跪地救人的女孩名叫丁慧。

2018 年 7 月 20 日上午，一封从沈阳铁路局锦州南站发出的表扬信送到了锦州医科大学医疗学院党委办公室。这时，学校领导和老师才知道护理系大二学生丁慧的救人事迹。

面对媒体的报道和网友们的称赞，丁慧显得非常低调和淡然。“我是学护理的，遇到这样的事情就应该去帮忙。我只是做了一个医学生应该做的事，我相信我的老师和同学们如果遇到这样的事，他们也会和我一样救人的。”

2018 年 7 月，某公益平台为丁慧颁发 1 万元正能量奖金，她将奖金捐给沈阳“暖心冰柜”活动，为酷暑里的户外劳动者送去清凉。2018 年 11 月，丁慧荣获学校院长奖学金 1 万元，她再次将奖金全部捐出，成立“丁慧爱心基金”，为更多需要帮助的人送去温暖和力量。

2018 年 8 月 31 日，丁慧入选中国好人榜助人为乐好人名单；2019 年 9 月，荣获第七届全国道德模范提名奖。

（参见王莹：《女大学生跪地施救八旬老人：“没想那么多，就是希望老人平安”》，新华网 2018 年 7 月 22 日；孟植良：《老人车站突发疾病休克倒地　大学生跪地施救获群众点赞》，人民网 2018 年 7 月 26 日。作者根据以上资料编写。）

镜头 2：温暖一座城的“最美弯腰女孩”

2018 年 12 月 5 日，青岛公交市南巴士六分公司接到市民郭女士打来的求助电话，希望工作人员通过监控，帮助自己寻找一位陌生女孩。

事情的经过是这样的：

12 月 1 日上午 11 点，67 岁的郭女士独自坐上 229 路公交车前往海慈医院。当车开到海信立交桥附近时，经邻座老年乘客提醒，她才发现左脚的鞋带松开了，就想弯腰系上。

女孩为老人“弯腰”镌刻“最美”模样

“当时我一边扶着栏杆，一边伸手去够自己的左脚……”郭女士说，由于上了年纪，左腿本来就不好，加上车辆在开行过程中不停晃动，她担心因动作不稳摔倒，所以在车里尝试着几次抬腿弯腰，最终也没将鞋带系上。

郭女士说，当时自己的注意力都在鞋带上，根本没有注意到对座的女孩。随着车速放慢，车辆缓缓进站，正当她犯愁时，女孩突然将手提袋放在座位上，起身来到她面前，一言不发地蹲下身子，帮她系好了鞋带。

那一瞬间，让郭女士感动了。

“我当时特别感动，刚想跟小女孩说几句话，她就转身拿起包，匆忙下车了。”

更让郭女士暖心的是，女孩不仅为自己系好了松开的鞋带，还将右脚上的鞋带松开，重新绑好。

“我觉得熟识的人也很少会为你蹲下系鞋带，何况是一个陌生人，这个情意太重了。”回到家后，郭女士的心情久久不能平静，总是回想起女孩蹲地为自己系鞋带的一幕。

“她下车的时候太匆忙，我只是握住她的时候说了几声谢谢，这样的感谢在我心里还远远不够。”郭女士说，她很想要找到女孩，郑重地向她表达感谢。

12 月 5 日下午至夜间，岛城迎来首场降雪。凛冽寒冬中，这名蹲地为老人系鞋带的女孩却温暖了整个岛城，引发了媒体和各界的关注。截至 6 日中午，“弯腰女孩”的事迹就在“抖音”上吸引了 330 余万的浏览量和 20 余万的点赞。

事发 6 天之后，在媒体和网友的帮助下，这个温暖车厢、感动全城的女孩终于“现身”，郭女士终于达成了当面致谢的心愿。她叫张钰敏，一个“95 后”青岛小嫚儿、一家经营数码产品的小店店主。青岛人称她为“最美弯腰女孩”。

面对突如其来的“走红”，张钰敏心静如水。“我怕老人鞋带没有系好，下车的时候再出现意外，这只是举手之劳，真的没想到这样一件小事能让大家这样找我。”张钰敏说，她几乎每天都要乘坐 229 路公交车上班，车内温暖的小事时有发生，系鞋带这件事实在不值得如此夸赞。

（参见《女孩的弯腰　让全青岛市民为她点赞》，中国文明网 2018 年 12 月 7 日；马正拓：《一次弯腰，因这串“没想到”让城市更美》，《半岛都市报》2018 年 12 月 8 日。作者根据以上资料编写。）

【思考讨论】

1. 阅读本文，谈一谈两位主人公的举动体现了社会主义核心价值观哪个方面的内容。

2. 2014 年 5 月 4 日，习近平在北京大学师生座谈会上的讲话中指出：“核心价值观的养成绝非一日之功，要坚持由易到难、由近及远，努力把核心价值观的要求变成日常的行为准则，进而形成自觉奉行的信念理念。”①请联系实际，谈谈您对这句话的理解和认识。

① 习近平：《习近平谈治国理政：第一卷》，外文出版社 2018 年版，第 174 页。

【案例解析】

本文中的两个小镜头，事情不大但足以温暖人心，值得我们点赞和学习。

年过八旬的旅客突发心脏疾病晕倒在站台，正准备验票上车的丁慧听到广播立即折返，关键时刻挺身而出跪地救人，使老人转危为安，婉拒谢意；公交车上老人因腿脚不便尝试几次都无法系上松开的鞋带，青岛小嫚儿张钰敏主动上前，弯腰下蹲将老人松开的鞋带重新系好，匆匆离去。从她们身上，我们感受到了友善的温度和温馨，看到了友善的美好与力量。

"友"在甲骨文中像两只手，象征着朋友之间互相援助或支持。"善"最早见于金文，由一个羊和一个言组成，本义是像羊一样说话，有吉祥美好之义。两者结合在一起，意指人与人之间的亲近和睦，即与人为善。可见，友善，是源远流长的中华传统美德，更是对他人、对自己发自内心的尊重，强调人与人之间和睦相处、互相关心、互相帮助的新型人际关系。友善，是人的本质的要求，是构建和谐人际关系和社会关系的道德纽带，更是维护健康良好社会秩序的伦理基础，因而友善是社会主义核心价值观关于个人层面价值准则的重要内容。

核心价值观，承载着一个民族、一个国家的精神追求，体现着一个社会评判是非曲直的价值标准。核心价值观既是国家的德、社会的德，也是个人的德。然而，核心价值观的养成绝非一时之功、一事之功，而须坚持由易到难、由近及远，努力把核心价值观的要求与自身日常的学习、工作、生活紧密联系起来，在落细、落小、落实上下功夫，形成自觉奉行的行为准则和信念理念，使核心价值观的影响像空气一样无所不在、无时不有。

道不可坐论，德不能空谈。本文中两位主人公的行为让我们认识到，社会主义核心价值观并非遥不可及而是就在身边，并非口号宣传而是贵在自觉践行。我们在为她们的友善行为点赞的同时，更要从自身做起，从日常做起，从小事做起，让社会主义核心价值观真正内化于心、外化于行。

【案例应用】

1. 本案例记述了两个助人为乐的故事，展示出当代青年救死扶伤、见义勇为、与人为善等主流价值观和精神本色。本案例的教学与讨论，旨在教育和引导学生深刻理解社会主义核心价值观关于"友善"的内涵与要求，认识到社会主义核心价值观的养成与践行要具体落实在自身学习和生活的点点滴滴、一言一行之中，坚持从自身做起，从小事做起，将社会主义核心价值观真正变成日常的行为准则。本案例可用于教材第四章第一节中"社会主义核心价值观的基本内容”或第三节中“积极践行社会主义核心价值观”等相关内容的辅助教学；也可用于第五章第三节中“锤炼个人品德”相关内容的辅助教学。

2. 教师在运用本案例时，要注重从践行社会主义核心价值观的角度，结合两位主人公助人为乐的行为，分析友善是公民优秀的个人品质，它为新型人际关系注入正能量，为社会和谐发展提供润滑剂；同时，在互动讨论的过程中，还可以列举日常生活中其他类似的案例，以形成组合效应和增强教育教学的说服力和感染力。

第五章

遵守道德规范　锤炼道德品格

广大青年要把正确的道德认知、自觉的道德养成、积极的道德实践紧密结合起来，自觉树立和践行社会主义核心价值观，带头倡导良好社会风气。要加强思想道德修养，自觉弘扬爱国主义、集体主义、社会主义思想，积极倡导社会公德、职业道德、家庭美德。

——习近平：《习近平谈治国理政：第一卷》，外文出版社 2018 年版，第 52～53 页

案例 1

万佐成、熊庚香：陋巷炉火暖寒夜

【案例文本】

南昌，江西省肿瘤医院旁边一条两米多宽的小巷里，有一间专门为癌症病人及其家属提供炉火的露天厨房。每天一到饭点，这里就热闹起来，里面挤满了炒菜煲汤的患者家属，这个厨房被亲切地称为“抗癌厨房”。自 2003 年起，万佐成、熊庚香夫妇经营“抗癌厨房”。一日三餐，炉火熊熊，烹煮焦虑，旧的人走，新的人来；一年四季，烟火不息，氤氲亲情，传递温暖。

万佐成、熊庚香：炊香万灶烟

始于偶然

1993 年，万佐成和熊庚香夫妻俩在肿瘤医院附近开饭馆，后来因为道路扩建，馆子被拆，他们就搬到巷子里，摆早点摊卖油条、麻团。勤劳人家，小本生意，夫妻俩日子过得红红火火。

但一次偶然的相遇，改变了两人的生活轨迹。

万佐成至今还清晰地记得那个场景：2003 年的一天的早上，夫妻俩炸完油条后，炉火还挺旺。一对四十来岁的夫妻，推着自行车朝油条摊走来，车上坐着一名十来岁已被截肢的孩子。“老板，你们炉子里面剩下的火，可不可以给我们炒个菜，我给钱。孩子得了骨癌在医院治病，就想吃妈妈做的菜。”带着哽咽的请求，让万佐成听得鼻子发酸。他二话不说，连忙腾出炉灶，拿出铁锅和调味品：“你们可以天天来炒，反正是多余的火，不要钱！”

没过多久，一传十，十传百，小巷里这炉“多余的火”，就在肿瘤医院的患者家属间传开了。一开始，每天有十几个人借炉子炒菜，后来增加到几十上百人。“听说我们这里可以免费借炉火炒菜，来的人越来越多。炉子都不够用了，到吃饭的时候大家要排队到好晚，我就一口气买了十套炉灶。”

在万佐成看来，生死是大事，吃饭也是。“来肿瘤医院的人，很多都是外地人，他们天天在这治病，只能到外边买饭，有时候想吃口家乡菜都很困难。别的忙我也帮不上，但吃饭问题，能帮一点是一点吧。吃得好了，病人开心，家属也有信心。”

看到水和煤的支出在增加，病人家属要求夫妇俩收费。拗不过大家的意见，加上提供炉灶煤火确实需要成本，夫妇俩决定：炒一个菜收 5 角钱。后来，煤球涨价、电费涨价，两人难以支撑，才涨至炒一个菜 1 元、煲一碗汤 2 元，维持收支平衡。“我们不图赚钱，能帮到人家，人家也很感谢我们，就很快乐。”

如今的巷子里，30 多个小煤炉依次排在两边，多的时候，几十个人同时洗菜做饭。来自五湖四海的人，做的菜虽是五花八门，但每一道都饱含温情。

成于坚守

在患者家属的口口相传中，“抗癌厨房”的名号越来越响。除逢年过节时人较少外，其余时间几乎是从天亮到天黑，炉子里面的火就没灭过。2003 年以来，夫妻俩一直全年无休地守着这方天地。“厨房有火和高压锅，不能出安全问题。而且这些火在哪里全在我脑袋里，一天都不能关。”万佐成说。

对癌症患者及其家属而言，冷冰冰的病床和长时间驱散不走的病魔，在他们心中积压了太多悲伤和疲惫。在这条充满烟火味和人情味的巷子里，他们的心灵可以被抚慰、压力可以被释放。“来到这里的每个人都有伤心事。我就希望大家在这里热热闹闹的，能忘掉一些烦恼。”这些年，夫妇俩经常看到患者家属从医院出来时愁容满面，甚至在做饭时眼角还挂着泪花，他们便会送上朴素的鼓励。

为了照顾生病的父亲，宜春小伙刘健辞掉了在杭州的工作，回到南昌。“外面的饭不仅贵而且比较油腻，我爸吃不惯。”因为吃饭的问题，刘健一度十分为难。“之前控制不好火候，现在好多了，其他家属和万大伯也会帮我。”刘健说，在来到“抗癌厨房”之前，他从未给父亲做过饭。“我爸现在心态很好，他还夸我做的饭好吃。”

为给这个病友临时的“家”营造良好氛围和便捷环境，万佐成夫妇付出了多少努力和牺牲，只有他们自己清楚。每天凌晨 4 点，准时起床，用木柴给煤炉生火，厨房准备就绪时已近上午 9 点；短暂休息后，病人家属便会陆续提着菜来做饭；晚上 10 点，开始大扫除，每晚睡 5 个小时左右……这是万佐成夫妇的日常作息。为了让病人家属随时能够炒上菜，即使在非就餐时间，“抗癌厨房”也始终有几个炉灶烧着煤，锅里冒着蒸腾的水汽。为了让病人按时吃上饭，老两口每天都是等做饭的家属全部离开后，才顾得上自己吃饭。

把便利带给大家，把辛劳留给自己。有了万佐成夫妇的付出和奉献，这条充满烟火气的巷子，已经成为很多人治病途中可以依偎的温馨港湾。

没有终点

万佐成、熊庚香分别出生于 1954 年和 1956 年。随着夫妇俩年岁的增长，要兼顾油条摊和"抗癌厨房"，开始感到有些力不从心。在2019年下半年，他们决定关掉经营了十几年的油条摊，而将"抗癌厨房"保留下来。

有一天，一阵脚步声打破了宁静。万佐成抬头一看，是一位熟人。"万师傅，有人要我捎个话，想请你们两口子去专门做早餐，每个月8 000元，不晓得你们愿不愿意?"万佐成毫不犹豫地摇头："谢谢好意，我们哪儿也不去。只要我们还能干活，就守着这个厨房，那些患者和家属需要吃饭。"

老两口记不全所有人的名字，但每一个来过"抗癌厨房"的人都记住了他们。"有个病人四五十岁，病情到了晚期的时候要回家去，他在回去之前一定要来我们这里坐一下，谢谢我给他的帮助关心。当时我们都哭了，后来才知道，他回到家不久就走了。"这个患者让夫妻俩印象深刻，也更坚定了他们要一直做下去的决心。

"我们俩没什么开支，老头不喝酒不抽烟，每天简简单单吃个饭，一天二三十块钱就够了。"熊庚香说现在的日子很充实，他们愿意和大家聚在一起。谈起丈夫，她满脸骄傲："炉子他自己会搞，好会做事的，很聪明。"对于妻子，万佐成充满了愧疚："我没尽到做丈夫的责任，她已经这么大年纪了，还跟着我在这里干这个事，很辛苦。"

"吃这些苦没什么，能帮到他人我们就很开心。"对于众人的称赞，万佐成夫妇总是这样说。多年来，夫妇俩坚持用低廉的价格，为炒菜的病人家属提供炉灶。对于家庭特别困难的家属，夫妻俩记在心里，能不收钱就不收钱。碰上有好心人捐款，老两口还会热心牵线，引导捐款者直接把钱交到有需要的患者家属手上。"现在越来越多的人支持帮助'抗癌厨房'，我们做得也更有信心了。政府已经拨款给咱们装修了厨房并补贴房租，志愿者也经常来帮忙。"万佐成说，房子大了，卫生条件好了，来帮忙的人多了，他们也能帮助更多需要帮助的人，为大家提供更好的服务。

对患者及其家属而言，这对善良的夫妇是值得铭记、感恩的人。很多人在离开医院的时候，都会专门来到"抗癌厨房"，跟万佐成夫妇致谢道别。"厨房"墙壁上密密麻麻写满了笔迹不一的电话号码，每一个号码背后，都是一段暖心的故事。留下电话号码的人们心里清楚，只要"抗癌厨房"还在，这对夫妻就会一直忙碌下去。

"改善伙食也好，聊天倾诉也罢，只要能让大家生活好一点，我们觉得就值了。"夫妇俩说，"我们就像墙上的那口钟，只要不坏，就一直转下去，做下去。"

2021年，万佐成、熊庚香夫妇荣获"感动中国2020年度人物"、第八届全国道德模范；2022年1月，被评为"2021江西暖心人物"。

（参见殷思萌：《"抗癌厨房"里的烟火与温暖——记第八届全国道德模范万

佐成、熊庚香夫妇》，南昌新闻网2021年11月7日；卢梦梦：《小巷烟火里 炊香抚人心——记〈感动中国〉2020年度人物万佐成、熊庚香夫妇》，《南昌日报》2021年2月2日；彭文斌：《小巷里，温暖的厨房》，《人民日报》2021年12月27日；应捷、张平：《“炉子烧起来了，火就不能灭”》，人民资讯2021年5月24日。本案例由作者根据以上资料编写。）

【思考讨论】

1. 万佐成、熊庚香夫妇的事迹为何感动中国？他们身上体现了怎样的思想境界和道德精神？

2. 在发展社会主义市场经济的条件下，为人民服务是不是已经过时了？如何理解为人民服务是社会主义道德的核心？

3. 有人说，为人民服务是对党员干部的要求，不能推广到全体人民。你认同这种观点吗？如何理解为人民服务体现着社会主义道德的先进性要求和广泛性要求的统一？

4. 联系实际，谈谈大学生如何践行为人民服务的道德要求。

【案例解析】

一条陋巷，用“多余的火”联成一条温馨的通道，来自天南海北的病患和家属，在这里烹饪出“家”的味道。在万佐成、熊庚香夫妇看来，他们只是做了件普通的事，在别人遇到难处的时候搭一把手，而端出来的不仅仅是一碗碗热气腾腾的饭菜，更有氤氲在热气里的浓浓亲情和深深铭记在心底的感激与感动，温暖了寒夜，照亮了人心。

多少年季节轮回，多少个春夏秋冬。日复一日的忙碌无休、执着坚守，源自他们内心的仁爱与善良。“炉子烧起来了，火就不能灭。”“能帮到别人就很开心。”这对经营小本生意的普通夫妻，以其绵薄之力和实际行动诠释着为人民服务的道德精神，展示了我们这个时代公民道德的高度与境界。

有人说，在市场经济条件下，为人民服务是否已经过时？为人民服务是不是只适用于党员、干部而不能推广到全体公民？万佐成、熊庚香夫妇的行为告诉我们：为人民服务作为社会主义道德的核心，是先进性要求和广泛性要求的统一。为人民服务，既伟大又平凡，既高尚又普通，它并非高不可攀、遥不可及，而是可以通过不同层次、不同形式表现出来的。一个人只要时时处处想到别人、想到社会、想到国家，从而能够推己及人、与人为善，服务他人、奉献社会，使他人能够因自己的所为而得到益处，使社会可以因自己的努力而发生积极变化，就是在践行为人民服务。正如毛泽东所说：“一个人能力有大小，但只要有这点精神，就是一个高尚的人，一个纯粹的人，一个有道德的人，一个脱离了低级趣味的人，一个有益于人民的人。”①

道德，源自人们对美好心灵的守望。公民道德的魅力，不仅在于能够释放出质朴的人性光辉，为他人和社会奉献人世间最可宝贵的爱与善，更在于“送人玫瑰，手有余香”，为每个人烛照前路、纯净心灵、提升境界。道德，富有感化人心的力量。公民道德的魅力，不仅在于震撼人的心灵，更在于它能够焕发无声的感召力和强大的凝聚力。“现在越来越多的人支持帮助‘抗癌厨房’，许多人把自己的电话号码留在墙上”……这也成了万佐成、熊庚香这对善良夫妇继续前行的精神动力。事实证明，为人民服务不但没有过时，而且越来越成为人们热切的心灵呼唤和强烈的道德自觉。在我们的社会里，不论从事何种职业、处于何种岗位，也不论能力大小、职务高低，每个人都能够通过不同形式和平凡岗位践行为人民服务的道德要求。

小巷里的微弱灯光，“抗癌厨房”里的炉灶，万佐成、熊庚香夫妇又默默准备好炭火，继续人间佳话的最美叙述。而你我在致敬和感动之后，又该如何崇德向善、见贤思齐，以凡人微光传递温暖力量，最终汇成璀璨的满天星河呢？

【案例应用】

1. 本案例讲述了万佐成、熊庚香夫妇自2003年起，坚守“抗癌厨房”，服务病患家属的暖心故事。本案例的教学与讨论，旨在帮助和引导学生深刻认识和理解为人民服务是社会主义道德的核心，体现了先进性要求和广泛性要求的统一；为人民服务并非深不可测、高不可攀，不仅适用于党员和干部，也是对全体公民的道德要求；每个人可以通过不同形式、不同层次践行为人民服务。本案例可用于教材第五章第一节中“社会主义道德的本质要求”或第三节中“道德修养重在践行”等内容的辅助教学。

2. 本案例在应用时，应注意从万佐成、熊庚香夫妇“反正是多余的火，不要钱”“能帮到别人就很开心”“炉子烧起来了，火就不能灭”等言语举动中，归纳、提炼为人民服务的精神内涵，以及为人民服务是先进性要求和广泛性要求的统一，具有多样性、层次性。同时，要着重回应一些学生对为人民服务的错误认识。为进一步增强教育教学的生动性和感染力，还可配以相关视频资料来辅助教学。

① 《毛泽东选集》第二卷，人民出版社1991年版，第660页。

案例 2

生命的壮歌

【案例文本】

2018 年 8 月 20 日，超强台风“温比亚”过境辽宁省大连市，狂风肆虐，巨浪滔天，停靠在中船重工第七六〇研究所的国家某重点试验平台出现重大险情。

国之重器，决不能出现任何意外！危急关头，中船重工第七六〇所 17 名同志，面对台风和巨浪，挺身而出，对试验平台进行加固作业。作业过程中，黄群、宋月才、姜开斌被巨浪卷入海中。

平台保住了，英雄一去不复回。

最美奋斗者：中船重工第七六〇研究所抗灾抢险英雄群体

最后三百米　走向壮烈路

监控摄像机，如实记录了当时的情景——

狂风怒吼，大海咆哮；数十米高的巨浪呼啸扑来，将十多个身影掀翻、摁倒在白色浪花里；浪头一过，这些身影顽强站起来，毅然向前、向前，无人回头……

他们明白，退缩意味着什么——这一提升我国船舶多项核心关键技术水平的重要试验平台，一旦失控，将造成平台及平台上 4 名保障人员的重大损失！

他们毫无惧色地站出来，抓着加固试验平台的备用缆绳，在狂风巨浪中走向码头，走向试验平台！

大浪猛袭下，码头上 7 吨重的铲车，被生生地横拍出两米！

但是，没人退缩。

抢险队伍成员孙逊说：“当时风势有所减弱，这是挽救试验平台最后的机会。”

300 米长的 L 形码头，从起点走到尽头，平常仅需要 5 分钟。而这一次，在与狂风暴雨、惊涛骇浪的搏击中，他们却花了 20 多分钟。

终于，他们奇迹般走过来了，开始对试验平台进行加固。

然而，更大的巨浪排空而至，第七六〇所副所长黄群、试验平台机电负责人姜开斌、试验平台负责人宋月才等，先后被无情巨浪卷入海中！

码头上，试验平台上，人们一遍又一遍地抛出缆绳、救生圈，想把战友从大海中抢回，有的同志甚至跳海营救。

恶劣的天气，一次次把人们的努力化为徒劳。

试验平台平安无恙，平台 4 名保障人员平安无恙，3 名烈士魂留碧海！

风停了，浪静了。第七六〇所院区像经历了一场浩劫，20 米高的大树被连根拔起、6 平方米的水泥板被掀飞到 10 多米外，地上的金属架被拧成“S”形……

码头上严重变形的金属舷梯，似乎在无声地诉说那场罕见的风浪；300 米长的海岸码头、依然耸立的试验平台，定格着英雄以命相搏的最后身影，记载着英雄最后的步履，讲述着英雄最后的壮烈。

最后一句话　浓缩一生情

烈士离去，留下无限追思。

“我得去码头了。”这是黄群 20 日那天早上，留给妻子亢群的最后一句话。他放不下对试验平台的牵挂。

黄群热爱自己的事业。2017 年，他从武汉来到大连，远离亲人，没有怨言。“他的事业，就是他的生命。”亢群说，黄群对试验平台就像对他血脉相连的孩子一样感情深厚，“我很理解，有险情，他肯定会义无反顾地冲上去”。

与黄群一起牺牲的，是两名海军退役军人：61 岁的宋月才、62 岁的姜开斌。他们大可安享晚年，却依然选择尽责报国。

作为试验平台的著名专家，宋月才曾被其他企业盯上，欲用高薪聘请他，但他不为所动。后来，宋月才听到试验平台需要人的消息，说：“太好了！我太熟悉了，闭着眼睛我都能摸到每一个角落！”虽然待遇不高，他仍说：“我来招兵买马！”

“好几次，我都看到他顶风冒雨去观察平台。”宋月才“招”来的孙贺军说，20 日当天，他在码头值班室值班，凌晨 3 点看到宋月才穿着雨衣从码头回来。

试验平台工作人员李克忠，是 20 日当天从码头撤离的最后一批人，他含泪回忆宋月才的最后时刻：“我不下 3 次请求他一起撤离，他就是执意不肯走，说要再观察。”

站在湖湘，眺望大海，山重重、水迢迢。姜开斌没有想到，大海会再次向他发出召唤——2017 年年底，试验平台需要一批经验丰富的老技术人员。已经退休的姜开斌开心极了。年已花甲的他，告别家人，跨越千里，从湖南赶了过来。他的老战友刘子辉说:“他不缺钱,离开家人来到这里,就是一种情结。”8月20日那天,当巨浪拍打着倾注了他们心血的试验平台的时候,姜开斌冲在了抢险队伍的最前面。

“烈士们的行动,有人可能觉得‘傻’,但我理解他们,军工人都理解他们,在他们看来,如果没有尽自己最大的努力,试验平台受损,他们会抱憾终生。”第七六〇所顾问张琼说。

生命的回响　奉献为荣光

烈士的壮举,化作强大的精神力量。

姜开斌的一个战友辗转给第七六〇所打来电话,表示如果需要,他将前来接替姜开斌的工作。谈及不高的待遇和工作的风险,这位老兵慨然表示:知道的,这些事情我们看得很淡。

刘子辉是当时在试验平台上坚守的4人之一,并勇敢营救落水战友。他说:“退休了,还能重温过去的梦,还能为国防事业作贡献,是一种荣光。”亲历3位烈士牺牲的过程,让刘子辉坚定了干下去的决心。

试验平台的保障人员全是退役官兵,大部分都是抛家舍业。他们都表示,能够为国家、为国防事业贡献自己的力量,再苦也值。

在海水中挣扎近2小时才获救的孙逊说,负责这个项目六七年了,这个试验平台来之不易,对我们国家很重要,当时就想着一定要把试验平台控制住,把人保住,那段在生死边缘挣扎的经历没能吓退自己,自己不会改行,“我们有信心把后续工作搞好!”

通往星辰大海的征途上,从来不乏默默前行的人。

苍天无言,大海呜咽。许多人前来参加黄群同志追悼会,两位与烈士素不相识的院士打来慰问电话。英雄的精神感动着人们。

牺牲的前一晚,黄群自己在家包饺子,请同事王维伟一家人吃饭。王维伟10岁的孩子在作文里回忆与黄伯伯相处的一点一滴,写道:“我一定牢记您的话,好好学习,将来做一个对社会有贡献的人,一个有价值的人。”

试验平台,寄托的是勇士们拳拳许党报国之心;危急关头,勇士们做出的是事业和个人安危之间孰先孰后的选择。

习近平总书记闻讯后,对黄群等3名同志壮烈牺牲作出重要指示指出,黄群、宋月才、姜开斌三位同志面对台风和巨浪,挺身而出、英勇无惧,为保护国家重点试验平台壮烈牺牲,用实际行动诠释了共产党员对党忠诚、恪尽职守、不怕牺牲的优秀品格,用宝贵生命践行了共产党员“随时准备为党和人民牺牲一切”的初心和誓言,他们是共产党员的优秀代表、时代楷模。

2018 年 9 月 14 日，中央宣传部授予中船重工第七六〇研究所抗灾抢险英雄群体“时代楷模”称号。

（参见蔡拥军、王秉阳、郭翔：《生命的壮歌——记中船重工第七六〇所抗灾抢险英雄群体》，新华网 2018 年 9 月 18 日；侯国政、杨丽娟：《狂风巨浪中用生命书写忠诚》，中国共产党新闻网 2018 年 9 月 13 日；魏兵、陈国全、王维伟：《生命之帆，朝着海风的方向——追记中船重工第七六〇研究所壮烈牺牲的三位勇士黄群、宋月才、姜开斌》，《解放军报》2018 年 9 月 25 日。本案例由作者根据以上资料编写。）

【思考讨论】

1. 阅读本文，面对台风和巨浪、面对国家重点试验平台遭遇险情，中船重工第七六〇所英雄群体不畏生死、挺身而出、勇往直前的精神动力是什么？

2. 在当今社会发展强调以人为本，重视保护个人利益的环境中，倡导集体主义是否会抹杀个人正当利益，束缚人的个性、压抑个人的成长？请联系实际，谈谈如何正确认识和理解集体主义的科学内涵。

【案例解析】

他们不是天生的英雄，却是真正的勇士。在与台风“温比亚”惊心动魄的搏斗中，黄群、宋月才、姜开斌 3 位勇士不幸罹难魂归大海。300 米长的码头，永远记下了他们履职尽责、许党报国人生中最壮丽、最闪光的一程。

英雄已逝，精神永存！

人们不禁要问，面对台风、巨浪，究竟是什么样的动力，让他们挺身而出、英勇无惧？面对国家财产遭遇重大险情，又是什么样的精神，让他们义无反顾、不畏生死？

从全社会对英雄事迹的热烈反响和习近平总书记对英雄群体作出的重要指示中，我们不难得到答案——是共产党人“随时准备为党和人民牺牲一切”的初心和誓言，使他们在危难关头冲锋在前，不怕牺牲；是“国家利益高于一切”的集体主义精神，使他们不顾个人安危，勇敢地冲向惊涛骇浪！

在日常生活中，有人常存这样的疑惑：当今社会发展强调以人为本，重视保护个人利益，倡导集体主义会不会抹杀个人正当利益，束缚人的个性、压抑个人的成长？我们说，这样的疑惑是没有根据的。要消除这些疑惑，需要我们正确理解集体主义的科学内涵，把握集体主义是调节社会利益关系的基本原则。

首先，集体主义强调国家利益、社会整体利益和个人利益的辩证统一。人生于世，每个人既是作为个体而存在，又是作为集体中的一员而存在。集体和个人是不可分割的。在社会主义社会中，国家利益、社会整体利益和个人利益相生相长、相互依赖、相辅相成。一方面，国家利益、社会整体利益体现着每个社会成员根本的、长远的利益，是所有社会成员共同利益的统一。国家利益、社会整体利益的发展，本身包含着所有社会成员个人利益的增加。国家利益、社会整体利益的兴衰与个人利益的得失息息相关。另一方面，每个人的正当利益，又都是国家利益、社会整体利益不可分割的组成部分。国家利益、社会整体利益正是通过每个社会成员的集体努力来实现的。社会成员个人利益的增加，同样有利于国家利益、社会整体利益的增加。正如德国哲学家黑格尔所说："生命存在于每个细胞中"，而"如果离开了生命，每个细胞都变成死的了"。

其次，集体主义强调国家利益、社会整体利益高于个人利益。在实际生活中，个人利益和国家利益、社会整体利益难免会发生矛盾。这些矛盾有的是可以缓和、化解的，有的则会发生冲突甚至是激烈的冲突。在这种情况下，集体主义强调，必须坚持国家利益、社会整体利益高于个人利益的原则，倡导个人应当以大局为重，使个人利益服从国家利益和社会整体利益，在必要时作出牺牲。但是，集体主义要求个人为国家、社会作出牺牲并不是任意的、无条件的，只有在不牺牲个人利益就不能保全国家利益和社会整体利益的情况下，才要求个人作出牺牲。集体主义之所以强调个人利益要服从国家利益和社会整体利益，归根结底，既是为了维护国家、社会的共同利益，最终也是为了维护社会成员个人的根本利益和长远利益。

最后，集体主义强调重视和保障个人的正当利益。所谓个人利益，是指个人一切需求的总和，包括个人在经济、政治、文化等各方面的利益。个人利益不等同于个人主义，但它却有正当和不正当之分。从国家和社会整体利益的尺度来看，凡是与国家和社会整体利益在价值目标上保持一致的个人利益，或者能够增进国家和社会整体利益的个人利益，就是正当的个人利益；反之，就是不正当的个人利益。倡导集体主义并不是要束缚和压抑人的个性和成长，也不是对个人利益漠不关心甚至任意抹杀，而是要在集体利益高于个人利益的前提下，充分肯定和保障个人正当利益，尽量发挥个人的积极性和创造性，促进个人的才能、价值得到充分的实现，要约束和限制的是不正当的个人利益。约束和限制不正当的个人利益，也正是为了保障更多人的正当的个人利益。由此可见，坚持集体主义原则与重视和保障个人的正当利益是一致的，这也是集体主义的应有之义。

"将受命之日，则忘其家；临军约束，则忘其亲；援枹鼓之急，则忘其身。"中船重工第七六〇所英雄群体用勇气、血汗甚至生命，在排山倒海的风浪中坚定逆行，生动诠释着许党报国的忠诚与信仰，集中体现了国家利益至上的家国情怀和集体主义的精神品质。

一个有希望的民族不能没有英雄，一个有前途的国家不能没有先锋。一滴水只有投入大海才不会干涸；一个人只有把自己的理想与奋斗融入党和国家的事业之中，人生发展才会更有力量、更有价值。中船重工第七六〇所英雄群体的英勇事迹启示我们应如何正确处理个人与国家、社会之间的利益关系，也必将激励新时代大学生向英雄学习、向榜样学习，立志民族复兴，把对祖国血浓于水、与人民同呼吸共命运的情感贯穿学业全过程、融汇在事业追求中，不负韶华，不负时代，不负人民，在全面建设社会主义现代化国家新征程中踔厉奋发、勇毅前行。

【案例应用】

1. 本案例追述了中船重工第七六〇所抗灾抢险英雄群体为保护国家重点试验平台挺身而出、不怕牺牲、英勇逆行的先进事迹，生动诠释了共产党员许党报国的初心和誓言，集中体现了国家利益高于一切的集体主义精神品质。本案例的教学与讨论，旨在帮助学生正确理解集体主义的科学内涵，认识集体主义是调节社会利益关系的基本原则，进而引导学生把个人的小我融入祖国的大我、人民的大我之中，在报效祖国、服务人民、奉献社会的实践和奋斗中找到人生真谛、生命价值。本案例可用于教材第五章第一节中“坚持以集体主义为原则”的辅助教学。

2. “问题性”是教学案例的鲜明特征。一个优质的教学案例不仅要有精彩的“故事”或“情境”呈现，更要有契合教学主题的“问题”。正是这个“问题”的存在，才使得案例能够作为教学载体及对学生具有启发意义。为此，本案例在运用过程中，要注重从中船重工第七六〇所抗灾抢险英雄群体的事迹中提炼出“问题”，以击中或回应学生对集体主义的误解与困惑。

此外，教师还可引导学生结合我国抗击新冠肺炎疫情斗争中发生的诸多感人故事，进一步拓展和深化教育教学。

案例 3

川航英雄机组：万米高空的生死迫降

【案例文本】

2018 年 5 月 14 日，四川航空 3U8633 航班执行重庆至拉萨航班任务，在成都管制区域巡航高度 9 800 米，驾驶舱右座前风挡玻璃突然破裂脱落，导致座舱失压，气温迅速下降到零下 40 多摄氏度，大多数自动化仪表失灵，机组实施紧急下降。

刘传健：胆气亦英雄

突发状况面前，机组临危不乱、沉着应对、正确处置，在多部门密切配合下，最终成功备降成都双流国际机场，避免了一场灾难的发生，确保了 119 名旅客和 9 名机组人员的安全。这一生死备降被业内称为“世界级备降”和“民航史上的奇迹”。川航 3U8633 航班被授予“中国民航英雄机组”称号，并得到习近平主席的亲切接见和高度评价。

玻璃破裂，万米高空显身手

“风挡裂了！我们决定备降成都。”2018 年 5 月 14 日 7 时 8 分，川航 3U8633 航班上，随着“砰”的一声，坐在驾驶舱左侧的责任机长刘传健和右侧副驾驶徐瑞辰同时发现右侧前风挡玻璃出现裂纹，刘传健立即向地面管制部门发出信息，并示意徐瑞辰发出 7700 遇险的信号。

然而，突然间，驾驶舱的玻璃碎裂并被吸出，破碎的玻璃向外四散，驾驶舱门自动打开。系紧了安全带的徐瑞辰上半身被吸出舱外，面部和手部被玻璃碎片划伤。努力回到座位后，他戴上氧气面罩，忍着伤痛协助机长监控飞机关键参数。

此时，飞机出现剧烈抖动，机组身处高寒、缺氧和巨大噪音的恶劣环境中，情况非常危急。飞机仅能全人工操纵，刘传健左手紧握操纵杆，尽力控制飞机的状态。在缺失右侧风挡玻璃的情况下，为了降低飞机的抖动程度，刘传健选择了一个适中的速度艰难地下降。

特情发生时，梁鹏机长在客舱按计划轮休。意识到事态的严重，在强大而寒冷的气流中，他奋力进入驾驶舱，迅速系好安全带辅助刘传健机长进行特情处置。他一边执行高原释压检查单等必要的程序和动作，一边坚持向管制员报告特情信息。但由于设备损坏和风噪，他们从耳机里听不到任何声音，无法与地面建立正常的双向联系。

化险为夷，128 人平安归来

当驾驶舱风挡破损、客舱瞬时失压、氧气面罩全部释放时，正在为旅客提供客舱服务的 4 名乘务员全部腾空失重。她们就近拉下氧气面罩吸氧，并就坐固定自己。乘务长毕楠拿起广播话筒，整个乘务组通过口令和手势全力指挥旅客。

当时驾驶舱的温度接近零下 40 摄氏度，寒冷对身体的影响使得刘传健对飞机的操控变得更加艰难，梁鹏在后排不时为刘传健和徐瑞辰揉搓肩膀和手臂。机组在充分考虑了地形和安全高度的前提下，下降高度、控制航迹。管制部门及空军单位积极协调指挥空域内其他航空器进行避让。在无法与地面管制进行通讯的情况下，机组按照常用的进港程序向成都 02R 跑道进近飞行。乘务组听到起落架放下，乘务长指挥乘务员立即返回执勤位，又通过内话要求所有乘务员默想撤离程序，做好落地和紧急撤离的准备。

7 时 46 分，在紧密配合完成了一系列的进近准备工作后，刘传健操纵飞机以近乎完美的曲线安全降落。

该航班共运输旅客 119 人。当班飞行机组机长刘传健，副驾驶徐瑞辰，第三成员机长梁鹏。当班乘务组一共有 5 名乘务员，另有 1 名安全员。万米高空完美迫降，128 人平安归来。

创造奇迹，源于平日的匠心

1991 年，刘传健成为空军第二飞行学院的一名学员。1995 年，他以各科目全优的成绩毕业成为一名飞行教员，每年都要带着学员进行“玻璃爆裂”训练。2006 年，他从空军第二飞行学院退役，加入四川航空股份有限公司。

从军人到民航人，刘传健对自己热爱的事业没有变。自成为飞行员的那一天起，刘传健始终牢记确保飞行安全这一最高职责，把安全飞行规章标准落到每一个航班飞行的全过程，先后执行过多个重要航班保障任务。在同事眼中，他飞行品质高，安全纪录保持良好，未发生过一起人为原因导致的不安全事件。

作为部队出身的资深飞行教员，刘传健的言行举止都散发着军人严谨、刚毅、沉稳的气质。关键时刻，他敢于挑战飞行极限，勇当国家财产、人民生命的守护者。

“这条航线我飞了上百次，对不同时间飞机所处的位置和情况是非常有把握的。”事后，刘传健说，“风挡玻璃破裂后，我发现操纵杆还能用，就立刻作出备降的决定，对结果我是很有信心的。”扎实的专业理论，精湛的飞行技术，严谨的职业精神在关键时刻体现出来。

曾有记者问乘务长毕楠：“你们自己心里有谱吗？”毕楠说：“我们相信机长，相信我们每一天的训练。”

刘传健所带领的英雄机组的第二机长梁鹏很早就与他多次搭档飞行，副驾驶徐瑞辰是刘传健带飞的学员。大家训练有素、团结协作、配合无间和良好的心理素质，共同成就了这次“史诗级”备降。

经此一事，刘传健对生命有了更为深刻的认知。“‘5·14’事件之前，我没有想到过生命是那么无常，但在这之后，我觉得人活着就有一切，生命的意义就是让别人感觉到你的存在。”对于社会各界的盛赞，刘传健总是说，只要在平凡的岗位上做出不平凡的工作都是英雄，这份荣誉属于中国民航。

（参见戴佳佳：《川航英雄机组：万米高空完成“史诗级”备降》，《成都商报》2019年4月18日；樊永强：《刘传健：完成“史诗级”备降的英雄机长》，新华网2019年1月12日；戴璐岭、李慧颖：《专访川航3U8633英雄机组 “平凡岗位上做出不平凡都是英雄”》，四川新闻网2018年6月8日。本案例由作者根据以上资料编写。）

【思考讨论】

1. 危急时刻，川航3U8633机组靠目视和手动操作，镇定而完美地做出一系列职业反应，最终避免了灾难的发生，确保了航班128人的安全。阅读本文，您认为在他们身上体现了怎样的匠心精神和职业操守呢？

2. 作为在校大学生，如何在日常的学习和生活中培养爱岗敬业的职业精神和职业道德？

【案例解析】

人们常说，危难之时方显英雄本色。近万米的高空中风挡玻璃脱落、副驾驶身体被吸出舱外、自动化仪表失灵……这样的特情，可谓惊险；克服超低温、超低压、设备损坏等一系列困难，通过冷静处置和科学操作实现成功备降，避免了一场近在眼前的空难，这一备降被业内称为“史诗级壮举”。古人讲，聪明秀出，谓之英；胆力过人，谓之雄。能够在千钧一发之际临危不乱，用力挽狂澜的努力，确保了119名乘客和9名机组人员安全，川航3U8633机组和机长刘传健被授予“英雄机组”“英雄机长”称号，亦可谓名副其实、当之无愧。

然而，我们在震撼与感动的同时，不禁要问：面对突如其来的险情，在千钧一发的生死关头，川航 3U8633 航班为什么能够做到临危不乱、果断应对、正确处置，成功避免了一场重大航空灾难的发生？透过一系列化险为夷的职业反应，我们从他们身上又感受到了怎样的匠心精神和职业操守呢？这是我们应该思考的问题。

川航 3U8633 航班的匠心精神和职业操守，是良好的职业道德素养在航空这一平凡工作岗位的具体体现。这就是“爱岗敬业”。它不是一句空洞的口号，而是有着实实在在的深刻而丰富的内涵——

第一，“爱岗敬业”是一种态度。在毫无征兆、驾驶舱右座前风挡玻璃突然破裂脱落、舱内释压、温度骤降、仪表失灵等紧急情况下，机组人员靠目视和手动操作，按照标准程序完成一系列应急处置，成功地将飞机从 9 800 米的高度备降到成都双流机场，显示出良好的心理素质和高超的飞行技术。机长刘传健在接受记者采访时说，正是有了平时的严格训练，才能让他在危急关头，能够冷静处理危机。试想，如果没有对本职工作的热爱与敬重，没有做好本职工作的思想意识，他们就不可能有平时过硬的专业技术和应急能力训练、不可能有良好的心理行为习惯的养成，也就不可能在面对罕见险情的生死时刻做到临危不乱、沉着应对、妥善处置。因此，“爱岗敬业”首先是一种态度，是严肃严格严谨的工作态度在职业行为中的体现。

第二，“爱岗敬业”是一种精神。从媒体报道中我们可以看到，川航 3U8633 航班在突遇空中险情后，机组第一时间通过飞机应答机系统向空管部门发出紧急求助信号，同时按特情程序紧急检查飞机和机上人员情况，安抚乘客情绪，并实施紧急处置程序，就近选择成都双流机场紧急备降，确保了 119 名乘客平安落地。或许，这一系列“紧急”的动作，完全是出自本能，然而在生死关头，这种近乎本能的、下意识的职业反应背后，所体现出来的一定是长期的爱岗敬业所养成的职业意识和职业精神，这就是始终把乘客的安全放在第一位的岗位意识、责任意识和奉献精神、牺牲精神。因此，“爱岗敬业”不仅反映了个人对于职业本身的一种态度，也反映了个人与他人之间的一种关系。

第三，“爱岗敬业”是一种境界。面对突如其来的危情，川航 3U8633 航班机组人员没有惊慌失措，而是冷静、坚毅，默默地、迅速地在自己的岗位上进行着一系列应急处置。这看似平凡的举动，折射出来的是一种素养，更是一种境界——一种把岗位当成自身使命、把职责视为生命信仰、把强烈的社会责任感融入平凡工作之中的思想境界。正如习近平主席在接见“英雄机组”全体成员时指出，伟大出自平凡，英雄来自人民。飞行工作年复一年、日复一日，看似平凡,但保障每一个航班安全就是不平凡。学习英雄事迹,弘扬英雄精神,就是要把非凡英雄精神体现在平凡工作岗位上,体现在对人民生命安全高度负责的责任意识上。因此,“爱岗敬业”又体现了个人与社会之间的关系。

第四,“爱岗敬业”是一种修养。川航航班备降事件发生后,业界资深人士评价认为,由于风挡玻璃破裂脱落,对客舱设备造成严重损坏,整个处置过程相当惊险,这对机组人员的生理、心理和技术水平、应急能力都是严峻的考验,机长和机组人员靠目视和手动操作返航备降成功,堪称“世界级”“史诗级”。面对突如其来的“空中危机”,究竟是什么样的担当,让他们能够镇定地做出一系列应急处置和职业操作?这其中最重要的原因,就是机组成员长期的爱岗敬业所达成的“久久为功而不改初衷,精益求精而臻于至善”的匠心精神和自身修养。正如习近平主席高度评价说,危急关头表现出来的沉着冷静和勇敢精神,来自你们平时养成的强烈责任意识、严谨工作作风、精湛专业技能。这种爱岗敬业的匠心精神和职业道德不是一朝一夕、一时一事的偶尔所为,而是日积月累、潜移默化的修养而成,它贯穿于每一个平凡的工作日,体现在每一个普通的岗位中。

爱岗敬业是职业道德的基础和最基本要求,同时也是一种公民素质,尽管平凡,但给人温暖。这是生命的亮度,每个人的微光可以聚合成精神的灯塔。让我们向英雄致敬,更让匠心和敬业的暖流在千千万万的人们中间流淌……

【案例应用】

1. 本案例讲述了川航 3U8633 机组面对突发的极端而罕见的险情,临危不乱、成功处置,确保了机上 119 名乘客和 9 名机组成员生命财产安全的英雄事迹。惊心动魄而震撼人心的壮举,体现出机长和机组成员平时养成的强烈责任意识、严谨工作作风、精湛专业技能。本案例教学的目的,在于帮助学生深刻理解爱岗敬业的丰富内涵,充分认识“伟大出自平凡,英雄来自人民。把每一项平凡工作做好就是不平凡”,引导学生以爱岗敬业模范为榜样,培养良好的职业道德意识,提高践行职业道德的能力,为未来的职业生活奠定良好基础。本案例可用于教材第五章第三节中“恪守职业道德”部分的辅助教学。

2. 爱岗敬业是职业道德的基本要求,也是社会主义核心价值观的内涵之一。教师在运用本案例时,切忌对爱岗敬业的内涵做空泛的解读,而要着重剖析川航 3U8633 机组和机长刘传健在处置险情时所表现出的良好的职业素养及其背后所反映出的敬业态度、责任意识、职业技能和奉献精神。同时,可配以有关视频资料进一步增强教育教学的生动性和感染力。

案例 4

国外如何对待英雄

【案例文本】

世界上许多国家都有法定的烈士纪念日，如英美称“阵亡将士纪念日”，俄罗斯称“胜利日”，德国称“国民哀悼日”，朝鲜称“战胜节”，越南称“荣军烈士节”等。虽然名称不同，日期各异，但各国都十分重视把烈士纪念日镌刻在雕像、墓碑上，并每年在这个日子举行隆重公祭仪式，纪念为国捐躯的英雄，意在形成本国的英雄史观和核心价值。

美国：英雄精神不容亵渎

众所周知，美国是一个崇尚英雄主义的国家。在其短短的 200 多年历史中，英雄主义已内化为美国的文化价值观，甚至成为美国人心中的信仰。“英雄也许并不完美，但英雄精神不容亵渎”——这就是美国人的英雄史观。

美国前总统里根曾说，“美国是在英雄主义和崇高献身精神的基础上建立起来的……”一直以来，美国承袭着传统的英雄祭奠模式，从法定纪念日、英雄纪念碑到国家公墓，从总统、军队到普通民众都恪守着祭奠礼仪。随着信息技术的发展，美国对英雄主义价值观的宣传已突破单纯描写英雄事迹的传统模式，它充分利用自身文化软实力优势，通过信息时代的影视网络等媒体资源向全球范围宣扬自己的英雄，进而推销美国的价值理念。

早在 19 世纪中叶，美国对英雄的崇敬就已上升到国家法律层面。1868 年，为纪念南北战争中阵亡的北方将士，联邦政府将 5 月 30 日设为“阵亡将士纪念日”，1971 年以后改为 5 月最后一个星期一。当天，美国总统在国家公墓敬献花圈，从黎明到中午各地降半旗，并在公墓或纪念馆等地组织相关纪念活动。2000 年 12 月，时任美国总统克林顿签发《全国追思时刻法案》，鼓励民众在“阵亡将士纪念日”和全国追思时刻积极参加各种纪念活动。2006 年 5 月美国国会又制定了《尊重美国阵亡英雄法案》，禁止在葬礼举行前后一小时在国家公墓管理局管理的任何墓地入口 90 米内进行示威抗议。此外，“退伍军人日”

和“国家珍珠港荣军纪念日”等都属于法定假日，在纪念英雄的同时，昭示勿忘国耻。

对于阵亡将士，美国各地都有政府或民间机构设立的纪念碑，这似乎已成为美国纪念英雄的标准模式。走进阿灵顿国家公墓，即可见其宣扬的职责——“受美国人民之重托，为那些为了国家的尊严和荣耀而服务的人们，提供神圣的安息之地，向他们的家庭表达敬意和同情，向参观者们展现鲜活的历史”。除了无名烈士墓之外，阿灵顿国家公墓的26万个墓碑上都镌刻着烈士的姓名、生日和忌日，有的还有牺牲地名。那里，时刻有卫兵站岗守灵，在无名烈士墓前，每小时举行一次简洁肃穆的卫兵换岗仪式。特别是在“阵亡将士纪念日”，负责守护陵寝的美军全员出动，为26万座陵墓插上星条旗，次日，再逐一收起。同样，位于华盛顿国家广场的越战将士纪念碑碑墙上，亦镌刻着57 000多名阵亡士兵的姓名，时刻接受着来自四面八方民众的缅怀……

影视媒体和互联网的飞速发展，为美国英雄主义的宣传模式注入了新的活力。由军方和企业合作推出的以历史英雄人物事迹为题材的影视、网络小说甚至网络游戏等，成为美国捍卫英雄形象、颂扬英雄主义的重要途径。在美国，仅国防部就掌控着300余家电台和电视台，每年放映约3 500部电视片，拍摄1 100多部电影，出版杂志、报纸1 850种，发行量超过1 200万份。此外，各种纪念阵亡将士的网站层出不穷，英烈的照片、事迹查阅方便。

俄罗斯：保卫“烈士记忆”

俄罗斯是世界上战争记忆最丰富的国家之一，俄罗斯人对战争荣光格外珍视与自豪。在他们看来，纪念为国捐躯、战死疆场的先烈，既是尽后辈敬仰、缅怀之责，更是传承民族精神与爱国情怀。

“没有谁会被遗忘，没有什么会被忘却！”这是俄罗斯烈士纪念工作的总原则。2014年的胜利日纪念仪式上，俄罗斯总统普京曾慷慨陈词：俄罗斯将永远珍惜战争记忆，俄罗斯永远不允许背叛英雄！

在俄罗斯，胜利日是纪念二战烈士最重要的日子。每逢节日来临，全国各地都要举行阅兵式、文艺游行等纪念活动，国家和地方领导人也会到烈士墓前敬献花圈。大街上，无论男女老幼，纷纷戴上象征胜利的“圣乔治丝带”；广场上，头发花白的二战老兵身穿一尘不染的旧军装，胸前缀满闪亮的勋章，与年轻人纵情舞蹈歌唱，间或停下来，与周围人回忆战友往事，混浊的眼眸泛着清澈的泪光。

苏联解体曾在俄罗斯社会引发震荡与裂变，然而，缅怀烈士的传统却未曾因此发生断裂。某种程度上，俄罗斯人的“烈士记忆”反而得到了加强，这为俄罗斯的民族复兴提供了强大的推动力。

1995 年,俄国家杜马通过联邦法令,决定将 2 月 23 日“苏军建军节”更名为“祖国保卫者日”。这一天,总统和总理也会像胜利日一样,向红场边的亚历山大公园无名烈士墓献上花圈。节日当晚,莫斯科和圣彼得堡等大城市还会鸣放礼炮。2012 年 12 月,俄罗斯又通过法律,将 8 月 1 日定为一战阵亡军人纪念日。

在俄罗斯,对烈士的纪念,在国家层面主要通过“两法一局”进行运作,即 1993 年的《卫国烈士纪念法》与 2006 年的“卫国烈士纪念问题”总统令,以及国防部卫国烈士纪念管理局。此外,俄罗斯国防部建立了一个庞大的网络数据库,提供一战、二战烈士信息,包括他们的军衔、服役部队、牺牲时间和原因以及安葬地点,方便亲友祭扫。

在俄罗斯的“烈士记忆”中,最值得一提的是对境外烈士墓的保护。俄罗斯著名军事统帅苏沃洛夫曾说:“没有埋葬最后一名战士,战争就没有停止。”正是出于对烈士的尊重,俄罗斯一直坚持在全球搜索苏军烈士遗体,并把他们安葬。对俄罗斯人而言,境外烈士墓是英烈在国外的“家”。二战中,数百万苏军将士战死他乡。据俄官方统计,境外苏军烈士墓地多达 22 600 余处,遍布 49 国。2007 年爱沙尼亚拆迁苏军纪念碑和烈士墓事件后不久,普京便签署了在海外设立烈士陵园保护中心的总统令。根据该法令,俄国防部卫国烈士纪念管理局在匈牙利、中国、波兰、罗马尼亚、捷克、德国和立陶宛等 7 国设立代表处,负责 14 个国家苏军烈士墓地的登记、维护与修缮,范围覆盖 95%的境外苏军烈士墓。2010 年 9 月,时任俄罗斯总统梅德韦杰夫访华,行程首站便是拜谒大连苏军烈士陵园。

英国:敬重英雄是常态

英军是世界上最早确立现代意义上的勋章奖章授予制度的军队。早在 1642—1651 年的内战期间,英国就设立了勋章奖章授予制度,表彰作战勇敢的英军官兵。现代英国还设立了“荣誉剑”和“女王奖章”,由英国女王或政府要人亲自颁发,获此殊荣的名字将永远铭刻在博物馆里的荣誉墙上。部分学院也用著名将领和英雄的名字来命名房屋、道路。这些荣誉制度,是传统绅士文化的一种表现形式,也是评价人们社会价值的尺度,代表了社会对其行为的认可与赞赏。

走在英国街头,人物雕像几乎随处可见。这些雕像的主角,除部分为王公贵族和宗教人物外,多半是战争中的英雄。此外,还有不少纪念战争胜利和阵亡将士的纪念碑,碑座四周往往雕刻有阵亡烈士的姓名、籍贯、服役部队、生卒年月等信息。这些雕像和纪念碑，一年四季都有英国人前来凭吊，基座旁经常可以看到新鲜的花束或花圈。

如果说雕像和纪念碑是纪念英雄的有形载体，成立于1921年的皇家英国退伍军人协会则堪称英国英雄文化的“幕后推手”。该协会在伦敦的总部有大约1 300名工作人员，在英国各地和海外设立的分支机构超过2 500个。协会的主要宗旨是为退伍军人及其亲属服务，将“纪念和缅怀军人的牺牲与奉献”作为自身的重要职责，以增进社会民众对英雄的认同感和敬意。为“将感激和怀念之情传承给年青一代”，这个协会还启动了“青少年怀念之旅”项目，组织来自公立学校的学生和教师到欧洲战场和安葬阵亡将士的公共墓地参观，让学生了解英雄在战场上的英勇事迹和巨大牺牲，感召他们敬重英雄，强化爱国奉献精神。

英国有许多法定的战争纪念日，如阵亡将士纪念日、二战胜利纪念日、不列颠空战纪念日、海峡群岛解放纪念日、诺曼底登陆纪念日等。敬仰、尊重、祭奠在历次战争中为国捐躯的烈士，这一观念和做法早已在英国人心中根深蒂固。在这些纪念日，英国都要举行大规模纪念活动，地方政府和学校都参与其中，其中缅怀战争中牺牲的英烈是非常重要的安排。2015年是二战胜利70周年，英国举行了持续3天的纪念活动，成千上万人自发来到烈士陵园、纪念碑、纪念广场等地，向烈士敬献花环，为他们祈祷、歌唱，甚至守夜。在伦敦市中心举行的盛大游行活动上，数百名已是耄耋之年的二战老兵，赢得了人们热烈的掌声。

法国：对英雄的崇仰无处不在

法兰西是一个有着厚重英雄历史、英雄文化的民族，随着时代的发展，法国人对英雄的敬重非但没有淡化，反而愈加渗透到社会的各个层面。

在法国，拿破仑、戴高乐、圣女贞德等英雄的故事被人们广为传颂，而拉法耶特便是诸多英雄中的一位。作为北美独立战争胜利的功勋之一，拉法耶特曾下令拆毁巴士底狱城堡，亲手起草《人权宣言》，被后世法国人称为历经新旧两个世界的“双料英雄”。在法国宪兵学院所在的大西洋东岸罗斯福尔小港，矗立着一艘当年拉法耶特前往北美抗击英军时所乘坐的战舰模型。这艘战舰模型由法国志愿者出资建造，反映出法国民众对民族英雄发自内心的尊崇。

除了民间缅怀，法国政府对英雄纪念活动有着明确的规范。1945年5月8日，当法国所有教堂钟声响起，戴高乐将军在广播中向法国人民宣布“战争结束”，随后，他来到位于凯旋门的无名烈士墓，缅怀战争中为国牺牲的英灵。自此，法国历任总统都会在这一天来到凯旋门出席庄重而肃穆的纪念活动。这一天与 11 月 11 日(第一次世界大战胜利纪念日),均被法国宪法定为法定纪念日。

法国哲学家福柯有句名言,谁控制了人们的记忆,谁就按住了人们行动的脉搏。深谙此道的法国人将对英雄的纪念渗透到社会的各个层面。且不说法国新式隐身军舰被命名为“拉法耶特级”护卫舰、法国巴黎有著名的拉法耶特路等,其实无论是到诺曼底大区参观,还是到凡尔登战役遗址游览,所到之处都会看到大量宣传历史的标语、条幅,沿街店铺里也有许多关于战斗、战史、战将的图书、画册、光盘和模型等与战争有关的纪念品。

法国人对英雄的敬仰并不只是停留在历史抒怀之中。在 10 年阿富汗战争中,共有 70 余名法国官兵阵亡,每一名牺牲军人的遗体在被运到巴黎后,都会送到荣军院,届时法国总统和国防部长会在那里迎候,代表法国政府为其举办庄重的葬礼,法国国家电视一台也将会全程现场直播。另外,整个法国及其驻外使领馆要降半旗,当天参加集会的军人也要集体默哀 3 分钟,以表达对英雄的敬重与哀思。

此外,法国各类军事院校对英雄氛围的塑造更加重视。在法国战争学院,学员入学的第一堂课就是聆听学院历史沿革和伟人功绩的介绍;学术报告厅则以第一次世界大战时福煦元帅的名字命名;学院的走廊、楼梯的拐角处都挂有法军各个历史时期的英雄人物画像及简介,在此学习的学员仿佛置身于英雄的海洋。

(参见童真:《国外人们这样敬重英雄:美国英雄精神不容亵渎》,《解放军报》2015 年 5 月 28 日;郝薇薇:《俄罗斯如何对待“烈士记忆”》,《新华每日电讯》2014 年 10 月 8 日;杨艺霖:《英国敬重英雄是常态》,《解放军报》2015 年 6 月 14 日;陈雅东:《法国,对英雄的敬仰无处不在》,《解放军报》2015 年 6 月 4 日。本案例由作者根据以上资料编写。)

【思考讨论】

1. 阅读本文,世界上许多国家对待英雄的态度和做法,对我们弘扬中国革命道德、传承好红色基因有何启示?

2. 习近平总书记在颁发“中国人民抗日战争胜利 70 周年”纪念章仪式上的讲话中指出:“一个有希望的民族不能没有英雄,一个有前途的国家不能没有先锋。”“今天,中国正在发生日新月异的变化,我们比历史上任何时期都更加接近实现中华民族伟大复兴的目标。实现我们的目标,需要英雄,需要英雄精神。"①请联系实际,谈新时代谈大学生如何弘扬中国革命道德。

【案例解析】

什么是英雄?

有人说,聪明秀出,谓之英;胆力过人,谓之雄。有人说,英雄是民族危亡时刻的奋不顾身,是一寸山河一寸血的英勇牺牲。有人说,英雄是为人民利益而死重于泰山,是为革命事业而视纪律高于生命。也有人说,英雄是敢为人先的无畏担当,是"明知山有虎,偏向虎山行"。还有人说,英雄是平凡日子里的鞠躬尽瘁,是普通岗位上的奋斗终生……虽然不同时代有不同的英雄,但对"英雄"的定义所见略同:先锋就是英雄、英雄就是先锋。

纪念英雄、缅怀英烈是人类的一种良知,是国际社会的普遍价值追求。无论是不容亵渎英雄精神的美国还是保卫"烈士记忆"的俄罗斯,无论是将敬重英雄作为常态的英国还是对英雄的崇仰无处不在的法国,无一不是在塑造本国的民族精神和核心价值,无一不是在告诉国人勿忘历史,开拓未来。"它山之石,可以攻玉"。世界各国对待英雄的态度和做法,为我们用好红色资源,传承好红色基因,发扬光大中国革命道德,具有重要的借鉴价值和有益的启示。

其一,"一个有希望的民族不能没有英雄,一个有前途的国家不能没有先锋"②。英雄是民族最闪亮的坐标。在中华民族 5 000 多年源远流长的文明历史中,每当遇到生死存亡的关键时刻,总有无数可歌可泣的英雄儿女挺身而出、慷慨前行。近代以后,特别是中国共产党成立以来,为赢得民族独立和人民解放、实现国家富强和人民幸福,无数革命先烈矢志不渝、前赴后继,无数平凡英雄艰苦奋斗、无私奉献,谱写了气吞山河的英雄壮歌。英雄是一段历史、一个故事,一份荣光、一盏明灯。在英雄身上,承载的是一种信仰、一种基因、一种道德、一种精神。在中国革命、建设和改革的伟大实践中,中国共产党人、人民军队、一切先进分子和广大人民群众中先后涌现出了许许多多的英雄,他们的言行之中所体现出来的优秀品质、高尚情操、英雄气概和革命精神,形成了中国的革命道德。它是中华民族极其宝贵的精神财富,是我们克服前进道路上一切困难的重要精神支柱,是我们战胜千难万险的重要力量源泉,也是当代中国时代

---

① 习近平:《在颁发"中国人民抗日战争胜利 70 周年"纪念章仪式上的讲话》,《人民日报》2015 年 9 月 3 日。

② 习近平:《在颁发"中国人民抗日战争胜利 70 周年"纪念章仪式上的讲话》,《人民日报》2015 年 9 月 3 日。

精神的重要体现。我们纪念英雄、缅怀英烈，就是要继承和发扬他们为实现社会主义和共产主义而奋斗的崇高理想，就是要继承和发扬他们全心全意为人民服务、始终把革命利益放在首位的道德情操，就是要继承和发扬他们无私奉献、艰苦奋斗、修身律己、保持节操的优良作风。因此，捍卫英雄就是捍卫国家的历史和尊严，就是捍卫红色基因和革命道德，更是捍卫民族的前途和未来。

其二，“崇尚英雄才会产生英雄，争做英雄才能英雄辈出”①。英雄作为历史进程中的杰出人物，是一个国家光辉历史的记忆，是一个民族坚挺不屈的脊梁。美国前总统里根曾说，“美国是在英雄主义和崇高献身精神的基础上建立起来的”。俄罗斯总统普京慷慨陈词。俄罗斯将永远珍惜战争记忆，永远不允许背叛英雄！法国哲学家福柯有句名言“谁控制了人们的记忆，谁就按住了人们行动的脉搏”。俄国诗人莱蒙托夫也说过：“英雄不是点燃的蜡烛，而是一束纯净的阳光。”要想让这束阳光普照大地，就需要一个以英雄为荣、敬重英雄、学习英雄、争当英雄的社会环境。相反，一个国家、一个民族，如果英雄被践踏、历史被抹黑，就等于抛弃传统、自毁根基，就等于割断了自己的精神命脉，历史虚无主义就会乘虚而入，国家就会陷入向何处去的困境。在这方面，苏联以及一些东欧国家有着深刻的教训。一个没有英雄的民族是不幸的，一个有英雄却不知敬重爱惜的民族是不可救药的。中华民族是崇尚英雄、成就英雄、英雄辈出的民族。“今天，中国正在发生日新月异的变化，我们比历史上任何时期都更加接近实现中华民族伟大复兴的目标。实现我们的目标，需要英雄，需要英雄精神。”②我们要在全社会树立崇尚英雄、缅怀先烈的良好风尚，大力弘扬英雄精神，汇聚实现中华民族伟大复兴的磅礴力量。

岁月长河，英雄精神永不磨灭；时代变迁，革命道德必将传承。

【案例应用】

1. 本案例介绍了美国、俄罗斯、英国、法国等国家对待英雄烈士的态度和做法，意在帮助学生了解和认识世界各国无不以“爱国”“责任”“信仰”“忠诚”“奉献”等英雄品质作为核心价值，把珍视和敬重英雄烈士作为英雄史观及本国国民重要的精神追求，从而引导学生深刻理解“一个有希望的民族不能没有英雄，一个有前途的国家不能没有先锋”③，英雄烈士身上所承载和体现出的中国

---

① 习近平：《在国家勋章和国家荣誉称号颁授仪式上的讲话》，《人民日报》2019 年 9 月 30 日。

② 习近平：《在颁发“中国人民抗日战争胜利 70 周年”纪念章仪式上的讲话》，《人民日报》2015 年 9 月 3 日。

③ 习近平：《在颁发“中国人民抗日战争胜利 70 周年”纪念章仪式上的讲话》，《人民日报》2015 年 9 月 3 日。

革命道德，是我们克服前进道路上一切困难的精神支柱，是战胜千难万险的重要力量源泉，对于我们走好今天的长征路，实现中华民族伟大复兴具有十分重要的现实意义。本案例可用于教材第五章第二节中“发扬中国革命道德”的辅助教学。

2. 新中国是无数革命先烈用鲜血和生命铸就的。红色政权来之不易，新中国来之不易，中国特色社会主义来之不易。中国革命道德是中国共产党人的红色基因，也是中华民族宝贵精神财富的重要组成部分。为此，教师在运用本案例时，要把握以下两点：

一是注重话语转换，即由国外如何对待英雄烈士向国内的转换、由革命年代向和平年代的转换、由讲解中国革命道德向用好红色资源传承好红色基因的转换。

二是突出针对性，即联系现实和大学生思想实际，引导学生充分认识中国革命道德的本质内涵、历史意义和当代价值，自觉同各种歪曲历史、诋毁英雄的历史虚无主义思潮作斗争，继承优良传统，赓续红色血脉，坚定中国特色社会主义道路自信、理论自信、制度自信、文化自信，努力在青春的赛道上跑出无愧于时代、无愧于人民、无愧于先辈的好成绩。

案例 5

任性与冲动的惩罚

【案例文本】

材料 1:女博士被法航列入黑名单

出国参加重要会议,却因迟到导致误机。武汉某名牌大学在读女博士张某情绪失控,大闹天河国际机场值机柜台,掌掴一名机场工作人员,被机场警方依法处以行政拘留 10 日的处罚。

事发 2017 年 6 月 1 日上午。天河机场一名工作人员介绍,当日 9 时 35 分,在机场国际航站楼,由武汉飞往巴黎 AF139 次航班已停止办理登机。

高铁霸座男子被行政拘留6日

9 时 49 分,张某一家三口到达值机柜台,要求办理乘机手续,柜台值机员解释已过值机时间,并建议其改签或退票,但张某执意要乘坐这趟航班,声称自己就迟到了几分钟。

在多次沟通无果后,令人吃惊的一幕发生了:张某突然冲进值机柜台,朝着值机员的脸狠狠打了一巴掌,值机员当场眼前一黑,下意识地双手捂住脸,张某并未停手,朝着值机员的正脸部又打了一巴掌,周围工作人员和旅客闻讯赶来,将两方隔开。

张某的举动不仅打蒙了工作人员,柜台外的那名男童也愣住了,在一旁露出惊恐状。

目击者卢女士称,当时她就在事发旁边柜台,旅客自己迟到,过了登机时间,之前已有工作人员解释,旅客反问“我就迟到 5 分钟怎么了?”

实际上,她到柜台时不止晚了 5 分钟。有网友表示,可以理解旅客误机的着急心情,但当着孩子的面动手打人确实不妥。

机场警方介绍,打人者张某是武汉一所大学的在读博士生;被打的是天河机场国际航站楼的地面服务人员雯雯(化名)。

事发当日,张某一家三口准备乘坐 AF139 次航班由武汉飞往巴黎,再由巴黎转机飞往德国。9 时 49 分，他们才抵达武汉天河国际机场国际航站楼值机柜台。

办理值机手续时，柜台值机员雯雯告知其所乘坐航班已于 9 时 35 分截止办理值机手续，建议其改签或退票，并主动帮其联系航空公司协调。张某自称要出国参加重要会议，执意要乘坐该航班。

张某不听机场工作人员的解释与建议，情绪越来越激动，提出要投诉雯雯，并询问雯雯的工牌号。雯雯称要请示领导，正举起手机准备请示时，张某突然情绪失控，冲进值机柜台的工作区域，用手连续掌掴工作人员两巴掌，引起了现场大量旅客的围观。

湖北省公安厅机场公安局航站楼派出所接到报警后，迅速赶赴现场将张某控制，经过充分调查取证，张某已构成殴打他人的违法行为。根据《中华人民共和国治安管理处罚法》，机场公安局依法对其处以行政拘留 10 日的处罚。

在将张某送往看守所的路上，近 1 小时时间里，张某一路痛哭，连称后悔："真的是一时冲动，现在回想起来，真不敢相信自己竟然做出了那样的行为！"

机场警方提醒广大旅客：机场作为城市文明窗口，良好公共秩序需要你我去维护。"文明乘机"更是每个旅客需严格遵守的标准，若旅客不顾法纪，任性而为，也必将受到法律的严厉制裁。

据悉，打人女博士已被法航列入黑名单，在全球范围内，她将无法再坐法航航班。天河机场地服也申请将其列入中国民航黑名单，一旦申请获批，她将无法乘坐国内任何一家航空公司的航班。

（参见刘闪、刘毅、叶文波：《女博士误机掌掴工作人员：我就迟到 5 分钟怎么了》，《楚天都市报》2017 年 6 月 2 日；刘智宇、王平、夏奕：《自己错过登机时间竟殴打工作人员　女博士三巴掌换来 10 天行拘》，《长江日报》2017 年 6 月 3 日。作者根据以上资料编写。）

材料 2：女子强行阻拦高铁受处罚

2018 年 1 月 5 日，在合肥高铁站一列由合肥开往广州南的列车上，一名带着孩子的女子以等老公为名，用身体强行阻挡车门关闭，并让列车员通知检票员放行其老公。列车员和乘客多次劝解无果，最后造成列车运行晚点 4 分钟。

网上一段近 4 分钟的视频显示，一名女子身靠在高铁列车的门口，声称其丈夫正在检票口还未上车，阻碍列车关门，完全不顾身边工作人员的提示和劝阻。

旁边的工作人员一直大声呼喊："你这样是违法的，这么多人在等你上车。"而该女子却死死站在车厢门口，不愿进去。

“全车人都晚点了，难道让那么多乘客都在等你老公上车?”一名乘客在旁提醒该女子。工作人员也提醒女子的违法行为：“你要讲规矩，这可是高铁呀。”但该女子依然振振有词：“我老公就在检票口了，让他先上车!”

这时聚集的人越来越多，工作人员一直尝试劝说无效，该女子坚持站在门口，并不停重复“我有票的，我有票的”。

公安机关对此开展了调查取证。该女子在阻拦高铁过程中，曾一度被拖下车厢，但她用脚卡住车门，列车员担心她被夹再次开门，她却乘机钻回车上，继续阻止发车。尽管乘警和多名乘客多次提醒该女子，她的行为“危险且违法”，但该女子依旧死守车门，坚持要等老公赶来。

该事件发生后，有网友将拍摄的视频上传至网络，有网友表示该女子的行为影响整条线路的运行，赶不上的话改签下一趟也很方便的，也有人表示，该女子应该被拉入坐高铁黑名单。

该女子的行为涉嫌“非法拦截列车、阻断铁路运输”，扰乱了铁路车站、列车正常秩序，违反《铁路安全管理条例》第 77 条之规定，依据该条例第 95 条之规定，公安机关责令该女子认错改正，对其处以 2 000 元罚款。

铁路部门提醒，广大旅客乘坐列车要遵守铁路运输安全法律法规，听从铁路工作人员指挥，自觉维护公共安全和秩序，共同营造和维护安全有序、文明祥和的旅行环境。

（参见黄娜娜：《合肥一女子强行阻拦高铁发车：我老公来我就走》，中国新闻网 2018 年 1 月 9 日；孔华：《让高铁等老公　合肥“扒高铁车门”女教师被停职检查》，央视网 2018 年 1 月 9 日。作者根据以上资料编写。）

材料 3：男子高铁霸座称“站不起来”

2018 年 8 月 21 日，在从济南站开往北京南站的 G334 次列车上，一名男乘客霸占别人的靠窗座位，不愿坐回自己的座位。当事女乘客叫来列车长后，该男乘客自称“站不起来”。列车长问其是否身体不舒服或者喝了酒，对方回答：“没喝酒。”列车长问：“没喝酒为什么站不起来?”对方称：“不知道。”并表示到站下车也站不起来，需要乘务员帮助找轮椅。

该男乘客表示知道自己这个座位是别人的，但是坚称“我座位在那里她可以去坐啊，谁规定要按号入座?”网友看到视频后，纷纷指责该乘客的不文明乘车行为。

座位被占的女乘客是一名刚毕业的女生。据她介绍，她从济南上车时，发现自己的座位上坐着一名男乘客，对方看到她就要求换座位，但她询问后发现该男乘客与自己座位周围的乘客并不认识，就不愿意换座位。“我的座位是 F

座靠窗的，他的座位也是靠窗的A座，仅在我座位后隔着一两排。”

由于男乘客拒绝坐回自己的座位，并称让女乘客要么站着，要么坐他的座位，要么去餐车。最后，列车长和乘警劝导男乘客无果，女乘客被安排到商务车厢的座位，直到终点。

事发当天，涉事男乘客在自己的微信里向朋友得意扬扬地描述当天的经历：“今天上午我又把一车厢的人耍得团团转，包括列车长、警察、一车厢的乘客，不知道天高地厚的小姑娘。”

该事件经网络曝光后，引发舆论关注。经记者调查核实，涉事男乘客系韩国圆光大学在读博士生。

8月22日晚，涉事男乘客发布视频，公开向当事人道歉，表示悔恨和自责。

事件发生后，铁路公安部门随即对事件进行调查、取证。济南铁路公安处依据《治安管理处罚法》相关规定，给予该男子治安罚款200元的处罚。同时，铁路客运部门依据《关于在一定期限内适当限制特定严重失信人乘坐火车推动社会信用体系建设的意见》《关于限制铁路旅客运输领域严重失信人购买车票的管理办法》的规定，在铁路征信体系中记录该旅客信息，并在一定期限内限制其购票乘坐火车。

（参见杨凡、戴幼卿：《男子坐高铁拒对号入座自称“站不起来”遭批评》，《北京青年报》2018年8月22日；宋翠：《高铁“霸座”男被处治安处罚200元　计入铁路征信体系》，人民网2018年8月24日。作者根据以上资料编写。）

【思考讨论】

1. 针对文中因误机而掌掴机场工作人员及强行阻拦高铁和不对号入座的“霸座”行为，您有何评价？

2. 如何理解公共生活需要公共秩序？为什么说遵守社会公德是社会公共生活的必然要求？

3. 联系实际，谈谈大学生应如何培养公德意识，养成遵守社会公德的良好行为习惯。

【案例解析】

一段时间里，无论在现实社会还是网络空间，因误机而掌掴机场工作人员的在读女博士、为等老公上车而阻拦高铁关门的合肥女子，以及自称“站不起来”的高铁“霸座男”着实狠狠地“火”了一把——一个傲慢、冲动：“我就迟到5分钟怎么了？”以至于情绪失控而“一言不合就出手”；一个任性、执拗：老公“只要10秒钟”就到了，乃至被列车员拖下车后仍不忘“临门一脚”，阻止发车；一个奇葩“装病”、死皮赖脸，“谁规定要按号入座?”尽管发生在不同时段、不同地区，但公德意识和规则意识的缺失，以及由此必然要付出的代价，是他们的共同之处。

机场需要按照航班时间安排飞机起降，列车应当依从轨道安全和座位秩序行驶。某种意义上来说，机场和车厢构成了一个微型的公共社会，而公共生活需要有公共秩序，良好公共秩序的形成与维系则要求人们必须遵守社会公德。这是最起码和最简单的道理。很显然，在上述案例中，因迟到误机而情绪激动、掌掴地勤，并不觉得自己迟到了14分钟到底有什么错，反而觉得是地勤无理：明明飞机还没走，为什么不让自己上飞机？同样，以等老公上车为由，强行阻挡车门关闭，既不觉得行为违法也不为影响其他乘客感到愧疚：我老公就在检票口了，让他上了车再走。还有，明知不是自己的座位，却以“站不起来”为由拒绝让座，还毫不知耻地炫耀“把一车厢的人耍得团团转”。这种仅为一己私欲而置公共秩序和他人利益于不顾的非理性行为，突破了规则与道德的底线，也拉响了部分民众文明缺失的“警报器”。如果放任这种不良行为及其恶劣影响的蔓延，不仅会拖慢飞机、高铁的速度，更会拖累整个社会的文明程度。而如何化解公共文明和公德意识缺位的尴尬情况，值得我们每个人认真思考，并亟待得出正解。

随着我国综合国力的不断提升，对公民文明素质和社会文明程度的考量与期待亦更加浓烈。习近平总书记曾强调指出，“当高楼大厦在我国大地上遍地林立时，中华民族精神的大厦也应该巍然耸立”①。文明虽然是国家的软实力，但它的建成需要国民“硬素质”的贯穿。“矩不正，不可为方；规不正，不可为圆。”维护安全有序、文明祥和的旅行环境，是每一名乘客的权利和义务，而营造一个法治理念至上、规则意识先行的公共生活秩序，又何尝不是每一个社会成员的共同使命！公众生活并非法外之所，越是公共场合越要严格遵守文明底线和规则制度。

有位哲人说过这样一句话：道德常常能弥补智慧的缺陷，而智慧却永远填补不了道德的空白。以冲动挑战文明，以任性无视规则，以无赖破坏秩序，必然会遭到舆论的谴责和法律的制裁。梁启超先生也曾经说过：“国之见重于人也，亦不视其国土之大小，人口之众寡，而视其国民之品格。”在现实生活中，物质财富的积累有可能在短时间内实现，而文明素养的养成则难以一蹴而就，但我们想要留给世界的，不只是财富的增长，更有精神的丰厚。类似本案例中的主人公们，无论具有怎样的学历或“头衔”，他们需要恶补的，可不仅仅是一门课！

---

①　习近平：《在文艺工作座谈会上的讲话》，《人民日报》2015年10月15日。

【案例应用】

1. 本案例记述了 3 个在机场或高铁“任性”“冲动”而受到舆论批评和法律制裁的事件。近年来,类似的事件屡见报端。虽为个别现象,但社会影响极坏。如何培养社会公德意识、提升公民公共文明素养,这是值得我们深思和反省的现实问题。本案例设计的目的也正在于此。本案例可应用于教材第五章第三节中“遵守社会公德”的辅助教学。

2. 公共生活需要公共秩序。公共生活领域越扩大,对公共秩序的要求就越高。教师在使用本案例时,可由此说开去,通过大量列举此类事件、媒体评论和课堂讨论、互动,引导学生深刻认识到,有序的公共生活既是社会文明程度的重要标志,也是经济社会健康发展的重要保障;同时,强调大学生作为社会整体文化素质水平较高的青年群体,应该做公共生活秩序的自觉维护者、社会公德规范的带头践行者、积极传播者和良好示范者。

案例 6

网民诋毁戍边英雄获刑 8 个月

【案例文本】

2021 年 2 月 19 日,《解放军报》报道了 2020 年 6 月在边境冲突中誓死捍卫国土的一线官兵的英雄事迹。当时,外军公然违背与我方达成的共识,悍然越线挑衅。在前出交涉和激烈斗争中,团长祁发宝身先士卒,身负重伤;营长陈红军、战士陈祥榕突入重围营救,奋力反击,英勇牺牲;战士肖思远,突围后义无反顾返回营救战友,战斗至生命最后一刻;战士王焯冉,在渡河前出支援途中,拼力救助被冲散的战友脱险,自己却淹没在冰河之中。中央军委授予祁发宝“卫国戍边英雄团长”荣誉称号,追授陈红军“卫国戍边英雄”荣誉称号,给陈祥榕、肖思远、王焯冉追记一等功。

“辣笔小球”侵害英雄烈士名誉、荣誉案

就在全国人民为英雄的事迹感动和向烈士悼念时,2021 年 2 月 19 日上午,仇某明在其住处使用其新浪微博账户“辣笔小球”(粉丝数 250 余万),先后于 10 时 29 分、10 时 46 分发布 2 条微博,歪曲卫国戍边官兵的英雄事迹,诋毁贬损卫国戍边官兵的英雄精神,侵害英雄烈士名誉、荣誉。相关信息在微博等网络平台迅速扩散。截至当日 15 时 30 分,仇某明删除微博时,阅读量达 202 569 次,引发公众强烈愤慨,造成恶劣社会影响。

南京市公安局高度重视,立即开展调查,于 2021 年 2 月 19 日晚将发布违法言论的仇某明(男,38 岁,南京人,网名“辣笔小球”)抓获。经审查,仇某明对博取网民关注,在微博上歪曲事实、诋毁贬损 5 名卫国戍边英雄官兵的违法行为供认不讳。2 月 20 日,犯罪嫌疑人仇某明被公安机关刑事拘留,南京市建邺区人民检察院依法介入侦查。2 月 25 日,公安机关以涉嫌寻衅滋事罪提请检察机关批准逮捕。

检察机关审查认为,犯罪嫌疑人仇某明利用信息网络贬低、嘲讽英雄烈士,侵害英雄烈士的名誉、荣誉,社会影响恶劣,情节严重。2021 年 3 月 1 日,南京市建邺区人民检察院依法以涉嫌侵害英雄烈士名誉、荣誉罪，对犯罪嫌疑人仇某明批准逮捕。

2021年4月26日，南京市建邺区人民检察院以仇某明涉嫌侵害英雄烈士名誉、荣誉罪提起公诉，提出有期徒刑8个月的量刑建议，并提起附带民事公益诉讼。

2021年5月31日，江苏省南京市建邺区人民法院依法公开开庭审理被告人仇某明侵害英雄烈士名誉、荣誉一案。

南京市建邺区人民法院经审理后认为，公诉机关指控仇某明犯侵害英雄烈士名誉、荣誉罪的事实清楚，证据确实、充分，指控罪名成立。仇某明归案后如实供述自己的罪行，且认罪认罚，当庭表示绝不再犯。据此，辩护人请求从轻处罚的辩护意见属实，公诉机关所提有期徒刑8个月的量刑建议适当，均予采纳。

最终，建邺区人民法院根据案件事实、证据，综合庭审中控辩双方意见，依法当庭宣判，认定被告人仇某明犯侵害英雄烈士名誉、荣誉罪，判处有期徒刑8个月；并责令其自判决生效之日起10日内通过国内主要门户网站及全国性媒体公开赔礼道歉，消除影响。宣判后，仇某明未提出上诉。

本案是侵害英雄烈士名誉、荣誉罪作为新罪名后全国首例。2022年1月，本案入选新时代推动法治进程2021年度十大案件、人民法院2021年度十大案例。2022年2月，本案被作为最高人民检察院第三十四批指导性案例发布。

（参见沈汝发：《网民辣笔小球诋毁英烈被批准逮捕》，新华网2021年3月1日；王伟健：《“辣笔小球”诋毁戍边英雄　一审获刑8个月》，人民网2021年5月31日。本案例由作者根据以上资料编写。）

【思考讨论】

1. 什么是英雄？在英雄身上承载着怎样的道德精神？新时代是否还需要英雄？

2. 习近平总书记曾经指出：“网络空间同现实社会一样，既要提倡自由，也要保持秩序。自由是秩序的目的，秩序是自由的保障。我们既要尊重网民交流思想、表达意愿的权利，也要依法构建良好网络秩序，这有利于保障广大网民合法权益。网络空间不是‘法外之地’。”[①]请联系实际，谈谈您对这段话的理解和认识。

---

① 习近平：《在第二届世界互联网大会开幕式上的讲话》，《人民日报》2015年12月17日。

【案例解析】

“清澈的爱，只为中国。”这是18岁的陈祥榕烈士留下的战斗口号。“走在喀喇昆仑，我们就是祖国的界碑，脚下的每一寸土地，都是祖国的领土，无比自豪!”这是不满24岁的肖思远烈士的战地日记。“爸妈，儿子不孝，可能没法给你们养老送终了。如果有来生，我一定还给你们当儿子，好好报答你们。”这是23岁的王焯冉烈士执行任务前写下的家书。字里行间，英雄的家国情怀催人泪下、叫人敬仰。

然而，网上竟出现了恶意歪曲英雄事迹、诋毁贬损英雄精神、侵害英雄名誉荣誉的言论，引发公众强烈愤慨，造成恶劣社会影响。这一行为不仅逾越道德底线，而且触犯法律红线。本案及时依法立案侦查和定罪量刑，让信口开河、抹黑英雄的“键盘侠”付出应有的代价，令人不禁拍手称快。“辣笔小球”侵害英雄烈士名誉、荣誉案的审结及其入选人民法院2021年度十大案例和最高人民检察院指导性案例，具有深刻的寓意和象征意义。

其一，国家保护英雄烈士名誉、荣誉。“宁肯高原埋忠骨，绝不丢失一寸土。”5位卫国戍边官兵用鲜血甚至生命践行诺言，坚决捍卫祖国领土和主权完整。一个没有英雄的民族是不幸的，一个有英雄却不知敬重爱惜的民族是不可救药的。英雄烈士是民族最闪亮的坐标，是中国革命道德的重要载体，也是时代精神的价值高地。英雄烈士的事迹和精神是中华民族共同的历史记忆和宝贵的精神财富，值得我们每个中华儿女敬仰。“为众人抱薪者，不可使其冻毙于风雪。”被告人仇某明诋毁、贬损英勇牺牲的戍边官兵的行为，不仅损害英雄烈士的人格权，也伤害了社会公众的民族情感，损害了社会公共利益。本案以对行为人追究刑事责任的方式，加大对英烈名誉、荣誉的保护，彰显了司法机关果断打击诋毁、贬损英雄烈士犯罪行为的鲜明立场和坚定决心，维护了社会公益和民族情感，弘扬了社会主义核心价值观，有助于推动全社会形成崇尚英雄、捍卫英雄、学习英雄、关爱英雄、争做英雄的良好氛围，汇聚实现中华民族伟大复兴的磅礴力量。

其二，网络空间不是“法外之地”。“互联网是一个社会信息大平台，亿万网民在上面获得信息、交流信息，这会对他们的求知途径、思维方式、价值观念产生重要影响，特别会对他们对国家、社会、对工作、对人生的看法产生重要影响。”①网络空间同现实社会一样，既要提倡自由，也要保持秩序。因此，必须旗帜鲜明地坚持正确的政治方向、舆论导向、价值取向，坚持依法治网、依法办网、

① 习近平:《习近平谈治国理政:第二卷》,外文出版社2017年版,第335页。

依法上网，让互联网在法治轨道上健康运行。针对“辣笔小球”对英烈名誉、荣誉的侵害，这场诉诸法律的行动，敲响了个人言论不得僭越法律雷池的警钟，同时也向全社会传递了一个明确的信号：营造清朗网络空间、建设良好网络生态，符合人民利益；网络空间乌烟瘴气、生态恶化，不符合人民利益。任何抹黑英雄的行为不仅都将遭到人们的鄙弃，而且都会受到法律的严惩。

事实上，仇某明侵害英雄烈士名誉、荣誉案并非孤立的个案。网络空间纷繁复杂，网上历史虚无主义依然存在，网络治理和文明创建任重道远。当代大学生作为互联网“原住民”，是网络文明的受益者，更应该成为良好网络生态的建设者和维护者，自觉提升网络媒介素养，遵守网络生活中的法律规范和道德要求，敢于对网络生态乱象说“不”，为营造清朗网络空间贡献一份力量。

【案例应用】

1. 本案例讲述了微博账户为“辣笔小球”的网民诋毁卫国戍边英雄获刑8个月的典型案件，彰显了国家保护英雄烈士名誉、荣誉的鲜明立场和营造清朗网络空间的坚定决心。在本案例的教学与讨论中，一方面要引导帮助学生深刻理解“英雄是民族最闪亮的坐标”，是中国革命道德和社会主义核心价值观的重要载体，大学生要自觉同各种歪曲历史、诋毁英雄的历史虚无主义思潮作斗争；另一方面要引导学生充分认识到，虚拟世界背后是现实的网络空间主体，无论是个人还是机构，其网上的行为依然是法律所规范的对象，网络空间不是“法外之地”，大学生要自觉遵守网络生活中的法律规范和道德要求，成为营造清朗网络空间的正能量。本案例可用于教材第五章第二节中“公共生活中的道德规范”“网络生活中的道德要求”的辅助教学，也可以用于第六章第四节中“依法行使法律权利”的辅助教学。

2. 一个有希望的民族不能没有英雄，一个有前途的国家不能没有先锋。一段时间以来，从网民“@作业本”污辱邱少云烈士，到网民“辣笔小球”诋毁贬损卫国戍边英雄，再到网民“罗某平”侮辱抗美援朝志愿军英烈等，不断有人通过网络恶意歪曲英雄事迹，诋毁贬损英雄精神，挑战道德底线和法律红线，冲击社会主义核心价值观，造成十分恶劣的社会影响。教师在运用本案例时，可列举类似的其他案件，并结合学生实际，一并进行分析和互动、引导。

案例 7

陈金英：十年还债的“诚信奶奶”

【案例文本】

“你借钱给我这么多年，现在我赚回来了，还给你，谢谢了！”2021 年 2 月 5 日，90 岁高龄的陈金英来到金华老家，递给侄子陈其德 7 万元现金，还清了她最后一笔债务，“这下终于可以松口气了！”

身材瘦小，衣着简朴，眼睛明亮，思维敏捷，这是年逾九旬的陈金英老人给人的第一印象。10 年间，她凭借自己的努力，不拖不欠，终于还清了所有欠款，演绎了传奇的创业人生，铸就了诚信的道德丰碑，被网友亲切地称为“诚信奶奶”。

“诚信奶奶”陈金英

1983 年，在卫生院工作了 28 年的陈金英光荣退休，开启了人生的下半场。她本该喝喝茶、种种花，好好享受人生，可她却选择了创业。她发现中老年羽绒制品存在很大的市场空白，便招募 10 名车工、1 名剪裁师，在一栋民房里办起了兴华羽绒厂。

陈金英的创业之路，一开始走得颇为顺畅。中规中矩的款式，绝对过硬的质量……货如其人，兴华羽绒的产品受到中老年消费者的青睐，陈金英的生意越做越大，还在全省不少地市开了分店，营收可观。

2004 年，兴华羽绒接到一张每年生产上万件羽绒服的国际订单。面对产能的严重短缺，陈金英霸气拍板：到丽水水阁开发区以 1 600 万元的价格拿地建厂，扩大生产。

1 600 万元，对兴华羽绒来说数目巨大。除银行贷款外，还有资金缺口，当时已 74 岁的陈金英开始四处借钱。得益于行医经商积攒的良好口碑，她得到了众多亲朋好友的慷慨相助。

2005 年 5 月，兴华羽绒搬进了 4 层楼近 6 000 平方米的崭新厂房，员工增加到 100 多名。新厂房的不远处，是当时大名鼎鼎的浙江飞雁羽绒制品有限公司。意气风发的陈金英深信不疑，“兴华”将和“飞雁”一样一飞冲天、搏击长空。

然而，陈金英没有想到，巨大的危机即将来临。由于当地其他羽绒服企业兴起，行业竞争激烈，兴华羽绒的市场份额不断萎缩，再加上经营不善，公司的资金周转出了问题，生产难以为继。银行贷款还不上，老乡们的借款也还不上了。到 2011 年，兴华羽绒总共欠下了 2 077 万元债务。要还这些钱，不仅要卖掉辛辛苦苦建起来的厂房，多年的积蓄也要填进去。有人给陈金英出主意，劝她申请破产来躲避债务，被她一口回绝。“破产了，我就不能再做衣服了，不能再生产了。那私人的欠款，你不还，能行吗?”陈金英说，“钱是我借的，该还的债我会尽力还完。做一个人要诚实守信，不能让别人吃亏，私人的账不还他，我们自己心里也过意不去。”

陈金英关停工厂、解散团队，低价变卖了厂房和市区的两处房产，偿还了银行 1 727 万元的债务，但仍有 350 万元的资金缺口。这 350 万元，除了民间借贷的钱，还有当初从亲戚、朋友、同事那里借来的。2011 年，在其他老人颐养天年的时候，80 岁的陈金英背负着 350 万元的债务，踏上了还债之路。

很多人疑惑：老太太为什么要自己承担这笔债务？为什么不让自己的一双儿女来帮忙分担一些呢？然而，陈金英老人表示，坚持自己独立承担起债务，并且要重新赚钱还债。

从 2012 年开始，陈金英东筹西借凑了 10 万元，租了一个小厂房，置办了一些机器，带着几位熟练的工人，继续生产羽绒服，同时在市中心租了一间矮房当店面来卖羽绒服。可是，谁都没有想到，打击随之而来，这一年，一直支持她的老伴儿因病去世了。

面对生意失利和老伴过世，陈金英没有被打垮。为了经营好这个小厂子，她自己去上海、杭州等地看布料、进货。为了在冬天销售旺季多卖一些，她还拉着车去各个乡镇集市、老年公园摆摊售卖。即使在寒冬，年过八旬的她也坚持每天早上 5 点多起床，沿街兜售。

陈金英老人坚持还债的故事，被越来越多的人的知晓。人们纷纷来到陈金英的小店里购买羽绒服，帮助她一起还钱。一些网络主播还将直播间搬进了她的小店。受到大家帮助的陈金英，心怀感激。还债的那几年，尽管日子过得“抠抠搜搜”，但她一直不忘对更困难的人伸出援手。有的是为受灾地区群众捐赠，有的是为慈善机构和困难人士捐赠。2018 年 1 月，陈金英还清了银行的 55 万元贷款，没隔几天，87 岁的她就冒着冬日寒风，给敬老院的 140 多名老人送去了价值 2 万多元的羽绒服，她说：“大家对我这么关心，我也要把温暖传递出去，让老人们穿着新羽绒服过冬。”

陈金英的事迹经媒体报道后，受到了社会各界的广泛关注，也打动了全国亿万网友。她先后获得浙江省道德模范(诚实守信模范)、“最美浙江人 · 浙江骄傲”人物、全国道德模范提名奖、全国十大守信人物等荣誉称号。

历经坎坷，陈金英的意气从未消沉。还清全部债务后，她开始再次规划人生："我准备去考个中医医师资格证。说不定我能活 100 多岁哩！"

（参见宗合：《陈金英：十年还债的"诚信奶奶"》，《今日浙江》2021 年 8 期；《一诺"金英"！90 岁"诚信奶奶"十年还债 350 万元》，中国新闻网 2021 年 2 月 27 日。本案例由作者根据以上资料编写。）

【思考讨论】

1. 阅读本文，结合"诚信奶奶"陈金英十年还债的故事，谈谈您对"诚实守信"的理解。

2. 在现实生活中，讲诚信的人有时可能吃亏，而不讲诚信的人有时可能占便宜。您如何看待这种现象？

3."诚信奶奶"十年如一日履约践诺的故事对于大学生培育职业精神和职业道德有何启示？

【案例解析】

"羽毛虽轻，可以承载千斤信诺；还债路远，不及十年步履不停。白手起家，高龄创业，人生奋进如此。有债必还，迎难而上，不忘乐善助人，你以坚韧抒写典范，你用诚信铸就丰碑。"这是 2021 年度"最美浙江人·浙江骄傲"人物评委会授予 90 岁"诚信奶奶"陈金英的颁奖词。从退休后创办年销千万元的企业，到经营困难时拒绝申请破产避债，从耄耋之年仍在街头摆摊筹钱，到历时十年终将巨额欠款清偿，无论是其起伏跌宕的创业之路，还是其一诺千金的还债历程，这位奶奶"传奇"的人生，每一步都让人钦佩和动容。

有网友坦言"看哭"了，也有媒体转载的标题用了"她是怎么做到的？"。然而，面对陈金英老人的事迹，我们不应只是点赞和感动，还应有一些深刻的思考。

人无信不立，业无信不兴。诚实守信是中华民族的传统美德，也是社会经济活动的道德基础和基本原则。当年，在公司资金周转困难，生产难以为继，背负巨额债务的情况下，陈金英既没有强调客观因素求同情，也没有设法规避责任图自保，更没有听天由命无作为。"钱是我借的，该还的债我会尽力还完。做一个人要诚实守信，不能让别人吃亏，私人的账不还他，我们自己心里也过意不去。""做人，背可以驼，但腰不能弯！"正是对诚信美德和契约精神的坚守，不仅让陈金英不顾耄耋之年倾心尽力履行还债义务，而且成为打动其他商家和顾客、网友伸出援手的信誉担保，最终助力老人走出债务困境。"诚信奶奶"十年如一日的坚守，铸就了诚信的道德丰碑，也诠释了一种美好的价值观。如此诚信之人，如此诚信之举，怎么夸赞和颂扬都不为过。

当前，由于种种原因，诚信缺失的现象在现实生活中屡见不鲜。少数地方政府在恪守信义上表现不佳，造成恶劣的社会影响，严重损害了党和政府的形象和公信力；一些企业见利忘义，制假售假，直接威胁人民生命安全和财产安全；有些“老赖”投机取巧，千方百计规避债务。如果任由这种失信失德现象滋生蔓延，不仅不利于规范市场经济秩序，也不利于培育良好的社会风尚。“诚信奶奶”用义举告诉我们，什么是诚信，什么是责任，什么是良知，什么是值得我们坚守和弘扬的职业道德。她不仅让人们感到了“诚信经营”这一传统美德的力量，更反映和折射出对社会信誉回归的渴望。正因如此，“诚信奶奶”的教育感化意义，也就显得更为重大。

道德的进步，从来不是单向的。我们有理由相信，一诺千金的“诚信奶奶”带给我们的感动，会凝聚起更多的温暖和能量，让整个社会的诚信大厦更加熠熠生辉。

【案例应用】

1. 本案例讲述了浙江丽水 90 岁“诚信奶奶”陈金英十年还清 2 077 万元债务的故事。本案例的教学与讨论，意在使学生认识到，诚实守信是中华民族的传统美德，也是经济社会活动的基本原则，体现着从业者的道德操守和人格力量，是企业的立身之本和一种无形的资产。本案例可用于教材第五章第三节中“恪守职业道德”的辅助教学。

2. 在现实生活中，诚信问题十分引人关注。教师在运用这一案例时，要注意以下两点：

第一，从根本上说，诚信关涉的是如何做人。从“诚信奶奶”陈金英身上可以看到，它既是对他人的承诺，更是对自己的承诺，是一个人内在的信念和品德。

第二，古今中外，有关诚信的正反两方面的案例可谓不胜枚举，教师可选择与其他案例进行组合，但对素材的选取和解读需要认真思考和斟酌；同时，还要注重贴近现实社会生活和联系学生思想实际，突显教育教学的针对性和实效性。

案例 8

两户农家的“道德佳话”

【案例文本】

这是一个发生在合肥乡村的感人故事，这是一段温暖人心的道德佳话。事件虽已过多年，但仍让人感受到一股清新与舒畅。

在合肥，一位农妇热心搭载一位老太坐“顺风车”，却不幸发生车祸导致老人罹难。愧疚的农妇和家人数次为老太的子女送去医药费、赔偿费，竟一次次被拒绝，老太的子女始终坚持一个“死理儿”：不能让好人做好事，却没了好报。

事情的始末究竟如何？是怎样朴实的情感促使两家人作出“不寻常”的选择呢？

2011 年 8 月 13 日，赶集回家的刘士圣遇见了李孝香的婆婆李家珍。出于好心，刘士圣开着电动三轮车带了老人一程。不料刚到村口车子翻了，76 岁的李家珍从车上摔下不幸离世。为了表达心中的愧疚，刘士圣一家主动提出赔偿，都被老人的家属一次次婉拒了。老人的子女始终坚持一个“死理儿”：不能让好人做了好事，却没了好报。

直到 9 月 13 日，有人匿名在网上发了条微博，牵出了一段两户农家的“道德佳话”。

事件追踪：好心载人，不幸遭遇车祸

刘士圣和李孝香都是合肥新站区磨店社区沿河村的村民，两家并不熟。2011 年 8 月 13 日，是沿河村村民赶集的日子。当天上午 9 点多，烈日高照，刘士圣骑着电动三轮车，从镇上载着 200 斤喂猪的秠糠往回赶。

离村里大约还有 1 公里时，刘士圣看到李家珍老人拎着东西走在路上，一步步挪得艰难，孙女跟在她的后面。于是，她立即提速追上去，打了一声招呼：“阿婶，太阳老热了，和孙女赶集(回家)咋也不搭个车啊。”

李家珍老人说，因为晕车才步行的，“要不你带我们一程，太阳烈，伢受不住”。刘士圣觉得这是举手之劳，便下车把秠糠的袋子挪了挪，空出位子让两人坐。

刘士圣重新发动了电动车，路上3人也没说话。开了约莫10分钟，到了村头，眼看就要到家了。没想到在水泥路转弯处，对面突然开来一辆摩托车。只听"嘭隆"一声，刘士圣的三轮车虽然避开了摩托车，却因为左转太狠，翻倒在路面上。

电动三轮车牢牢地压住了刘士圣的双腿，李家珍被甩了一米多远，一头栽倒在水泥地上，昏死过去。李家珍小孙女摔倒在路中央，哭喊着："奶奶，疼……"

慌乱中，刘士圣顾不得自己腿上的伤，赶紧让围拢过来的路人给自己的丈夫李道元报个信，要他打120急救电话，送老太太去医院。

10点多，120急救车赶到了现场。老人的儿媳李孝香闻讯赶来，刘士圣和随后赶到的老伴李道元也跟着一起上了车。

老人刚被送到肥东县医院，医生就说不行了。接着老人又转到了省立医院，病危通知书也很快下来了。不幸的是，当天傍晚，76岁的李家珍因颅内出血过世了。

人间真情：四次给钱，全被婉言谢绝

搭载李家珍本是出于好心，没想到好心却办了坏事。万分愧疚的刘士圣和丈夫一致认为，"无论花多少钱都必须补偿！"

8月13日下午，当时老人还在肥东县医院，刘士圣便和老伴打电话给两个女儿，要了一些救急的钱。"大概有4 000块，我递给了她儿媳（李孝香），没想到被拒绝了。"刘士圣说。

随后李家珍先后两次转院诊治过程中，李道元和刘士圣夫妇又接二连三地找到老太家人，表示希望予以赔偿，"至少要负担医疗费用，但他们就是不肯收"！

当天晚上，刘士圣和丈夫李道元回家商议后决定，这钱一定要给，不然良心上过意不去。第二天一大早，李道元便低价卖掉了家中的10头猪，凑得1万元，又送了过去，却又一次遭到了拒绝。

第三次是吊唁李家珍老人的那天。8月16日，李道元夫妇带着爆竹、花圈和纸钱一起登门道歉。"放了3次，她家人3次都把钱塞回了我口袋。"李道元说，实在没办法，他只得掏出400块钱当是人情，这是当地人家有喜事或丧事时，亲友邻居给的份子钱。

老人家丧事办完半个月后，李道元揣着钱又来了。"我们是真心真意想把这个钱给他们，良心上也好受些，可他们家死活不要。"

和之前3次一样，李孝香又一次拒绝了。

“既然他们不要，你们为什么一定要坚持给钱呢?”记者问。

“如果不是我好心办坏事，老人就不会走得这么早。现在他们失去了亲人，损失已经很大了，我还能在乎钱吗?”刘士圣说，她和老伴商量了，虽然给钱不能挽回老人的性命，但是只有这样，才觉得良心上能过得去。

李家珍老人有4个孩子。出事时，唯一的儿子刘国乔远在东北打工。直到8月17日才坐车赶回来见母亲最后一面。当时，他接到妻子电话后第一句话就是:“你没要人家钱吧？可不能问人家要钱!”在此期间，家里的事情基本上都是儿媳妇李孝香一人在操办。问起当时为什么没要李道元家的钱，李孝香说：“人家也是做好事，又不是故意的。要了他们的钱，一辈子良心都过意不去。我们不能让好人做了好事，却得不到好报。”刘国乔也告诉记者:“我们家不能为了钱卖了良心。”

众人点赞:以德报德，值得社会弘扬

“好人终会有好报，人间自有大义在!”“农民的质朴厚道，人性的良知，向这两个家庭致敬。”“不知道说啥。就像一段时间里讨论老人倒了扶不扶，这两家人的行为，让人们有了勇气去帮扶摔倒的老人。”……在新浪微博上，一条关于本事件的微博被转发近3万次，评论达6 000多条，众多网民毫不吝惜地表达着对事件双方当事人的感佩和激赞。

网民“佳佳警官”不无感慨地说:“钢筋丛林里已经少了人情味，乡村小径间却有丝丝真情！看了这个，我们这些都市人应该好好反省了。”

网民“海螺滴滴吹”不无冷静地说:“在一个人人热衷于打官司解决问题的社会中，一件在乡间中遇到的大部分人都会这样解决的事被当作稀奇的事广为传颂，我们需要做的不是颂扬，而是反省。”

网民“天街小雨”在留言中以一个落泪的表情说:“中华民族的传统美德需要从古到今传承，同时更需要从你到我的传递。”

李家珍的邻居宁菊红说，李孝香一家做得对，让人佩服。他们看重的是人与人之间的感情，而不是金钱。出了这种事，真的不能要对方的钱，否则以后就没有人敢做好人了。

葛伦权是新站区磨店社区沿河村主任。他告诉记者，早知道这两家人的事情了。“他们两家人事情做得都很漂亮，是全村人的榜样。”葛伦权说，村里虽然没有资金给他们家奖励，但一定会号召全村人学习他们的品质。

安徽省社会科学院研究员王开玉说，近年来，见义勇为的风险似乎在不断上升。该不该做好事？如何做好事？正是这些问题的存在让这件情理之中的“小事儿”成为整个社会关注的热点……重拾中华民族的尊老传统，弘扬乡亲邻里的淳朴礼让和通情达理这些一直以来的优良社会传统,全体公民都应该付诸行动。

合肥磨店社区两户农家的故事不仅感动了合肥,也感动了全国。这个真实而平凡的故事在全国网友中间流传,也引起央视、新华社、《中国青年报》等中央级媒体的高度关注。

(参见方彭:《要了钱,一家人良心就没了》,《江淮晨报》2011 年 9 月 15 日;方彭:《他们不仅感动合肥还感动全国》,《江淮晨报》2011 年 9 月 17 日;卢尧、马姝瑞:《"可不能问人家要钱"——合肥一起做好事导致意外伤亡事件背后的"以德报德"故事》,新华网 2011 年 9 月 18 日。本案例由作者根据以上资料编写。)

【思考讨论】

1. 阅读本文,刘士圣和李孝香两户农家的"道德佳话"体现了怎样的家风和邻里关系?

2. 阅读本文,刘士圣和李孝香"以德报德"的感人故事,带给您哪些启示与思考?

【案例解析】

一个助人为乐,发生不幸后主动承担责任;一个宽厚善良,说不能让好人做了好事得不到好报。事件虽已经过去多年,但两户农家那最朴实的言行所带来的感动,至今仍让人觉得清新与舒畅。

她热心搭载同村老人坐"顺风车",却意外遭遇车祸导致老人罹难,为此她愧疚不已,4 次主动为老人的子女送去医药费和赔偿款,却 4 次被婉言拒绝。老人的意外离世,没有引发两家的赔偿纷争乃至对簿公堂——一个说"好心办了坏事就应该主动担责",另一个却认"不能让好人做了好事,却得不到好报"这个死理儿。李孝香和刘士圣,两位普通的农家妇女,因为以德报德的淳朴举动,不仅打动了周围乡邻,也温暖了无数中国人。它犹如一束阳光,映照出人性的美好,也折射出两个家庭的优良家风与个人品德。

家风是一个家庭或家族的风气、风格、风尚,是一个家庭拥有美誉度和影响力的必备要素与核心价值。家风是一种潜在无形的力量,深深地影响着其家庭成员的性格特征、价值观念、处世方式、审美格调和道德品质。这则以德报德的佳话,可贵之处在于两户农家的不经意、不刻意。作为同村邻里,主动捎李家珍一程,在刘士圣看来是那么的自然,没有功利的考量,更没有预设利益立场,在发生意外之后送上医药费和赔偿款,亦是理所当然,"不然良心上过意不去";而李孝香虽识字不多,但"不能让好人做好事,却得不到好报",是她认定的"死理儿",多次婉拒刘家送来的钱款同样是那么的顺理成章,"要了他们的钱,一辈子良心都过意不去”。两位农家妇女就是这样默默坚守着内心的良善，因为在她们心里，只有“以德报德”这一最平凡却又最不凡的家风和价值观。而这种良善和价值观正是两户农家优良家风的体现。这在粗粝的现实面前，尤其让人震撼！

家庭是社会的基本细胞，是人生的第一所学校，家风乃吾国之民风社风。“家庭不只是人们身体的住处，更是人们心灵的归宿。家风好，就能家道兴盛、和顺美满；家风差，难免殃及子孙、贻害社会，正所谓‘积善之家，必有余庆；积不善之家，必有余殃’。”[①]习近平曾经强调，“不论时代发生多大变化，不论生活格局发生多大变化，我们都要重视家庭建设，注重家庭、注重家教、注重家风”[②]。两位纯朴的女性、两个厚道的家庭，用爱心换来理解，用诚信换来宽容，用体谅换来尊敬，用博大宽厚的胸襟感动了一座城。优良的家风犹如一缕春风，看似无形，但所吹拂之处，皆为福地。它不仅关乎家庭和睦、邻里团结，更关乎社会和谐。

我们在礼赞两户农家的“道德佳话”之余，更应该有痛彻的反思、清醒的诘问：以德报德何以成为新闻？又何时成为生活的常态？良风美俗是篇大文章，望此事可以破题。

【案例应用】

1. 本案例讲述了一个“以德报德”的感人故事，展现出李孝香、刘士圣两户农家优良的家风和向善、守善的品质。本案例的教学与讨论，其主旨在于使学生充分认识到，家风是中华民族传统家庭美德的现代传承，对家庭成员的个人修养、品德操守及培育社会文明风尚等有着十分积极的作用和影响，从而自觉传承优良家风，做家庭美德的倡导者和践行者。本案例可应用于教材第五章第三节中“弘扬家庭美德”的辅助教学。

2. 教师在应用本案例时，要注意以下两点：

一是切忌流于故事表面，而要挖掘和提炼两户农家“以德报德”背后的家风，并强调家风是家庭美德的传承，是处世原则的坚守。它不仅是一家一户的事情，而且事关党风和社会风气，是时代的事情、国家的事情；它不是一朝一夕即可养成，而是需要长期的耳濡目染和自我修炼。

二是在教学过程中，可适当引入一定的反面事例形成鲜明对比，以帮助学生进一步思考如何在实践中作出正确的道德判断和道德选择。同时，恰当设置问题支架，启发学生思考、讨论，以增强教育教学的针对性、互动性和吸引力、说服力。

---

① 习近平：《在会见第一届全国文明家庭代表时的讲话》，《人民日报》2016 年 12 月 16 日。

② 习近平：《在 2015 年春节团拜会上的讲话》，《人民日报》2015 年 2 月 18 日。

案例 9

袁辉：青春献给大山里的孩子

【案例文本】

在三尺讲台上，他从一个青涩的小伙儿成长为经验丰富的教师，奉献的是青春最美好的年华，收获的不只是成熟，更有孩子们的微笑。

“中国好人”“中国青年志愿者优秀个人”“希望工程烛光奖”“希望工程园丁奖”“湖北青年五四奖章”“感动恩施年度人物”“荆楚楷模年度人物”“湖北省道德模范”“中国青年五四奖章”等一系列荣誉，既是对袁辉支教生涯的肯定，也成为他记忆中难忘的幸福回味。

袁辉：大山里的梦想

离家千里：“我不是为了钱”

2012 年 9 月 8 日，湖北省恩施州巴东县清太坪镇姜家湾教学点来了一位年轻小伙子。

此前，这所学校只有一名老师，就是全国媒体关注的“拐杖教师”谭定才。

那天，谭定才正在讲课，一个年轻人推开教室门。他戴着眼镜，背着登山包，手里还提着一个包，自我介绍叫袁辉，希望能在这里做一名支教志愿者。

袁辉来自江苏徐州，2011 年从南京大学历史系毕业，在父亲的公司从事半年多行政管理工作后，觉得那不是自己想要的生活，他想圆自己多年的支教梦来体现自我价值。2012 年 6 月，他和父母打过招呼，决定去西部做志愿者。他先后到过四川小凉山、贵州黔南等少数民族地区，终因各种原因另寻他处。

辗转途中，袁辉突然想起曾在中央电视台看过谭定才拄双拐坚守讲台的事迹。在网上查阅相关资料后，袁辉决定到距离家乡 1 000 多公里远的鄂西大山深处。他从贵州搭车至巴东县野三关镇，换乘三轮车来到姜家湾教学点。当时，巴东县是国家深度贫困县，巴野公路通车前，姜家湾教学点离巴东县城有 3 个多小时的车程。

开始，谭老师多少有些怀疑：这个南京大学应届毕业的高才生，怎么会跑到我们这穷山村里来支教？也许是来体验一下生活的吧？

“很多农村老师都熬不住这里的艰苦，一个个走了，你一个名牌大学的毕业生来这里教书，会是真的吗？”谭定才委婉地跟袁辉说出自己的顾虑：“我们这里工作环境差，待遇也不高，你是不是回去找一份好工作？”“我有工作，但已放弃。我不是为了钱，只想做自己喜欢的工作。”袁辉坦率而坚定地说。

袁辉将随身行李取出，20 多本书，一个睡袋，几套衣服。谭定才收拾出一间房，支起床铺。这就成了袁辉在清太坪镇支教的“家”。从此，袁辉成了“拐杖老师”谭定才的另一副“拐杖”。在这个山顶村小，他给孩子们增设了英语、体育、美术、音乐、安全等课程，加上历史他要带 6 门课。

山里的生活比较清苦，教学点没有自来水，遇到枯水季节，只能用农户家屋顶积存的雨水。刚开始，袁辉喝了一段时间的“屋檐水”，后来他买了一个塑料水壶，去当地农户家提水，一壶水紧巴着只够一天饮用。洗衣服得接屋檐水。山里湿度大，袁辉住的宿舍异常潮湿，他满身都是湿疹……

和谭老师一样，村子里的人没谁相信，这个年轻的“背包客”会在高山里待长久。然而，谁也没有料到，这个小伙子却在巴东坚持了下来。

心之所向：“我选择继续留下”

2014 年 9 月，两年的志愿服务期结束，袁辉决定留在清太坪再做两年志愿者。这次，他选择了清太坪镇白沙小学，一个更偏远、教学条件更艰苦的学校。一年前，袁辉的父亲曾到姜家湾小学看望他，条件比想象中还要艰苦，心疼得要命，试图劝他跟着回去。袁辉告诉父亲：“大山不仅给了我展示的舞台，还让我找到了人生价值，这里是我最大的牵挂。钱可以以后再赚，工作可以以后再找，这里的孩子还需要我，我选择继续留下。”

在白沙小学，袁辉又成了骨干，全才的他给三年级孩子上英语课，给四年级孩子上数学课，给五年级孩子上语文课。同时，他还在清太坪镇和野三关镇的 6 所中小学上诗词、音乐、书法等课程，加起来两周最多要上 105 节课。

不论是在姜家湾教学点还是白沙坪小学，袁辉发现，孩子们在课堂上一个比一个拘谨；下课了，一个比一个调皮活泼。

“我觉得，要保护孩子们的天性，让他们既长本领又健康成长。”为了让孩子们快乐学习，袁辉摸索设计出融合情景剧元素的课堂教学模式，在讲好书本知识的基础上，尽量让每个孩子都能参与到课堂活动里，勇敢而自信地表达自己。比如，讲贾岛的《剑客》一诗时，他找来墨镜与玩具剑当道具，和学生们一起表演，看谁更有剑客风范，合乎诗中情境。袁辉会讲故事，点子多，加上他的课幽默洒脱，不仅孩子们乐于上他的课，有些家长也会站在窗外听上好一阵子。

袁辉上古诗课，使用刚劲的楷体字板书，采用竖排古体写法，凡遇古今字、繁简字、异体字都作出翔实解说，用朗诵和表演的形式生动呈现诗词意境。他的音乐课也十分精彩，将现代中西方音乐粗分成各种主题，如友谊、母爱、战斗、流浪、抱怨等，有时候还配上相似主题的古典或现代诗词。

在平常的教学和交往过程中，袁辉还时时不忘提醒孩子们学说普通话，督促他们养成用普通话交流的习惯，提高他们的语言表达和交际能力。

课堂上，袁辉是严肃的老师，但课下袁辉又成了一名快乐的“小学生”，他和大大小小的孩子们一起踢球、聊天、做游戏；带着学生写现代诗、打油诗，写镜像字，画画，作品由孩子们来评定，然后选出最具特色的贴在教室墙上……在袁辉看来，学生始终是教育的中心，“办人民满意的教育”，首先要让学生们满意。因此，学生们特别喜欢他，有什么小秘密，都会把袁老师喊到一边，双手捂成小喇叭，凑在他耳朵边，悄悄跟他讲，他一直都很珍惜孩子们对他的信任。

特别家教:“我的学生一个也不能少”

城市里的孩子在课后还要花钱去上辅导班，而袁辉则义务“送课”上门，帮助因腿脚不便无法到学校上课的孩子。

巴东县清太坪镇有个名叫青青(化名)的女孩，因为多次骨折被称为“瓷娃娃”，一年级没上完就离开了学校。小女孩只能坐在轮椅上，不能下地行走，无法继续上学。

袁辉知道她特别想读书，于是每星期都抽出两天时间到她家，为她一人上课。他说:“我的学生一个也不能少。”

袁辉最初支教的姜家湾小学，距离青青家有 8 公里山路，步行要 1 个多小时。为节约时间，他花 1 000 元买了辆二手摩托车，每周四和周六，骑摩托车上门为青青上课。遇上雨雪天气或摩托车故障，就步行去。为此，袁辉没少受罪。他曾经在小路上摔得浑身泥巴，一瘸一拐地走到青青家；还曾被野狗咬伤，精神高度紧张……

调到白沙小学后，袁辉去青青家更远了，往返要走 20 多公里山路。第一辆摩托车跑坏了，没钱买新车，他就到修车店买折旧车，店主被他感动，半价卖给他一辆旧摩托车。

坚持多年为青青补课的袁辉，在清太坪镇被称为“一个人的特别家教”。青青说:“我最开心的事情是听到老师讲课，最害怕哪天老师走了，不来了!”青青的母亲多次给袁辉补贴油钱，但都被他断然拒绝。

在袁辉的精心辅导和帮助下，青青不仅学习成绩非常优秀，心灵手巧的她还做了许多手工艺品，袁辉把它们发到网络上，吸引了众多朋友的关注。在一次义拍会上，青青做的手工艺品拍到了2万多元，这不仅给青青带来了巨大的自信心，也让这个困难的家庭看到了一线光明。2018年9月，青青在妈妈的陪伴下，进入白沙坪中学就读。

在巴东县支教的日子里，袁辉帮助的学生还有很多。作为一位潜心支教的志愿者，他曾把自己所得的1 000元奖金全部给了孤儿小谭做生活费。逢年过节，他总会给学校的几位最困难孩子的家庭送去节日礼品。

来大山里的第一个冬天，袁辉看到一些学生衣着单薄，手上满是冻疮。心酸中，袁辉致信母校红十字会，为孩子们争取到300多套捐赠棉衣。他还联系大学同学，为孩子们寄来书包、文具等学习用品。

袁辉的一个朋友在当地做建材生意，对袁辉来到巴东做志愿者很是敬佩，邀请了一批重庆、恩施的朋友，为山区的贫困孩子购买衣物及生活用品，提供生活费，帮助他们完成学业。在他的带动下，其母校南京大学以及武汉多所高校向恩施州基层县市派出了志愿服务队伍，从事或长或短的支教工作，助力乡村教育扶贫。

“看到孩子越来越好，就觉得一切都是值得的。”袁辉说。

无限延期:“这里是我的将来”

教学日，一人带6门课。双休日，带上捡来的流浪狗，翻山越岭去家访、去补课。白菜和土豆洗净、煮熟，掺上豆瓣酱，就是一顿“丰盛”的饭菜。住的房子极其简陋，墙上糊满了报纸，下雨时还会漏雨……支教路上，袁辉简单而执着地前行。

回忆支教生活，袁辉说他曾因长期吃方便面导致营养不良，在讲台上晕倒过，也曾因下雨时宿舍漏雨而彻夜难眠过。但他都坚持了下来。

这些年，他的大学同学有的在北大、南大或武大读博，有的在银行等单位工作，拿着不菲的薪水。在朋友圈里，他也常看到同学们晒吃饭、旅游、买新房、拍婚纱的照片，但他说自己一点也不羡慕。

“我从高中时就很想来西部支教，大学时性格就比较洒脱，对物质没太多要求，我现在过的就是自己想要的生活。”袁辉坦言，参加支教以来，自己有很多可以离开山村学校的机会，但都放弃了，他舍不得山里的孩子们。“我很喜欢乡下生活，跟孩子们在一起很快乐。我理想的生活状态，就是开门时清风自来，做事情能服务更多人。”

袁辉是家中的独子，开明的父母支持他的工作，没有逼迫他回家。“有朋友担心我今后怎么办，认为我这不是份正经工作，但我觉得我这就是一份很好的工作，我爱这里的孩子。我不喜欢太奢侈的生活。平常除工作外，爬山锻炼身体，吃的是食堂，一星期吃三次肉、一次鱼。乡下村民也会送来土豆和白菜。”袁辉说，每当夜深人静，他最喜欢的就是看书，学习可以让自己更充实，也不再感觉孤独。

“这几年，学校不仅老师年轻化，而且硬件也得到了很大改善，从教学楼到门窗桌椅，从全新电教设备到硬化扩大的操场，从文具到全新的寝室、洗浴间……当然，我也改变了很多，首先头顶近秃，比刚来的时候变丑了，但是我内心的那份质朴和纯粹没有变，支教理想没有变。”袁辉满足地说。

“这里就是我的过去，我的现在，我的将来。”对于未来，袁辉会把支教一直做下去。“我希望我教的孩子长大后，活得明白清醒，有自己想要的生活，除了实现自己的理想外，也能帮助其他人。”

很多人问到底是什么力量支撑他坚持支教这么久，他说：“喜欢就是喜欢，没有目的，不需要坚持。而能找到自己真正喜欢做的事，何其幸运。”

“故乡，是一张单人床。梦想，大概都在远方。”心之所向，素履以往，这或许就是袁辉不顾遥远、不畏艰险，所寻找的青春。

（参见谭元斌：《青春，献给大山里的孩子——记支教志愿者袁辉》，新华网2019年5月23日；李菡丹：《袁辉：一个都不能少》，《中华儿女》2019年13期；吴云：《无限延期的支教志愿者》，《彭城晚报》2018年2月1日；谭举先、田鑫：《支教，没有期限——记2017“感动恩施”年度人物袁辉》，《恩施日报》2018年3月17日。本案例由作者根据以上资料编写。）

【思考讨论】

1. 阅读本文，主人公袁辉坚持志愿支教的行为中体现了怎样的道德精神？

2. 结合袁辉支教的感人事迹，并联系自身实际，谈谈大学生如何投身崇德向善的道德实践，积极引领社会风尚。

【案例解析】

他学出名门却蜗居深山，才华横溢仍别梦都邑！他摒弃的是浮躁喧哗，燃烧的是少年壮志；他咀嚼的是寂寞乡愁，种下的却是智慧火种！崎岖山路镌刻着他的青春轨迹，书声琅琅感恩着他的岁月芳华。“工作可以以后再找，钱可以以后再赚，这里的孩子需要我，我选择继续留下。”2012年以来，作为湖北恩施的一位支教老师，袁辉深入贫困山区，远离家人、甘守清贫、倾情奉献。在大山深处简陋的学校里，他教孩子们知识、做孩子们的朋友，带给他们快乐和希望。“看到孩子越来越好，就觉得一切都是值得的。”这善行义举可亲可敬、可信可学，更让人们感受到普通人身上的无垠大爱和高尚情操。

袁辉辞去原有的工作而去大山深处，绝非一时的冲动，而是源自“自己多年来的支教梦”。虽然他的收入微薄，但他觉得找到了自己想要的生活，“大山不仅给了我展示的舞台，还让我找到了人生价值，这里是我的牵挂”。在他的“朋友圈”里，常看到同学们晒吃饭、旅游、买新房……，但他一点也不羡慕，因为他只“希望我教的孩子长大后，活得明白清醒……除了实现自己的理想外，也能帮助其他人”。为此，他由衷地感到，“能找到自己真正喜欢做的事，何其幸运”。网友以七言律诗这样点赞袁辉：“神农溪畔散清芬，石林碧峰铸师魂。莫道乡野少翰墨，红烛且照夜读人。”

2013 年 12 月 5 日，在中国青年志愿者行动实施 20 周年暨第 28 个国际志愿者日之际，习近平总书记曾给华中农业大学“本禹志愿服务队”回信，肯定他们坚持高扬理想、脚踏实地、甘于奉献，在服务他人、奉献社会中收获了成长和进步，找到了青春方向和人生目标，指出：“历史和现实都告诉我们，青年一代有理想、有担当，国家就有前途，民族就有希望，实现中华民族伟大复兴就有源源不断的强大力量。”①这回信是写给“本禹志愿服务队”的，同样也是写给袁辉和袁辉们的！其共同的可贵之处在于，他们身体力行，以实际行动去奉献社会；他们从小事做起，从点滴做起，努力把社会主义核心价值观的要求变成具体的道德行为实践；他们把为人民服务内化为一种理念和习惯，以平凡的事情传递着不平凡的骄傲与伟大。他们把最美好的年华奉献于贫困地区的教育事业，他们用青春、用汗水、用智慧谱写了一首首感人的歌。

青年是引风气之先的社会力量。一个民族的文明素养很大程度上体现在青年一代的道德水准和精神风貌上。习近平曾经指出，“广大青年要把正确的道德认知、自觉的道德养成、积极的道德实践紧密结合起来，自觉树立和践行社会主义核心价值观，带头倡导良好社会风气”“积极参加志愿服务，主动承担社会责任，热诚关爱他人，多做扶贫济困、扶弱助残的实事好事，以实际行动促进社会进步”②。这是对新时代青年的谆谆教诲和殷切期望，也是大学生在青春的跑道上应当认真思考和完成的答卷。

【案例应用】

1. 本案例讲述了支教志愿者袁辉淡泊名利、主动担当、倾情奉献的青春故事和感人事迹，展示了新时代青年引风气之先的精神风貌和道德品质。本案例

---

① 《习近平给华中农业大学“本禹志愿服务队”回信　勉励青年志愿者以青春梦想用实际行动为实现中国梦作出新的更大贡献》，《人民日报》2013 年 12 月 6 日。

② 习近平：《习近平谈治国理政：第一卷》，外文出版社 2018 年版，第 52～53 页。

教学的目的，在于使学生认识和理解大学生的道德水准和价值取向在很大程度上影响着整个社会的道德风尚，而良好个人品德的形成必须把正确的道德认知、自觉的道德养成、积极的道德实践紧密结合起来，从而引导学生自觉做社会主义核心价值观的坚定信仰者、积极传播者、模范践行者，向英雄学习、向前辈学习、向榜样学习，积极参加各种精神文明创建活动，在实践和担当、服务与奉献中锤炼个人品德，提升道德境界。本案例可用于教材第五章第三节中“锤炼个人品德”的辅助教学；也可用于第一章第二节中“高尚的人生追求”或第三节中“成就出彩人生”的辅助教学。

2. 教师在运用本案例时，要紧紧抓住“志愿”“坚守”“青春”“奉献”等关键词，来引导学生讨论、分析袁辉扎根山区、甘于清贫、潜心支教、助人为乐的内在品质和思想境界；同时，还可适当列举其他类似人物事迹，形成协同、叠加效应，进一步增强教育教学的说服力和感染力。

第六章

学习法治思想　提升法治素养

我们要坚持走中国特色社会主义法治道路，建设中国特色社会主义法治体系、建设社会主义法治国家，围绕保障和促进社会公平正义，坚持依法治国、依法执政、依法行政共同推进，坚持法治国家、法治政府、法治社会一体建设，全面推进科学立法、严格执法、公正司法、全民守法，全面推进国家各方面工作法治化。

——《习近平著作选读：第一卷》，人民出版社 2023 年版，第 33 页

案例 1

为千秋伟业夯基固本

——习近平法治思想引领新时代全面依法治国纪实

【案例文本】

法者，治之端也。

推进全面依法治国，是国家治理的一场深刻变革，必须以科学理论为指导，从理论上回答为什么要全面依法治国、怎样全面依法治国这个重大时代课题。

习近平法治思想，在新时代波澜壮阔的治国理政实践中应运而生，并在坚持和完善中国特色社会主义制度、推进国家治理体系和治理能力现代化进程中创新发展，日益成熟完备。

电视专题片《领航》第 7 集《良法善治》

2020 年 11 月 16 日至 17 日，党的历史上首次召开的中央全面依法治国工作会议，将习近平法治思想明确为全面依法治国的指导思想。

高举思想旗帜，推进伟大事业。习近平法治思想为新时代全面依法治国、实现美好法治愿景提供根本遵循，注入不竭动力，必将引领法治中国建设在新发展阶段实现更大发展，不断登临新的更高境界。

法治中国的航标——习近平法治思想是马克思主义法治理论中国化的最新成果，为新时代坚持和发展中国特色社会主义擘画壮阔法治图景

当历史的车轮来到 2020 年，处于世界百年未有之大变局，行至民族复兴关键一程的中国，展开新时代奋进征程上新的壮美蓝图——

10 月 29 日，党的十九届五中全会审议通过《中共中央关于制定国民经济和社会发展第十四个五年规划和二〇三五年远景目标的建议》。

“基本建成法治国家、法治政府、法治社会”；

“协调推进全面建设社会主义现代化国家、全面深化改革、全面依法治国、全面从严治党的战略布局”……

人们注意到,“法治”,是这份未来中国行动指南的一个关键词。

党的十八大强调,依法治国是党领导人民治理国家的基本方略,法治是治国理政的基本方式。

新时代的中国,跃上新的起点,也面对新的挑战——改革发展稳定任务之重前所未有,矛盾风险挑战之多前所未有,人民群众对法治的期待和要求之高前所未有。

如何在法治轨道上推进国家治理体系和治理能力现代化?如何确保党和国家长治久安?如何促进社会公平正义?——历史之问、时代之问,考验着新时代中国的领航者。

深远的战略思维、鲜明的政治导向、强烈的历史担当、真挚的为民情怀……党的十八大以来,习近平总书记创造性提出了关于全面依法治国的一系列新理念新思想新战略,形成了内涵丰富、科学系统的思想体系,为建设法治中国指明了前进方向。

“全面贯彻实施宪法,是建设社会主义法治国家的首要任务和基础性工作。”

2012 年 12 月 4 日,在首都各界纪念现行宪法公布施行 30 周年大会上,习近平总书记作出了恪守宪法原则、弘扬宪法精神、履行宪法使命的庄严宣告。

一个现代国家,必须是一个法治国家;国家要走向现代化,必须走向法治化。

数千年中华文明赓续演进,近代以来中国对法治艰辛求索,治乱兴衰,历尽沧桑,一再证明“法令行则国治,法令弛则国乱”的深刻道理。

天下大治,是古往今来治国者孜孜以求的理想,也是中国共产党带领中国人民矢志不渝的追寻。

循法而行,依法而治。

从河北、福建、浙江到上海,从依法治县、依法治市到依法治省,习近平同志在地方从政历程中,对法治的尊崇和践行一以贯之。

新时代全面依法治国,需要深刻把握马克思主义法治理论的精髓要义,充分汲取中华民族自古至今的治理智慧,广泛吸纳世界法治文明的优秀成果,既要一脉相承又要与时俱进,既要兼收并蓄又要融会贯通。

“全面依法治国是中国特色社会主义的本质要求和重要保障。”

肩负历史重任,扎根中国大地,立于时代潮头,习近平总书记对治国理政之道进行着深邃思考。

2014 年的金秋十月,党的十八届四中全会大幕开启。“全面推进依法治国”,第一次镌刻在党的中央全会的历史坐标上。习近平法治思想,第一次系统、全面地展现在世人面前：

首次提出全面推进依法治国的总目标——

“建设中国特色社会主义法治体系，建设社会主义法治国家”。

首次宣示坚定不移走中国特色社会主义法治道路——

“中国特色社会主义法治道路，是社会主义法治建设成就和经验的集中体现，是建设社会主义法治国家的唯一正确道路。”

习近平：加快建设社会主义法治国家

首次深刻回答全面依法治国一系列重大问题——

“党的领导是中国特色社会主义最本质的特征，是社会主义法治最根本的保证。”

“党的领导和社会主义法治是一致的，社会主义法治必须坚持党的领导，党的领导必须依靠社会主义法治。”

法治与德治、改革与法治、依法治国与依规治党、从中国实际出发与学习借鉴世界法治文明成果……

首次阐明中国特色社会主义法治体系的科学内涵——

“形成完备的法律规范体系、高效的法治实施体系、严密的法治监督体系、有力的法治保障体系，形成完善的党内法规体系”。

首次明确全面依法治国的基本框架和总体布局——

“坚持依法治国、依法执政、依法行政共同推进，坚持法治国家、法治政府、法治社会一体建设，实现科学立法、严格执法、公正司法、全民守法”。

习近平总书记的一系列重要论述旗帜鲜明，正本清源，深刻回答了社会主义法治的一系列重大理论和实践问题。

实现党和国家长治久安的科学指引——

无论是实现“两个一百年”奋斗目标，还是实现中华民族伟大复兴的中国梦，全面依法治国既是重要内容，又是重要保障。

从“全面建成小康社会”到“全面建设社会主义现代化国家”，全面依法治国的基础性、保障性作用更加突出。习近平总书记深刻指出，在统筹推进伟大斗争、伟大工程、伟大事业、伟大梦想，全面建设社会主义现代化国家的新征程上，我们要更好发挥法治固根本、稳预期、利长远的保障作用。

坚持党的领导、人民当家作主、依法治国有机统一，确保社会主义法治始终沿着正确道路前进，必须加强和改善党的领导。

“我们要继续推进党的领导制度化、法治化，不断完善党的领导体制和工作机制，把党的领导贯彻到全面依法治国全过程和各方面。”习近平总书记强调。

维护社会公平正义的基本遵循——

平出于公，公出于道。公正是人民对美好生活向往的重要内容。

“公正是法治的生命线”，习近平总书记言简意深。

从要求“必须牢牢把握社会公平正义这一法治价值追求，努力让人民群众在每一项法律制度、每一个执法决定、每一宗司法案件中都感受到公平正义”，到强调“不论处在什么发展水平上，制度都是社会公平正义的重要保证”，习近平总书记点明实现社会公平正义的目标，也明确向社会公平正义奋进的路径。

保障人民安居乐业的长远指针——

“人民权益要靠法律保障，法律权威要靠人民维护”；

“法治建设要为了人民、依靠人民、造福人民、保护人民”……

习近平总书记的深刻论述，彰显社会主义法治的价值旨归，揭示社会主义法治的力量泉源。

在实践检验中全面发展，在时代进程中成熟完善。习近平法治思想博大精深的内涵，在中央全面依法治国工作会议上，得到集中凝练的概括——

“坚持党对全面依法治国的领导”；

“坚持以人民为中心”；

“坚持中国特色社会主义法治道路”；

“坚持依宪治国、依宪执政”；

“坚持在法治轨道上推进国家治理体系和治理能力现代化”；

“坚持建设中国特色社会主义法治体系”；

“坚持依法治国、依法执政、依法行政共同推进，法治国家、法治政府、法治社会一体建设”；

“坚持全面推进科学立法、严格执法、公正司法、全民守法”；

“坚持统筹推进国内法治和涉外法治”；

“坚持建设德才兼备的高素质法治工作队伍”；

“坚持抓住领导干部这个‘关键少数’”。

思想的灯塔，照亮新时代全面依法治国新航程——

习近平法治思想深刻总结了共产党依法执政规律、社会主义法治建设规律、人类社会法治文明发展规律，集中展现了马克思主义法治理论在新时代中国实践的光辉成果，是马克思主义法治理论中国化的重大历史性飞跃。这是中国法学界的共识。

“中国之治”的圭臬——习近平法治思想扎根中国特色社会主义法治实践沃土，在推动更高水平良法善治的时代进程中彰显实践品格、展现实践伟力

2018年8月24日，中南海怀仁堂。

习近平总书记主持召开中央全面依法治国委员会第一次会议。“中央全面依法治国委员会主任”——这个职位由习近平总书记亲自担任，引起海内外高度关注。

既是顶层设计者，也是躬身践行者。习近平总书记定方向、定规划、定举措、抓落实，以解决法治领域突出问题为着力点，全面系统研究解决全面依法治国重大事项、重大问题，协调推进中国特色社会主义法治体系和社会主义法治国家建设。

习近平：坚持依法治国和以德治国相结合

“我们中国共产党人干革命、搞建设、抓改革，从来都是为了解决中国的现实问题。”习近平总书记深刻指出。

实践的指南，也是破解问题的良方。

从宣示“把权力关进制度的笼子里”，到要求以“权力清单”和“责任清单”明确政府权力边界，再到提出“各级领导干部要做尊法学法守法用法的模范”……厘清“权与法”的关系，让构建权力运行新机制的思路举措更加明晰。

要求立法工作“提高法律的针对性、及时性、系统性”，明确政府“法定职责必须为、法无授权不可为”，指出解决司法中存在的突出问题“要靠深化司法体制改革”……直奔法治领域“病灶”，令深层次、体制性问题破解之道豁然开朗。

公平正义，国之基址——

“100－1＝0”。

“一个错案的负面影响足以摧毁九十九个公正裁判积累起来的良好形象。执法司法中万分之一的失误，对当事人就是百分之百的伤害。”

习近平总书记在 2014 年 1 月 7 日召开的中央政法工作会议上提出这一“法治公式”，振聋发聩。

2017 年春节前夕，被看押 4 年多的云南勐腊县村民卢荣新被法院二审宣判无罪，回到阔别已久的家中。冤案昭雪的背后，是习近平总书记的“法治公式”推动司法体制实现历史性变革。

公正司法，是维护社会公平正义的最后一道防线。如何让人民群众在每一个司法案件中都感受到公平正义？

“司法不公的深层次原因在于司法体制不完善、司法职权配置和权力运行机制不科学、人权司法保障制度不健全”，习近平总书记一语中的。

以审判为中心的刑事诉讼制度改革守住防范冤错案件的底线，司法责任制改革“让审理者裁判、由裁判者负责”，防止领导干部干预司法“批条子”“打招呼”……一系列举措环环相扣，维护社会公平正义的根基不断夯实。

党的十八大以来，呼格吉勒图案、聂树斌案、张文中案等 50 多个重大冤错案被依法纠正，永载共和国法治史册。

规范执法司法权运行、深化司法责任制综合配套改革、健全司法权监督制约体系，政法领域改革进入系统性、整体性变革新阶段。

以法为纲，崇法善治——

“凡属重大改革都要于法有据。”

习近平法治思想中的这一重要观点，指引改革与法治成为鸟之两翼、车之两轮，确保改革始终在法治轨道上推进，也使法治在改革中不断深化。

2018年的春日，北京平安里西大街。

随着“中华人民共和国国家监察委员会”古铜色牌匾上的红绸布揭开，一个全新的国家反腐败工作机构挂牌成立。

此前几天，全国人代会通过宪法修正案和监察法，产生国家监察委员会及其领导人员，标志着中国特色国家监察体制已经形成。

国家监察委员会的成立，正是法治与改革相辅相成、相得益彰的生动例证。

“科学立法是处理改革和法治关系的重要环节”，习近平总书记的深刻论断，科学指导立法决策在更加适应改革需要的同时，有效发挥引导、推动、规范、保障改革的重要作用。

支持重大改革、护航国家发展，在习近平法治思想引领下，立法更具针对性、有效性、可操作性，以宪法为统帅的中国特色社会主义法律体系不断完善。

截至2020年8月，我国现行有效法律279件、行政法规600余件；制定国家安全法、网络安全法等，坚决维护国家安全与核心利益；赋予所有设区的市地方立法权，从中央到地方的完整立法体系日渐形成……以良法促善治，助推国家治理体系和治理能力不断跃升。

厉行法治，在于“法之必行”——

维护公正、深化改革、推动发展……把法治思维和法治方式贯穿党和国家事业发展各方面、全过程，是习近平法治思想的重要方法论。

“社会主义市场经济本质上是法治经济。”

习近平法治思想这一鲜明观点，正化为中国经济社会发展的创新实践。

从第九十六位跃升至第三十一位！

2013年以来，世界银行发布的全球营商环境报告中，中国的排名明显攀升。其中，评价民商事司法制度与法院工作质效的“执行合同”指标，截至2020年中国的排名为第五位。

在习近平法治思想指引下，法治政府建设深入推进，政府职能边界日益清晰、权力配置更趋合理、治理水平不断提升，为经济社会注入新活力，不断释放法治建设新红利。

制定重大行政决策程序暂行条例，公布省市县三级政府部门权力和责任清单，打造“宽进、快办、严管、便民、公开”的审批服务模式……用法治的缰绳驾驭权力的奔马，依法行政成为新时代的鲜明印记。

首次以中共中央名义出台完善产权保护制度、依法保护产权的顶层设计；制定优化营商环境条例，努力打破市场“旋转门”“弹簧门”；出台一系列法律法规，进一步规范市场主体行为，防范化解经济运行风险……在迈向高质量发展进程中，法治的重要作用日益凸显。

改革发展稳定，内政外交国防，治党治国治军，无不以法治为依凭、用法治作保障、由法治来贯彻。在习近平法治思想的辉映下，中国特色社会主义法治大厦巍然成型。

为民初心的宣示——习近平法治思想高扬以人民为中心的精神旗帜，用法治维护人民权益、保障人民获得感幸福感安全感，凝聚起全体人民的法治信仰

全面依法治国，是涉及亿万人民切身利益的伟大事业。坚持和发展什么样的法治思想和法治理论，最终要看人民是否满意。

2020 年 5 月，被誉为“新时代人民权利宣言书”的中国民法典刚刚诞生，中共中央政治局就以“切实实施民法典”为主题举行了集体学习。

“讲清楚实施好民法典，是坚持以人民为中心、保障人民权益实现和发展的必然要求”——习近平总书记对这部新时代人民法典的深刻阐述，彰显大国领袖对全面依法治国的深邃思考。

一切为了人民，这是法治中国的目标指引。在习近平法治思想中，反映人民意愿、维护人民权益的价值追求清晰可见。

坚守人民立场，闪耀以人民为中心的思想光辉——

“要把体现人民利益、反映人民愿望、维护人民权益、增进人民福祉落实到依法治国全过程”，习近平总书记的深刻论断，成为法治中国建设的鲜明导向。

“民”与“法”相融，彰显人民至上。“人民”，是习近平总书记关于法治的重要论述中，不断提及的高频词。

法律制度如何与时俱进，守护人民？习近平总书记直指关键：“人民群众对立法的期盼，已经不是有没有，而是好不好、管不管用、能不能解决实际问题”。

从民法典全方位保障人民群众各项民事权利，到刑法更有力惩治老百姓深恶痛绝的各类犯罪，再到行政诉讼法让“民告官”更有底气……一部部更具针对性、有效性、可操作性的法律，标注党的十八大以来法治中国建设成果。

“门难进”“事难办”，老百姓对司法机关望而却步怎么办？习近平总书记的指示切中要害：“要坚持司法为民，改进司法工作作风，通过热情服务，切实解决好老百姓打官司难问题。”

曾经的“立案难”变成“有案必立、有诉必理”，曾经办事“跑断腿”变成“异地执行”“一网通办”……司法执法机关立行立改，让公平正义更加可触可感，不断增强人民群众对法律的信仰、对法治的信心。

始终聚焦你我所急所盼所需，用法治的进步保障亿万百姓的美好生活。习近平法治思想中的民生关切诠释不渝初心——“人民对美好生活的向往，就是我们的奋斗目标。”

一切为了人民，一切依靠人民。在习近平总书记心中，人民始终是法治建设的主体。

饱含人民情怀，铺洒法治中国始终如一的底色——

父母离婚，女儿却不愿按照法院判决跟随父亲生活。今年，重庆梁平法院法官田安琴遇到一个难题。

一边是父亲不惜采取过激手段强留女儿，一边是母亲起诉要求变更抚养权。“从法律上来说很简单，但是简单下判，效果可能并不好。”田安琴说。她回想起曾经学习过的习近平总书记一段讲话，深受启发：

“法律不应该是冷冰冰的，司法工作也是做群众工作。一纸判决，或许能够给当事人正义，却不一定能解开当事人的‘心结’，‘心结’没有解开，案件也就没有真正了结。”

用法治的温情化解冰冷的隔阂。在法官的悉心调解下，2020 年 9 月这起案件顺利解决，女孩回到母亲身边。

法治安邦，方有人民安居乐业。让人民群众在法治进步中感受更多温暖、收获更多红利，习近平总书记念兹在兹：

明确要求各级政府“该管的事一定要管好、管到位，该放的权一定要放足、放到位”，推动解决广受百姓诟病的“奇葩证明”“循环证明”问题；

提出执法人员要“充分考虑执法对象的切身感受，规范执法言行，推行人性化执法、柔性执法、阳光执法”，让严格规范公正文明执法带给百姓更多安心；

告诫领导干部“任何人都没有法律之外的绝对权力，任何人行使权力都必须为人民服务、对人民负责并自觉接受人民监督”，让“法律面前人人平等”更加深入人心。

我国每 10 万人命案发生数处于世界最低水平；公安交管改革累计惠及 8 亿多人次；人民群众对社会治安满意度达 95.55%……这份温暖人心的成绩单，彰显习近平法治思想的温度和力量，映射一个 14 亿人口的大国迈向法治化新境界的坚实脚步。

植根民心，走出依靠人民推动法治进步的人间正道——

这是习近平总书记向全体人民发出的有力号召："弘扬社会主义法治精神，努力培育社会主义法治文化，让宪法家喻户晓，在全社会形成学法尊法守法用法的良好氛围。"

法治的真谛，在于全体人民的真诚信仰和忠实践行。习近平法治思想，为法治中国建设提供了理论指引和实践动力。

"要坚持法治教育从娃娃抓起，把法治教育纳入国民教育体系和精神文明创建内容"；

"引导群众遇事找法、解决问题靠法，逐步改变社会上那种遇事不是找法而是找人的现象"；

"使全体人民都成为社会主义法治的忠实崇尚者、自觉遵守者、坚定捍卫者，使尊法、信法、守法、用法、护法成为全体人民的共同追求"……

高扬的思想旗帜，凝聚共建法治中国的力量。

公共法律服务平台加快融合，国家机关"谁执法谁普法"普法责任制普遍落实，更多人作为人民陪审员、人民监督员亲历公正的实现，见义勇为者在法律支持下"理直气壮"……

新时代的中国，法治伟力感召人心，法治信仰在广大人民群众心中落地生根。

奉法强国的指南——习近平法治思想指引法治中国在披荆斩棘中开辟新境界，在应对风险挑战中开创新局面，为世界法治文明贡献中国经验和中国智慧

天下之势不盛则衰，天下之治不进则退。

面对充满不确定性的未来，面对正在发生深刻复杂变化的内部条件和外部环境，向着复兴梦想砥砺奋进，中国如何战胜前进道路上的风险挑战？

法治，安邦固本的基石。困难越是艰巨复杂，就越需要更好发挥法治作用。

以法治"固根本"——

这是具有里程碑意义的瞬间：

2018 年 3 月 11 日，十三届全国人大一次会议高票表决通过宪法修正案。

习近平新时代中国特色社会主义思想等党的十八大以来的理论创新、实践创新、制度创新成果载入宪法，为中华民族伟大复兴提供根本法治保障。

这是中国法治史上的重要时刻：

6 天后，在十三届全国人大一次会议上再次当选国家主席，习近平主席手抚宪法庄严宣誓。这也是新中国历史上首次进行国家领导人宪法宣誓。

"忠于中华人民共和国宪法，维护宪法权威，履行法定职责……"铮铮誓言，以上率下，展现依宪治国、依宪执政的坚定意志。

建立宪法宣誓制度，设立国家宪法日；国歌法、国旗法、国徽法构成落实宪法规定的国家象征与标志重要制度；依据宪法法律，制定并实施香港国安法，推动“一国两制”事业沿着正确方向前进……

“把国家各项事业和各项工作全面纳入依法治国、依宪治国的轨道，把实施宪法提高到新的水平。”习近平总书记话语坚定。

坚持和完善人民代表大会制度保证人民当家作主，坚持和完善中国共产党领导的多党合作和政治协商制度、民族区域自治制度以及基层群众自治制度等基本政治制度，坚持和完善社会主义基本经济制度……

沐思想之光，循法治之道。中国特色社会主义法律体系向法治体系提升，由静态的制度体系向囊括立法、执法、司法、守法各环节的动态体系转变，“中国之治”的基石更加巩固。

以法治“稳预期”——

“法治是最好的营商环境”。习近平法治思想中的鲜明论断，是中国发展社会主义市场经济、推动更高水平对外开放的如山承诺。

老朋友坚定续约，甚至“一口气签三年”；新朋友纷至沓来，一大批全球巨头首次参展……疫情挡不住热情，第三届进博会吸引各国企业踊跃参展，展览面积扩大近 3 万平方米。

实施外商投资法、修改完善专利法和著作权法，依法加强企业产权保护，用法治促进社会生产力发展的力量源泉充分涌流……用法治构建稳定预期，让“有恒产者有恒心”，中国经济未来发展更可期待。

着力推进社会治理系统化、科学化、智能化、法治化，在法治轨道上统筹常态化疫情防控和经济社会发展……在法治护航下，中国社会铺展更加和谐的未来图景。

科学把握新发展阶段、深入贯彻新发展理念、加快构建新发展格局，法治始终是稳定器、压舱石。

“做好改革发展稳定各项工作离不开法治，改革开放越深入越要强调法治。”这是中国掌舵人的坚定决心，也是法治中国的必有之义。

以法治“利长远”——

“我们提出全面推进依法治国，坚定不移厉行法治，一个重要意图就是为子孙万代计、为长远发展谋。”习近平总书记深谋远虑。

绿水青山，法治护佑。加快生态文明立法，助力打赢蓝天碧水净土保卫战；加强环保执法检查、环保督查和环保执法力度；以公益诉讼促生态保护，提升环境资源审判能力……确保人民享有安全健康的生态环境，在人与自然和谐共生中共迎美好未来。

法安天下，德润人心。维护英烈尊严，依法惩戒“老赖”，树立规矩意识，保护正当防卫，鼓励见义勇为……让法治与德治更深地交融交汇，树立社会良好风尚，挺起中华民族“精气神”。

立己达人，兼济天下。完善公开透明的涉外法律体系，加快中国法域外适用的法律体系建设；倡议后疫情时代的联合国“厉行法治”，维护国际法和国际秩序的权威性和严肃性……扩大对外开放，推动互利共赢，法治是中国坚定不移的选择。

日月经天，江河行地。关山飞度，大道笃行。

站在新的历史起点上，在以习近平同志为核心的党中央坚强领导下，在习近平法治思想的科学指引下，亿万人民的法治信仰日益坚定，磅礴浩荡的法治力量正在汇聚，中国特色社会主义法治事业蓬勃发展，为民族复兴千秋伟业夯基固本！

（参见赵承、霍小光、邹伟等：《为千秋伟业夯基固本——习近平法治思想引领新时代全面依法治国纪实》，《人民日报》2020 年 11 月 19 日。编入本书时有改动。）

【思考讨论】

1. 2020 年 11 月，党的历史上首次召开的中央全面依法治国工作会议，将习近平法治思想明确为全面依法治国的指导思想。请谈谈习近平法治思想的核心要义。

2. 阅读本文，请联系我国社会主义法治建设的实际，谈谈习近平法治思想的重大意义。

【案例解析】

思想是行动的先导，理论是实践的指南。推进全面依法治国是国家治理的一场深刻变革，必须以科学理论为指导。党的十八大以来，以习近平同志为核心的党中央从坚持和发展中国特色社会主义的全局和战略高度定位法治、布局法治、厉行法治，创造性提出了关于全面依法治国的一系列新理念新思想新战略，形成了习近平法治思想。

习近平法治思想内涵丰富、论述深刻、逻辑严密、系统完备。就其主要方面来讲，就是 2020 年 11 月习近平总书记在中央全面依法治国工作会议上的重要讲话中精辟概括的“十一个坚持”：坚持党对全面依法治国的领导；坚持以人民为中心；坚持中国特色社会主义法治道路；坚持依宪治国、依宪执政；坚持在法治轨道上推进国家治理体系和治理能力现代化；坚持建设中国特色社会主义法治体系；坚持依法治国、依法执政、依法行政共同推进，法治国家、法治政府、法治社会一体建设；坚持全面推进科学立法、严格执法、公正司法、全民守法；坚持统筹推进国内法治和涉外法治；坚持建设德才兼备的高素质法治工作队伍；坚持抓住领导干部这个"关键少数"。这"十一个坚持"，既是重大工作部署，又是重大战略思想，体现了深远的战略思维、鲜明的政治导向、强烈的历史担当、真挚的为民情怀、磅礴的实践伟力。

习近平法治思想，是顺应实现中华民族伟大复兴时代要求提出的重大理论创新成果，是马克思主义法治理论中国化最新成果，是习近平新时代中国特色社会主义思想的重要组成部分，深刻回答了为什么要全面依法治国、怎样全面依法治国这个重大时代课题，是全面依法治国的根本遵循和行动指南，必将引领法治中国建设在新发展阶段实现更大发展，不断登临新的更高境界。

执政兴国，离不开法治支撑；社会发展，离不开法治护航；个人成长，离不开法治保障。当代大学生作为国民教育体系下法治教育的对象，既是法治中国建设的见证者和亲历者，也是践行者和生力军，要认真学习习近平法治思想，把握其核心要义，领会其思想精髓，自觉维护法律权威，不断提升法治素养，努力做社会主义法治的忠实崇尚者、模范遵守者、坚定捍卫者。

【案例应用】

1. 本案例展示了党的十八大以来，习近平总书记定方向、定规划、定举措、抓落实，全面系统研究解决全面依法治国重大事项、重大问题，协调推进中国特色社会主义法治体系和社会主义法治国家建设，为新时代坚持和发展中国特色社会主义擘画壮阔法治图景并创造性地提出一系列关于全面依法治国的新理念新思想新战略，形成了习近平新时代中国特色社会主义思想的"法治篇"，成为新时代全面依法治国的根本遵循和行动指南。本案例的教学与讨论，旨在引导学生了解习近平法治思想的主要内容和核心要义，增强法治观念，提升法治素养，努力做尊法学法守法用法的模范。本案例可用于教材第六章第二节中"全面依法治国的根本遵循"的辅助教学。

2. 本案例选取了习近平法治思想中的几个"关键词"。教师在运用本案例时，可以此为"引子"，讲解、阐释习近平总书记在中央全面依法治国工作会议上的重要讲话中精辟概括的"十一个坚持"；同时，还要注意结合党的十八大以来法治中国建设的权威数据、典型事例等，以增强教学的生动性和感染力、说服力。

案例 2

修宪：见证我国法治建设进程

【案例文本】

宪法是国家的根本法，是治国安邦的总章程，具有最高的法律地位、法律权威、法律效力。“我国宪法以国家根本法的形式，确立了中国特色社会主义道路、中国特色社会主义理论体系、中国特色社会主义制度的发展成果，反映了我国各族人民的共同意志和根本利益，成为历史新时期党和国家的中心工作、基本原则、重大方针、重要政策在国家法制上的最高体现。”①新中国第一部宪法颁布实施后，我国先后做了 3 次大规模修改并对现行宪法进行了 5 次修正。

我国宪法的 3 次大规模修改

新中国第一部宪法草案初稿是如何诞生的？

1954 年 9 月 20 日，第一届全国人民代表大会第一次会议通过了第一部《中华人民共和国宪法》，即“五四宪法”。作为新中国诞生后的第一部宪法，它第一次以国家根本法的形式，“确认了近代 100 多年来中国人民为反对内外敌人、争取民族独立和人民自由幸福进行的英勇斗争，确认了中国共产党领导中国人民夺取新民主主义革命胜利、中国人民掌握国家权力的历史变革”②；第一次以国家根本法的形式，确认了我国的各项基本制度。其中的一些基本内容和重要原则，奠定了我国宪政的基础与制度体系。在后来的宪法中，一些最根本的制度，如人民民主专政制度、人民代表大会制度、民族区域自治制度、生产资料公有制等，都是从 1954 年宪法延续下来的。

1975 年大规模修改的宪法，由第四届全国人民代表大会第一次会议通过。它是在十年“文化大革命”尚未结束的特殊历史条件下形成的，是“左”的思想的产物。这部宪法文本大量删减了宪法必须明确规定的内容。比如，1954 年宪法共有 106 条，而这部宪法只有 30 条；第 2 章第 4 节“民族自治地方的自治机

① 习近平：《习近平谈治国理政：第一卷》，外文出版社 2018 年版，第 136 页。

② 习近平：《习近平谈治国理政：第一卷》，外文出版社 2018 年版，第 135～136 页。

关”、第 5 节“审判机关和检察机关”都只有 1 条；第 3 章“公民的基本权利和义务”由原来的 19 条并成 4 条。这样就不可能发挥作为国家生活准则的国家根本法应起的作用。

1978 年大规模修改的宪法，由第五届全国人民代表大会第一次会议通过，它对 1975 年宪法文本做了修改，共 4 章 60 条。但由于当时历史条件的限制，这部宪法未能彻底清理“文化大革命”期间“左”的思想的影响，还存在一些不正确的政治理论观念和不适应客观实际情况的条文规定。

1982 年大规模修改的宪法，由第五届全国人民代表大会第五次会议通过，除序言外，共 4 章 138 条。它继承和发展了 1954 年宪法的基本原则，总结了我国社会主义建设正反两方面经验，借鉴世界社会主义运动的成败得失，是一部有中国特色、适应中国社会主义现代化建设需要的根本大法。它规定四项基本原则作为总的指导思想，强调以经济建设作为国家的工作重点，明确规定今后国家的根本任务是集中力量进行社会主义现代化建设；它规定公民在法律面前一律平等，任何组织或个人都不得有超越宪法和法律的特权；关于公民的各项基本权利的规定，更加切实和明确。这部宪法的诞生，标志着我国社会主义民主和法治建设进入了一个新阶段，堪为新时期立法史上的一座丰碑。

我国现行宪法的 5 次修正

1982 年颁布施行的现行宪法，是一部“符合国情、符合实际、符合时代发展要求的好宪法，是充分体现人民共同意志、充分保障人民民主权利、充分维护人民根本利益的好宪法”①，而“宪法只有不断适应新形势、吸纳新经验、确认新成果，才能具有持久生命力”②。随着我国改革开放的不断深入和中国特色社会主义事业的进一步发展，在保持宪法稳定性和权威性的基础上，全国人民代表大会先后于 1988 年、1993 年、1999 年、2004 和 2018 年，对我国现行宪法个别条款和部分内容做出了 5 次必要的修正，共通过了 52 条宪法修正案，使宪法在中国特色社会主义伟大实践中不断与时俱进，有力推动和保障了党和国家事业的发展；同时，也彰显和见证着我国社会主义法治建设的时代进程。

1988 年 4 月 12 日，七届全国人大一次会议通过的宪法修正案，是我国第一次采用宪法修正案的形式修改宪法。其主要内容有 2 条：一是为适应我国改革开放的需要，确认私营经济的合法存在，宪法第十一条增加规定：“国家允许私营经济在法律规定的范围内存在和发展。私营经济是社会主义公有制经济的补充。国家保护私营经济的合法的权利和利益，对私营经济实行引导、监督

① 习近平：《习近平谈治国理政：第一卷》，外文出版社 2018 年版，第 137 页。

② 习近平：《习近平谈治国理政：第一卷》，外文出版社 2018 年版，第 136 页。

和管理。”二是确立我国新的土地使用制度，土地使用权可依法转让，将宪法第十条第四款：“任何组织或者个人不得侵占、买卖、出租或者以其他形式非法转让土地。”修改为：“任何组织或者个人不得侵占、买卖或者以其他形式非法转让土地。土地的使用权可以依照法律的规定转让。”

1993 年 3 月 29 日，八届全国人大一次会议通过的宪法修正案共 9 条。其主要内容包括：将“我国正处于社会主义初级阶段”“建设有中国特色的社会主义的理论”“坚持改革开放”“中国共产党领导的多党合作和政治协商制度将长期存在和发展”等写入了宪法；同时，将“国营经济”“国营企业”修改为“国有经济”“国有企业”，以“家庭联产承包为主的责任制”取代“人民公社”，将“国家在社会主义公有制基础上实行计划经济”修改为“国家实行社会主义市场经济”，将县级人民代表大会每届任期由 3 年修改为 5 年。

1999 年，九届全国人大二次会议再次通过宪法修正案。这次是以党的十五大为依据，对宪法部分内容做适当修改，共 6 条：将“邓小平理论”写进宪法序言，与马克思列宁主义、毛泽东思想一起，成为指引我国社会主义现代化建设的旗帜；增加规定“中华人民共和国实行依法治国，建设社会主义法治国家”；明确我国将长期处于社会主义初级阶段，确认“国家在社会主义初级阶段，坚持公有制为主体、多种所有制经济共同发展的基本经济制度，坚持按劳分配为主体、多种分配方式并存的分配制度”；修改了我国的农村生产经营制度，规定“农村集体经济组织实行家庭承包经营为基础、统分结合的双层经营体制”；确立非公有制经济在社会主义市场经济中的地位，明确“在法律规定范围内的个体经济、私营经济等非公有制经济，是社会主义市场经济的重要组成部分”；将宪法第二十八条“反革命的活动”修改为“危害国家安全的犯罪活动”。

2004 年 3 月 14 日，十届全国人大二次会议通过宪法修正案，共 14 条。其主要内容是：将“三个代表”重要思想确立为国家的指导思想，增加推动物质文明、政治文明和精神文明协调发展的内容；在宪法序言关于爱国统一战线的组成中增加“社会主义事业的建设者”；将国家的土地征用制度修改为“国家为了公共利益的需要，可以依照法律规定对土地实行征收或者征用并给予补偿”；将国家对非公有制经济的规定做了修改，确定了非公有制经济的合法的权利和利益；“公民的合法的私有财产不受侵犯”写入宪法；增加规定“国家建立健全同经济发展水平相适应的社会保障制度”“国家尊重和保障人权”；修改了全国人大代表的产生方式；将乡镇人民代表大会的任期由 3 年改为 5 年；规定国家主席进行国事活动的职权；增加关于国歌的规定，规定“中华人民共和国国歌是《义勇军进行曲》”。

时光进入 2018 年，此时距离上一次修改宪法已过去了整整 14 年，我国经济社会发展有了许多重要变化。特别是党的十八大以来,党的理论创新不断推进,形成一系列治国理政新理念新思想新战略,党和国家事业发展取得历史性成就。党的十九大对新时代坚持和发展中国特色社会主义做出重大战略部署,确定了新的奋斗目标。新时代、新形势和新任务,决定了我国又一次站到了修改宪法的历史节点上。2018 年 3 月 11 日,第十三届全国人民代表大会第一次会议表决通过《中华人民共和国宪法修正案》,这是 1982 年宪法公布施行后的第五次修改。

2018 年宪法修正案共 21 条。其主要内容有:在宪法序言中确立科学发展观、习近平新时代中国特色社会主义思想在国家政治和社会生活中的指导地位;调整充实中国特色社会主义事业总体布局和第二个百年奋斗目标的内容;完善依法治国和宪法实施举措,进一步凸显坚持全面依法治国;充实完善我国革命和建设发展历程、爱国统一战线和民族关系,以及和平外交政策等方面的内容;充实坚持和加强中国共产党全面领导的内容;增加倡导社会主义核心价值观的内容;增加宪法宣誓的规定;修改国家主席任职方面的有关规定;增加有关监察委员会的各项规定等。

2018 年修改宪法,是以习近平同志为核心的党中央站在新的历史方位,顺应时代要求和人民意愿,从全局和战略高度做出的重大决策,也是推进全面依法治国、推进国家治理体系和治理能力现代化的重大举措。通过宪法修改,将党的重大理论观点和重大方针政策载入国家根本法中,体现党和国家事业发展的新成就新经验新要求,是时代大势所趋、事业发展所需,必将为新时代坚持和发展中国特色社会主义、实现中华民族伟大复兴的中国梦提供坚实的宪法保障。

(参见吕欣彤、何佳、杨红:《盘点我国现行宪法的历次修改》,中国军视网 2018 年 3 月 12 日;王姗姗:《“八二宪法”:一部面貌一新的国家大法》,《中国青年报》2021 年 3 月 29 日;信春鹰:《我国宪法修改的重点内容及其重大历史意义(宪法学习宣传报告摘编)》,《人民日报》2018 年 5 月 16 日;陈莉:《70 年宪法发展史　公民权利保障路》,《人民法院报》2019 年 10 月 1 日。本案例由作者根据以上资料编写。)

【思考讨论】

1. 习近平总书记指出:“宪法是国家的根本法,坚持依法治国首先要坚持依宪治国,坚持依法执政首先要坚持依宪执政。”①“全面贯彻实施宪法,是建设

① 习近平:《论坚持全面依法治国》,中央文献出版社 2020 年版,第 72 页。

社会主义法治国家的首要任务和基础性工作。"[①]请结合习近平总书记重要讲话，谈谈如何认识和理解宪法在全面依法治国中的突出地位和重要作用。

2. 习近平总书记指出："宪法的根基在于人民发自内心的拥护，宪法的伟力在于人民出自真诚的信仰。"[②]请联系自身实际，谈谈大学生如何树立宪法法律意识，做社会主义法治的忠实崇尚者、自觉遵守者、坚定捍卫者。

【案例解析】

宪法修改是国家政治生活中的一件大事。新中国成立以来，我国先后对宪法进行了3次大规模修改并对现行宪法进行了5次修正，尤其是1982年以来的5次修宪，既是我国改革开放历史的生动记录，也是党和国家各项事业逐步纳入法治轨道的真实反映。它折射出时代发展的要求和社会的进步，彰显着我国民主法治建设稳步推进的历程。由此，我们可以得出以下思考和启示：

第一，宪法修改是从国家顶层设计推进中国法治进程，为法治国家建设提供强有力的法律依据。习近平总书记曾强调指出："依法治国，首先是依宪治国；依法执政，关键是依宪执政。"[③]综观现行宪法的5次修正，其所涉及的主要内容包括国家的指导思想、经济制度、政治制度，以及法治国家建设、思想文化建设、公民权利保障和国家机构设立等，无一不是以根本法的形式做出的顶层制度设计，这不仅为我国改革开放和社会主义现代化建设提供了根本法治保障，也为完善以宪法为统帅的中国特色社会主义法律体系和建设社会主义法治国家提供了有力的法律依据。

第二，宪法修改必须坚持党的领导，坚持中国特色社会主义法治道路，坚持正确政治方向。把党的集中统一领导贯穿于宪法修改的全过程，确保宪法修改的正确政治方向，确保修宪工作有序进行，这是我国宪法修改工作的特色与优势，也是自1954年宪法以来逐渐形成的修宪工作的惯例和程序机制。在修宪过程中，只有坚持党的领导这一首要原则，才能确保国家性质不变色、法治道路有方向，才能实现党的主张与人民的意志的高度统一，从而使修宪取得良好的法律效果、政治效果和社会效果。

第三，宪法修改必须体现党和人民事业的历史进步，必须随着党领导人民建设中国特色社会主义实践的发展而不断完善发展。由现行宪法的5次修正我们可以看到，从建设有中国特色社会主义的理论写进宪法，到把邓小平理论、

---

① 习近平：《习近平谈治国理政：第一卷》，外文出版社2018年版，第138页。

② 习近平：《习近平谈治国理政：第一卷》，外文出版社2018年版，第140页。

③ 习近平：《习近平谈治国理政：第一卷》，外文出版社2018年版，第141页。

“三个代表”重要思想、科学发展观和习近平新时代中国特色社会主义思想确立为国家的指导思想……在一步一个脚印的递进之中，党和人民的意志不断上升为国家意志；从土地使用权可以依法转让，到私有财产权、征地补偿获得宪法保护，尊重和保护人权写入宪法……人民群众不同历史时期的权利需求不断彰显。实践证明，我国宪法始终是同党团结带领人民进行的实践探索紧密联系在一起的，体现了党和国家事业发展的新成就新经验新要求。

第四，宪法修改必须保障和推动改革开放不断深化，引领社会主义法治建设不断前进。1982 年宪法及其 5 个修正案，从根本法上明确了国家的根本任务、发展理念、发展道路，调整充实了国家的发展目标，确立了关于改革开放、发展社会主义市场经济等一系列大政方针，有力地破除了束缚生产力发展的体制机制障碍，极大地激发了全社会的创造力和发展活力。与此同时，宪法作为治国理政的总章程，因其与时俱进而催生中国法治建设大踏步前进。中国特色社会主义法律体系如期形成并不断完善，社会主义法治国家建设取得历史性成就，这都源自国家根本法的引领，并随着宪法的 5 次修正而不断推进。

“治国凭圭臬，安邦靠准绳”。宪法修改不仅见证了我国法治建设的历史进程，同时也是一次全民普法和增强全社会法治意识的过程。“宪法的根基在于人民发自内心的拥护，宪法的伟力在于人民出自真诚的信仰。”①在全面依法治国、建设法治国家的进程中，当代大学生肩负着重要责任。为此，大学生要充分认识到，“宪法与国家前途、人民命运息息相关。维护宪法权威，就是维护党和人民共同意志的权威。捍卫宪法尊严，就是捍卫党和人民共同意志的尊严。保证宪法实施，就是保证人民根本利益的实现”②。只有这样，当代大学生才能成为社会主义法治的忠实崇尚者、自觉遵守者、坚定捍卫者。

【案例应用】

1. 本案例简要回顾了新中国成立以来，我国先后 3 次大规模修改宪法和对现行宪法进行的 5 次修正的历程，彰显了我国宪法的与时俱进和社会主义法治建设的时代进程。本案例的教学与讨论，旨在引导学生深刻认识宪法是国家的根本法，是治国安邦的总章程，具有最高的法律地位、法律权威、法律效力；宪法在全面依法治国中具有突出地位和重要作用，依法治国首先是依宪治国，依法执政关键是依宪执政；新时代大学生要树立敬畏宪法、遵守宪法、维护宪法的自觉意识，做社会主义法治的忠实崇尚者、自觉遵守者、坚定捍卫者。本案例可

① 习近平：《习近平谈治国理政：第一卷》，外文出版社 2018 年版，第 140 页。

② 习近平：《习近平谈治国理政：第一卷》，外文出版社 2018 年版，第 137 页。

用于教材第六章第三节中“宪法的形成与发展”“我国宪法的地位和基本原则”等内容的辅助教学。

2. 教师在运用本案例时，不仅要清楚地梳理我国宪法历次修改的具体内容，更要注意结合其历史背景，帮助学生充分认识“宪法与国家前途、人民命运息息相关”，必须随着党领导人民建设中国特色社会主义实践的发展而不断完善，宪法的修改见证着我国社会主义法治建设的时代进程；同时，还可引导学生通过讲述“宪法的历史故事”“我和宪法的故事”，加深对宪法重要性的认识，理解宪法对公民权利的保障，从而进一步增强宪法意识，树立宪法权威，正确行使法律权利，自觉履行法律义务。

案例 3

新时代的人民法典

【案例文本】

2020 年 5 月 28 日下午，北京，人民大会堂。

共和国法治建设，迎来了历史性的一刻——十三届全国人大三次会议以 2 879 票赞成、2 票反对、5 票弃权，高票表决通过了《中华人民共和国民法典》，热烈的掌声，在万人大礼堂久久回荡。

5 年磨一剑，宣告中国迈入“民法典时代”。这是新中国历史上首个以“法典”命名的法律，承载着几代立法者、法律工作者乃至亿万人民的梦想。

开启中国民事法律新时代

民法是民事领域的基础性、综合性法律。编纂民法典，是一个国家法律传统和法治信仰的生动写照，映射出一个民族的不懈奋进。

民法典是科学立法 民主立法 依法立法的生动实践

重庆，嘉陵江畔，歌乐山下。

近百岁高龄的法学家金平，清晰记得自己亲历的新中国 3 次民法起草工作。

“第一次是 1954 年，第二次是 1962 年，第三次是 1979 年。”金平说，“必须承认，只有经济社会发展、人民安居乐业、法治深入人心，民法典才具备成功编纂的条件。”

中国民事法律的前进脚步从未停歇。改革开放以来，民法通则、合同法、物权法等民事单行法律相继出台，民事法律规范体系逐渐完备。

党的十八大以来，以习近平同志为核心的党中央带领亿万人民砥砺奋进，开辟新的航程。全面依法治国纳入“四个全面”战略布局，党和国家事业取得历史性成就、发生历史性变革。

经济发展行稳致远，要靠民法制度调整关系、维护秩序；社会生活风清气正，需要民法制度立规明矩、激浊扬清；法治建设劈波斩浪，离不开民法制度夯实基础、与时俱进。

2014 年 10 月，党的十八届四中全会通过《中共中央关于全面推进依法治国若干重大问题的决定》，明确提出“编纂民法典”。

“这无疑是我们国家民法史上一个突破性的节点。”白发苍苍的金平回想彼时，仍难掩激动，“只有这个时代，才能诞生我们自己的民法典。”

伟大的时代，催生伟大的法典。编纂一部符合我国国情和实际，体例科学、结构严谨、规范合理、内容完整并协调一致的民法典，离不开坚强的领导核心和科学的思想指引。

2016 年 6 月、2018 年 8 月、2019 年 12 月，习近平总书记 3 次主持中央政治局常委会会议，听取并原则同意全国人大常委会党组就民法典编纂工作所作的请示汇报，对民法典编纂工作作出重要指示，为民法典编纂工作提供了重要指导和基本遵循。

“自始至终，民法典编纂工作都是在党中央的领导下进行的。”全国人大常委会法工委民法室负责人说，根据编纂民法典的指导思想，立法机关确立了“编纂式立法”这一重要理念。

——不是制定全新的民事法律，而是对现行的民事法律规范进行编订纂修。

——不是简单的“麻袋装土豆”，而要对已经不适应现实情况的规定进行修改完善，针对经济社会生活中出现的新情况、新问题作出有针对性的新规定。

为做好民法典编纂工作，全国人大常委会党组先后多次向党中央请示和报告，就民法典编纂工作的总体考虑、工作步骤、体例结构等重大问题进行汇报。

“党中央的坚强领导，是我们圆满完成民法典编纂的决定性因素。”全程参与本次民法典编纂的全国人大代表、中国社会科学院学部委员孙宪忠透露，不少立法中的关键问题和重大争议，都是党中央在科学研判的基础上拍板解决的。

源于风车水磨时代的《法国民法典》，因其对现代民法制度的“启蒙”而著称。来自工业化社会初期的《德国民法典》，以其逻辑严谨、体系周密而传承。

世界百年未有之大变局下，中国民法典如何呼应时代，为人类法治文明写下浓墨重彩的一笔？

欲茂其枝，必深其根。这是一部具有鲜明中国特色的民法典——

弘扬社会主义核心价值观，强化对人格权的全面保护，维护家庭成员合法权益……民族精神融入民法典，引领传统美德和社会公德深入人心。

世易时移，法随时变。这是一部充分体现时代特点的民法典——

协调经济发展与环境保护的关系，破解人工智能发展带来的矛盾冲突，强化互联网时代个人信息保护……民法典与时俱进,为解决 21 世纪人类面临的共同问题贡献中国智慧。

民为邦本,法系根基。这是一部有效反映人民意愿的民法典——

破解高空抛物坠物难题,维护小区业主合法权益,明确禁止高利放贷……民法典聚焦百姓关切,强化保护人民权利,为百姓安居乐业提供法治保障。

“在法律体系中,如果说宪法是天空中高扬的旗帜,那么民法就是大地上坚实的脚步。”孙宪忠说,“每一步也许平淡无奇,但正是这些扎实的脚步,让整个国家的治理水平不断提升。”

一场新时代科学立法、民主立法的生动实践

2020 年 2 月,疫情防控阻击战正处于关键阶段。

全国人大代表、广州市中级人民法院少年家事审判庭庭长陈海仪,焦急地与全国人大常委会相关部门取得联系,反映有儿童因为家长被隔离而无人照顾的问题,并建议对相关制度作出完善。

在当年的全国“两会”上,陈海仪惊喜地发现,她的建议已经在立法中得到回应。民法典结合疫情防控,进一步完善监护制度,把对被监护人的保护网织得更密。

一部民法典,映射出一个国家的立法水平。

时间回溯到 2015 年 3 月,全国人大常委会法工委启动民法典编纂工作。结合我国民事法律体系现状,一开始就明确了“两步走”的规划。

“‘两步走’是民法典成功编纂的重要保障。”孙宪忠说,首先制定民法总则,调整民事活动必须遵循的基本原则和一般性规则等重要内容,属于大的创新;然后对其他现行民事法律进行整合修订,编纂民法典各分编。

“创新”与“整合”协调搭配,让民法典在最大限度保持民事法律制度连续、稳定的前提下,体现立法的前瞻性和开放性,有效回应时代要求。

2017 年 3 月,十二届全国人大五次会议表决通过民法总则,民法典编纂顺利迈出第一步。

2018 年 8 月,民法典各分编草案亮相。此后的一年多时间里,全国人大常委会对民法典各分编草案多次进行拆分审议。

广袤的神州大地,十里不同风,百里不同俗。编纂民法典,寻求经济发展和群众生活基本规范的广泛共识,必须扑下身子,倾听民声。

——开门立法,求得社会共识“最大公约数”。

2020 年 1 月,一场关于民法典草案的意见征询会在上海市长宁区虹桥街道召开,来自各行各业的居民各抒己见,与立法机关面对面交流。

“大家针对涉及老百姓切身利益的问题提出了许多意见建议，也切实感受到国家法治的不断进步。”基层立法联系点信息员卞小林说。

全国人大常委会10次审议，10次向社会公开征求意见，3次组织全国人大代表研读讨论，针对意见反映集中、争议较大的问题专门召开座谈会……一场广泛而热烈的“民法典大讨论”，成为法治中国的亮丽风景。

——深入实际，让人民的法典更接地气、更具实效。

通过代表工作广纳民意，2019年办理全国人大代表提出涉及民法典编纂的议案32件；

选取生态环境、公益诉讼、夫妻共同债务等重点问题，专程奔赴有代表性的地方调研；

针对物业纠纷等老百姓反映强烈的问题，走访小区、居委会……

立法工作者深入基层，广泛吸纳各方意见，让立法理念与社会发展同步，法律条文与百姓期盼同频。

2019年12月，由民法总则与民法典各分编草案“合体”而来的完整版民法典草案首次展现在世人眼前。

2020年全国“两会”期间，代表委员们对民法典草案进行了认真审议和热烈讨论。大家认为，草案符合我国国情和实际，反映了人民意愿，体现了民法基本原理、基本精神和民事活动的内在规律。

根据各方面意见，草案又做了100余处修改，其中实质性修改40余处——

禁止物业公司用断水、断电等方式催交物业费；

针对地面塌陷伤人问题作出规定；

明确公安等机关对高空抛物坠物的调查责任；

……

民法典的画卷上，立法者们秉持“人民至上”理念，确保党的主张通过法定程序成为国家意志。

保障人民权利，在“民”与“法”之间彰显为民情怀

大数据和信息技术的发展，让个人隐私边界日益模糊。

试衣间可能暗藏“第三只眼”，手机被骚扰电话轰炸，照片被人肆意丑化……互联网时代，法律能否更好地保护你我权利？

翻开民法典，“人格权”一编格外引人注目。

明确“隐私”的定义，完善对肖像权的保护，确立器官捐献基本规则，加强个人信息保护……人格权独立成编被认为是民法典的突出亮点和重大创新，将我国法律对人身自由、人格尊严的保护提升到了新高度。

人们也许不知道，在民法典编纂之初，对于“人格权是否独立成编”曾有过一番激烈的讨论——

有人提出，要最大限度体现对“人”的尊重和关怀，必须通过单独的分编对人格权的类型和保护措施作出全面规定。

也有人认为，民法典对人格尊严的保护，通过总则编以及侵权责任编的有关规定即可实现。

“无论是哪一种意见，大家有着共同的目标，就是要加强对人格权的保护，只是立法形式有分歧。”全国人大常委会法工委民法室副主任石宏说，“立足于破解人格权保护领域新情况新问题，强调全面保护，我们经过反复研究，决定将人格权独立为一编。”

——这是关乎 14 亿人民生老病死、衣食住行的“权利宣言”。

从呱呱坠地享受百般关爱，到两鬓如霜儿孙绕膝；从清晨迎接第一缕阳光，到下班回家休息打开电视，我们时时刻刻都在与民法打交道，受法律规制，受法律保护。

享受天伦之乐，却不知孩子几岁能打酱油？民法典总则编告诉你，限制民事行为能力人的年龄标准已经从 10 岁调整为 8 岁。

迎来“乔迁之喜”，却遭遇蛮横物业？民法典合同编增加规定了物业服务合同，更好保障业主权利。

暮年想修改遗嘱，却已无力前往公证处？民法典继承编增加了录像等新的遗嘱形式，公证遗嘱也不再效力优先。

……

“民法典的编纂以‘保护民事主体权利’作为主线，对人民权利的保障可谓事无巨细。”石宏介绍，编纂民法典，把现行民法中已经滞后的规定找出来加以完善，形成更加完备的民事权利体系，更好维护人民权益。

——这是镌刻在字里行间的“人民情怀”。

去世亲人的照片被人恶意损毁，珍藏多年的书籍被借走后“一去不返”……遭遇物质与心灵的双重创伤时，法律能否给出解决办法？

民法典作出回应：扩大精神损害赔偿范围。

“这代表着法律从注重物质保护，向精神权益、人格权益的保护拓展。”北京理工大学法学院民法典研究中心主任孟强如此评价。

从总则编明确规定胎儿利益保护，到婚姻家庭编加大对婚姻无过错方的保护，再到继承编强调尊重立遗嘱人的真实意愿……对个人权利实现“从出生到坟墓”的全面保护，是民事法律的价值归属，更是民法典的鲜明态度。

——这是贯穿始终的精神脉络。

立足社会发展热点难点，聚焦百姓身边“堵点”“痛点”，民法典以立法回应人民群众所急所需所盼。

回应公众对性骚扰行为的深恶痛绝，明确有关认定标准和单位制止性骚扰的义务。

聚焦各界反映强烈的“霸座”“抢方向盘”现象，细化客运合同双方的权利义务。

……

有法律界人士感慨，民法典把对人身权、人格权的保护放在更加突出的位置，有利于满足新时代人民群众日益增长的美好生活需要，提高人民群众获得感、幸福感、安全感，促进人的全面发展。

推动“中国之治”进入更高境界

5 月的深圳，观澜河畔绿荫葱葱。

我国首个民法主题公园建设如火如荼。规划图上，悬浮的“民法环”舒展于树影之间，巍然矗立的民法纪年轴标记出民法发展史……

法者，治之端也。伴随着民法典表决通过，这部“社会生活百科全书”即将走进你我生活，在经济社会方方面面发挥基础性和全局性作用。

从民法到民法典，一个“典”字折射出整个国家治理水平的提升——

多年来，不少进城务工农民遇到了新问题：“家中承包地闲置，能否‘出租’出去进行农业生产？”

民有所呼，法有所应。民法典吸收承包地“三权分置”改革成果，完善土地承包经营权相关规定，删除耕地使用权不得抵押的规定，为“三权分置”后承包地经营权流转打牢法律基础。

“这是一个巨大进步，有助于用活土地承包经营权，更好激发农村社会活力。”全国政协委员、上海外国语大学法学院副教授黄绮说。

民法典是权利的宣言，更是国家治理的基本遵循和依靠。

从体现交易自由，到强调契约精神，从设立“特别法人”，到健全现代产权制度，民法典体现社会主义市场经济的基本要求，明确民商事活动的行为规则和基本遵循，营造良好的法治化营商环境，保障经济高质量发展。

规定环境污染和生态破坏的惩罚性赔偿，为基因胚胎科研活动划定规范，确定网络虚拟财产受法律保护……民法典紧扣时代脉搏，有效增强民事法律规范的时代性、系统性和协调性，进一步完善中国特色社会主义法律体系，也为世界法治文明贡献中国方案和中国智慧。

——一部民法典，熔铸中华民族的“精气神”。

2020 年全国“两会”期间，一段“修空调小哥徒手爬上 6 楼救女童”的视频广泛流传，令许多人赞叹；“撞伤儿童离开遇阻猝死案”写入最高人民法院工作报告，法院公正判决得到网友点赞……

风清气正的社会风尚，不会让仗义出手者陷入法律与道德的困境。民法典鼓励见义勇为，明确减免救助人责任，不让“英雄流血又流泪”。

编纂民法典，诠释民族精神的立法表达。

厚重的民法典，1 200 多个条文之首，“社会主义核心价值观”庄重醒目。

区别于西方民法典的价值理念，我国民法典清晰地将社会主义核心价值观注入我国民事法律制度的价值内核之中。

对禁止结婚的情形作出完善，明确夫妻共同债务范围，设立离婚冷静期……以民法典为纲，将相敬如宾、相濡以沫的优良传统继续发扬传承。

“树立优良家风”写进法律，弘扬家庭美德；完善代位继承制度，减少遗产纠纷……民法典托举“家”的温暖，用千万个家庭“小幸福”融汇成国家民族“大和谐”。

为解决小区纠纷提供法律依据，维护和谐邻里关系；规定“自助行为”制度，引导社会成员合理维权；完善离婚损害赔偿制度，保护无过错方权益……民法典树立鲜明导向，引领公序良俗，彰显法安天下、德润人心。

——全面修典，不止于立法，更在于法之必行。

法律的生命在于实施。实施民法典，是一项系统工程、长期工程，需要各方面共同努力，常抓不懈。

司法是维护社会公平正义的最后一道防线，也是法律得到有效实施的关键。人们注意到，2020 年的“两高”报告均提出，要认真贯彻实施民法典，依法保护民事主体合法权益。

“对处于人生观、价值观形成阶段的青年学生来说，学习民法典不仅是一次普法的过程，更有利于树立契约精神、规则意识和诚信意识。”全国人大代表、湖南师范大学教授谢资清说，建议各行各业尽快开展学习民法典的活动，为法律的顺利实施打好基础。

立法、执法、司法、守法各环节各司其职，广大人民群众共同参与，让民法典的精神和内容内化于心、外践于行，融入日常生活，成为全体社会成员的行为规范。

缘法求道，道立国坚。以民为本，循法而治。

这部具有中国特色、体现时代特点、反映人民意愿的民法典，必将助推“中国之治”跃上更高境界，在新时代中国特色社会主义事业奋斗征程上树起又一座法治丰碑。

（参见罗沙、杨维汉、白阳等：《新时代的人民法典——〈中华人民共和国民法典〉诞生记》，《人民日报》2020 年 5 月 29 日。编入本书时有改动。）

【思考讨论】

1. 阅读本文，为什么说《中华人民共和国民法典》是一部新时代的人民法典？

2. 习近平总书记指出："民法典要实施好，就必须让民法典走到群众身边、走进群众心里。要广泛开展民法典普法工作……引导群众认识到民法典既是保护自身权益的法典，也是全体社会成员都必须遵循的规范，养成自觉守法的意识，形成遇事找法的习惯，培养解决问题靠法的意识和能力。"①请联系实际，谈谈您对这段话的认识和理解。

【案例解析】

这是中华人民共和国成立以来第一部以法典命名的法律，法典化，意味着它的基础性、集成性；这是目前我国体量最大的一部法律，1 260 个法条 10 多万字，对应着细致入微的民生关切；这是一部"社会生活的百科全书"，7 编和附则共 84 章，渗透到社会生活、经济生活的每个角落，构建起全方位的民事权利保护体系。

众多媒体评论说，这是一部有高度、有宽度、有长度、有温度的法典，是一部凝结着几代法律人半个多世纪的梦想并集国人智慧而成就的美丽法典。

首先，中国民法典美在核心价值。《民法典》第一条就开宗明义，将"弘扬社会主义核心价值观"作为其立法根据和立法目的。民法典所确立的平等原则、自愿原则、公平原则、诚信原则、公序良俗原则、绿色原则等民法基本原则，与社会主义核心价值观中的平等、自由、公正、诚信、文明、和谐高度契合、交相呼应。同时，社会主义核心价值观还渗透在民法典的具体规则之中。比如，"因自愿实施紧急救助行为造成受助人损害的，救助人不承担民事责任"这一"好人条款"，免除助人为乐者的后顾之忧，鼓励与人为善，彰显社会正气，体现以法治承载道德的观念，以道德滋养法治的精神；"侵害英雄烈士等的姓名、肖像、名誉、荣誉，损害社会公共利益的，应当承担民事责任"这一"英烈条款"，强化英烈名誉保护，促进社会崇尚英雄，捍卫国家的精神坐标，引导中华民族的价值取向。又如，第 1043 条将"夫妻应当互相忠实，互相尊重，互相关爱""家庭成员应当敬老爱幼，互相帮助"写入法典，意在传承和弘扬中华民族家庭美德，重视家庭文明

① 习近平：《论坚持全面依法治国》，中央文献出版社 2020 年版，第 282 页。

建设，“使千千万万个家庭成为国家发展、民族进步、社会和谐的重要基点”①。

其次，中国民法典美在人民至上。主要体现在：第一，民法典顺应实践发展要求和人民群众期待。在我国革命、建设、改革各个历史时期，我们党都高度重视民事法律的制定和实施。中华人民共和国成立后通过的第一部法律，就是1950年5月颁布实施的民事领域的《中华人民共和国婚姻法》。此后，又曾于1954年、1962年、1979年、2001年4次启动制定和编纂民法典相关工作。党的十八大以来，党中央提出了全面依法治国的新理念新思想新战略，编纂民法典摆上重要日程。习近平总书记3次主持中央政治局常委会会议，分别审议民法总则、民法典各分编、民法典3个草案。在各方面共同努力下，经过5年多工作，民法典终于颁布实施，实现了几代人的夙愿。第二，民法典以保护民事主体的权利为主线，关乎每个公民的切身利益。一个人从摇篮到坟墓，一生各个阶段的权利，都可以在民法典中找到答案。可以说，从衣食住行到生老病死，在民法典“慈母般”的目光里，满含着人民的利益与诉求。第三，民法典单设“人格权”编，回应社会关切，体现立法为民精神。这是我国民法典的创新之举和最大亮点。随着中国特色社会主义进入新时代，我国社会主要矛盾发生转变，人民日益增长的美好生活需要不仅包括物质层面的富足，还包括生活得更加体面和有尊严。对此，民法典不仅规定了生命权、身体权、健康权、姓名权、肖像权、名誉权、荣誉权，还对公民的隐私权、个人信息保护等作出正面回应。这无疑进一步彰显了对人格尊严的维护，也强化了民法作为“人法”的本质。

再次，中国民法典美在科学民主。编纂民法典是党的十八届四中全会提出的重要立法任务。根据工作安排，采取“两步走”的思路进行，即首先制定民法总则，然后编纂民法典各分编，最终形成统一的民法典。2015年3月，全国人大常委会法制工作委员会启动民法典编纂工作，立法工作机构认真开展研究，广泛深入调研，采取多种形式听取意见建议，不断对草案进行完善。在民法典编纂过程中，专家学者、人民群众积极参与、建言献策。参与面之广，举办的各类座谈会、研讨会、论证会之多，收到的修改建议内容之丰富，为我国立法史上所罕见。据统计，民法典编纂历时5年，10次提请全国人大常委会审议，10次向社会征求意见，累计收到42.5万人提出的意见102万条。2020年5月全国“两会”期间，代表和委员们对民法典草案进行了认真审议和讨论。根据各方面意见，民法典草案又做了100余处修改，其中实质性修改40多处。这些数据是民法典开门立法、广鉴民情、汇聚民意、集中民智的充分证明。可以说，民法典编纂是科学立法、民主立法、依法立法的生动实践，民法典也是科学立法、民主

---

① 习近平：《在2015年春节团拜会上的讲话》，《人民日报》2015年2月18日。

立法、依法立法的美丽结晶。

最后，中国民法典美在与时俱进。民法典是时代精神的体现。它积极回应时代需求，具有鲜明时代特征。比如，面对信息网络技术日新月异的发展，民法典在规定隐私权的同时，强化互联网时代个人信息保护；明确数据、网络虚拟财产的财产属性；规定电子合同订立及履行规则；增设打印遗嘱、录像遗嘱等。面对生物医学技术的迅猛发展，民法典对自然人捐献人体细胞、人体组织、人体器官、遗体作出明确规定，“任何组织或者个人不得强迫、欺骗、利诱其捐献”“禁止以任何形式买卖人体细胞、人体组织、人体器官、遗体”。面对社会热点问题，民法典增设物业服务合同、离婚冷静期；对“霸座”和“性骚扰”行为亮出红牌，规定“旅客应当按照有效客票记载的时间、班次和座位号乘坐”，“违背他人意愿，以言语、文字、图像、肢体行为等方式对他人实施性骚扰的，受害人有权依法请求行为人承担民事责任”。这些因应时代发展需求所作出的规定，无不让我们感受到了中国民法典独特的现代气息和与时俱进之美。

此外，中国民法典根植于中国传统文化，是民族精神的立法表达，凝结着对社会价值共识的确认和道德风尚的指引，是一部扎根中国大地、展现中国特色、彰显中国气派的民法典。

5 年磨一剑，宣告中国迈入“民法典时代”。从“法”到“典”，一字之变，跃升的是一个国家治理体系和治理能力现代化的水平，也映射出一个民族的不懈奋进和走向繁荣强盛的脚步。伟大的时代，催生伟大的法典。民法典以其“慈母般”的关怀，给予所有中国人追求美好生活的法律保障和充足底气，亦如同明灯般照亮法治中国前行的道路。民法典是伟大的，也是美丽的，它因伟大而美丽，也因美丽而伟大。

【案例应用】

1. 本案例记述了《中华人民共和国民法典》5 年磨一剑的诞生历程。“民法典系统整合了新中国成立七十多年来长期实践形成的民事法律规范，汲取了中华民族五千多年优秀法律文化，借鉴了人类法治文明建设有益成果，是一部体现我国社会主义性质、符合人民利益和愿望、顺应时代发展要求的民法典，是一部体现对生命健康、财产安全、交易便利、生活幸福、人格尊严等各方面权利平等保护的民法典，是一部具有鲜明中国特色、实践特色、时代特色的民法典。”① 本案例的教学与讨论，旨在帮助和引导学生充分认识颁布实施民法典重大意义，深刻理解科学立法、民主立法、依法立法的含义，自觉尊法学法守法用法，培

① 习近平：《论坚持全面依法治国》，中央文献出版社 2020 年版，第 279 页。

养遇事找法、解决问题靠法的意识和能力。本案例可用于教材第六章第一节中“我国社会主义法律的本质特征”及第二节中有关“建设完备的法律规范体系”“坚持科学立法”等内容的辅助教学。

2. 教师在运用本案例时,应注意把握以下两点:一是通过我国民法典的诞生历程,以及我国民法典的主要内容,展示其坚持正确政治方向,弘扬社会主义核心价值观,坚持以人民为中心,坚持立足国情和实际,坚持依法治国与以德治国相结合,坚持科学立法、民主立法、依法立法的原则,体现了民法典是一部具有中国特色的新时代的人民法典、我国社会主义法律是阶级性和人民性的统一。二是通过民法典作为一部“社会生活的百科全书”,来说明我国民法典既是全方位保护公民民事权益的法典,也是全体社会成员应当自觉遵循的规范,进而把用法与守法统一起来。

此外,在案例运用过程中,要善于设置问题支架,启发学生思考与互动,增强教育教学的针对性和实效性。

案例 4

科技精英犯罪可否“法外施恩”

【案例文本】

材料 1

徐某平是浙江省绍兴轻纺科技中心有限公司总经理，妻子丁某是该公司董事长。徐、丁曾有一个幸福美满的家庭，但随着公司的发展，因工作等方面的事情，二人时有争吵。2002 年 5 月 26 日晚，二人又发生争吵，丁某打了徐某平两个耳光。徐此前喝了些酒，借着酒劲，一手拿起茶杯击打丁某头部，一手又使劲按住丁的后颈部，导致丁窒息死亡。之后，徐为掩盖其行为，将妻子的尸体肢解，抛尸灭迹后潜逃外地，直至当年 11 月 15 日被警方抓获归案。2003 年 4 月 1 日，绍兴市中级人民法院以故意杀人罪，一审判处徐某平死刑，剥夺政治权利终身。

然而就在一审判决前后，近 200 人上书法院请求“枪下留人”。他们的呼吁，缘于徐某平为中国纺织行业、地方轻纺科技事业作出过突出贡献。

截至案发时，以徐某平名义申报的国家专利有 10 项。他主编的《中国轻纺面料图集》，是纺织界广大设计人员及商贸人员重要的花样选定参考工具书，填补了国内空白；他在全国率先试用的计算机辅助设计先进技术，结束了国内印花布手工传统描稿的历史。绍兴轻纺科技中心有限公司，是世界上能生产数控印花机的仅有的两家公司之一。此外，徐某平组织开发的“金昌 EX6000”印花电脑设计分色软件，是当时国内少有的可参与国际竞争的专业软件，仅在绍兴推广后，每年轻纺业增加的附加值就达 3.5 亿元，占据着全国纺织业 50%左右的市场份额，并销往许多国家。他主持攻克的转移印花辊筒雕刻工艺，被科技部列为国家级高新技术项目；支持开发的数控激光直撞制网机，是国家两个“五年计划”都没有取得突破的项目，徐某仅用两年时间就一举攻克。

对徐某平在中国纺织技术领域的贡献，业内有着广泛的认同。他在纺织行业也拥有极高的知名度。就在羁押期间，徐还争分夺秒赶制技术发明的图文材料，完成了3项实用新型技术，专家均评价很高。

许多科技界人士主张让他“戴罪立功”。中国科学院一名博士后在写给浙江省高级人民法院的呼吁信中说：从长计议留下徐某平一命，对家庭、对企业、对地方经济、对轻纺科技、对国家纺织行业都为最理想的选择。本案局限在家庭内部范围，不同于其他危害社会范围的刑事案件。从徐某平的社会贡献看，他是一般企业家难以与之比较的。如果不处以极刑，他就有可能继续这种常人难以作出的贡献。

华中科技大学激光研究院某研究员也致信法院：“鉴于徐某平在中国轻纺技术行业内所处的重要地位，恳请法外施恩，枪下留人。”

在吁请枪下留人的人员中，还有绍兴当地的几十位工程师、人大代表，他们几乎表达了同样的观点。与此同时，徐某平也写下“万言书”，希望通过贡献社会洗刷自己的罪过，给自己一次再生的机会。

刑事庭审时，辩护人提出对徐某平进行精神病司法鉴定的申请，法院委托浙江省精神卫生研究院对徐作了精神病司法鉴定，结论为徐某平作案时及当前无精神病，有完全责任能力。

法院认为，徐某平应当明知掐人颈部会造成致人窒息死亡之后果，而仍然积极实施该行为，其杀人故意显而易见，符合故意杀人罪的构成要件。法院在判决中指出，本案虽系因家庭矛盾而引发，被告人也是因一时火起而杀人，但徐某平杀人后分尸灭迹，又畏罪潜逃，情节特别严重，已不足以对其从轻处罚。

一审宣判后，徐某平对刑事判决部分表示不服，向浙江省高级人民法院提出上诉，提出了其在纺织业有技术创新、产出专利和创造财富的能力等5条理由，因此要求从轻处罚。

随后，国内各大报纸、杂志、电视、网络媒体纷纷以“科学家杀人能否免死”为题，对徐某平杀妻案进行了转载或报道。“科技有功人员犯罪能否网开一面”，在社会上引起了热烈的争论。

2003年12月15日，浙江省高级人民法院作出终审判决：徐某平故意杀人行为情节恶劣，后果严重，依法应予严惩。绍兴市中级人民法院原判定罪及适用法律准确，量刑适当，审判程序合法，裁定驳回徐某平上诉，维持原判。

（参见董碧水、薛建国：《科学家杀妻 200人上书法院呼吁枪下留人》，《中国青年报》2003年6月6日；许陈镇、方益波：《浙江女企业家丁遐被夫杀害案宣判 凶手被判死刑》，中国新闻网2002年4月5日；徐东良：《“科学家杀妻案”终审裁定 杀妻者徐建平被处决》，《中国青年报》2003年12月26日。作者根据以上资料编写。）

材料 2

2020 年 1 月 3 日，吉林省松原市中级人民法院公开宣判中国工程院院士、北京某重点大学教授李某及同案被告人张某贪污一案，对被告人李某以贪污罪判处有期徒刑 12 年，并处罚金人民币 300 万元，对被告人张某以贪污罪判处有期徒刑 5 年 8 个月，并处罚金人民币 20 万元；对贪污所得财物予以追缴，上缴国库。

经审理查明：自 2008 年 7 月至 2012 年 2 月，被告人李某利用其所担任的重点大学教授、国家重点实验室主任、课题组负责人以及负责管理多项国家科技重大专项课题经费的职务便利，同被告人张某采取侵吞、虚开发票、虚列劳务支出等手段，贪污课题科研经费共计人民币 3 756 万余元，其中贪污课题组其他成员负责的课题经费人民币 2 092 万余元。上述款项均被李某、张某转入李某个人控制的账户并用于投资多家公司。

松原市中级人民法院认为，被告人李某同张某利用李职务上的便利，侵吞、骗取科研经费，数额特别巨大，李某、张某的行为均已构成贪污罪。鉴于近年来国家对科研经费管理制度的不断调整，按照最新科研经费管理办法的相关规定，结合刑法的谦抑性原则，依据李某、张某名下间接费用可支配的最高比例进行核减，对核减后的 345 万余元可不再作犯罪评价，但该数额仍应认定为违法所得，故被告人李某、张某贪污数额为人民币 3 410 万余元。在共同犯罪中，李某系主犯，具有法定从重处罚情节，本案部分赃款已追缴，对李某可酌情予以从轻处罚；张某系从犯，且认罪悔罪，依法可对张某减轻处罚。法庭遂作出上述判决。

一审宣判后，李某提出上诉。吉林省高级人民法院二审审理期间，上诉人李某自愿认罪认罚，提交了悔罪书，在其辩护律师见证下签署了《认罪认罚具结书》。二审庭审中，李某对原审判决认定的事实、证据及判决认定的罪名均无异议，当庭表示认罪、悔罪，上诉请求二审法院根据其认罪态度，依法从轻处罚，并愿意接受法院的判罚。根据李某的认罪态度，检察机关提出了二审的量刑建议。

休庭后合议庭进行了认真评议，认为原审判决认定上诉人李某、原审被告人张某犯贪污罪事实清楚，证据确实、充分，定罪准确，审判程序合法。鉴于李某二审期间认罪悔罪，对上诉人李某的量刑应予改判。根据检察机关提出量刑建议，对上诉人李某以贪污罪改判有期徒刑 10 年，并处罚金人民币 250 万元。

据有关资料显示，李某原为中国工程院院士、北京某重点大学教授、博士生导师、“国家杰出青年基金”获得者、“长江学者奖励计划”特聘教授。2014 年 6

月李某以涉嫌贪污公款罪被羁押，2015 年 4 月被提起公诉，成为 1949 年以来第一个被捕的院士，因此该案被媒体称为“中国院士第一案”。

2018 年 9 月，15 位院士写联名信为李某呐喊，其中一位 85 岁的院士说，“对这样一位相对年青的学者，即使他犯了错误(不是罪行)我们也要珍惜”。此联名信在短时间内，曾引起较大关注，但随后又趋于平淡，因为得到的同情度和认可度不高。有网友说，“科研单位并非法外之地，院士也要食人间烟火。该案例的启示意义在于，在当代社会，高技术人员也避免不了金钱的诱惑……把制度的宠子牢牢扎紧才是正道”。还有人说，“院士的身份首先是一个国家的公民，国家已经给了院士该享受的待遇，还不满足吗?”

(参见孙满桃、巩银凯:《“最年轻院士”李宁贪污案宣判:被判 12 年　罚金 300 万元》，光明网 2020 年 1 月 3 日;《中国工程院院士李宁等贪污案二审宣判:对李宁改判有期徒刑十年》，人民日报客户端 2020 年 12 月 8 日。作者根据以上资料编写。)

【思考讨论】

1.“科技精英”杀妻分尸或贪污犯罪，理应依法惩处，然而包括院士、研究员、人大代表在内的一些人员联名呼吁“法外施恩”。对此，请谈谈你的认识和看法。

2. 联系实际，谈谈如何正确理解“法律面前人人平等”。

【案例解析】

上述两个案件曾是引起人们关注和热议的新闻话题。而关注和热议的背后，则是人们关于“法律面前人人平等”的深深思考……

上述案件之所以引起人们的关注和热议，不仅是因为案件的主角不是普通的平民百姓，而是因为案件的主角是“为中国纺织行业和地方轻纺科技事业作出过突出贡献”“在纺织行业拥有极高知名度”的“科技精英”和“有功之臣”，是中国工程院院士和重点大学教授，更因为在一审判决前后，一些人联名上书请求对徐某平、李某“法外施恩”，其中包括中国科学院院士、国家重点院校研究员、工程师和人大代表。上书者爱才、惜才的心情值得肯定和赞同，然而，同情和眼泪并不能代替法律。

法律是用来惩戒违法犯罪的一条规则底线。假若触犯法律者可以因个人身份而躲过惩罚，那么社会的正常运行秩序就会受到威胁和挑战，人们的合法权益也无从得到公平而有效的保障。假若法院“网开一面”而对科技精英“法外施恩”，则不仅践踏了法律的尊严，更是对社会公正的无情亵渎。英国哲学家培根说过:“一次不公正的审判,其恶果甚至超过十次犯罪。因为犯罪虽是无视法律——好比污染了水流,而不公正的审判则毁坏法律——好比污染了水源。”因此,法律的权威与尊严理应受到全体社会成员的敬畏和维护,任何组织和个人都应一律平等地遵守法律的规定和约束。

《中华人民共和国宪法》第三十三条规定:“中华人民共和国公民在法律面前一律平等。”这既是我国公民的一项基本权利,也是我国社会主义法治的一项基本原则。它不仅包括公民在遵守法律上一律平等,也包括公民在适用法律上一律平等。国家行政机关、司法机关在适用法律时,对于任何公民,不因其民族、种族、性别、职业、宗教信仰、教育程度、财产状况、社会地位和居住期限的不同而有所差别。依据这一原则,《中华人民共和国刑法》第四条规定:“对任何人犯罪,在适用法律上一律平等。不允许任何人有超越法律的特权”。徐某平、李某作为“科技精英”,无论其有多少国家专利和科技成果,创造了多少社会价值,都不是“法外施恩”的法律依据。从上述案件的判决中,我们读出了“法律面前人人平等”的深刻内涵。

“天下之事,不难于立法,而难于法之必行”。法如何必行?离不开司法机关与司法人员捍卫法律尊严、追求司法公正与社会正义的意识和行动,也离不开所有组织和个人牢固树立“法律面前人人平等”的法治观念和对国家法律的自觉遵守。

【案例应用】

1. 本案例记述了两起曾经引起社会关注和热议的案件:“科技精英”犯罪可否“法外施恩”。本案例的教学与讨论,意在引导学生深刻理解“公民在法律面前一律平等”这一宪法基本原则和法治理念;充分认识公平正义是社会主义法治的生命线和价值追求;积极培养法治思维,自觉维护法律权威。本案例可用于教材第六章第二节中“坚持法律面前人人平等”、第四节中“培养社会主义法治思维”等相关内容的辅助教学。

2. 案例的运用不是为了哗众取宠或无病呻吟,而是为了启发学生互动思考和提高理论教学的生动性和说服力。教师在应用本案例时,应抓住其中“情”与“法”的矛盾冲突,引导和鼓励学生积极思考和表达观点,然后根据学生在讨论过程中表现出的认识误区和思想困惑,有针对性地进行案例分析和理论讲解。

案例 5

带刀的大学生

【案例文本】

2013 年 5 月 18 日下午，大一学生陈某骑自行车返校，途中不慎将 82 岁的老人樊某撞倒。尔后，陈某与樊某的家属一同将伤者送至医院治疗。樊某经医院拍片确诊为右手手腕骨折，需住院治疗。因当时陈某身上无钱缴纳住院所需押金，樊某的儿子李某便催促陈某找人筹钱，并要求陈某拿出身份证遭到拒绝，双方发生争执。情急之中，陈某掏出随身携带的折叠水果刀刺向李某胸部，将其刺伤。当李某等人追赶陈某时，陈某冲入值班女医生段某的办公室，持刀将段某劫持至医院门诊大楼外，欲逃离现场，被接到报警后赶至现场的公安民警包围。民警当场劝其放下凶器并允诺为其垫付住院所需押金，但陈某仍以人质安全为要挟，要求警方提供车辆让其逃离现场。当天 19 时许，陈某乘坐警方提供的警车挟持人质逃至一偏僻路段时，被特警制伏，女医生段某成功获救。解救过程中，被劫持医生左手中指被刀划伤。

《今日说法》带刀的大学生

在审讯室里，陈某对犯罪事实供认不讳。他再三问警察："我到底要判多少年，会不会判得很重？"和警察交谈过后，他逐渐冷静下来："说真的，我当时都想杀人，后来警方跟我谈了后，我逐渐冷静下来了，我这样做不对。"

武汉市青山区人民检察院指控，被告人陈某绑架他人作为人质，侵犯了他人的身体健康权、人身自由权，依法应当以绑架罪追究其刑事责任。

2013 年 12 月 12 日，湖北省武汉市青山区人民法院一审以绑架罪判处陈某有期徒刑 5 年，并处罚金 1 000 元。宣判后陈某不服提出上诉，认为自己并不构成绑架罪。2014 年 3 月 5 日，武汉市中级人民法院经二审审理，认定陈某犯绑架罪成立，裁定维持一审判决。

武汉中院认为，陈某骑自行车将他人撞伤，在医院诊治期间，因住院治疗费用问题与伤者家属产生纠纷后，为离开现场，持刀将医院女医生劫持为人质，并与接警后赶至现场的公安民警对峙，要求警方满足其不法条件，在对峙期间，陈某始终将刀架在人质的脖子上，对人质的人身健康和生命安全构成实质性的威胁。其行为符合刑法规定的绑架罪的构成要件，应以绑架罪对其定罪处罚。依照《中华人民共和国刑法》第二百三十九条第一款“以勒索财物为目的绑架他人的，或者绑架他人作为人质的，处十年以上有期徒刑或者无期徒刑，并处罚金或者没收财产；情节较轻的，处五年以上十年以下有期徒刑，并处罚金”的规定，判处陈某有期徒刑 5 年，并处罚金 1 000 元。

据承办该案件的法官介绍，绑架罪是严重侵犯公民人身权利和财产权利的暴力型犯罪，我国刑法一直对其处以重罚。2009 年之前实施的刑法对绑架罪规定的量刑起点就是 10 年有期徒刑。《刑法修正案七》实施之后，增加了“情节较轻的，处五年以上十年以下有期徒刑，并处罚金”的条款。本案中，陈某犯罪时刚满 18 周岁，行为控制能力和是非辨认能力不强，一时冲动导致犯罪，其绑架行为没有给人质造成严重的危害后果，陈某归案后亦能够如实供述自己的犯罪事实，因此可认定陈某犯罪情节较轻，判处其有期徒刑 5 年；同时考虑到陈某被捕前是在校学生，无经济来源，家庭经济困难等因素，判处人民币罚金 1 000 元。

辩护律师也表示，作为一名从农村困难家庭走出的大学生，陈某因一念之差做出冲动举止，毁掉自己的大好前程，令人扼腕。虽然检方也表达了可惜，但从法律角度来看，陈某的行为毫无疑问触犯了司法底线，这也提醒所有年轻人，任何时候都要保持冷静和理智，万不可因一时头脑发热不计后果行事。

（参见袁黎、程红丹：《湖北大学生持刀劫持女医生案开审　其父一夜白头》，《楚天都市报》2013 年 11 月 30 日；刘志月、秦法：《大学生持刀绑架医生一审获刑 5 年》，《法制日报》2013 年 12 月 13 日；王田甜、许军：《武汉大学生劫持女医生案二审宣判　绑架罪成立获刑五年》，民主与法制网 2014 年 3 月 6 日。本案例由作者根据以上资料编写。）

【思考讨论】

1. 阅读本文，大学生陈某因交通事故医疗费纠纷最终演变为劫持人质的刑事案件，带给您怎样的警示与思考？

2. 联系实际，谈谈大学生应如何培养法治思维，不断提升法治素养？

【案例解析】

原本是一起普通的交通事故医疗费纠纷，为何最终演变成了轰动一时的刑事案件？是什么让一个本分朴实的大学生因一念之差改变了人生轨迹呢？被撞老人家属的情绪、双方的互不信任等固然是直接的诱因，而这位大学生头脑中法治思维的缺失,则是导致这场悲剧的重要根源。

何谓法治思维?简言之,法治思维就是将法治的各种要求运用于认识、分析、处理问题的思维方式。或者说,它是指以法治价值和法治精神为导向,运用法律规范、法律原则、法律逻辑、法律方法思考和处理问题的思维模式。它以合法性为出发点,凡事都要追问"是否合法";以追求公平正义为目标,重视和强调证据、依据、程序、权利义务的统一性。因此,法治思维是一种正当性思维和规范性思维,也是一种逻辑思维和科学思维。法治思维的内涵丰富,外延宽广,主要表现为价值取向和规则意识两个方面。具体包括以下内容:法律至上、权力制约、公平正义、权利保障、正当程序等内容。

习近平总书记曾经指出:"要在全社会树立法律权威,使人民认识到法律既是保障自身权利的有力武器,也是必须遵守的行为规范,培育社会成员办事依法、遇事找法、解决问题靠法的良好环境,自觉抵制违法行为,自觉维护法治权威。"①这里所说的"办事依法、遇事找法、解决问题靠法",就是严守法律之规、紧绷法治之"弦",以对法律的尊崇和对法治的信念判断是非、权衡利弊、处理纠纷。实际上,这就是法治思维。在本案例中,大学生陈某的行为之所以因一时冲动而演变为劫持人质的刑事犯罪,根本原因就在于缺少了法治思维这根"弦",在遇到纠纷和解决问题时,没有想到"依法""找法""靠法"。

一个正值在风华正茂的大学生被判刑 5 年令人痛惜。其深刻教训给我们以警示和启示:大学阶段既是学习和掌握专业知识、技能的重要阶段,也是形成和确立各种观念、意识的重要时期,这其中不仅包括崇高的理想信念、正确的价值取向、良好的道德品质,也包括强烈的法治观念和法治思维。这就需要大学生以科学法治思想为引领,学习法律知识,尊重法律权威,掌握法律方法,参与法律实践,守住法律底线,养成自觉守法、遇事找法、解决问题靠法的思维习惯和行为方式,不断提高运用法律维护自身权利和社会利益的能力。这样才能让法治内化于心、外化于行,让自己成为新时代的守法人、护法人,成为建设法治国家、法治政府、法治社会的未来力量。

【案例应用】

1. 本案例叙述了一个大学生因一起交通事故医疗费纠纷而演变为持刀绑架人质的犯罪案件,反映出其法治观念和法治思维的缺失。本案例的教学与讨论,意在引导学生理解法治思维及其内涵,养成自觉守法、遇事找法、解决问题靠法的思维习惯和行为方式,不断提升法治素养和依法维权能力。本案例可用

① 习近平:《习近平谈治国理政:第二卷》,外文出版社 2017 年版,第 120 页。

于教材第六章第四节中“培养社会主义法治思维”的辅助教学。

2. 教师在运用本案例时，可采取以案说法、以法解案的方式，即通过案例引导学生互动、讨论陈某犯罪的深层原因，进而导出“法治思维”的相关内容，然后再用“法治思维”分析陈某所做出的冲动举止和酿成的犯罪后果；此外，还可配以央视《今日说法》相关视频，来增强教学的生动性和吸引力。

案例 6

大学生掏鸟16只获刑10年半

【案例文本】

几年前，河南新乡一大学生小闫暑假期间和朋友在老家掏了16只鸟，并将部分卖掉，然而这些鸟却是国家二级保护动物燕隼。最终，小闫被新乡辉县市人民法院判处有期徒刑10年6个月，其朋友也被判处有期徒刑10年。

10只鸟卖给3个人

大学生非法捕鸟获刑十年半

1994年出生的小闫原是郑州一所职业学院的在校大学生，2014年7月14日，小闫在家乡辉县市高庄乡土楼村过暑假期间，和朋友小王去河边洗澡时，在邻居家门口发现鸟窝，于是二人拿梯子攀爬上去掏了一窝小鸟共12只，饲养过程中逃跑1只，死亡1只。

之后，小闫通过网络将鸟的照片上传到朋友圈和QQ群，有网友与他取得联系，说愿意购买小鸟。他以800元的价格将7只鸟卖给了郑州一个买鸟人，280元价格将2只鸟卖给洛阳一个买鸟人，还有1只卖给了辉县市另一买鸟人。

再次掏鸟引来警察

2014年7月27日，小闫和小王又发现一个鸟窝，掏出4只鸟。不过，这4只鸟刚拿到小闫家，就引来了辉县市森林公安局的警察。第二天，二人被刑事拘留；同年9月3日二人被批准逮捕。

2014年11月28日，新乡市辉县市人民检察院向辉县市人民法院提起公诉。辉县市人民法院3次公开开庭审理了此案，认定小闫二人掏的鸟是燕隼，属于国家二级保护动物。

此外，经查明，2014年7月26日，小闫还以自己QQ网名“兔子”的名义，从河南省平顶山市张某手中收购凤头鹰1只，这也是国家二级保护动物。

2015年5月28日，新乡市辉县市人民法院作出一审判决，以非法猎捕珍贵、濒危野生动物罪以及非法收购珍贵、濒危野生动物罪，数罪并罚，判处小闫有期徒刑10年6个月；以非法猎捕珍贵、濒危野生动物罪判处小王有期徒刑10年，并分别处罚金1万元和5 000元。

一审判决引发热议

一审判决宣布后，引起了较大的社会反响和议论。一些人认为量刑过重，“仅猎捕了十几只鸟就被判10年半，这个年轻人的一辈子就毁了”。还有人认为，掏鸟时，可能他不知道是国家二级保护动物，这么多国家重点保护动物，谁都能分得清呢？小闫的律师称，这也是上诉的理由之一，他认为小闫“不明知猎捕的隼为国家二级保护动物”。

小闫的父亲对媒体称，农村孩子从小就喜欢逮鸟摸鱼，“我们都觉得挺正常，没想到他会因为掏几只鸟就被抓了”。

之后，小闫提出上诉，认为法院认定其猎捕16只燕隼的事实不清、证据不足，同时自己不知道猎捕的隼是国家保护动物。

二审法院认为，小闫在一审开庭时对分两次猎捕16只隼的事实均供认不讳，同时从其在网络上发布的信息中可以印证，其对燕隼属于国家保护动物的情况应该有所了解。2015年8月17日，新乡市中级人民法院对此案作出二审裁决，维持辉县市人民法院一审判决。

再审申诉均被驳回

二审判决后，小闫的父亲表示不服，希望法院能启动再审程序，并以小闫无犯罪预谋、无犯罪动机，主观上不知所猎捕的隼是国家重点保护动物，且认定猎捕鸟的数量为16只证据不足，鉴定结果错误，不应该是燕隼，量刑过重等为由，向新乡市中级人民法院递交了申请。

2016年4月26日，新乡市中级人民法院驳回了“闫某因犯非法捕猎珍贵、濒危野生动物罪、非法收购珍贵、濒危野生动物罪被判十年半”一案的再审申诉。《驳回申诉通知书》认为，原审被告闫某的犯罪预谋、犯罪动机足以认定；原审被告闫某、王某在侦查阶段及一审开庭时均对猎捕隼16只和所猎捕隼去向供认不讳；涉案动物的鉴定机构和鉴定人均有法定鉴定资质，鉴定程序合法；原判量刑也在法定幅度内，并无不当。

申请被驳回后，小闫的父亲又向检方提出再审申诉申请，河南省高级人民法院对案件是否符合再审条件进行了审查。2019年7月8日，法院出具驳回通知书，认为小闫的再审理由不成立，原审判决事实清楚、证据确凿，定罪量刑适当，因此驳回其申请。

（参见刘金辉：《河南一大学生猎捕16只燕隼被判刑10年半》，新华网2015

年12月2日;刘金辉:《河南新乡中院驳回“大学生掏鸟被判十年半”申诉》,新华网2016年4月29日;王巍:《河南大学生非法猎捕燕隼获刑10年半,再审申诉被驳回》,《新京报》2019年7月9日。本案例由作者根据以上资料编写。)

【思考讨论】

1.“我们都觉得挺正常,没想到他会因为掏几只鸟就被抓了”。阅读本文,小闫同学掏鸟16只获刑10年半,对您有何警示和启示?

2.结合本案,并联系实际,谈谈大学生应如何正确理解法治思维及维护法律权威。

【案例解析】

大学生,掏鸟16只,获刑10年半。

从媒体最初的描述看,这似乎是个“熊孩子上树掏鸟”的故事。然而,事实远非人们想象的那样简单。从大学生小闫掏鸟获刑以及由此引发的各种议论和质疑,可让我们借此思考和澄清一些问题。

其一,对小闫的处罚是否公平?很多人认为,非法掏鸟卖鸟应该受到法律追究,但是判处10年半的有期徒刑未免太重了,甚至有人拿掏鸟与贪污受贿等经济犯罪做比较。这样的思维逻辑不仅缺乏法律常识和生态观念,而且容易混淆视听。一方面,同样是掏鸟,普通的鸟窝和属于珍贵、濒危野生动物的鸟窝是不可同日而语的。另一方面,我国《刑法》第341条对于保护珍贵、濒危野生动物有着明确的规定,即“非法猎捕、杀害国家重点保护的珍贵、濒危野生动物的,或者非法收购、运输、出售国家重点保护的珍贵、濒危野生动物及其制品的,处五年以下有期徒刑或者拘役,并处罚金;情节严重的,处五年以上十年以下有期徒刑,并处罚金;情节特别严重的,处十年以上有期徒刑,并处罚金或者没收财产。”本案中,小闫先后非法猎捕属于国家二级保护动物的燕隼16只、非法收购凤头鹰1只,不仅从数量上已经达到了“情节特别严重”,而且应当两罪并罚。因此,辉县市人民法院以非法收购、猎捕珍贵、濒危野生动物罪判处小闫有期徒刑10年6个月,正是体现了我国刑法的基本原则——“罪刑法定”“罪刑相当”。

其二,对法律的无知可否成为免责的理由?一些人认为,猎捕野生动物属于道德范畴的问题,只要教育惩戒或罚款即可;也有人认为,“农村孩子从小就喜欢逮鸟摸鱼”,或许是小闫对于相关法律并不了解,也不具备鉴别国家二级保护动物的能力,才导致进入了这样一个法律的“陷阱”(从案件侦查和开庭审理情况看,小闫通过网络卖鸟时对燕隼和相关法律是有所了解的)。当今社会,生态环境保护早已超越了道德和个人素质层面,成为一个严肃的法律问题。生物多样性是人类赖以生存的条件，是经济社会可持续发展的基础，是维护国家生态安全、加快推进生态文明建设的迫切要求。为此，保护生物多样性必须纳入法治的轨道。如果法律对于捕猎国家重点保护的野生动物的行为不予严惩，其后果将是更多的珍贵、濒危野生动物被非法猎杀、贩卖。所谓非法猎捕、杀害珍贵、濒危野生动物罪，是指违反野生动物保护法规，猎捕、杀害国家重点保护的珍贵、濒危野生动物的行为。本案中，小闫的行为完全符合该罪的构成要件。无论小闫是否了解相关法律法规，或者对于罪行认知轻重上存在偏差，均不影响该罪名的成立，亦不是其要求免责的理由；否则，将会导致国家法律无法有效施行。

其三，大学生掏鸟是否应该“网开一面”？事实上，类似的新闻已多次见诸报端，而此案广受关注的原因，还在于当事人具有大学生这一特殊身份。有人认为，现今培养一名大学生需要耗费大量的物力、人力和财力……如果仅因为非法猎捕、收购 10 多只鸟就被判以重刑，可能会就此断送了该大学生的前途，对其家庭造成很大打击，由此也易引发负面社会舆论及影响。即使其行为构成犯罪有法可依，判决于法有据，但在量刑上也应酌情减轻。的确，培养一个大学生很不容易，而以法治思维和法律手段保护濒危物种、修复业已遭到破坏的生态环境，同样任重道远。正因为大学生这一特殊身份，这起捕鸟获刑案成为一个普法的极好案例。当然，对于当事人而言，这一堂“普法课”的代价可谓太大了。我们在为大学生小闫感到惋惜的同时，也深刻认识到“公民在法律面前一律平等”这一宪法原则和法治精神。同其他非法猎捕、杀害珍贵、濒危野生动物的犯罪分子一样，小闫应该为他的行为付出代价。

鸟无语，法有声。一个人的青春能有几个 10 年半？大学生小闫的教训应当引起我们的警醒和深思……

【案例应用】

1. 本案例讲述了大学生小闫因掏鸟 16 只获刑 10 年半而引发社会热议的典型案件。本案例教学的目的，在于教育和引导大学生学习法律知识，树立法治思维和生态观念，理解“公民在法律面前一律平等”这一宪法原则和法治精神，做到心中有法、自觉守法、坚定护法。本案例可用于教材第六章第四节中“培养社会主义法治思维”“尊重法律权威”等内容的辅助教学。

2. 本案例之所以受到媒体关注和公众热议，其主要原因在于某些方面的认知误区及大学生的特殊身份。为此，教师在运用本案例时，可借用其中的冲突与争议，鼓励学生思考互动和发表意见，并针对学生的法律空白和认识误区，用法治的思维逻辑和相关法律原理予以澄清和解答，以增强教育教学的针对性和说服力。

案例 7

以法之名，捍卫英烈荣光

【案例文本】

材料 1：曾某侵害谢勇烈士名誉案

2018 年 5 月 12 日，江苏省淮安市某小区一高层住宅发生火灾，消防战士谢勇在解救被困群众时坠楼，壮烈牺牲，年仅 21 岁。5 月 13 日，公安部批准谢勇为烈士，并颁发献身国防金质纪念章。5 月 14 日，谢勇被追认为中国共产党党员，江苏省公安厅追记谢勇一等功，淮安市政府追授谢勇“灭火救援勇士”荣誉称号。当地数千名干部群众自发前往悼念英雄，表达崇敬之情。

淮安谢勇烈士名誉权纠纷公益诉讼案

就在社会各界沉痛悼念烈士时，2018 年 5 月 14 日，淮安市民曾某在微信群中公开发表“不死是狗熊，死了就是英雄”“自己操作失误掉下来死了能怪谁，真不知道部队平时是怎么训练的”等侮辱性言论，歪曲烈士谢勇英勇牺牲的事实。当时有人劝阻曾某，但他仍继续发表“拘留算什么，坐牢我都不怕”等挑衅性言语。该微信群共有成员 131 人，人员分布范围较广。曾某故意歪曲事实、恶意侮辱谢勇烈士的言论，在当地造成了较为恶劣的社会影响。5 月 15 日，曾某被公安机关刑事拘留。

针对曾某的行为，谢勇的近亲属在 5 月 18 日向淮安市人民检察院出具一份签字声明，载明：我们系谢勇烈士的近亲属，曾某在网上捏造事实、侮辱谢勇烈士的言论，严重侵害了谢勇烈士的名誉，对曾某的侵权行为，我们作为谢勇的近亲属，声明不对曾某提起民事诉讼，我们相信并支持检察机关提起诉讼，追究曾某的侵权责任。

2018 年 5 月 21 日，淮安市人民检察院就曾某侵害谢勇烈士名誉案向淮安市中级人民法院提起民事公益诉讼，请求判令曾某通过媒体公开赔礼道歉、消除影响。这是《中华人民共和国英雄烈士保护法》实施以来，全国首例由检察机关提起的民事公益诉讼案。6 月 12 日，淮安市中级人民法院公开开庭审理本案。

淮安市中级人民法院认为，英烈精神是弘扬社会主义核心价值观和爱国主义精神的体现，全社会都应当认识到对英雄烈士合法权益保护的重要意义，有责任维护英雄烈士的名誉和荣誉等民事权益。本案中，被告曾某利用微信群，发表带有侮辱性质的不实言论，歪曲烈士谢勇英勇牺牲的事实。因该微信群成员较多且易于传播，被告的此种行为对谢勇烈士不畏艰难、不惧牺牲、无私奉献的精神造成了负面影响，已经超出了言论自由的范畴，构成了对谢勇烈士名誉的侵害。网络不是法外之地，任何人不得肆意歪曲、亵渎英雄事迹和精神。诋毁烈士形象是对社会公德的严重挑战，被告曾某的行为侵犯社会公共利益，因此判令曾某在当地地级市一级报纸上公开赔礼道歉。

一审宣判后，曾某当庭表示不上诉并愿意积极履行判决确定的义务。2018 年 6 月 16 日，曾某在《淮安日报》公开刊登道歉信，消除因其不当言论造成的不良社会影响。

（参见孙旭晖、赵大为：《公然污蔑烈士，登报赔礼道歉！》，《现代快报》2018 年 6 月 13 日；赵德刚、李超：《全国首例侵犯烈士名誉权公益诉讼宣判》，《中国青年报》2018 年 6 月 13 日；孙航：《最高法发布大力弘扬社会主义核心价值观十大典型民事案例》，《人民法院报》2020 年 5 月 14 日。作者根据以上资料编写。）

材料 2：罗某平侵害英烈名誉荣誉案

1950 年冬，在朝鲜战场长津湖战役中，有 3 支志愿军连队为了伏击敌人，俯卧在极度严寒的冰雪阵地上，他们手握钢枪、手榴弹，始终保持着整齐的战斗队形和战斗姿态，坚守着志愿军战士的荣耀和使命，除 2 人生还外，全员化作了晶莹的冰雕。从此，"冰雕连"成为抗美援朝战争中不可磨灭的符号和精神丰碑被载入军史，亦是志愿军捍卫祖国和人民利益、国家和民族尊严的象征。电影《长津湖》中再现了这一壮烈场面。

罗某平侵害英烈名誉荣誉获刑

2021 年 9 月 30 日，第八个烈士纪念日，电影《长津湖》开始在全国公映。然而，就在广大观众感慨幸福生活来之不易、感恩为国而战的先辈英勇付出的时候，2021 年 10 月 6 日 9 时 38 分，罗某平在其三亚市住处用手机观看《长津湖》电影和长津湖战役纪录片视频后，为博取关注，使用新浪微博账号"罗某平"发布帖文，侮辱在抗美援朝长津湖战役中牺牲的中国人民志愿军"冰雕连"英烈，侵害英雄烈士的名誉、荣誉。上述帖文因微博用户举报，被微博平台依据微博社区公约于同日 10 时 8 分予以处理,处理前被阅读 22 397 次。罗某平于 7 日 6 时 20 分删除该帖文,经公安机关电话传唤后,于 13 时 48 分在其微信朋友圈发布致歉声明,但该帖文内容已经在网络上广泛传播,引发公众强烈愤慨,造成恶劣社会影响。当日 14 时许,罗某平到三亚市公安局吉阳分局大东海派出所投案,如实供述其犯罪事实。

2021 年 10 月 8 日,三亚市公安局吉阳分局以罗某平涉嫌侵害英雄烈士名誉、荣誉罪立案侦查并将其刑事拘留。同日,三亚市城郊人民检察院决定对罗某平侵害英雄烈士名誉、荣誉的违法行为进行民事公益诉讼立案调查。10 月 21 日,三亚市城郊人民检察院对罗某平批准逮捕。2022 年 1 月 19 日,公安机关将该案移送三亚市城郊人民检察院审查起诉。

检察机关在审查起诉期间,依法告知了被告人罗某平享有的诉讼权利,并依法讯问了被告人,听取了辩护人的意见。三亚市城郊人民检察院起诉指控:被告人罗某平以侮辱方式侵害英雄烈士名誉、荣誉,损害社会公共利益,情节严重,依法应当以侵害英雄烈士名誉、荣誉罪追究其刑事责任,同时提起刑事附带民事公益诉讼,请求判令罗某平承担相应民事责任。

附带民事公益诉讼部分查明:被告人罗某平曾系知名媒体人,于 2009 年 9 月 9 日注册新浪微博账号“罗某平”。罗某平使用上述微博账号曾发表侮辱、嘲讽英雄烈士等违法帖文 9 篇,9 篇帖文阅读量累计 17 613 621 次、评论量 19 152 条、转发量 32 015 次。其间,新浪微博账号“罗某平”因发表言论违反微博社区公约被平台处置 30 次。

2022 年 3 月 30 日,三亚市城郊人民法院一审公开开庭审理了被告人罗某平涉嫌侵害抗美援朝志愿军英雄烈士名誉、荣誉罪一案。

法院认为,中国人民志愿军的英雄事迹是中华民族共同的历史记忆和宝贵的精神财富,伟大抗美援朝精神跨越时空、历久弥新,是社会主义核心价值观的重要体现,需要全体中华儿女永续传承、世代发扬,绝不容许亵渎、诋毁。被告人罗某平在互联网上侮辱英烈,否定社会主义核心价值观和抗美援朝精神,破坏社会公共秩序,损害社会公共利益,情节严重,其行为已构成侵害英雄烈士名誉、荣誉罪,应依法惩处,并承担相应的民事侵权责任。罗某平具有自首情节,自愿认罪认罚,愿意赔偿公益损害赔偿金 8 万元,用于抗美援朝烈士精神事迹纪念、宣传等公益事业(并已支付到位于辽宁省丹东市的抗美援朝纪念馆),法院予以认可。辩护人请求对罗某平从轻处罚的辩护意见成立,公诉机关提请对罗某平判处有期徒刑 7 个月的量刑建议适当,法院均予采纳。

2020 年 5 月 5 日,三亚市城郊人民法院对被告人罗某平侵害英雄烈士名誉、荣誉暨刑事附带民事公益诉讼一案依法公开宣判,判处被告人罗某平有期徒刑7个月，并责令被告人罗某平在新浪网、《法治日报》和《解放军报》上公开赔礼道歉。

（参见孝金波、吴楠：《海南检察机关依法对罗某平提起公诉和刑事附带民事公益诉讼》，人民网2022年2月19日；刘邓：《罗某平涉嫌侵害抗美援朝志愿军英烈名誉、荣誉罪一案开庭审理》，新华网2022年3月30日；薄晨棣、周静圆：《罗昌平侵害英雄烈士名誉、荣誉暨刑事附带民事公益诉讼一案一审宣判》，人民网2022年5月5日。作者根据以上资料编写。）

【思考讨论】

1. 阅读本文，曾某、罗某平等通过互联网侵害英雄烈士的名誉、荣誉而受到法律制裁，对您有何警示和启示？

2. 习近平总书记曾经指出："发挥好法律的规范作用，必须以法治体现道德理念、强化法律对道德建设的促进作用……法律是道德的保障，可以通过强制性规范人们行为、惩罚违法行为来引领道德风尚。"①结合本文，谈谈您对这段话的理解和认识。

【案例解析】

"躯壳纵填沟壑去，精神犹在海天张。"对任何一个国家和民族而言，英雄烈士都是其不屈脊梁和精神火炬的集中代表。《中华人民共和国英雄烈士保护法》明确规定，"英雄烈士事迹和精神是中华民族的共同历史记忆和社会主义核心价值观的重要体现"；"国家和人民永远尊崇、铭记英雄烈士为国家、人民和民族作出的牺牲和贡献"；"全社会都应当崇尚、学习、捍卫英雄烈士"。在本案例中，人民检察院对侵害英烈名誉荣誉案件提起的公益诉讼，以及人民法院依法作出的公正裁决，彰显了法律保护英雄烈士合法权益的坚定立场，印证着党的十八大以来以法治护佑英烈荣光的坚实脚步，同时向全社会传递出两个重要信号——

其一，网络绝非法外之地，英烈名誉荣誉不容诋毁。天地英雄气，千秋尚凛然。一个有希望的民族不能没有英雄，一个有前途的国家不能没有先锋。英雄烈士的个人名誉荣誉，总是与一定的历史事件相关联，与社会的主流价值相休戚，他们的英勇事迹、光辉形象和不屈精神，早已成为中华民族共同的历史记忆和宝贵的精神财富。如果容忍其被肆意毁谤，那么整个国家的历史认同终将趋向虚无，整个民族也必将失去继续向前奋进的精神根基。然而，在当今人人都

① 习近平：《习近平谈治国理政：第二卷》，外文出版社2017年版，第117页。

有麦克风的自媒体时代，极个别人为了博眼球、吸流量以及出于其他种种目的，不断挑战道德底线和法律红线，公然在网络上诋毁、侮辱、丑化英烈事迹和名誉荣誉，造成了极其恶劣的社会影响，伤害了亿万国人的质朴情感。对此，人民检察院和人民法院以国家的名义和以法治的力量，对蓄意侵害英烈名誉荣誉的行为坚决说“不”，鲜明宣示了国家立场：英雄烈士不容亵渎，网络言论须有底线。“法立，有犯而必施。”任何妄图拆毁民族精神基石的行为，法律必定亮剑出击。这无疑有助于形成学英烈、崇英烈、敬英烈的良好社会氛围和正确价值取向，对弘扬英烈精神、赓续红色血脉及维护社会公共利益、培育和践行社会主义核心价值观，具有十分重要的意义。

其二，我国保护英烈名誉荣誉的法律体系基本完备。法治是人类文明进步的重要标志。法律既是一种行为规范，也是一种价值载体。目前，我国已建立起较为完备的保护英烈名誉荣誉的法律体系。《中华人民共和国英雄烈士保护法》明确规定，禁止歪曲、丑化、亵渎、否定英雄烈士事迹和精神；英雄烈士的姓名、肖像、名誉、荣誉受法律保护。“以侮辱、诽谤或者其他方式侵害英雄烈士的姓名、肖像、名誉、荣誉，损害社会公共利益的，依法承担民事责任；构成违反治安管理行为的，由公安机关依法给予治安管理处罚；构成犯罪的，依法追究刑事责任”。《中华人民共和国民法典》第 179、185 条规定，侵害英雄烈士等的姓名、肖像、名誉、荣誉，损害社会公共利益的，应当承担停止侵害、消除影响、恢复名誉、赔礼道歉、赔偿损失等民事责任。2021 年 3 月 1 日起施行的《中华人民共和国刑法修正案》(十一)增设侵害英雄烈士名誉、荣誉罪，对英烈名誉荣誉的保护有了更多和更有力的手段。这有助于充分发挥法律的规范、引导作用，在民众内心形成法律预警和后果认知，为捍卫英烈荣光、维护民族情感、弘扬社会正气提供了制度保障和法治力量。这是法治国家的基本态度，也是文明社会的必然要求。

穿越时空隧道，英烈的事迹和精神始终熠熠生辉，成为照亮历史、启迪未来的明灯。习近平总书记曾经指出：“人无精神则不立，国无精神则不强。精神是一个民族赖以长久生存的灵魂，唯有精神上达到一定的高度，这个民族才能在历史的洪流中屹立不倒、奋勇向前。”①以法治的名义，捍卫英烈荣光，其所保护的绝不仅仅是个体意义上的人格权益，更体现了以法治涵养天地之浩然正气的立场态度，体现了一个伟大的民族不忘初心、牢记使命的精神追求。我们相信，随着保护英雄烈士法治观念的普及和深入，侵害英烈名誉荣誉的行为将会越来越少，学习英雄、崇尚英雄、争做英雄亦将成为时代风尚。

---

① 习近平：《习近平谈治国理政：第二卷》，外文出版社 2017 年版，第 47～48 页。

【案例应用】

1. 本案例讲述了两起通过互联网侵害英雄烈士的名誉、荣誉而受到法律制裁的案件，彰显了国家尊崇、铭记英雄烈士的坚定立场和以法治捍卫民族精神、弘扬社会正气的鲜明态度。本案例的教学与讨论，旨在教育和引导学生充分认识“英雄烈士事迹和精神是中华民族的共同历史记忆和社会主义核心价值观的重要体现”，全面推进依法治国，必须坚持依法治国和以德治国相结合，以法治体现道德理念、强化法律对道德建设的促进作用，以道德滋养法治精神、强化道德对法治文化的支撑作用。本案例可用于教材第六章第二节中“坚持依法治国和以德治国相结合”或第四节中“依法行使法律权利”“培养社会主义法治思维”等内容的辅助教学；也可用于第五章第三节中“网络生活中的道德要求”的辅助教学。

2. 本案例在运用过程中，既要突出法律对英烈个体人格权益的保护，以帮助学生进一步理解“法律面前人人平等”，更要注重英烈名誉荣誉所体现的主流价值及国家以法治的力量对英烈名誉荣誉的保护，以帮助学生深刻认识“法治”与“德治”之间的关系。此外，教师还可列举类似的其他案件，或让学生搜集整理，一并进行分析和互动、引导。

案例 8

昆山反杀案：
一场全民瞩目的正当防卫

【案例文本】

于海明，男，1977 年 3 月 18 日出生，某酒店业务经理。

2018 年 8 月 27 日 21 时 30 分许，于海明骑自行车在江苏省昆山市震川路正常行驶，刘某醉酒驾驶小轿车（经检测，血液酒精含量 87 mg/100 ml）向右强行闯入非机动车道，与于海明险些碰擦。刘某的一名同车人员下车与于海明争执，经同行人员劝解返回时，刘某突然下车，上前推搡、踢打于海明。虽经劝解，刘某仍持续追打，并从轿车内取出一把砍刀（系管制刀具），连续用刀面击打于海明的颈部、腰部、腿部。刘某在击打过程中将砍刀甩脱，于海明抢到砍刀，刘某上前争夺，在争夺中于海明捅刺刘某的腹部、臀部，砍击其右胸、左肩、左肘。刘某受伤后跑向轿车，于海明继续追砍 2 刀均未砍中，其中 1 刀砍中轿车。刘某跑离轿车，于海明返回轿车，将车内刘某的手机取出放入自己口袋。民警到达现场后，于海明将手机和砍刀交给处警民警（于海明称，拿走刘某的手机是为了防止对方打电话召集人员报复）。刘某逃离后，倒在附近绿化带内，后经送医抢救无效，因腹部大静脉等破裂致失血性休克于当日死亡。于海明经人身检查，见左颈部条形挫伤 1 处、左胸季肋部条形挫伤 1 处。

警方通报“昆山砍人案”

8 月 27 日当晚公安机关以“于海明故意伤害案”立案侦查，8 月 31 日公安机关查明了本案的全部事实。9 月 1 日，江苏省昆山市公安局根据侦查查明的事实，依据《中华人民共和国刑法》（简称《刑法》）第二十条第三款的规定，认定于海明的行为属于正当防卫，不负刑事责任，决定依法撤销于海明故意伤害案。其间，公安机关依据相关规定，听取了检察机关的意见，昆山市人民检察院同意公安机关的撤销案件决定。

检察机关的意见与公安机关的处理意见一致，具体论证情况和理由如下：

第一，关于刘某的行为是否属于“行凶”的问题。在论证过程中有意见提出，刘某仅使用刀面击打于海明，犯罪故意的具体内容不确定，不宜认定为行凶。论证后认为，对行凶的认定，应当遵循《刑法》第二十条第三款的规定，以“严重危及人身安全的暴力犯罪”作为把握的标准。刘某开始阶段的推搡、踢打行为不属于“行凶”，但从持砍刀击打后，行为性质已经升级为暴力犯罪。刘某攻击行为凶狠，所持凶器可轻易致人死伤，随着事态发展，接下来会造成什么样的损害后果难以预料，于海明的人身安全处于现实的、急迫的和严重的危险之下。刘某具体抱持杀人的故意还是伤害的故意不确定，正是许多行凶行为的特征，而不是认定的障碍。因此，刘某的行为符合“行凶”的认定标准，应当认定为“行凶”。

第二，关于刘某的侵害行为是否属于“正在进行”的问题。在论证过程中有意见提出，于海明抢到砍刀后，刘某的侵害行为已经结束，不属于正在进行。论证后认为，判断侵害行为是否已经结束，应看侵害人是否已经实质性脱离现场以及是否还有继续攻击或再次发动攻击的可能。于海明抢到砍刀后，刘某立刻上前争夺，侵害行为没有停止，刘某受伤后又立刻跑向之前藏匿砍刀的汽车，于海明此时作不间断的追击也符合防卫的需要。于海明追砍两刀均未砍中，刘某从汽车旁边跑开后，于海明也未再追击。因此，在于海明抢得砍刀顺势反击时，刘某既未放弃攻击行为也未实质性脱离现场，不能认为侵害行为已经停止。

第三，关于于海明的行为是否属于正当防卫的问题。在论证过程中有意见提出，于海明本人所受损伤较小，但防卫行为却造成了刘某死亡的后果，二者对比不相适应，于海明的行为属于防卫过当。论证后认为，不法侵害行为既包括实害行为也包括危险行为，对于危险行为同样可以实施正当防卫。认为“于海明与刘某的伤情对比不相适应”的意见，只注意到了实害行为而忽视了危险行为，这种意见实际上是要求防卫人应等到暴力犯罪造成一定的伤害后果才能实施防卫，这不符合及时制止犯罪、让犯罪不能得逞的防卫需要，也不适当地缩小了正当防卫的依法成立范围，是不正确的。本案中，在刘某的行为因具有危险性而属于“行凶”的前提下，于海明采取防卫行为致其死亡，依法不属于防卫过当，不负刑事责任，于海明本人是否受伤或伤情轻重，对正当防卫的认定没有影响。公安机关认定于海明的行为系正当防卫，决定依法撤销案件的意见，完全正确。

（参见《最高人民检察院第十二批指导性案例》，《检察日报》2018 年 12 月 20 日。编入本书时有改动。）

【思考讨论】

1. 本案中，公安机关和检察机关认定于海明的行为属于正当防卫，不负刑事责任，体现了怎样的法治意义？

2. 什么是正当防卫？如何理解正当防卫的构成要件？

【案例解析】

在“昆山反杀案”中，当事人于海明的行为究竟是故意杀人还是正当防卫，抑或是防卫过当，一度引起了媒体和公众的关注和热议。历经一波三折，于海明的行为最终被认定为正当防卫。专家认为，这既是一场民意的胜利，更是法治的胜利，对正当防卫具有里程碑的意义。2018 年 12 月，这一案件被列入《最高人民检察院第十二批指导性案例》；2019 年 3 月，又载入在十三届全国人大二次会议和全国政协十三届二次会议上所作的《最高人民检察院工作报告》中。

那么，什么是正当防卫？正当防卫是不是无条件防卫和无限防卫呢？

我国《刑法》第二十条第一款规定：“为了使国家、公共利益、本人或者他人的人身、财产和其他权利免受正在进行的不法侵害，而采取的制止不法侵害的行为，对不法侵害人造成损害的，属于正当防卫，不负刑事责任。”由这一规定可以看出，正当防卫是法律赋予公民的一项权利。但是，正当防卫并非在任何情况下都可以实施，而必须具备一定的条件：

福州：“赵宇见义勇为案”

第一，防卫行为必须针对不法侵害而实施。这是正当防卫的起因条件。正当防卫的实施，必须以存在着危害社会的不法侵害行为的发生为前提。这里的“不法侵害行为”，是指对法律所保护的国家、公共利益、本人或者他人的人身、财产和其他权利的侵害行为，既包括犯罪行为，也包括其他违法行为。

第二，防卫行为必须针对正在进行的不法侵害而实施。这是正当防卫的时间条件。所谓“正在进行的不法侵害”，一是指不法侵害正处于已经开始并且尚未结束的进行状态；二是指这种不法侵害是客观存在的，不是想象或者推测中的。

第三，防卫行为必须针对不法侵害者本人而实施。这是正当防卫的对象条件。实施正当防卫，是为了及时有效地排除和制止正在进行的不法侵害，而不法侵害是由不法侵害者本人直接实施的。因此，要制止不法侵害、保护合法权益，只能针对不法侵害者本人进行防卫并对其人身、财产等权益造成必要的损害。虽然针对没有实施不法侵害的第三者也可能达到制止不法侵害的目的，但不能成为刑法所规定的正当防卫。

第四，防卫行为必须是为了使合法权益免受正在进行的不法侵害而实施的。这是正当防卫的主观条件。为了使合法权益免受不法行为侵害而进行防卫，这是防卫目的的正义性所在，也是《刑法》规定正当防卫不负刑事责任的重要依据。为了保护非法利益，或者出于侵害动机而故意挑衅、引诱对方进行不法侵害，尔后借口正当防卫加害的行为，以及相互的非法侵害等，都不属于正当防卫。

第五，防卫行为不能明显超过必要限度造成重大损害。这是正当防卫的限度条件。“正当防卫明显超过必要限度造成重大损害的，应当负刑事责任，但是应当减轻或者免除处罚。”为鼓励公民敢于同违法犯罪作斗争，《刑法》第二十条第三款特别规定：“对正在进行行凶、杀人、抢劫、强奸、绑架以及其他严重危及人身安全的暴力犯罪，采取防卫行为，造成不法侵害人伤亡的，不属于防卫过当，不负刑事责任。”

以上是正当防卫必须同时具备的条件，缺乏其中任何一个条件，都不能构成正当防卫。本案中，于海明的行为完全符合《刑法》规定的正当防卫的条件。需要指出的是，正当防卫不是简单的“以暴制暴”，而是“以合法对不法”“以正义对非正义”。

“昆山砍人案”中的当事人于海明最终被认定为正当防卫，依法不负刑事责任，既进一步明确了正当防卫的界限标准，体现了司法担当，也回应了人民群众对公平正义的关切与期盼，同时倡导了法治思维，向公民普及了正当防卫的正确“姿势”。它释放和昭示了一个强烈的信号：那就是“法不能向不法让步”，要以法治手段让正当防卫“挺直腰杆”，让见义勇为不再“流血又流泪”，该出手时就出手，不向违法让半步。法律可以惩治邪恶，同样也能保护善良。我们相信，随着中国法治制度日趋完善，法律的公平正义必将进一步彰显，公民的幸福感与安全感也必将进一步提升。

【案例应用】

1. 本案例记述了发生在江苏省昆山市的一起刑事案件，该案因定性问题引起社会各界对正当防卫界限的关注和热议。本案例的教学与讨论，旨在帮助和引导学生正确理解正当防卫的含义及条件和界限，以及“法不能向不法让步”，需要法治更有力量，这不仅是立法的要求，还是司法的底线。本案例可用于教材第六章第二节中“公正司法”“培养社会主义法治思维”等内容的辅助教学。

2. 党的十八以来，我国检察机关依法办理了一批社会关注度高的正当防卫案件，比如，福州赵宇见义勇为案、河北涞源反杀案、邢台董民刚案、浙江盛春平案、云南唐雪案等，及时回应社会关切，积极弘扬社会正气。教师在教学过程中，可与上述案例一并使用和进行分析，以增强教育教学的说服力和感染力，也可让学生搜集相关案例并以课堂展示、讨论等方式，增强教学的互动性和吸引力。

案例 9

法律“织网”守护“头顶安全”

【案例文本】

材料 1:《民法典》实施第一案:高空抛物损害责任纠纷案

2019 年 5 月 26 日下午,年近七旬的庾某某在小区花园内散步。突然,一瓶矿泉水从天而降,水瓶落在庾某某身旁,致其受到惊吓摔倒受伤。随后,庾某某报警,并被送入医院治疗。

小区监控录像显示,矿泉水瓶是住在 35 楼的黄某某家小孩从阳台扔下的。次日,庾某某亲属与黄某某一起查看监控,确认了上述事实后,双方签订确认书,确认矿泉水瓶系黄某某家小孩从阳台扔下,同时黄某某向庾某某支付 1 万元赔偿。

《民法典》实施第一案 高空抛物损害责任纠纷案宣判

经医院诊断,庾某某右侧股骨转子间粉碎性骨折、右侧眼眶骨折,住院治疗 22 天出院,后因伤未痊愈,又两次住院治疗累计超过 60 天,医疗费用等费用达数万元。经中山大学法医鉴定中心鉴定,庾某某的伤情构成十级伤残,与 2019 年 5 月 26 日受伤存在直接因果关系。由于黄某某除已支付上述 10 000 元外未再支付其他赔偿款,庾某某遂向越秀区人民法院提起诉讼,要求黄某某赔偿医疗费、护理费、残疾赔偿金、交通费、鉴定费、住院伙食补助费、精神损害抚慰金等共 100 344.12 元(不含被告此前已支付的 10 000 元)。

广州市越秀区人民法院经审理认为,根据《最高人民法院关于适用〈民法典〉时间效力的若干规定》第十九条之规定,《民法典》施行前,从建筑物中抛掷物品或者从建筑物上坠落的物品造成他人损害引起的民事纠纷案件,适用《民法典》第一千二百五十四条的规定,故本案应适用《民法典》。

本案中,原告散步时被从高空抛下的水瓶惊吓摔倒受伤,经监控录像显示水瓶由被告租住房屋阳台抛下,被告对此无异议,并有视频及原、被告签订的《关于 2019 年 5 月 26 日高空抛物的确认书》证明,法院对侵权事实予以确认。

对侵权事实确认后，法院根据《民法典》及相关规定，确定由被告赔偿原告医疗费、护理费、交通费、住院伙食补助费、残疾赔偿金、鉴定费合计8.2万余元，赔偿精神损害抚慰金1万元。

（参见董柳：《“民法典实施第一案”广东诞生　35楼扔下矿泉水瓶被判赔偿9万多元》，《羊城晚报》2021年1月4日；李青山、陈晓莹：《广州〈民法典〉实施第一案：高空抛物损害责任纠纷案宣判》，中国消费网2021年2月3日；孙航：《最高法发布人民法院贯彻实施民法典典型案例（第一批）》，《人民法院报》2022年2月27日。作者根据以上资料编写。）

材料2：全国首例高空抛物罪案

“高空抛物”入刑首案宣判 被告人犯高空抛物罪获刑6个月

2021年3月1日，《中华人民共和国刑法修正案（十一）》生效施行，“高空抛物”正式入刑。当天，江苏常州溧阳市人民法院审理了一起高空抛物案件，被告人徐某某犯高空抛物罪被判处有期徒刑6个月，并处罚金2 000元。这是全国首例高空抛物罪案件，并入选2021年度人民法院十大案件。

2020年5月24日，徐某某（家住三楼）与王某某因言语不和发生争执，徐某某一时激愤，从厨房拿出一把菜刀，王某某见状上前夺刀未果，徐某某将菜刀抛掷至楼下公共租赁房附近。楼下居民发觉后向楼上质问，徐某某听到质问声后，又去厨房拿第二把菜刀，王某某再次上前夺刀未果，徐某某又将第二把菜刀抛掷至楼下公共租赁房附近，楼下居民见状报警。

溧阳人民法院经审理后认为，被告人徐某某高空抛物行为虽未造成人身伤害或重大财产损失的严重后果，但其从建筑物抛掷物品行为已经构成高空抛物罪，依照《刑法》判决被告人徐某某犯高空抛物罪，判处有期徒刑6个月，并处罚金2 000元。

（参见《2021年度人民法院十大案件》，《人民法院报》2022年1月6日；顾敏：《江苏省高空抛物入刑首案落槌》，人民网2021年3月2日。作者根据以上资料编写。）

【思考讨论】

1. 阅读本文，人民法院依法对社会关注的“高空抛物”案件的裁判，体现了怎样的法治精神和理念？

2. 习近平总书记指出：“治理国家、治理社会必须一手抓法治、一手抓德治，既重视发挥法律的规范作用，又重视发挥道德的教化作用，实现法律和道德相辅相成、法治和德治相得益彰。”①结合有关“禁止高空抛物”的立法及司法判决，谈谈您对这段话的理解和认识。

【案例解析】

上述两个案件一民一刑，引起较大社会反响，其实并无多少曲折之处，皆为无视公共生活空间基本秩序、漠视楼下居民生命安危的行为。而人民法院坚决向高空抛物行为说“不”，网友们纷纷留言点赞，既说明这样的判决让人有了安全感，也更大程度上释放了法律的警示功能，为全社会上了一堂生动的法治教育课。

其一，民有所呼，法有所应。现代城市高楼林立，来自头顶上的“意外”频频令人胆寒。大到花盆、酒瓶、垃圾，小到铁钉、鸡蛋、果核，致人伤亡、财产损失的“飞来横祸”时有发生，高空抛物已成为公众普遍担忧的安全隐患，因而也被人们喻为“悬在城市上空的痛”。长期以来，由于相关法律不够完善，受害者取证、维权困难，这或许是高空抛物行为屡禁不止的一个重要原因。法律是治国之重器，良法是善治之前提。《中华人民共和国民法典》关于“禁止从建筑物中抛掷物品”及其侵权责任的规定，《中华人民共和国刑法修正案（十一）》正式将“高空抛物”入罪入刑，体现了“人民有所呼，立法有所应”的精神，反映出全面推进依法治国的根本目的是依法保障人民的权益；完善法治体系建设，“要始终坚持以人民为中心，坚持法治为了人民、依靠人民、造福人民、保护人民，把体现人民利益、反映人民愿望、维护人民权益、增进人民福祉落实到法治体系建设全过程”②。而人民法院依法妥善审理高空抛物案件，体现了“司法为民”的根本理念，反映出对“努力让人民群众在每一个司法案件中感受到公平正义”的积极回应，对于有效防范、遏制高空抛物行为的发生，维护人民群众“头顶上安全”，引领正向社会价值、维护社会和谐稳定和形成良好社会风尚具有十分重要的作用。

其二，法律织网，护佑民安。高空抛物行为严重损害人民群众生命财产安全，成为多年的社会痛点和舆论热点。《中华人民共和国民法典》第一千二百五十四条明确规定，“禁止从建筑物中抛掷物品。从建筑物中抛掷物品或者从建筑物上坠落的物品造成他人损害的，由侵权人依法承担侵权责任；经调查难以确定具体侵权人的，除能够证明自己不是侵权人的外，由可能加害的建筑物使用人给予补偿。可能加害的建筑物使用人补偿后，有权向侵权人追偿”。《刑

① 习近平：《习近平谈治国理政：第二卷》，外文出版社 2017 年版，第 116 页。
② 习近平：《习近平谈治国理政：第四卷》，外文出版社 2022 年版，第 301 页。

法》第二百九十一条规定：从建筑物或者其他高空抛掷物品，情节严重的，处一年以下有期徒刑、拘役或者管制，并处或者单处罚金。《中华人民共和国刑法修正案（十一）》在刑法第二百九十一条之一后增加一条，作为第二百九十一条之二："从建筑物或者其他高空抛掷物品，情节严重的，处一年以下有期徒刑、拘役或者管制，并处或者单处罚金。有前款行为，同时构成其他犯罪的，依照处罚较重的规定定罪处罚。"以上法律规定回应了社会关切，完善、细化了对高空抛物及其责任追究的相关规范，为护佑公众"头顶安全"织就了民事、刑事"双层"法律网，也对司法审判中确定侵权人及其法律责任提供了更为详细的法律依据。

其三，尊法守法，用法靠法。高空抛物既关乎道德也关乎法律；对高空抛物既要"治"更要"防"。唯有如此，才能取得良好社会效果。作为我国《民法典》和《刑法修正案（十一）》实施后的全国首案，上述两个案件的判决无疑具有样本作用和宣示意义。一方面，通过对黄某某、徐某某的惩戒，教育其本人遵守法律不再实施高空抛物行为；同时告诫公众：此类行为是被法律所禁止的，一旦触犯"禁止高空抛物"的法律规定，不仅要承担民事责任，还可能会受到刑事处罚。另一方面，通过旗帜鲜明地向高空抛物行为说"不"，以案释法明理，引导群众办事依法、遇事找法、解决问题用法、化解矛盾靠法；同时，倡导社会主义核心价值观，除了增强法治观念、遵守法律规定，还需要每个人文明自律、遵守公德，共同构筑起保护"头顶上的安全"的坚固屏障来维护我们"头顶上的安全"。

【案例应用】

1. 本案例记述了我国《民法典》实施后发生在广州的首例高空抛物损害责任纠纷案和《刑法修正案（十一）》生效后全国首例高空抛物罪案。本案例的教学与讨论，旨在引导学生进一步理解"民有所呼，法有所应"的精神和理念，以及治理国家、治理社会必须坚持依法治国和以德治国相结合，进而不断增强法治观念，自觉提高道德修养。本案例可用于教材第六章第四节中"坚持依法治国和以德治国相结合""不断提升法治素养"等内容的辅助教学。

2. 教师在运用本案例时，要注重以案说法、以案明理；同时，还可引导学生搜集我国《民法典》和《刑法修正案（十一）》实施后发生在各地的"高空抛物"第一案，并由此提炼其中的法治精神和警示意义。

案例 10

侵害袁隆平院士名誉、荣誉案

【案例文本】

中国工程院院士袁隆平，是享誉海内外的著名农业科学家、中国杂交水稻事业的开创者和领导者，被誉为“杂交水稻之父”。他先后荣获国家最高科学技术奖、世界粮食奖、“未来科学大奖”生命科学奖及“改革先锋”“最美奋斗者”“感动中国年度人物”等荣誉称号。2019 年 9 月 17 日，国家主席习近平签署主席令，授予袁隆平“共和国勋章”。

侵害袁隆平院士名誉、荣誉案

2021 年 5 月 22 日 13 时 7 分，袁隆平院士在湖南长沙因病逝世，走完了自己 91 岁的人生。消息传出，举国哀恸。人们通过各种方式向这位一生守望稻田、“让所有人远离饥饿”的科学家致敬。然而，有人却在此时无视公序良俗和道德底线，诋毁、侮辱袁隆平院士的事迹和精神，侵害英雄名誉、荣誉。

镜头 1：肖某智侵害袁隆平院士名誉、荣誉罪案

2021 年 11 月 15 日上午，湖南韶山市人民法院公开宣判被告人肖某智侵害英雄烈士名誉、荣誉罪一案，判决被告人肖某智管制 6 个月。

2021 年 5 月 22 日，被告人肖某智使用昵称“坚持底线”的微信号，先后于 17 时 35 分、19 时 15 分在微信群“白翎村村民信息群”（群员人口数 499 人）内发布 2 条信息，歪曲事实诋毁、侮辱袁隆平院士，侵害英雄名誉、荣誉。上述微信被微信群成员看到后，引起群内成员强烈愤慨，造成恶劣社会影响。网警掌握到该情况后，将肖某智传唤到案。

案件开庭过程中，法庭充分保障了被告人的诉讼权利，控辩双方进行了举证、质证，并就犯罪事实、量刑建议等发表了意见。

韶山人民法院经审理认为，被告人肖某智以侮辱、诽谤的方式侵害英雄名誉、荣誉，损害社会公共利益，情节严重，其行为构成侵害英雄烈士名誉、荣誉罪，公诉机关指控的罪名成立。案发后，被告人肖某智如实供述自己的犯罪事实,认罪认罚,依法可从宽处理。依照《中华人民共和国刑法》第二百九十九条之一、第三十八条、第四十一条、第六十七条第三款及《中华人民共和国刑事诉讼法》第十五条之规定,判决被告人肖某智犯侵害英雄烈士名誉、荣誉罪,判处管制6个月。

镜头2:张某侵害袁隆平院士名誉、荣誉案

2022年5月19日上午,天津市第二中级人民法院组成7人合议庭,对公益诉讼起诉人天津市人民检察院第二分院诉被告张某侵害著名农业科学家袁隆平名誉、荣誉一案公开开庭审理,当庭宣判被告张某于本判决生效之日起10日内,在国家级新闻媒体公开赔礼道歉、消除影响。

天津市检察院第二分院诉称,被告张某于2021年5月22日至5月24日期间利用境外信息网络平台,公然发表、转推侮辱、诋毁袁隆平院士的推文共计9条,相关推文被他人留言10条,被转推36次,被点赞275次。根据《中华人民共和国英雄烈士保护法》第二十二条、第二十五条,《中华人民共和国民法典》第一百八十五条、第一百七十九条规定,在经依法征询袁隆平院士近亲属的同意后,天津市检察院第二分院向天津市第二中级人民法院提起了民事公益诉讼,要求张某在国家级新闻媒体上公开赔礼道歉、消除影响。

庭审中,合议庭围绕张某是否实施了侵害英雄烈士荣誉、名誉的行为,是否应承担相应的民事责任的争议焦点进行事实调查和法庭辩论,在查明事实的基础上,对案件进行了评议并当庭宣判。合议庭经审理认为,张某在网络平台上公然发表不实言论,亵渎了袁隆平院士的事迹和精神,丑化了袁隆平院士的形象,贬损其名誉,超出了言论自由的合法范围,主观上存在明显过错,其行为不仅侵害了袁隆平院士的个人人格尊严,而且伤害了社会公众的感情,损害了社会公共利益,故依法判决,被告张某于本判决生效之日起10日内,在国家级新闻媒体公开赔礼道歉、消除影响。

宣判后,被告张某表示服从判决,并当庭宣读了向袁隆平院士及其亲属的致歉信,对其发表的不当言论向袁隆平院士及其亲属致以诚挚的歉意,对其行为表示深深的懊悔,并保证以后绝不再发表侵害英雄烈士名誉的不当言论。

天津市第二中级人民法院副院长翟红担任该案件审判长。她表示,案件公开审理进一步强化了对英雄烈士名誉荣誉的保护,维护了社会公共利益,是一堂生动的普法宣传教育课。

(参见《肖某智侵害英雄烈士名誉、荣誉罪案》,中国法院网2022年3月8日;夏震宇、王子鑫:《当庭道歉!天津二中院公开开庭审理侵害袁隆平院士名誉、荣誉民事公益诉讼案件》,新华网2022年5月19日。本案例由作者根据以上资料编写。)

【思考讨论】

1. 阅读本文,上述两起侵害袁隆平院士名誉、荣誉的案件及其判决,对您有何警示和启示?

2. 联系实际,谈谈大学生应如何正确理解法律权利,以及怎样依法行使法律权利。

【案例解析】

他是一位真正的耕耘者。他毕生的梦想,就是让所有的人远离饥饿。

一介农夫,播撒智慧;一稻济世,万家粮足。袁隆平,中国工程院院士,共和国勋章获得者,享誉全球的"杂交水稻之父"。他一生致力于杂交水稻技术的研究、应用与推广,创建了超级杂交稻技术体系,为我国粮食安全、农业科学发展和世界粮食供给作出了杰出贡献。

袁隆平院士生前曾说:"人就像种子,要做一粒好种子。"如今,这句话被镌刻在他的墓碑上,而他毕生追求的杂交水稻事业的种子也已撒向祖国大江南北。

然而,谁能想到,居然有人在网络平台上公然发表不实言论,亵渎袁隆平院士的事迹和精神,丑化袁隆平院士的形象,贬损其名誉、荣誉,其行为不仅侵害了袁隆平院士的个人人格尊严,而且伤害了社会公众的质朴感情。法院依法作出判决,明确表达了国士不可辱的鲜明立场,同时维护了社会公共利益,是一堂"公民如何依法行使权利和自由"的普法公开课。

法律上所说的权利,是指法律关系主体依法享有的某种权能或利益,它表现为权利享有者可以依法作出一定的行为,也可以要求他人作出或不作出一定的行为。法律权利是各种权利中十分重要的权利,其主要特征是:第一,法律权利是保证权利人利益的法律手段,它不仅来自法律的规定和确认,而且受法律的维护或保障;第二,法律权利与法律义务相对应,法律权利的实现必须以相应法律义务的履行为条件,离开法律义务就无法理解法律权利;第三,法律权利必须依法行使,在法律允许的范围内,权利人满足自己利益的行为或者要求义务人从事一定行为是合法的,而超过这一界限,则是非法的或不受法律保护的;第四,法律权利的内容、种类和实现程度受社会物质生活条件的制约,并因社会制度和国家法律的不同而存在差异。

我国宪法规定,公民享有言论自由。但是,自由和权利从来不是绝对的。"中华人民共和国公民在行使自由和权利的时候,不得损害国家的、社会的、集体的利益和其他公民的合法的自由和权利。”“中华人民共和国公民的人格尊严不受侵犯。禁止用任何方法对公民进行侮辱、诽谤和诬告陷害。”在上述两起案件中，当事人通过网络平台蓄意歪曲事实，对袁隆平院士进行诋毁、侮辱，侵害了袁隆平院士的人格权益，显然超出了言论自由的合法范围。法院的判决告诉我们，网络不是法外之地，英模不容肆意侵害。同时，每个公民均应自觉提高法治素养，遵守宪法法律界限，正确行使法律权利，具体包括：权利行使的目的要合法；权利行使的限度要合法；权利行使的方式要合法；权利行使的程序要合法。

法律维护的是社会秩序，弘扬的是高尚精神，倡导的是民众良善。网络空间同现实社会一样，既要提倡自由，也要保持秩序。任何亵渎英模精神的恶劣行为，必将遭到社会的唾弃；任何超出“法度”的言论自由，都会受到法律的惩处。这是一个文明国度的共识，也是一个法治国家的底线。

【案例应用】

1. 本案例记述了两起通过网络侵害袁隆平院士名誉、荣誉的案件。其警示意义在于：网络不是法外之地，国士名誉荣誉不容侵犯；公民享有言论自由，但言论自由和权利的行使须有“法度”。本案例的教学与讨论，旨在帮助和引导学生深刻理解“法律权利”的含义及特征，以及正确把握和依法行使自身法律权利。本案例可用于教材第六章第四节中“依法行使法律权利”的辅助教学。

2. 在现实生活中，自由和权利滥用的事例比较多见。教师在应用本案例时，一方面要说明我国公民享有宪法法律规定的各项权利；另一方面，要指出公民必须依法行使法律权利，而不得滥用。

案例 11

谁伤谁有理、谁闹谁有理？

【案例文本】

材料 1：村民私自上树摘果坠亡索赔案

广州市花都区某村是国家 AAA 级旅游景区，不收门票，该村内河堤旁边栽种有杨梅树，该村村委会系杨梅树的所有人。杨梅树仅为观赏用途，该村村委会未向村民或游客提供杨梅采摘旅游项目。2017 年 5 月 19 日，该村村民吴某私自上树采摘杨梅。由于树枝枯烂断裂，吴某不慎从树上跌落受伤。随后，该村村委会主任拨打 120 求助，在急救车到来之前又有村民将吴某送往市区医院治疗，吴某于摔倒当日经抢救无效死亡。吴某的近亲属以该村村委会未尽安全保障义务为由，起诉村委会承担赔偿责任共计 60 余万元。

法院一审、二审认为吴某与村委会均有过错，酌定村委会承担 5%的赔偿责任，判令向吴某的近亲属赔偿 4.5 万余元。广州市中级人民法院经审查，依法裁定对该案进行再审。

法院再审认为，村委会作为该村景区的管理人，虽负有保障游客免遭损害的义务，但义务的确定应限于景区管理人的管理和控制能力范围之内。案涉景区属于开放式景区，村委会并未向村民或游客提供免费采摘杨梅的旅游项目，杨梅树本身并无安全隐患，不能要求村委会对景区内的所有树木加以围蔽、设置警示标志。吴某作为具有完全民事行为能力的成年人，应当充分预见攀爬杨梅树采摘杨梅的危险性，并自觉规避此类危险行为。该村村规民约明文规定，村民要自觉维护村集体的各项财产利益，包括公共设施和绿化树木等。吴某私自上树采摘杨梅的行为，违反了村规民约，损害了集体利益，导致了损害后果的发生。吴某跌落受伤后，村委会主任及时拨打了急救电话，另有村民在救护车抵达前已将吴某送往医院救治，村委会不存在过错。

法院认为，吴某因私自爬树采摘杨梅跌落坠亡，后果令人痛惜，但行为有违村规民约和公序良俗，且村委会并未违反安全保障义务，不应承担赔偿责任。

原审判决认定事实清楚，但适用法律错误，处理结果不当，应予以撤销。再审驳回吴某近亲属要求村委会承担赔偿责任的请求。

2020 年 5 月 13 日，最高人民法院举行新闻发布会，本案入选人民法院大力弘扬社会主义核心价值观十大典型民事案例。

（参见《人民法院大力弘扬社会主义核心价值观十大典型民事案例》，《人民法院报》2020 年 5 月 14 日；何生廷：《广州“摘杨梅坠亡案”再审改判：村委会无责》，《新快报》2020 年 1 月 21 日。作者根据以上资料编写。）

材料 2：老人超市偷拿鸡蛋猝死索赔案

两枚鸡蛋引发的官司

在超市拿走两个鸡蛋未付款，被工作人员阻拦后猝死，家属能否以此为由要求超市赔偿？2021 年 3 月 25 日，江苏省南通市中级人民法院终审判决了这起纠纷案。

法院查明，2020 年 6 月 13 日下午，江苏南通 67 岁的谷某在超市购物时，在口袋里放了两个鸡蛋未结账便欲离开，超市店员将其拦下询问。交涉未果后，谷某边说边走，在走到冰柜旁时，谷某突然倒地。随后，超市工作人员立即拨打 110、120 电话。其间，正在超市中购物的两名顾客对谷某实施了急救，但最终未能抢救成功，谷某的死亡原因经诊断为心肌梗死。谷某的家属认为，超市应对老人的死亡承担责任，遂向南通市崇川区人民法院起诉，要求超市赔偿各项损失共计 38 万余元。

崇川法院审理认为，超市工作人员的行为属于自助行为，是权利人对合法权利的自我保护，一审判决驳回原告的全部诉求。谷某的家属不服一审判决，认为超市未尽到安全保障义务和基本的救助义务，向南通市中级人民法院提起上诉，请求撤销原审判决，改判支持全部诉讼请求。

2021 年 3 月 25 日，南通市中级人民法院开庭审理此案。庭审中，双方围绕老人倒地猝死超市有无过错，以及老人倒地之后超市有无尽到安全保障义务两个主要争议焦点展开辩论。

合议庭经审理认为，超市工作人员发现谷某的不当行为后即与其交涉，其目的是维护超市正常的经营秩序，制止不当行为，且双方并无大幅度、过激的动作，超市员工拉扯谷某的衣袖、继续与其交谈，制止不当行为的举措具有正当性。即便谷某因藏匿鸡蛋未结账被追问而引起情绪波动，导致其突发疾病倒地猝死，二者亦没有法律上的因果关系。同时，谷某在倒地后，超市工作人员第一时间拨打了 110，客观描述了纠纷的原因和过程以及老人晕倒的事实。在接处警民警提醒下，随即又迅速拨打了 120 抢救。虽然超市拨打 120 系在谷某倒地后近 20 分钟，但鉴于先前双方曾经发生过纠纷，谷某倒地又具有突发性，超市工作人员对谷某的身体状况并不知情，其在第一时间拨打110报警求助符合一般公众的社会认知，具有合理性，故认定超市已经尽到了安全保障义务。

据此，二审判决驳回上诉，维持原判。

2022年1月22日，本案入选由最高人民法院与中央广播电视总台共同主办的“新时代推动法治进程2021年度十大提名案件”。

（参见顾敏：《南通老人拿鸡蛋猝死案二审宣判：超市已尽义务》，《新华日报》2021年3月26日；顾建兵：《超市行为合理　老人家属全部诉求被驳回》，《人民法院报》2021年3月26日。作者根据以上资料编写。）

【思考讨论】

1. 阅读本文，上述两个“小案件”讲述了怎样的“大道理”？您对“谁伤谁有理”“谁闹谁有理”作何评论？

2. 习近平总书记指出：“全面推进依法治国，必须坚持公正司法。公正司法是维护社会公平正义的最后一道防线”①。请结合上述两个案件，谈谈您对这句话的理解与思考。

【案例解析】

这是两个曾引起较大关注的典型案件。案件本身的经过并不复杂，但教师要以“小案件”讲述“大道理”，彰显法治精神，突出社会主义核心价值观的引领作用。

一方面，公正是法治的生命线。维护社会公平正义是人民法院的神圣使命，司法是维护社会公平正义的最后一道防线。司法正义从根本上需要通过一个个具体案件的公正裁判，实现其正义的价值，让人民群众从每一个司法案件中都能够“看得见正义”，并切实感受到公平正义就在身边。法律的生命力在于实施，法律的权威也在于实施。上述两个案件即是坚持以事实为依据、以法律为准绳，通过有力度、有是非的司法裁判回应人民群众对公平正义的诉求与期待，由此先后入选人民法院十大典型民事案例和新时代推动法治进程提名案件。如果司法裁判为了“息事宁人”让“各方面都满意”而采取“和稀泥”的态度，就会出现司法不公、人心不服，就会对社会公平正义、和谐稳定带来致命破坏，法治的尊严和法律的权威也会受到普遍质疑。习近平总书记曾多次引用英国哲学家培根的话，来说明司法不公的危害性：“一次不公正的裁判，其恶果甚至超过十次犯罪。因为犯罪虽是无视法律——好比污染了水流，而不公正的审判

① 习近平：《论坚持全面依法治国》，中央文献出版社2020年版，第22页。

则毁坏法律——好比污染了水源。”这其中的道理是十分深刻的。因此,“全面推进依法治国,必须坚持公正司法”①。

另一方面,社会公正存在于社会生活的各种公序良俗之中。我国《民法典》第八条规定:“民事主体从事民事活动,不得违反法律,不得违背公序良俗。”上述两个案件的判决,不仅用公正审判体现法治精神,而且以司法裁判引领社会风尚,是以法治维护和弘扬社会主义核心价值观的典型案例和生动实践。它向社会传达出了法律保护合法维权的理念,同时也旗帜鲜明地宣示:同情归同情,公平归公平。司法可以同情弱者,但对于违背社会公德和公序良俗的行为不予鼓励、不予保护。如果“谁闹谁有理”“谁伤谁有理”,则既有损司法公信力,也会使公民共建文明社会的道德责任感受到打击。长此以往,社会的道德水准将大打折扣。“以法治承载道德理念,道德才有可靠制度支撑。”②。因此,要“通过法律的强制力来强化道德作用、确保道德底线,推动全社会道德素质提升”③。

一个案例胜过一沓文件。法治从来不是法律概念之间的叠床架屋,而是紧密地嵌合在社会发展和人民生活之中。一个个案例将公平正义深深刻在判决书的字里行间,回应社会关切,传播正向能量,强化司法导向,展示出法治的态度、力度和温度。判决不是案件的终点,而是法律走向人心的起点。每一个公正的判决都将在人心深处荡起一层涟漪,激起一朵浪花,给人以警示或启示。而无数浪花的奔涌,必将共同推动着法治中国建设大潮浩浩荡荡、勇往直前。

【案例应用】

1. 本案例记述了人民法院以公正裁判维护和弘扬社会主义核心价值观的两个典型案件。本案例的教学与讨论,旨在引导学生充分认识和理解全面依法治国,必须坚持公正司法;公正司法是维护社会公平正义的最后一道防线;要努力让人民群众在每一个司法案件中都能感受到公平正义;以及“发挥好法律的规范作用,必须以法治体现道德理念、强化法律对道德建设的促进作用”④。本案例可用于教材第六章第二节中“公正司法”或“坚持依法治国和以德治国相结合”等内容的辅助教学。

---

① 习近平:《论坚持全面依法治国》,中央文献出版社 2020 年版,第 22 页。

② 习近平:《习近平谈治国理政:第二卷》,外文出版社 2017 年版,第 134 页。

③ 习近平:《习近平谈治国理政:第二卷》,外文出版社 2017 年版,第 117 页。

④ 习近平:《习近平谈治国理政:第二卷》,外文出版社 2017 年版,第 117 页。

2. 本案例在使用过程中，要注意抓住现实生活中存在的“谁闹谁有理”“谁伤谁有理”的现象来设置问题和启发学生思考，并通过法理、情理的分析，引导学生深刻理解“公正司法是维护社会公平正义的最后一道防线”“一个案例胜过一沓文件”；此外，也可让学生以讨论、辩论的方式活跃课堂氛围，深化认识、思考。

案例 12

应征大学生拒服兵役受处罚

【案例文本】

材料 1:浙江两名高校学生拒服兵役被处罚:永久不得恢复原学籍、罚款5万

周某,男,汉族,2002年6月出生,天台县三合镇建设村青年,就读于杭州职业技术学院。

戴某,男,汉族,2000年11月出生,天台县洪畴镇市集村青年,就读于长春光华学院。

2020年9月,周某、戴某从天台县入伍到中国人民解放军北部战区某部。在新兵训练期间,他们怕苦怕累思想严重,多次以适应不了部队生活为由提出退兵申请,拒绝、逃避服兵役。在部队各级、兵役机关和家长的反复劝说和教育引导下,仍态度坚决,拒绝继续服兵役,并自愿承担相关处罚。2020年12月,周某、戴某被部队依据《中国人民解放军纪律处分条例》按拒服兵役除名处理,退回原籍。

为维护依法服兵役的严肃性,警示教育全县适龄青年,根据《中华人民共和国兵役法》、《浙江省征兵工作条例》、《国务院关于建立完善守信联合激励和失信联合惩戒制度加快推进社会诚信建设的指导意见》(国发〔2016〕33号)、《关于解决入伍新兵拒服兵役问题暂行办法》(军动〔2018〕238号)相关规定,经天台县政府、天台县人武部研究决定,对周某、戴某拒服兵役行为依法实施处罚。具体处罚措施为:① 进行不少于10天的《国防法》《兵役法》等相关法律法规集中教育;② 取消家庭和个人义务兵优待,并处以5万元罚款;③ 两年内不得录用为国家公务员、国有企业和事业单位职工;④ 两年内不得办理出国(境)和升学手续,户籍信息系统"兵役状况"永久标注为"拒服兵役",永久不得恢复原全日制高校学籍;⑤ 纳入国防义务失信名单,在办理个人信贷、融资、信用卡等金融服务时,将拒服兵役的失信记录作为重要参考,从严审批;⑥ 将拒服兵役的反面典型,通过新闻媒体予以曝光。

（参见《天台县人民政府 天台县人民武装部关于对拒服兵役青年进行处罚的通报》，天台县人民政府网站 2021 年 2 月 7 日。编入本书时有改动。）

材料 2：安徽某大学男生拒服兵役被处罚：两年内不得复学、罚款 4 万余元

刘某，汉族，河北省邯郸市临漳县人，2001 年 3 月出生，2019 年考入安徽某大学。

2020 年 9 月，经体格检查、政治考核、役前训练、审批定兵等手续正常入伍，被分配至新疆军区某部服役。2020 年 9 月 17 日到达部队后，次日刘某表现出不适应，提出要离开部队。经部队及其家人多次思想教育和引导无效后，中共南疆军区纪律检查委员会于 2020 年 11 月 6 日对刘某作出拒服兵役除名处理决定。

按照相关规定，安徽某大学于 2020 年 12 月 21 日给予刘某两年内不得复学的处理意见。

依据《中华人民共和国兵役法》《征兵工作条例》《解决入伍新兵拒服兵役问题暂行办法》（军动〔2018〕238 号）等法律规定，综合学校处理意见，经合肥市蜀山区征兵领导小组会议研究通过，区征兵办决定对安徽某大学拒服兵役应征大学生刘某作如下处罚：① 取消其义务兵优待，按蜀山区当年义务兵家庭优待金的 2 倍 46 866 元予以罚款（2020 年蜀山区义务兵家庭优待金标准为 23 433 元）；② 将其纳入履行国防义务严重失信主体名单实施联合惩戒，金融部门 3 年内不得给予其信贷优惠政策和利率优惠政策；③ 蜀山区组织、人社等部门不得录用其为公务员或者参照公务员法管理的工作人员、事业单位人员及国有企业工作人员；④ 安徽某大学 2 年内不得为其办理复学手续；⑤ 蜀山区媒体单位将其作为违反《兵役法》的反面典型，向社会通报；⑥ 函告户籍地兵役机关，请户籍地公安部门在其个人户籍“兵役栏”备注“拒服兵役”永久字样，2 年内不得为其办理出国（境）手续；⑦ 函告户籍地兵役机关，请户籍地民政、住建部门不得将其纳入困难补助及保障性安居工程保障范围；⑧ 函告户籍地兵役机关，请户籍地行政审批部门 3 年内不得为其办理经商办企业手续。

（参见《关于 2020 年拒服兵役新兵刘帅的处理决定》，蜀山区人民政府网站 2021 年 4 月 2 日。编入本书时有改动。）

【思考讨论】

1. 我国《宪法》第五十五条规定：“保卫祖国、抵抗侵略是中华人民共和国每一个公民的神圣职责。依照法律服兵役和参加民兵组织是中华人民共和国公民的光荣义务。”《兵役法》第五条第一款规定：“中华人民共和国公民，不分民族、种族、职业、家庭出身、宗教信仰和教育程度，都有义务依照本法的规定服兵役。”本案中，应征大学生拒服兵役受到处罚，您对此持何态度和看法？

2. 联系实际，谈谈您对法律义务的理解，以及大学生如何依法履行法律义务。

【案例解析】

应征大学生以不适应部队生活为由拒服兵役，最终受到相关部门的处罚，有网民称之为“最狠”拒服兵役罚单。它作为一个反面教材，为我国的兵役法律法规和兵役制度做了一次生动的广告。同时，再次提醒人们，依法服兵役是公民的一项神圣职责和法定义务。

在这里，我们要为这张“最狠”拒服兵役罚单点赞！

一方面，“最狠”拒服兵役罚单维护了法律的尊严。《中华人民共和国宪法》第五十五条规定：“保卫祖国、抵抗侵略是中华人民共和国每一个公民的神圣职责。依照法律服兵役和参加民兵组织是中华人民共和国公民的光荣义务。”《中华人民共和国兵役法》第五条规定：“中华人民共和国公民，不分民族、种族、职业、家庭出身、宗教信仰和教育程度，都有义务依照本法的规定服兵役。”第五十七条规定：“有服兵役义务的公民有下列行为之一的，由县级人民政府责令限期改正；逾期不改正的，由县级人民政府强制其履行兵役义务，并处以罚款：(一) 拒绝、逃避兵役登记的；(二) 应征公民拒绝、逃避征集服现役的；(三) 预备役人员拒绝、逃避参加军事训练、担负战备勤务、执行非战争军事行动任务和征召的。有前款第二项行为，拒不改正的，不得录用为公务员或者参照《中华人民共和国公务员法》管理的工作人员，不得招录、聘用为国有企业和事业单位工作人员，两年内不准出境或者升学复学，纳入履行国防义务严重失信主体名单实施联合惩戒。”本案例中，相关部门对应征大学生拒服兵役的处罚不仅于法有据，更体现了维护法律尊严的决心。这张罚单从一个侧面告诉我们，所谓法律义务，就是法律关系主体依法承担的某种必须履行的责任。当负有义务的主体不履行或不适当履行法律义务时，就要受到国家强制力的制裁，承担相应的法律责任。

另一方面，“最狠”拒服兵役罚单对公众具有警示意义。参军服役是件光荣的事，更是件严肃的事。对于许多适龄青年来说，他们把主动接受祖国的挑选视为一种责任和担当，把能够走进绿色军营、穿上绿色军装当作最大梦想。而许多经历过军营生活的老兵，也把投身国防、卫国戍边作为人生的荣耀和美好的回忆。在此语境下，作为同龄青年佼佼者的应征大学生以不适应部队生活为由拒服兵役，实在让人大跌眼镜。其行为不仅违反了《中华人民共和国兵役法》，也有悖于“诚信”这一中华传统美德。近年来，相关部门依法对应征青年拒服兵役的处罚屡见报端，并引起了广大网友的关注和热议。这些“最狠”拒服兵役罚单，既是有关我国兵役法律法规的普及宣传，也是惩戒失信行为的典型案例，无疑对社会公众特别是广大青年具有巨大的教育意义和警示作用。

【案例应用】

1. 本案例选取了两则应征大学生拒服兵役而被相关部门给予处罚的通报或决定。它从反面告诉人们，保卫祖国、抵抗侵略是公民的神圣职责，依法服兵役是公民的一项法定义务，并且是宪法规定的基本义务。本案例的教学与讨论，其目的不仅在于让学生了解相关法律义务的内容，以及违反法律义务应承担的法律责任，更重要的在于唤醒和激发学生的责任担当意识和法律义务观念，不断提高自身的道德素质和法治素养。本案例可用于教材第六章第四节中“依法履行法律义务”的辅助教学。

2. 本案例是近年来所发生的应征青年拒服兵役而被处罚和引发热议的典型事件之一，对社会公众特别是大学生具有较强的警示教育作用。教师在应用这一案例时，一方面，分析“罚单”要于法有据；另一方面，要通过“罚单”帮助学生理解“法律义务”的含义，即它是法律关系主体依法承担的某种必须履行的责任。当负有义务的主体不履行或不适当履行法律义务时，就要受到国家强制力的制裁，承担相应的法律责任。所谓“权利可以放弃，但义务必须履行”。此外，教师还可以适当介绍其他国家实行的强制兵役制度，以及对拒服兵役行为的处罚，以利于扩展学生视野和深化教育教学效果。

后 记

“思想道德与法治”是全国普通高校大学生必修的思想政治理论课之一，是帮助大学生树立崇高的理想信念和正确的人生观、价值观、道德观、法治观的主干渠道。为深入贯彻习近平总书记关于思政课建设的重要讲话精神，以及中共中央办公厅、国务院办公厅《关于深化新时代学校思想政治理论课改革创新的若干意见》和中央宣传部、教育部印发的《新时代学校思想政治理论课改革创新实施方案》，进一步增强教育教学的思想性、理论性和亲和力、针对性，“把道理讲深、讲透、讲活”，在多年教学积累和改革实践的基础上，我们编写了这本《思想道德与法治案例解析及应用指导》。

本书以马克思主义理论研究和建设工程重点教材《思想道德与法治》(2023年版)为基本遵循，紧紧围绕各章节教学内容，在整理大量案例素材的基础上，遴选、设计了54个教学案例，每个案例包括“案例文本”“思考讨论”“案例解析”“案例应用”4个部分，并力求贴近现实、贴近生活、贴近学生，突出问题导向和价值引领，注重激活思维和启发思考。

本书的主旨并不在于单纯追求案例的数量，而重在以典型案例作为教学载体和依托，使学生“身临”一定的现实情境之中，在教师的引导和启发下发现问题、提出问题、分析问题、思考问题，并经师生之间、学生之间的多向交流与互动讨论，探寻其中所蕴含的“道理”和解决问题的答案，从而变书本的课堂为生活的课堂，变教师的课堂为学生的课堂；同时，在案例及其解析中有机融入习近平总书记关于治国理政和青年健康成长的重要论述，扎实推进习近平新时代中国特色社会主义思想“三进”工作。本书在编撰过程中，吸收和整合了有关报刊、网站中的人物报道或事件背景。为表示对原作者的尊重和感谢，每个案例后面均注明了作者姓名、作品名称和出处。

教学有法，但无定法，贵在得法。对于本书的编撰，尽管作者主观上已付全力，但不足和浅陋之处仍在所难免，诚恳地期望有关专家、同行和大学生读者给予批评、指正。

本书是江苏省高校思想政治理论课名师工作室(中国矿业大学)系列研究成果之一，江苏省委宣传部、江苏省委教育工委给予了大力支持，同时得到了教育部高校示范马克思主义学院和优秀教学科研团队建设项目重点选题(19JDSZK035)、中国矿业大学在线开放课程建设项目(2022ZXKC27)的立项资助；中国矿业大学郑萌萌副教授、刘开淼副教授、吕婷婷副教授等参与了部分案例的遴选与讨论；中国矿业大学出版社侯明编辑为本书的出版给予了大力支持并付出了辛勤的劳动。在此，一并深表谢忱！

边和平

二〇二三年六月